JN298414

前方後円墳と帆立貝古墳

沼澤　豊

雄山閣

1 奈良県乙女山古墳（奈良県立橿原考古学研究所提供）

2 福岡県樋渡古墳（福岡市埋蔵文化財センター提供）

3 奈良県小立古墳（桜井市教育委員会提供）

4 奈良県巣山古墳の出島状遺構と滞水状態の周濠（広陵町教育委員会提供，阿南辰秀氏撮影）

は　し　が　き

　私が古墳の築造企画論に興味をもつようになったのは上田宏範氏の著書『前方後円墳』（学生社）に接してからのことである。手もとにあるのは1969年10月発行の初版で，1970年3月24日読了のメモが残る。この本はたしかに名著で，今でも新刊書店で重版を見かけるから，考古学関係の書籍としては驚くべきロングセラーといってよい。その後上田氏の論文はかなり丹念に追いかけ，ある意味信奉者となった。

　周知のとおり上田氏は，後円部直径の6分の1の長さ（6等分値）を基準単位とし，その単位数で前方後円墳各部の長さを把握し，形態的特徴を抽出しようとされる。これに対し1979年には石部正志・宮川徏氏ら4氏の8等分値説が提唱され，その後矢継ぎ早に4氏の論は展開されて，どちらにも一理あるように思われた。

　当時，いっそ6と8の最小公倍数で24分の1を基準単位とすればどんな古墳にも当てはまって問題解決とたわむれに思ったりしたが，後年，真面目な話として24等分値説を提唱するようになるとは思いもしなかった。

　周溝や周堤を含む古墳の墳丘構造すなわち古墳そのものを対象とする築造企画論は，今日たしかに古墳研究の一分野を形成しているといってよい。しかし，上田説や石部・宮川説以上に説得力のある論は絶えて久しく，尺度研究における甘粕健氏や西村淳氏の水準に迫る成果もみられない。先行のすぐれた諸説が正統に継承されず，厳密な作図操作に立脚しない安易な立論が主流となって，心有る古墳研究者からそっぽを向かれているのが実情といえる。築造企画論の自壊作用というべきであろう。

　私は1974年に千葉市の椎名崎古墳群という後期群集墳（の一部）を発掘し，完掘した数基の円墳のあいだに一定の企画性が存在するのではないかと考え，「円墳の築造企画」という普通に考えればモノになりそうもないテーマを自身に課した。30年も前のことであるが，私自身の怠慢と検討可能な発掘資料がなかなか得られないこともあって，何の進展もなく時間ばかりが過ぎた。

　20年ほど経ったころ，やはり千葉県で発掘された二重周溝をもつ円墳の企画

性について検討するうち，古墳築造企画の基準単位は6等分値でも8等分値でもなく，実は24等分値であるという事実を，冗談ではなく確認した。

24等分値という基準単位を利用して作図すると，円墳だけでなくあらゆる墳形の平面，立面プランをはじめ，横穴式石室の企画性や古墳造営尺の問題まで，面白いようにすらすらと読み解くことができた。1本の補助線の発見によってむずかしい幾何の問題が解けていくような爽快感があった。

24等分値の発見によって様々な問題は一気に解決し，10年足らずのあいだにいくつかの論考を発表することができた。おそらく先行諸氏も，それぞれの基準単位の発見によって，同じように自説の有効性を信じ研究成果を発表されたのであったろう。

帆立貝古墳の検討は，24等分値企画法という古墳の設計方式が，古墳時代を通じて時期，地域，墳形を問わず，普遍的に採用されていることを立証する作業の一環として取り組んだものである。

帆立貝古墳という，前方後円墳と円墳の中間に位置づけられるような微妙な墳形を形態上から明確に定義し，各墳形を区分するためには，6等分値でも8等分値でもスケールの目が粗すぎた。24等分値の出番であり，きっと満足のいく結論が得られるはずである。そうでなければ24等分値説は葬り去られても仕方ない。

本書は，『季刊考古学』（第79～89号）に「帆立貝式古墳築造企画論」と題して連載した論考に加え，帆立貝古墳の企画性に関する記述を理解してもらえるよう，私の築造企画論に関する包括的説明（第1部）を書き下ろして一書としたものである。

第2部は連載した論考をもとに，前後矛盾点や単純ミスなどを修正し，いくつか述べ足りなかった論点を書き加えたほか，紙幅の関係で説明が十分でなかった部分などにも大幅に補訂を加えた。同じ理由から掲載を見合わせた帆立貝古墳および前方部の短い境界領域の前方後円墳について，それぞれ企画図および説明の記述を追加した。

本文でも述べているが，帆立貝式（形）古墳という墳形名には問題が多い。帆立貝式か形かという議論もわずらわしい。この墳形（狭義の帆立貝式古墳）の突出部は，前方後円墳の前方部にくらべ明らかに小さく制限されている。そこ

で，これを「小方部」(「小前方部」の略)と呼び，小方部をもつ墳形という意味をこめて「小方部墳」ということにしてはどうかと，根本的な名称変更を提唱している。

ただ，一個人によるこのような提案が速やかに承認されるとも思えず，やはり「帆立貝」をつけた名称が根強く使われ続けるのかもしれない。その場合は，式も形もつけず単に「帆立貝古墳」と呼んではどうかと思う（これにも抵抗は多そうだが）。

小方部墳（帆立貝古墳）という墳形は前方後円墳の一種であるとする見方，あるいは造出のついた円墳であるとする見方などが錯綜し定説といえるものがなかった。

私は本書において，小方部墳はそのどちらでもない独立した墳形であることを明らかにし，成立の契機や被葬者像など，その歴史的性格についても自分なりの見解を述べた。古墳の存在状況をとおして，邪馬台国から大和政権へと生成展開して行くわが国の国家形成過程をたどろうとする試みにとって，少しでも役に立つことがあれば大変幸せである。

また，古墳そのものを対象とする築造企画論の可能性を感じて，この分野に本格的に取り組む仲間が増えれば，これほどうれしいことはない。

平成18年8月

沼澤　豊

前方後円墳と帆立貝古墳　目次

はしがき

第1部　24等分値築造企画論

1　はじめに……………………………………………………………………2
　　作図法と等分値企画論…2

2　円墳の築造企画——6等分値から12等分値へ——……………4
　　二重周溝の円墳…4　上田説の適用…6　待望の類例…7　12等分値の発見…8　変則的古墳…8　類例の増加…11　大単位の存在の予測…12　多段築成の円墳…14　全国規模での検討が可能に…15　半単位の端数…16　『古代学研究』の円墳特集…18

3　前方後円墳の後円部——24等分値にたどりつく——………20
　　最古期の円墳の企画性…20　箸墓古墳の後円部…20　24等分値にたどりつく…22　後円部3段築成の定式化…22　古墳の定義…24　基準単位と大単位…24　上田氏らの基準単位は大単位…29　2単位区の例証…29

4　古墳の造営尺……………………………………………………………32
　　4基の古墳による試算…32　漢尺説…32　歩数調整…34　完数のとらえ方…34　12進法の由来…35　8を基準とする数観念…36　使用尺推定法…37　古墳尺の存在…38　円墳の使用尺…38　古墳尺の1尺値…39　作図法の精度…39

5　墳丘の規模と序列——墳丘規格の復元的把握法——………42
　　第3段裾7単位目の原則…42　既往の計測値への懐疑…43　中心点と半径の推定復元…45　百舌鳥陵山古墳の後円部…45　前方部の復元…47　濠水による浸食…48　後円部規格と墳長の関係…48　誉田御廟山古墳の当初プラン…49　大仙陵古墳の当初プラン…49　復元的把握法の有効性…52　周濠と濠水…54　大型前方後円墳の墳長…55

6　墳丘の断面と斜面構成…………………………………………………59
　　墳丘断面から見た築造企画…59　墳丘断ち割り調査の事例…59

作業段落の性格…60　作業段落と構築墓壙…62　3段築成古墳の断面…64　土壇積み上げ工法…64　現場用モノサシ…67　後円部の斜面構成…68　斜面構成の時代性…72

7　古墳の施工基準面………………………………………………………73
　　施工基準面と墳裾面…73　基壇古墳…74　前方後円墳の事例…74　円墳の事例…79　基壇古墳の特性…80　2種類の墳裾作出法…83　墳丘規格は墳裾面でおさえる…84

8　墳丘の築造工法…………………………………………………………85
　　「設計」についての基本的考え方…85　方格図法…86　平面プランと高さの企画…87　ノリ勾配…88　施工基準面の形成…89　縄張り（地割り）の方法…90　丁張り…91　盛土の締め固め…92　上段の築成…95　テラスの整形…96　墳頂部の整形…97　地山削り出し…97　周溝の掘削…98

9　古墳の築造企画と横穴式石室…………………………………………99
　　畿内型石室の企画性…99　石室の方格図…100　畿内型企画法…102　石室規格の選択…103　石室規格の階層性…106　墳丘と石室の一体的企画…107　横穴式石室の構築技法…108　枠型工法の存在…108　明日香村塚本古墳…110　枠型の構造と機能…112　家形石棺への遺骸の納棺方式…113　枠型の多様な機能…115

10　24等分値築造企画の普遍性 …………………………………………118
　　古墳築造企画の普遍性…118　造墓指定…119　すべての墳形における採用…120　前方後方墳…120　方墳…122　双円墳…123　帆立貝古墳の検討へ…126

第2部　帆立貝古墳築造企画論

1　はじめに………………………………………………………………130
　　あいまいな概念規定…130　遊佐和敏氏の区分案…130　櫃本誠一氏の案…131　石部氏ら4氏の案…131　既往諸説への疑問…132　本論の方法と目的…132

2　古墳の築造企画と造営尺……………………………………………134
　　24等分値企画法と古墳尺…134　　主丘部規格の判定法…136

3　複数の突出部をもつ古墳……………………………………………138
　　大突出部長4単位の事例…138　　大突出部長5単位の事例…141
　　大突出部長6単位の事例…141

4　大・小突出部の性格区分……………………………………………154
　　大・小突出部の長さ，幅，高さ…154　小突出部は造出…155
　　前方部に対する「小方部」…156

5　造出付円墳……………………………………………………………158
　　造出長3単位の円墳…158　　造出長2単位の円墳…160　　造出長
　　1単位の円墳…169

6　円墳における造出の特性……………………………………………174
　　造出の平面形態…174　　複突出墳の造出との差異…175　　1単位
　　長の造出の特性…177　　造出付円墳の僅少性…179　　カラネガ岳2
　　号墳の墳形…179

7　狭義の帆立貝式古墳…………………………………………………182
　　小方部をもつ古墳…182　　月の輪古墳の墳形…182　　小方部長4
　　単位の古墳…184　　小方部長5単位の古墳…190　　小方部長6単
　　位の古墳…190

8　境界領域の前方後円墳………………………………………………200
　　狭義の帆立貝式古墳の範囲…200　　新たな墳形の創出…202　　概
　　略設計の基準単位…203　　塩塚古墳の墳形…203　　突出部長12単
　　位の古墳…207　　突出部長10単位の古墳…211

9　境界領域の帆立貝古墳………………………………………………216
　　突出部長8単位の古墳…216　　突出部長9単位の古墳…223

10　前方後円墳と帆立貝古墳の境界……………………………………229
　　9単位古墳の位置づけ…229　　墳丘の立体的構成…230　　埴輪列
　　…230　　造出…231　　突出部の前幅…231　　周溝（濠）プラン…233

帆立貝古墳の範囲…236　前方部の発達という現象…237　小方部長の上限は9単位…238

11　小方部墳という墳形……………………………………………………240
　　　「墳形」の語義…240　独立した墳形としての帆立貝古墳…241　新しい墳形名の提案…242　既往の墳形名への疑問…243　小方部墳という呼称…244　古墳築造の規範…245　小方部の機能…247　小方部の二次的利用…247　小方部墳の主丘部規格…248　前方後円墳における墳長の決定…249　小方部墳の墳長（歩数）…251　単位数での決定…252　相似墳の存在…253

12　小方部墳の成立…………………………………………………………255
　　　単純図形墳の成立…255　小方部墳の成立時期…256　墳形の格づけ…257　纒向墳丘墓との関係…257　古墳の規制論…260

13　小方部墳の被葬者………………………………………………………262
　　　新たな墳形の展開…262　王陵区における陪塚（中・下位墳）の被葬者…263　大伴，物部氏の墳墓…264　小方部墳の全国的分布状況…265　鉄製武具の保有…267　4，5世紀の倭国の軍事組織…269　倭国軍の組織的欠陥…270　軍事的職業部の設置…271

14　墳形の差異と意味………………………………………………………275
　　　同祖同族の観念と墳形…275　部民制の萌芽…276　靫負の制と古墳…277　東国舎人と古墳…277　乙女山古墳の被葬者…278　葛城軍の指揮者…279

15　造出の機能と特質………………………………………………………283
　　　既往の諸説…283　造出祭祀の内容…283　欠落した視点…284　造出の成立過程…285　造出本来の機能…286　墳丘の禁忌性…289　追善祭祀の執行形態…290　造出の埴輪…292　造出設置数の問題…292

16　造出をもつ前方後円墳の被葬者………………………………………296
　　　王陵区の前方後円墳…296　大王墳級の古墳…296　100m級の古墳…297　大和の豪族墳…299　葛城氏とワニ氏…301　皇室と地方豪族との婚姻伝承…302　長山泰孝氏の初期国家観…304

17　中・下位墳への造出の付設……………………………………………307
　　行者塚古墳…307　造出をもつ古墳の僅少性…308　律令の勲位制…308

18　結語——造墓指定の政治的機能——　……………………………310
　　古墳築造の一元的統制…310　西嶋説と都出説…311　互酬的同盟関係の確認…313　首長権継承の必須課程…314　巨大な墳丘の必然性…315

　古墳名索引

第1部 24等分値築造企画論

1　はじめに

作図法と等分値企画論

　帆立貝古墳とは何か，なぜそのような墳墓形式（墳形）が生まれ存続したのか，その歴史的性格を解明するためには，まず第一に前方後円墳や造出付円墳などとは形態上あきらかに別個の墳形であることを，合理的に説明しなければならない。第2部「帆立貝古墳築造企画論」で私自身の考えを述べるが，その前に私の提唱する築造企画論について説明しておかないと，このあとの論述の理解が得られないであろう。

　私の築造企画論は，上田宏範氏[1]が先鞭をつけ，石部正志・宮川徙氏ら[2]が踏襲される方法と基本的に異ならない。共通するのは，後円部（主丘部）直径の何分の一という一定の基準単位を用い，その基準単位による作図作業によって企画性や使用尺度を導こうとする「作図法」に依拠する点である。

　作図法とは小沢一雅氏の用語で，「実測図に対して，定規やコンパスなどによる作図操作を加え，必要な計測値を導く」築造企画の研究法[3]をいう。私は，築造企画の研究法としては作図法以外に有効な方法はないと考えている。

　数ある作図法の実践例[4]の中で，上田氏らの手法は唯一正統的かつ有効な方法と考えられる。これらを私は「等分値企画論」と名づけ一括しているが，上田氏の6等分値説，石部氏らの8等分値説に対し，私は24等分値説を提唱している（図1）。

　古墳の平面プランの特徴を理解するためのスケールとして，先行諸氏にくらべあまりにも細分化された基準単位を用いているように思われるかもしれない。事実，10区以上の細かい基準単位をもち出せば何でも一致しているように見えるという批判[5]も出されているが，これまで発表してきた拙論を正しく読んでいただければそのような誤解は生じなかったはずである。

　そこで，まわりくどいようであるが，私が24等分値という基準単位にたどりつくまでの経緯を説明し，24等分値築造企画論について理解していただきたいと思う。

　なお，私の用語で築造企画とは，古墳の基本設計または基本設計法のことを

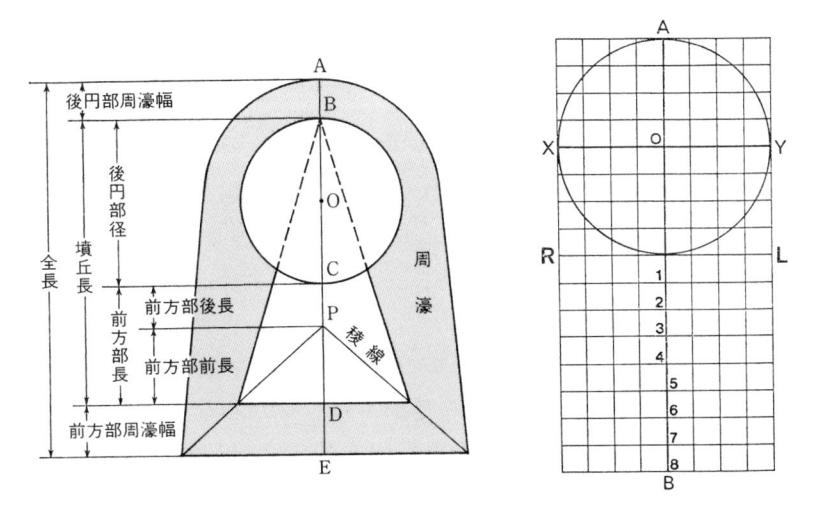

図1　上田氏の作図法と計測点（左）および石部・宮川氏の作図法（右）

いい，略していう場合は「規格」との混同を避けるため「プラン」または「企画法」ということとしている。

「規格」は定められた寸法のことで，「墳丘規格」とは，前方後円墳の後円部などの「主丘部規格」（主丘部の直径または一辺の長さ），主丘部直径の24分の1の長さである「1単位規格」および「墳長規格」（それぞれ単に「1単位」，「墳長」と略すことが多い）の3種の総称である。

注
1）　上田宏範氏の論文は多数にのぼり論点も多岐にわたるが，下記の文献に大要は尽くされている。
　　　上田『前方後円墳』学生社，1969年
2）　石部正志・田中英夫・宮川　徒・堀田啓一「畿内大型前方後円墳の築造企画について」『古代学研究』第89号，1979年，1～22頁
3）　小沢一雅『前方後円墳の数理』雄山閣出版，1988年，47頁
4）　異なる古墳（測量図）の半身を，中軸線をはさんで左右にならべてみせる比較手法は作図法とは認められない。
5）　新井　宏「古墳築造企画と代制・結負制の基準尺度」『考古学雑誌』第88巻第3号，2004年，34～35頁

2　円墳の築造企画——6等分値から12等分値へ——

二重周溝の円墳

　古墳はどのように設計され施工されたのか，この問題に関する私の考察は円墳の築造企画を検討することからはじまった。

　椎名崎2号墳　昭和49年（1974年），私は千葉市にあった群集墳・椎名崎古墳群（の一部）の発掘調査を担当した[1]。この調査は，日本住宅公団（当時）が計画した千葉東南部ニュータウンという総面積600ヘクタールに及ぶ大規模開発に先立つ発掘調査の第1号で，その後20年あまりにわたって発掘調査は継続され，今では宅地造成もすっかり終わって「おゆみ野」という人口4万人ほどの市街ができあがっている。

　この調査では前方後円墳1基と円墳4基，墳丘も周溝もなく地山に掘りこまれた墓壙内に設置された横穴式石室1基を完掘した（図2）。このうち椎名崎2号墳は二重周溝をめぐらし，墳裾部には2基の内部主体（横穴式石室と箱式石棺）があって，周溝は比較的整然と同心円状にめぐり，主体部の配置にも計画性があるように観察された。計画的に設計されていることはまちがいなさそうで，円墳における築造企画の存在を立証することができるのではないかと考えた。

　当時は今ほど築造企画の論者は多くなかったが，その中で上田宏範氏の所論には最も説得性があるように思われた（石部・宮川氏らによる8等分値説が発表されたのはそれから5年後の1979年のこと）。

　上田氏の築造企画論は，前方後円墳の後円部直径の6分の1の長さ（＝6等分値）を平面プラン検討の基準単位とするものであり，後円部直径を常に整数6として，墳丘主軸線上での後円部直径：前方部後長：前方部前長（BC：CP：PD）の三連比によって前方後円墳の型式分類が可能とされる。

　氏は自身の方法について，あくまで古墳の型式的特徴を抽出する型式学的研究であり，設計法の復元を試みるものではないことを強調される[2]が，一方で，後円部6等分値に着目した理由として，古代オリエントに由来する60進法，あるいは12進法の影響をあげられ，後円部の直径を6単位とする設計が行

2　円墳の築造企画—6等分値から12等分値へ—　5

図2　千葉市椎名崎古墳群（A支群）

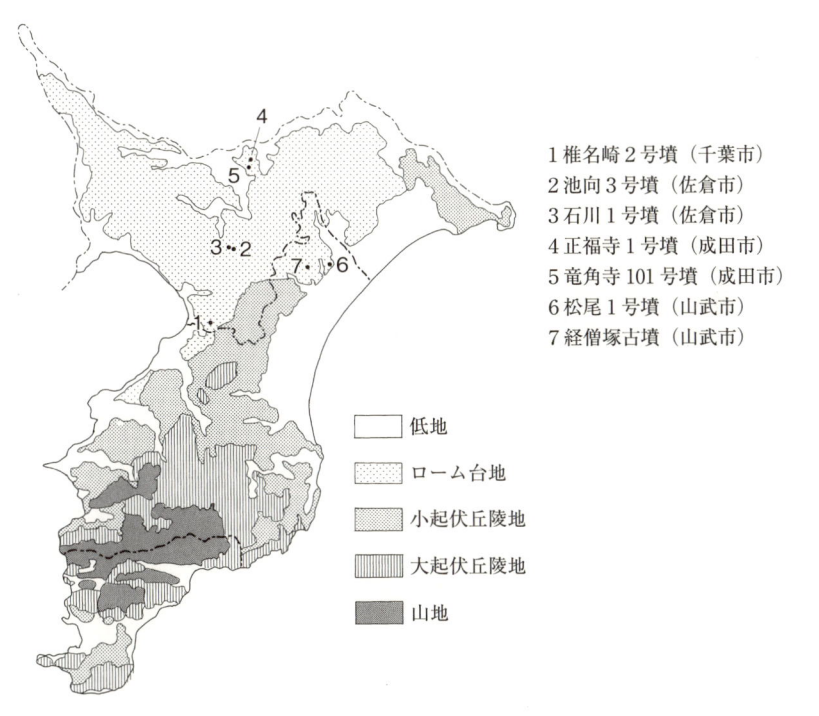

1 椎名崎2号墳（千葉市）
2 池向3号墳（佐倉市）
3 石川1号墳（佐倉市）
4 正福寺1号墳（成田市）
5 竜角寺101号墳（成田市）
6 松尾1号墳（山武市）
7 経僧塚古墳（山武市）

低地
ローム台地
小起伏丘陵地
大起伏丘陵地
山地

図3　千葉県の地形区分と古墳位置図

なわれた可能性も示唆³⁾されている。

上田説の適用

椎名崎2号墳は円墳であるが，墳丘直径を6とする設計が行なわれてはいないか作図してみた（図4）。すると横穴式石室の奥壁は中心から2単位目の円周に，羨門部は3単位目に一致して，石室全長が6等分値1単位の長さに設定されていることがわかった（同じ企画性は3号墳でも確認された）。

箱式石棺も2単位目の円周上に配置され，周溝の最外周線は5単位目の円周に一致し，2本の周溝もおおむね1単位の幅の中におさまっており，円墳においても6等分値を基準単位とする設計が行なわれていることを確信した。

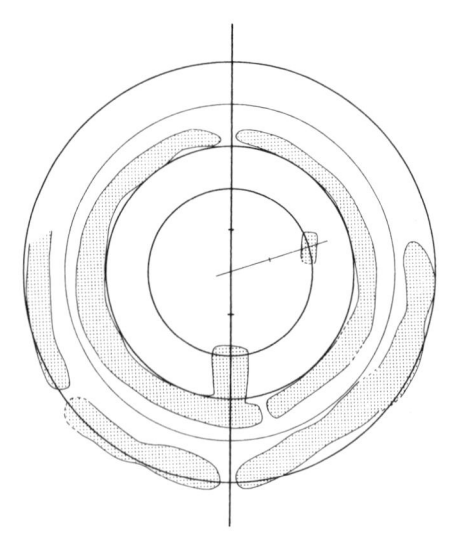

図4　椎名崎2号墳6等分値円周図（昭和50年作成）

この円周図は，若干の考察とともに報告書に掲載しようとして整理作業中に作成したものである。当時の調査条件は今よりかなりきびしく，1年（実質11か月）ですべての現場作業と整理作業を完了させる（調査員は私一人）というものであった。遺物の実測・撮影，遺構や遺物実測図のトレースと何から何まで一人でこなし，挿図，写真図版，事実記載の原稿まで何とか仕上げたが，残念ながら考察の原稿を書く余裕はなく，翌年4月からは京葉道路第4期工事にともなう千葉市東寺山石神遺跡の発掘調査に忙殺され，校正すら見せてもらえなかった。この図は長く私の手もとにあって，日の目を見ることはないのかと思うこともあった。

椎名崎古墳群の調査では，いくつか解明すべき問題が残り気がかりとなっていた。このうち3号墳などで出土した用途不明の両頭棒状の金具については，市毛勲，馬目順一，田中新史という旧知の3氏が相次いで論考を発表される偉観を呈し，弓飾り金具であることが明らかにされた⁴⁾。

これに対し，円墳の築造企画や二重周溝をもつ円墳の特性などに関しては論じられる方がなく，全国的にも問題意識として存在することはなかったといってよい。報告書にこの問題に関する考察を発表できなかったものとして，これはやはり自分自身で問題を提起し，ある程度の見通しを公表しなければならないという思いが常に頭の片隅に引っかかっていた。いずれ何らかの論文として発表するしかないが，椎名崎古墳群の事例だけでは説得性に欠け，単独の論文とするには不足である。

待望の類例

椎名崎2号墳のように上田氏の6等分値説が適合する円墳はほかにないか，類例の探索に取りかかった。とはいえ，円墳というのは最も単純な墳形であり，ほとんどが周溝は単（一重）周溝，主体部も墳丘中心部にあって，このような古墳では設計企図を推測するに足る「計測点」（上田氏のいわれるB点やP点のような）がほとんど得られない。

椎名崎2号墳の場合は二重の周溝をもち，主体部も墳裾部に複数存在したため企画性の検討が可能となった。ということで，計測点が多く求められる資料として，まずは二重周溝をもつ円墳の調査例を探し求めた。ところが，全国的にも二重周溝をもつ円墳は少ない上に，当時は周溝を完掘するような調査事例はほとんどなく，望みにかなう類例はまったく得られない。

そこで私は千葉東南部地区における椎名崎古墳群などのその後の発掘調査に期待し，調査の進展を気長に待つことにした。東南部地区では最終的に280基ほどの古墳が調査され，円墳だけでも200基あまり発掘された。ところが，残念ながらその後は二重周溝をもつ円墳は1基として確認されず，二重周溝の円墳がいかに稀な存在であるか再確認されただけであった。

池向3号墳　何の進展もないまま時間ばかりが過ぎたが，10年ほど経ったころ待望の資料が千葉県内で発掘された。後期群集墳として著名な佐倉市岩富古墳群中の池向支群3号墳で，墳丘はすでに削平されていたが，地表下に円形にめぐる二重の周溝と複数の墓壙が残されていた。計測点にはこと欠かない好資料といえる。早速現場を見に行ったが，周溝の幅はせまく，6等分値には一致しそうもないというのが第一印象であった。

池向遺跡の報告書[5]が刊行されたのは1995年，椎名崎古墳群の発掘から20

年が経過し，元号も昭和から平成に変わっていた。報告書の刊行でようやく作図法による検討が可能になったが，報告書の図面で見ても周溝の幅はかなりせまく，とても6等分値1単位の幅はなさそうである。

そのころには，上田説のほかに石部・宮川氏らの8等分値説，櫃本誠一氏の5等分値説[6]，やや遅れて江浦洋氏の10等分値説[7]などが提起されていた。なるべく1単位長が短いものということで8等分値，10等分値で作図してみたものの，残念ながらどちらもまったく一致しない。

既存説に一致しないのを見て，円墳にも一定の築造企画があるという確信もたちまち揺らいだ。

12等分値の発見

ふと，これは12等分値ではないか，6等分値円周線の中間にもう1本円周を加えれば，ちょうど周溝の幅に一致するのではないか，と思いついたのはどれほど経ってからであったろうか。

早速作図してみると，図5のとおり内外二重の周溝と中堤はそれぞれ12等分値1単位の幅できれいにめぐっている。6基の墓壙はすべて，内側の長側辺を中心から4単位目の円周線に沿わせており，これも企画性の判定材料になりそうである。円墳の築造企画における基準単位は6等分値ではなく，実は12等分値なのだと確信した瞬間であった。

ひるがえって，それでは椎名崎2号墳はどうだったのか，12等分値で作図しなおしたのが図6である。二重の周溝は各1単位の幅，中堤は2単位の幅，石室は2単位の長さで，奥壁は中心から4単位目に正確に置かれ，石棺も同じ円周上に位置していることが確認された。

あらためてこの図をながめると，ほかの遺構との重複などで乱れた外溝についてはともかく，内溝の幅はせまく，どう見ても6等分値にはまったく一致していない。上田氏説に親炙するあまり目が曇っていたというしかない。12等分値に思い至ったのは，石部・宮川氏の8等分値説などに接し，6等分値が金科玉条ではないことを教えられたおかげといえるかもしれない。

変則的古墳

墳丘裾に内部主体を有する独特の古墳が常陸南部から下総地方に分布することを明らかにし，変則的古墳と命名されたのは市毛勲氏であった[8]。椎名崎2

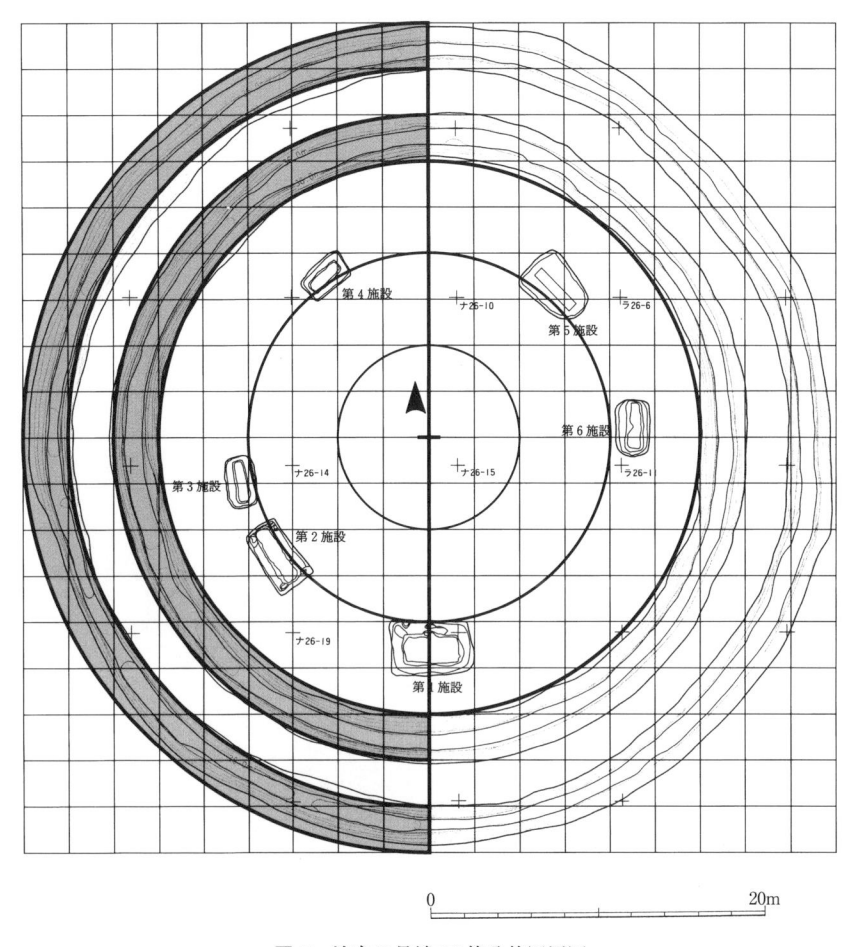

2　円墳の築造企画—6等分値から12等分値へ—　9

図5　池向3号墳12等分値円周図

号墳，池向3号墳では主体部は墳丘（封土）内にはなく，墳裾部に地山を掘りこんで設置されていた。変則的古墳そのものといえる。

　主体部は中心から4単位目の円周の外側に置かれていた。おそらく4単位目より内側だけ高く盛土され，外側は低平なテラス（排水のためにゆるい傾斜をつける程度の盛土はほどこされたであろう）とされ，地表下に主体部を次々と追加しやすいような立体的構成になっていたものと推測される。

　池向11号墳　そのような墳丘構造をよく残していたのが同じ池向古墳群中

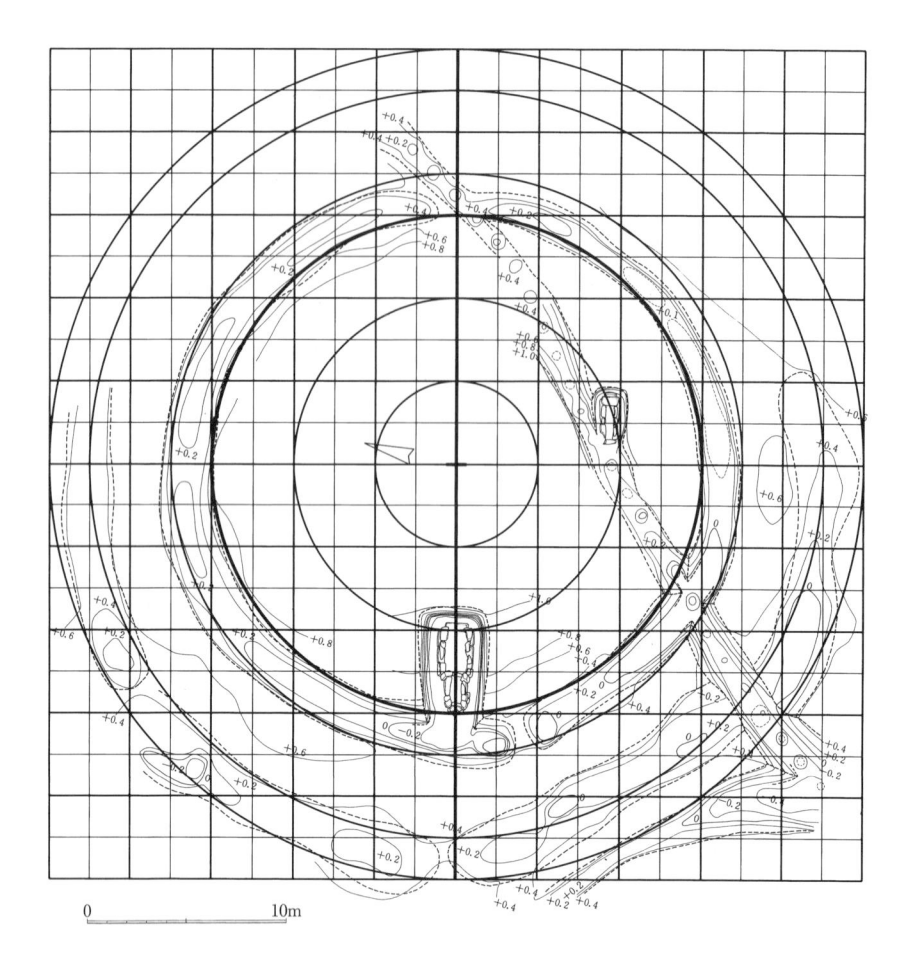

図6　椎名崎2号墳12等分値円周図

の11号墳（図7）である。

　中央に甲高の墳丘があり，墳頂部平坦面の半径は12等分値の2単位，裾は4単位目の円周に一致する。その周囲にわずかな高まりをもつテラスがめぐるが，2段築成の墳丘第1段というにはあまりに低い（図7の上）。

　発掘された第1主体部は墳裾線に沿って設置され，追加された主体部も4単位目より外側のテラス内に掘りこまれている（図7の下）。池向3号墳も同様の墳丘構造をもっていたことは確実であろう。

2 円墳の築造企画——6等分値から12等分値へ—— 11

　椎名崎2号墳も，構造のちがう2つの主体部の設置状況からみて，池向11号墳と同様，墳裾線が4単位目の円周に一致する中央墳丘をもっていたことは確実である。この古墳の横穴式石室は軟弱な砂岩の切石で構築され，天井石にも同じ石材が利用されていた。その石材は移植ゴテで容易に削りとれるほどの軟弱さで，当然天井石は調査時には割れ落ちていた。

　このような石材で構築された石室を内部主体とするため，その上に厚く封土を盛り，盛土の過程で土を叩き締めるような作業は絶対に避けなければならない。4単位目を境として，その内側にのみ高く盛土し，外側は低平なテラスとして地下の石室を保護するとともに，天井石崩壊にそなえて第2，第3の主体部を追加設置できるよう措置されていたものと推察される。

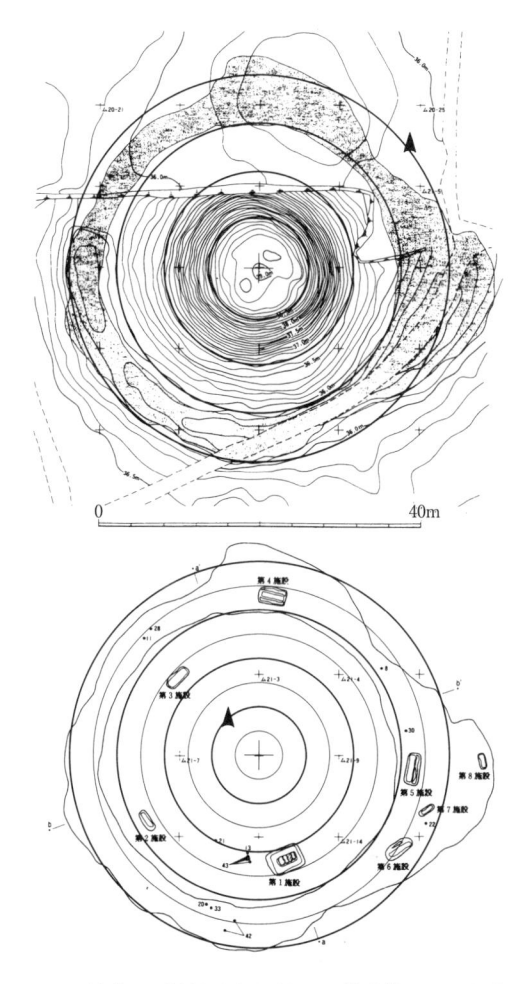

図7　池向11号墳円周図（上：6等分値，下：12等分値）

　椎名崎古墳群では，石室構築材の脆弱さへの配慮からも，変則的古墳特有の盛土計画が採用されたことがわかる。

類例の増加

　平成に入るころから，千葉県では二重周溝の円墳が報告されるようになり，

そのほとんどで12等分値円周線との良好な一致が確認された。

石川1号墳 佐倉市石川1号墳[9]は池向3号墳の近く（北西2kmほど）にあった古墳で、二重の周溝と中堤がそれぞれ12等分値1単位の幅でめぐり、内部主体（箱式石棺）は中心から4単位目の円周線の外側に接して設置されるという、池向3号墳とまったく同じ平面プランをもつことがわかった。

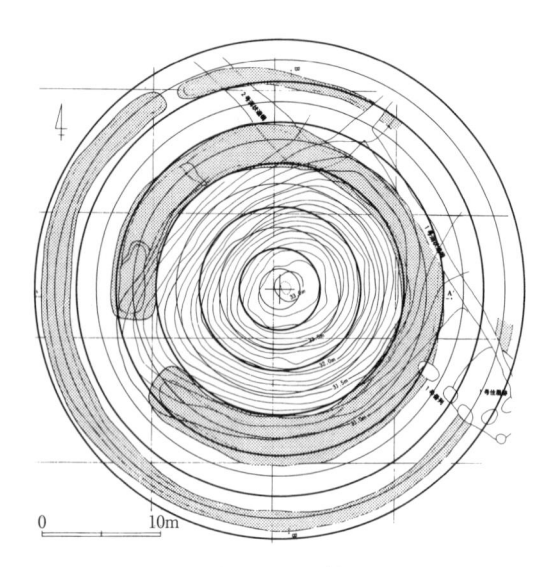

図8　正福寺1号墳12等分値円周図

松尾1号墳 山武市の松尾1号墳[10]は内外の周溝がそれぞれ1単位の幅、中堤が2単位の幅で、これは椎名崎2号墳と同じ平面構成である。箱式石棺はやはり4単位目の円周の外側に配置されていた。

この2基は6世紀後葉から7世紀前葉ころまでの築造とみられ、椎名崎2号墳、池向3号墳とほぼ同時期の変則的古墳ということになる（以上2基の円周図は拙論「円墳築造の企画性」によられたい）。

正福寺1号墳 成田市正福寺1号墳[11]（図8）は埴輪をもつ6世紀前半代の古墳で、周溝は幅広く、内外とも12等分値2単位の幅、中堤も2単位の幅をもっていた。12等分値2単位は上田氏提唱の6等分値1単位と同じ幅になるから、どちらが実際に基準単位として用いられたのかわからないが、12等分値説の障害にはならない。

大単位の存在の予測

竜角寺101号墳 ところが印旛郡栄町の竜角寺101号墳[12]（図9）には困った。12等分値はまったく適合しないのに（6等分値も同様）、石部氏らが提唱する8等分値だと内外周溝、中堤とも1単位の幅にぴたりと一致する。

千葉県の円墳には12等分値を基準単位とする築造企画が広く採用されていたという見とおしに水を注す検討結果といえる。12等分値と8等分値，2種類の基準単位の存在を認めなければならないのか。

しかしその後，実は24等分値こそ古墳設計の基準単位であることがわかってみると，竜角寺101号墳の周溝と中堤の幅は，24等分値3単位分に設定されたものと理解すればよいと納得され，問題は解決した。正福寺1号墳の場合は周溝と中堤が24等分値の各4単位の幅に設定されたものであり，池向3号墳などは2単位分の幅であったことはいうまでもない。

このような事例から，基準単位のほかに古墳の設計，施工の現場では，主丘部直径の24等分値という基準単位の2単位あるいは3単位，4単位を1区とする概略設計単位（＝大単位）が用いられていたこと，上田氏や石部氏らは，その概略設計単位を基準単位としてとらえておられたのだという理解へと展開する。

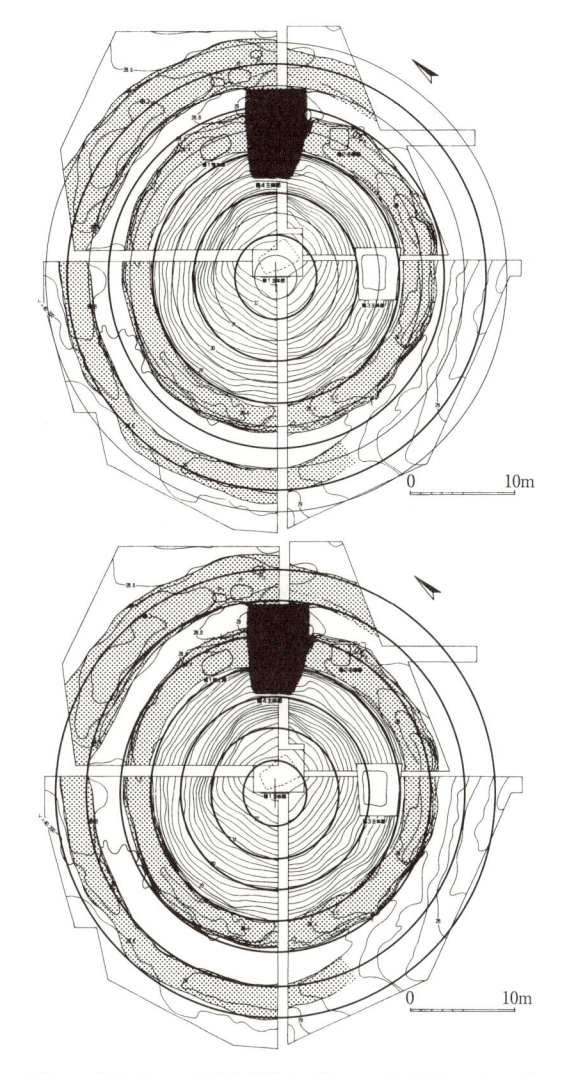

図9　竜角寺101号墳円周図（上：12等分値，下：8等分値）

多段築成の円墳

　池向3号墳の検討をとおして，千葉県（主にその北半部）の円墳に，直径の12等分値を1単位として墳丘や周溝を割りつける企画法の存在することが明らかになってきた。

　これが千葉県だけの地方的企画法なのかどうかという点が次の検討課題となる。ところが，計測点が多く求められる二重周溝円墳の発掘例は千葉県以外ではほとんどなく，その状況はいまだに変わっていない。

　資料的制約から，円墳の築造企画について全国的に検討するのは無理かと思いかけていたところ，これも千葉県の円墳の作図作業を行なう中で，墳丘の段構成を計測点として利用できるのではないかと着想し，円墳の企画性について全国的に検討できる道が開かれた。

　経僧塚古墳　山武市の経僧塚古墳[13]は，墳丘中段のテラスに樹立された人物埴輪列が完掘されたことで著名な古墳である。私も調査に参加した一人で，だから，この古墳が二重周溝をもつことは早くから知っていた。外縁施設（周溝，周堤などの総称）は発掘されていないが，周溝状のくぼみが二重にめぐっているのが地表から明瞭に観察されたからである。

　その後，千葉県教育委員会によって山武地区古墳群の測量調査が実施され，経僧塚古墳の測量図も整備された[14]。測量図を見ると，周溝状のくぼみが二重にめぐり，中堤状の高まりも一周している状況が等高線で明瞭に表現されており，企画性の判定が可能ではないかと思われた。

　作図してみると，墳丘直径41mほどと見たとき，二重の周溝と中堤はそれぞれ12等分値2単位の幅でめぐることが確認された（図10）。古墳の北側を通る林道は，外堀の外周線に沿うようにカーブしており，復元案の肯定材料になると思われる。最終的には発掘調査を待たなければ確定できないが，図のような当初プランをもっていた可能性は高い。

　経僧塚古墳の検討で，12等分値企画法によって設計された円墳の類例を一つ増やすことができたが，本当の収穫はほかのところにあった。

　この作図では，外縁施設だけでなく，墳丘部でも12等分値円周線との一致が認められた。墳丘第2段（上段）の裾は中心から3単位半，第1段（下段）の肩は5単位目の円周に一致し，テラスの幅は1単位半の幅となるらしい。テラス

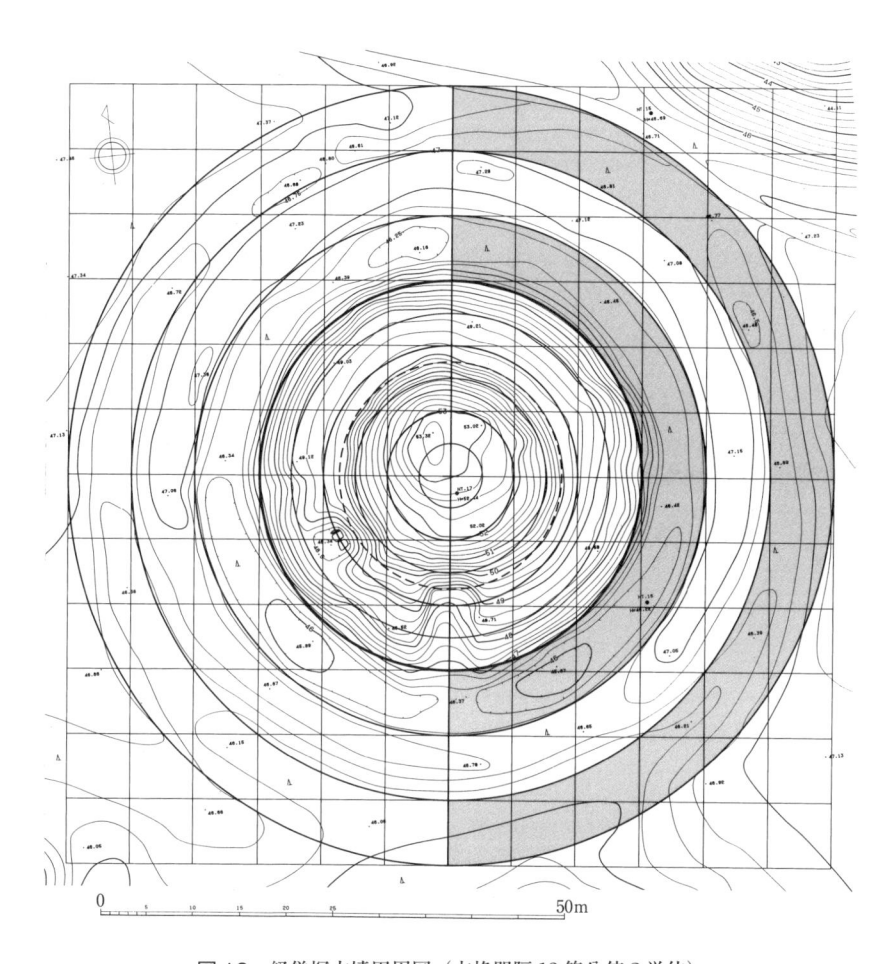

2 円墳の築造企画—6等分値から12等分値へ— 15

図10 経僧塚古墳円周図（方格間隔12等分値2単位）

上の埴輪列と，列の途中に設置された箱式石棺は中心から4単位目の円周上に配置されていた可能性が高い。

このような一致はとても偶然とは思えない。

全国規模での検討が可能に

池向11号墳などの作図作業の中でおぼろげながら感じていたことではあったが，経僧塚古墳の検討をとおして，外縁施設だけでなく，多段築成の古墳の場合，墳丘各段の裾や肩の線を計測点として使えることがはっきりした。これ

は非常に大きな発見であった。

　二重周溝の円墳は千葉県以外ではほとんど知られないが、多段築成の大型円墳は日本全国に多数存在する。段築を企画性判定の計測点として使うことができるなら、築造企画の検討対象は飛躍的に拡大し、全国規模での検討が可能となる。

　壬生車塚古墳　関東地方には、円墳としては全国最大の埼玉県丸墓山古墳をはじめ、直径40～50mをこえる大型円墳がかなり知られ、休日にはドライブがてらそうした古墳を訪ねる日々が続いた。

　栃木県壬生町の壬生車塚古墳は古墳時代終末期、7世紀前半の古墳で、円墳としては非常に珍しい3段築成の墳丘をもつ。国立歴史民俗博物館の測量調査報告[15]では直径82mと把握されており、この数値を基準に12等分値の円周図を作成してみた。なお、この82mという数値はのちに、私が提唱する古墳造営尺の60歩（82.2m）に一致することがわかった。

　12等分値円周図（図11）を描いてみると、墳丘第1段と第2段の斜面幅、1段目テラスの幅、周溝底面と周溝外壁斜面の幅がそれぞれちょうど1単位の幅でめぐることが確認された。2段目テラスの幅は半単位、第3段の斜面幅は1単位半とみられる。段の上の方では半単位の端数が出るが、これは段数が多いためであろう。

　このように、千葉県以外の古墳でも12等分値企画法が採用されていること、段築のある古墳では墳丘各段の裾や肩の線、テラスの幅などを企画性判定の要素（＝計測点）として使えることも確実となった[16]。

半単位の端数

　壬生車塚古墳では、2段目テラスの幅が半単位、第3段の斜面幅は1単位半というように、半単位ごとの割りつけが確認された。各段の裾や肩の線すべてが、中心から整数単位目の円周には一致していないということであるが、それはこの古墳が三段築成のための特例と考えた。

　3段築成の場合、合計6本の裾、肩の線を6本の12等分値円周線に一致させるという方法では、墳丘の斜面幅を3段とも1単位に、2面のテラスも幅1単位にするという割りつけしかできない。そのため、墳丘の安定構造を確保するため、あるいは見た目の安定感などを確保するためには半単位ごとの割りつけ

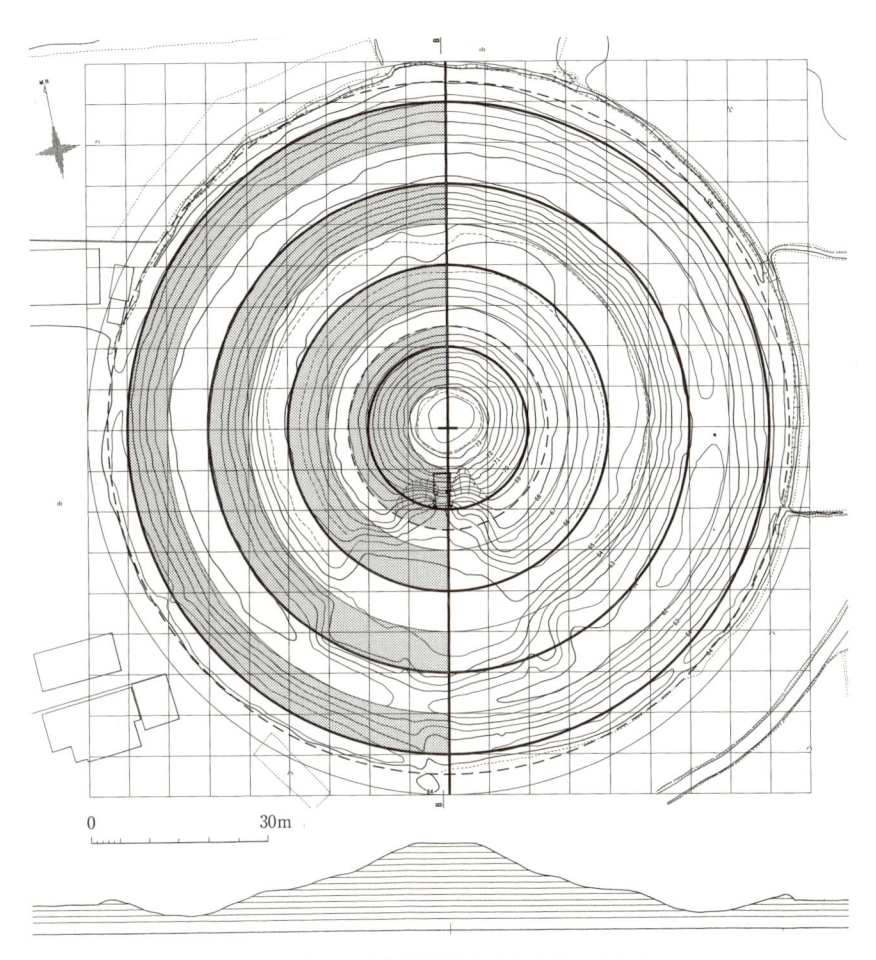

2 円墳の築造企画―6等分値から12等分値へ― 17

図11 壬生車塚古墳円周図（径60歩・82.2m）

をせざるを得なかったものと考え，あくまでこの古墳かぎりの特殊ケースとして済ませていた。

しかし考えてみると，2段築成の経僧塚古墳の場合も，その墳丘第2段裾は中心から3単位半に設定されていたのであり，その後の検討で，同じように第2段裾を3単位半に一致させる円墳が数多く確認されている。特に6世紀以降の円墳では，第2段裾を中心から3単位半に置くものが多くみられ，これは5世紀以前の古墳では4単位目に一致させるものが多いこととの大きなちがいで

あることには気がついており，円墳の形態上からの型式分類と編年が可能ではないかと考えた。

それでも，なぜ2段築成の円墳でそのような半単位きざみの割りつけが行なわれたのか，あまり深く考えてみることはなかった。

『古代学研究』の円墳特集

円墳の研究は前方後円墳にくらべかなり遅れており，それは築造企画の面にかぎったことではない。そのような中，古代学研究会ではその組織力によって全国の円墳に焦点を当てた調査を行ない，1990年に特集号が刊行された[17]。全国的に大型円墳の所在情報が共有化され，円墳研究の進展に寄与するところ絶大な好企画であった。

地域ごとに40人ほどの執筆者が所論を展開され，分布論のほか，規模（直径）のランキングから被葬者の階層性を探る試みも多くの方が行なわれている。これに反し，円墳の企画性については誰一人として論じられていない。

それも無理からぬことで，円墳といえば最も単純な墳形であり，墳丘裾の輪郭線だけ取りあげればすべて相似形であるから，型式の差異などつかめない。できることといえば，規模の格差からする階層性の把握や使用尺度の割り出し程度ではないかという認識が共通のものであったことがよくわかる。

この特集号を有効に利用させてもらい，同時に自身の研究テーマの独自性についてますます確信を抱いた。

注
1) 沼澤　豊『千葉東南部ニュータウン1　椎名崎古墳群（第1次）』㈶千葉県都市公社，1975年
2) 上田宏範「前方後円墳の築造企画と型式学的研究」『考古学ジャーナル』No. 150，1978年，3〜4頁
3) 上田『前方後円墳』233頁
4) この間の経緯については市毛勲氏が回顧しておられる。
市毛「鳴器としての弓飾り金具」『早実研究紀要』第39号，2005年，47〜56頁
5) 糸川道行ほか『佐倉市池向遺跡　佐倉第三工業団地造成に伴う埋蔵文化財発掘調査報告書ⅩⅡ』㈶千葉県文化財センター，1995年
6) 櫃本誠一「前方後円墳の企画とその実態」『考古学ジャーナル』No.150，1978

年，19～22頁
7) 江浦 洋「蔵塚古墳の築造企画に関する予察」『蔵塚古墳』㈶大阪府文化財調査研究センター，1998年，103～112頁
8) 市毛 勲「東国における墳丘裾に内部施設を有する古墳について」『古代』41号，1963年，19～26頁
9) ㈶印旛郡市文化財センター『財団法人印旛郡市文化財センター年報』14，1999年，41～42頁
10) 海保孝則『松尾城跡Ⅰ』『松尾城跡Ⅱ』㈶山武郡市文化財センター，1997年，1999年
11) 宇田敦司『千葉県成田市南羽鳥遺跡群Ⅰ』㈶印旛郡市文化財センター，1996年
12) 安藤鴻基ほか『千葉県成田市所在竜角寺古墳群第101号墳発掘調査報告書』千葉県教育委員会，1988年
13) 市毛 勲「千葉県山武郡成東町経僧塚古墳」『史観』第83冊，1971年
   なお，所在地は旧・成東町ではなく旧・山武町が正しい。
14) 千葉県教育委員会『千葉県重要古墳群測量調査報告書 山武地区古墳群（4）』1992年
15) 白石太一郎ほか「壬生車塚古墳の測量調査」『関東地方における終末期古墳の研究』国立歴史民俗博物館考古研究部，1990年
16) これからの記述でも，やや煩瑣なまでに墳丘の段構成について説明をしなければならない。墳丘斜面部とテラスの関係について詳しく論じられるようなことはこれまでなかったので，断面から見た墳丘各部の名称も確定的な用例はない。そこで，私は土木工事の現場用語なども参考に付図（図12）のとおりの名称を使用してきており，本書においても同様とする。

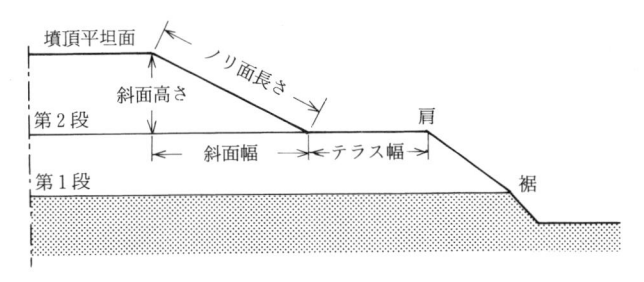

図12 墳丘各部の名称

17) 古代学研究会「列島各地域の円墳―主として大型円墳をめぐって―」『古代学研究』第123号，1990年

3　前方後円墳の後円部——24等分値にたどりつく——

最古期の円墳の企画性

　墳丘各段の裾や肩の線，テラスの幅あるいは埴輪列などを計測点として利用することにより，円墳における12等分値企画法の存在を立証する事例は格段に増加した。

　地域的には，東北地方から南九州まで，古墳築造の風が及んだほとんどすべての地域で同じ企画法が行なわれ，時期的には，中・後期はもとより壬生車塚古墳のような終末期の古墳でも採用されていることが確認された。

　それではこの企画法の採用はどこまでさかのぼるのかというと，今のところ『前方後円墳集成』[1]の編年（以下「集成編年」という）で3期とされる奈良市富雄丸山古墳やマエ塚古墳などが最も古い事例とみられる。

　富雄丸山古墳　この古墳は直径86ｍと報告[2]されているが，私の墳丘規格論（後述）によれば壬生車塚古墳などと同じ径60歩（82.2ｍ）の可能性が高く，その値の円周図（図13）を作成すると，墳頂平坦面の広さは半径2単位，第2段裾は4単位目，第1段の肩は5単位目の円周に一致して，テラスの幅は1単位となる。

　等高線間隔が50cmと粗いため各段の裾，肩の線の描出がやや不明瞭であるが，12等分値企画法で割りつけられているのはまずまちがいない。この古墳は現存していて，現況を観察すると中段テラスは明瞭に確認され，幅12等分値1単位（この場合は5歩，6.85m）の広さは十分ある。

　最古期の円墳ですでに12等分値企画法が採用されているとすると，これが円墳という墳形の登場とともに生み出された独自の企画法であるのか，それともそれ以前からあったものなのか検討する必要が生じる。円墳の成立以前ということになると，自然の流れとして最古期の前方後円墳の後円部はどうだったのかという検討作業へ向かうこととなる。

箸墓古墳の後円部

　円墳成立以前の前方後円墳としてはじめに取りあげたのは，集成編年1～3期に比定される古期の陵墓治定古墳（以下「陵墓古墳」という）4基であった。

3 前方後円墳の後円部—24等分値にたどりつく— 21

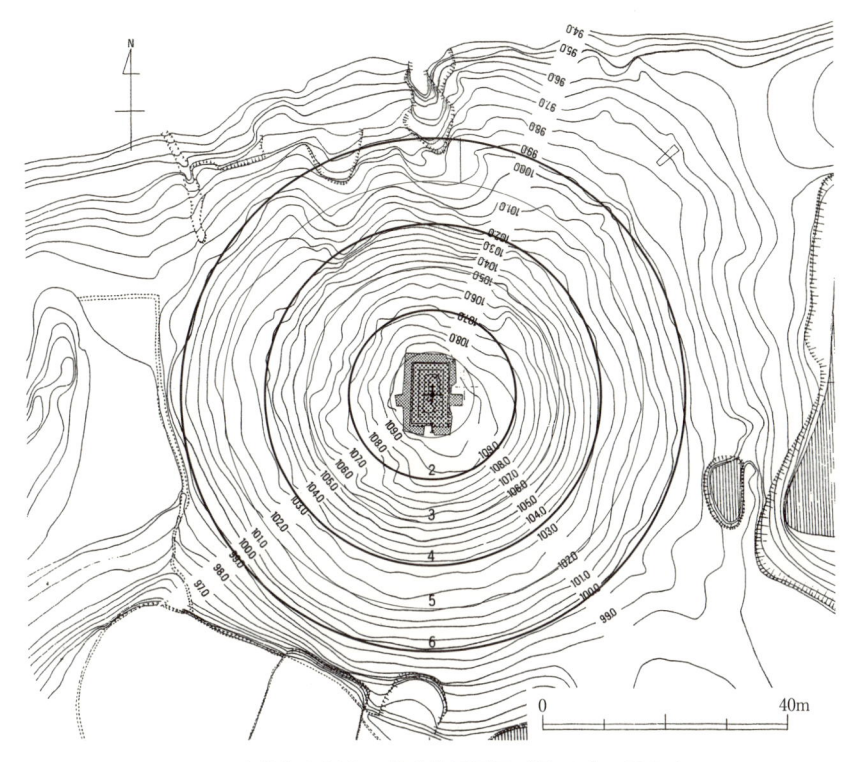

図13 富雄丸山古墳12等分値円周図（径60歩・82.2m）

箸墓古墳（現・倭迹迹日百襲姫命陵）は最古の前方後円墳と目されており，この古墳で確認されれば，12等分値企画法は古墳の成立とともにあったということになる。

　陵墓古墳の築造企画を検討するためには陵墓図が必要である。『陵墓地形図集成』[3]はまだ刊行されておらず，末永雅雄氏の著書[4]にのる縮小された図面が最良のものであったが，早く甘粕健氏[5]がそうされたように，できれば陵墓図の原図に当たって調べたいと思った。箸墓古墳の立体模型を作った国立歴史民俗博物館に陵墓図のコピーがあると聞き閲覧させてもらったところ，同館の杉山晋作氏から，公的機関なら宮内庁からコピーを頒布してもらえるかもしれないと教えてもらった。早速，当時勤務していた㈶千葉県文化財センターの図書室から照会してもらったところ頒布してもらえるとのこと，図書室資料と

して主な陵墓図原図の青焼きコピーを購入してもらった。

国立歴史民俗博物館の計測では箸墓古墳後円部の直径は158 mであるが，陵墓図コピーで検討したところでは，どうみてもこれよりは大きくて164 mないし165 mであった。この値で12等分値円周図を作成してみると，墳丘第1段から第4段まで，それぞれの裾線は半径6単位目から3単位目までの円周線（図14の実線）に一致することが確認された。

24等分値にたどりつく

良好な一致状況といえるが，第1段から第3段までの肩の線と，第5段の裾，肩の線に一致する円周はない。この古墳は5段築成ないしは4段築成の上に円形壇が1段のるという異例の構成をとる。合計10本の裾，肩の線を設定しなければならないから，6本の12等分値円周線では不足である。

池向3号墳での経験があったから，このときの結論は早かった。この古墳の基準単位は12等分値ではなく24等分値なのだと。

24等分値1単位間隔の円周線（図14の破線）を追加すると，各段の肩の線はそれぞれよく一致し，墳丘第1段から第3段までは墳丘斜面，テラスとも24等分値1単位の幅に設定されていることが確認された。

椎名崎2号墳の6等分値からはじまる検討作業だったが，24等分値が最終の到達点になろうとは思いもかけないことであった。

後円部3段築成の定式化

大和王陵区[6]（大和・柳本古墳群）では箸墓古墳に続いて西殿塚古墳（現・手白香皇女陵），行燈山古墳（現・崇神天皇陵），渋谷向山古墳（現・景行天皇陵）という3基の大王墳級の大型古墳が営まれた。

西殿塚古墳は特殊器台形埴輪をもち，箸墓古墳のすぐあとに築造されたとみられるが，この段階で早くも後円部の3段化が実現している。この古墳は斜面に立地するため墳丘と自然斜面との境界がはっきりせず，また行燈山，渋谷向山の2基も濠水の浸食などによって墳丘裾のラインがあまりはっきりしない。このため本来の後円部直径がなかなか確定できず，それぞれ様々な数値で何種類も円周図を作り検討した。その結果，24等分値円周線と墳丘各段とが最もよく一致したのが図15～17である。

西殿塚古墳 24等分値円周図によれば，西殿塚古墳の墳頂平坦面は半径4単

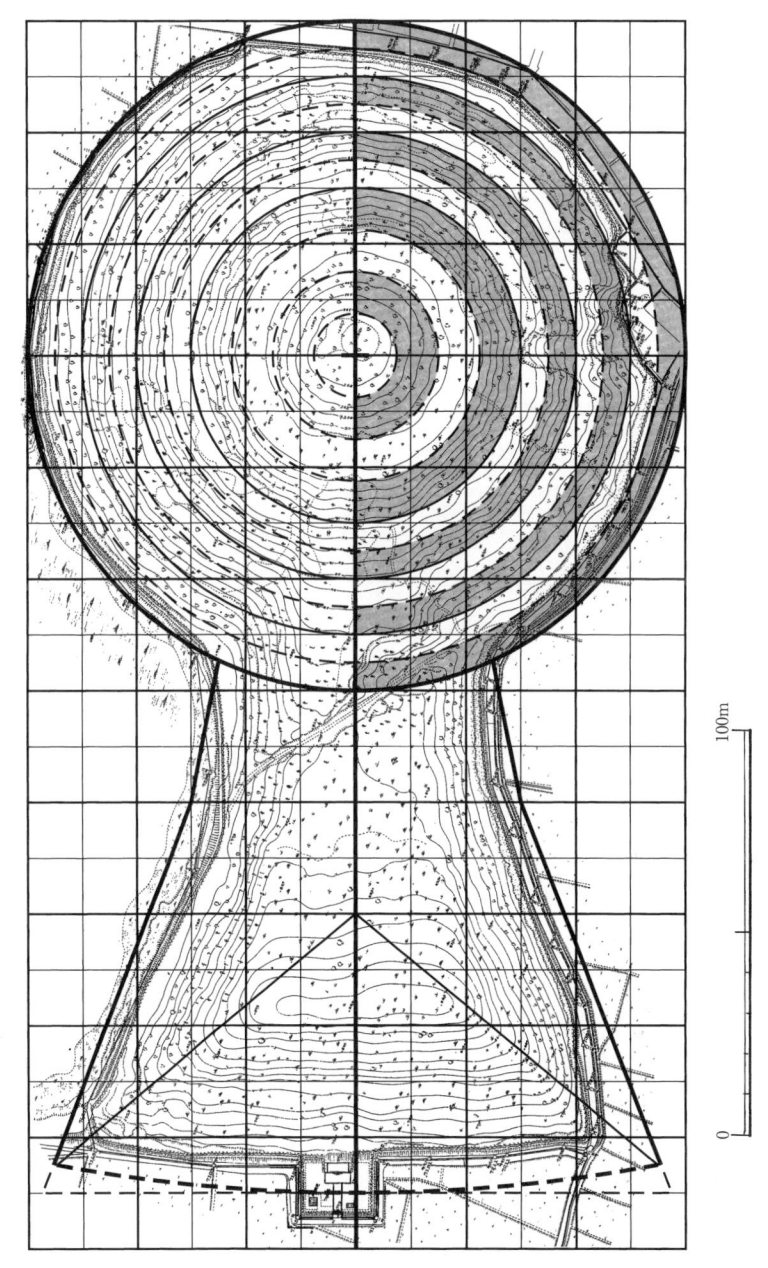

3 前方後円墳の後円部—24等分値にたどりつく— 23

図14 箸墓古墳企画図（後円部径120歩・164.4m）（原図：宮内庁書陵部蔵）

位，第3段裾は7単位目に一致する．2段目テラスは1単位の幅で一周する．第2段は斜面幅が左右で異なり，左側では2単位，右側は1単位，1段目テラスの幅は左右とも1単位なので墳丘第1段の斜面幅は左1単位，右2単位とこれも左右で異なる．墳丘第2段以下の左右の幅の相違は，後円部後背部でなだらかに移行するよう調整されていることが，等高線から見てとれる（図15）．

　行燈山古墳　この古墳の墳頂部も半径4単位と広いので，西殿塚のような方形壇があったのかもしれない．第3段裾は7単位目に一致，2段目テラスは幅1単位でめぐり，ここまでは西殿塚と同じ構成である．1段目テラスがやや不明瞭であるが，テラスの幅1単位，斜面幅は第2段1単位，第1段2単位とみられ，これは西殿塚の右側と同じ構成である（図16）．

　渋谷向山古墳　墳頂平坦面は半径3単位と縮小しているが，第3段裾は7単位目と変わらず，その分第3段の斜面幅が4単位と，先行2基より1単位大きくなっている．2面のテラスは共に幅1単位でめぐり，斜面幅は第2段1単位，第1段2単位となる（図17）．

古墳の定義

　24等分値円周線と墳丘各段とのこのような良好な一致状況を見ると，これを偶然の一致とみることは到底できない．すなわち，円墳が成立する以前，前方後円墳という墳墓形式が創出された時点で，すでに24等分値企画法が存在したこと，この企画法が古墳の成立とともにあったという歴史的事実を認めなければならない．

　逆にいえば，24等分値企画法によって設計された墳墓が古墳であるということであり，古墳とは何かという古くて新しい命題に対し新たな定義を提起することも可能と考えるが，最終的には，弥生墳丘墓において24等分値企画法を確認できないことが十分確定された段階で決着のつけられる問題といえよう．

基準単位と大単位

　円墳の築造企画の検討段階では，基本となる単位を墳丘直径の12等分値と考えたが，前方後円墳の後円部の検討によって，実は24等分値が真の基準単位であることがわかった．

　半径を決定しなければ円を描くことはできないから，半径を12単位にとるという，12進法に立脚した意識ないし技術体系下の所産といえよう．

3 前方後円墳の後円部—24等分値にたどりつく— 25

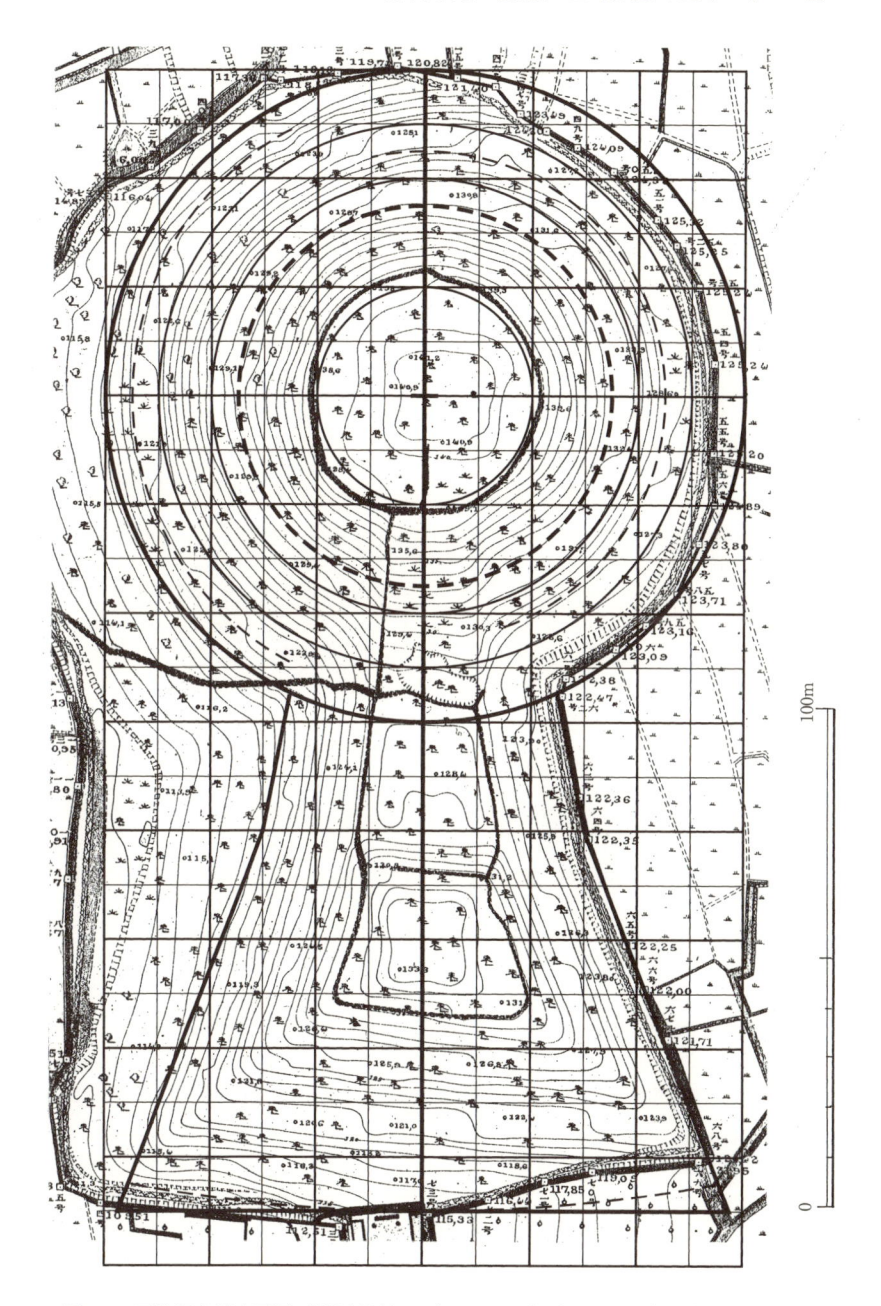

図15 西殿塚古墳企画図（後円部径96歩・131.5m）（原図：宮内庁書陵部蔵）

26　第1部　24等分値築造企画論

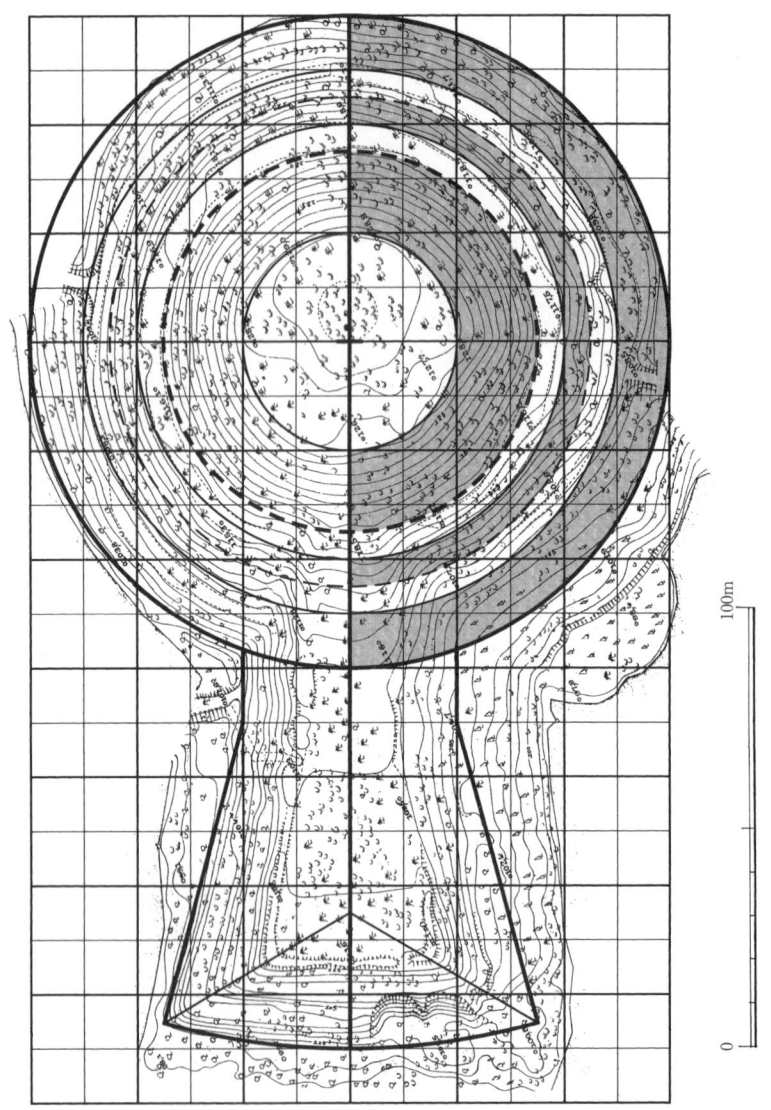

図16　行燈山古墳企画図（後円部径108歩・148.0m）（原図：宮内庁書陵部蔵）

　基準単位が墳丘直径の24等分値とわかったことで，それまで円墳の検討でいくつか疑問とされた問題が解消した．検討した多くの円墳の平面企画で，半径で半単位きざみの端数の出るものがあったが，24等分値に置きかえれば端数

3 前方後円墳の後円部—24等分値にたどりつく— 27

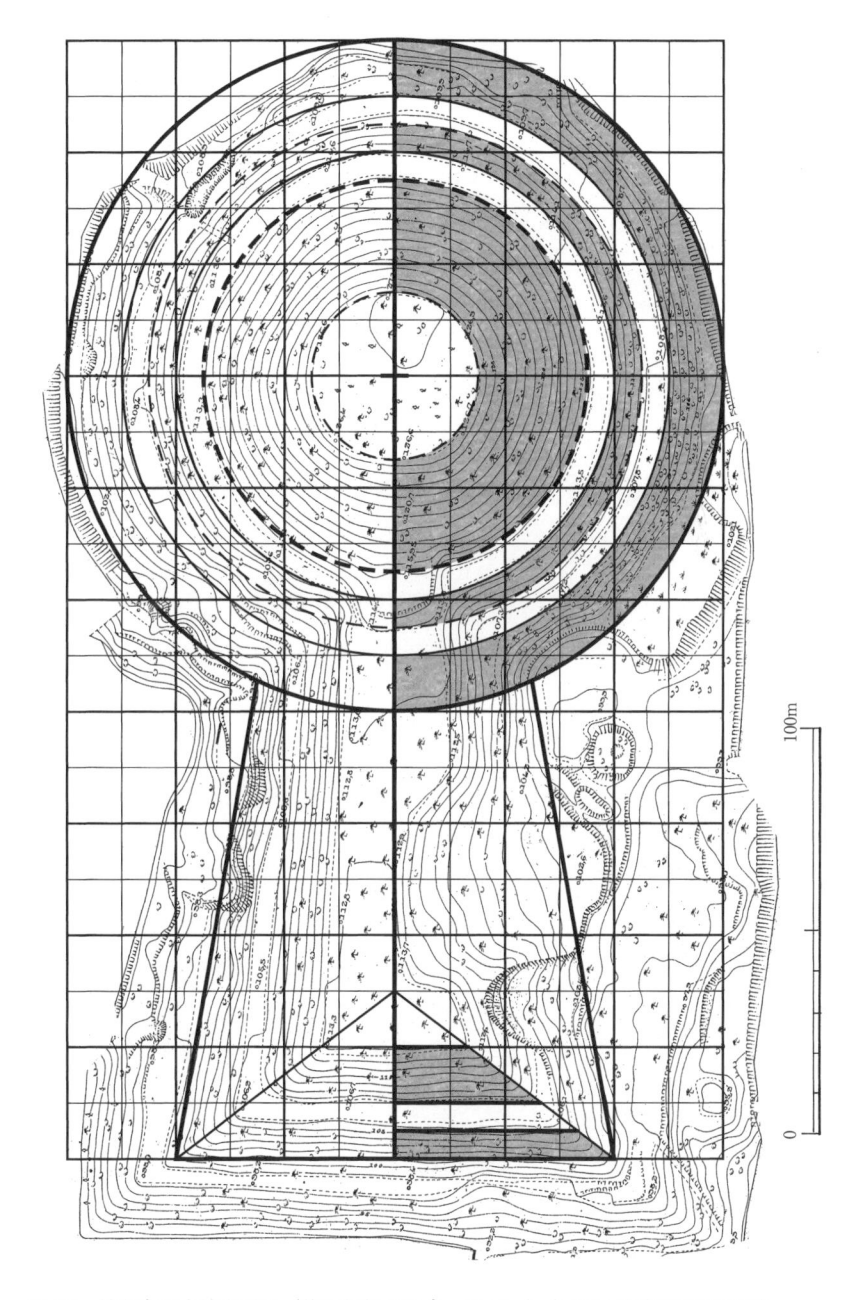

図17 渋谷向山古墳企画図（後円部径120歩・164.4m）（原図：宮内庁書陵部蔵）

はなくなり，各部の半径はすべて整数値になる。24等分値に置きかえれば平面の企画は整数値，高さの企画は整数値または半単位きざみの単位数で決定されていることがわかった。

内外の周溝および中堤の幅が，8等分値1単位の幅に一致し，12等分値ではまったく一致しなかった竜角寺101号墳の問題もこれで解決したことは先述のとおりである。

円墳築造の基準単位が24等分値であったことはまちがいないが，当初12等分値が基準単位ではないかと考えたように，円墳においては12等分値による割りつけと考えた方が，より適合性の高い古墳が多いことも事実である。椎名崎2号墳・池向3号墳・松尾1号墳などは，周溝や中堤幅，主体部位置などが12等分値との高い一致度を示し，24等分値の1単位きざみで割りつけられた部位はなかった。

これらの古墳における12等分値との一致を重視すれば，24等分値の2単位分を一つの単位，いわば「大単位」とする築造企画があったのではないかとの想定に導かれる。この大単位を「2単位区」ということにする。

竜角寺101号墳では，内外の周溝と中堤の幅がそれぞれ24等分値3単位であった。「3単位区」の存在を示す事実といえる。

正福寺1号墳の周溝と中堤は12等分値2単位，すなわち24等分値では4単位の幅をもつ。山梨県丸山塚古墳は，墳頂平坦面の半径および墳丘の上段と下段の斜面幅が24等分値の各4単位，周溝幅は8単位である[7]。「4単位区」の存在が示唆される。

24等分値を基準単位としつつも，平面構成の概略を決定するに際して大単位が使用されたことはまちがいない。古墳各部の概略的な割りつけにはその方が何かと便利だったのであろう[8]。数単位をまとめて1区とすれば，土量計算などの計算も容易になる。

円墳の場合は，今のところ2単位を1区とする割りつけが最も多く，主流であったと考えられる。ただし，すでに見たように多段築成の墳丘上段の裾・肩の線や高さの決定など，微妙な割りつけが必要なときは，最小単位の24等分値1単位きざみの企画が行なわれた。

上田氏らの基準単位は大単位

　前方後円墳の築造企画論においては，後円部直径の6等分値を基準とする上田宏範説と，8等分値の石部・宮川説が存在する．対立する説のようであるが，24等分値を基準単位としつつ，全体プランの決定に際し何単位分かを合わせた大単位が用いられたと考えれば問題は解決する．

　4単位区（6等分値）によって割りつけられた上田説に適合する古墳，3単位区（8等分値）による石部・宮川説に適合する古墳の両者が存在するのは事実である．後円部直径の大きさでならべて全国のベスト53の古墳の検討では，4単位区によって割りつけられたとみられる前方部長16単位の古墳が16基と最も多く，前方部長18単位という3単位区による古墳が12基とこれに次ぐという結果を得ている[9]．

　このように上田説や石部・宮川説に適合する前方後円墳が多く存在することは，4単位あるいは3単位を1区とする大単位によって古墳の概略設計が実際に行なわれていたことを示している．もちろん前方後円墳におけるこのような手法が先行してあり，それが円墳築造に当たって踏襲されたと考えるべきことはいうまでもない．

　ほかに，前方部長14単位という古墳も9基確認されており，これは2単位区によって割りつけられたとみるしかないであろう．

2単位区の例証

　2単位区が前方後円墳の設計に実際に使われていたことの例証となる発掘事例がある．京都府長岡京市の今里車塚古墳で，墳丘を完全に失っていたが，墳丘裾部の葺石基底石列が検出され，当初プランが復元されている．

　今里車塚古墳　この古墳で興味深いのは，葺石の基底石列に接して木製の柱痕が検出されたことで，柱の上には，周溝内で出土した笠形木製品がのせられていたらしい．

　発掘範囲で検出された柱は7本，柱間の距離は3.88m～4.06m，後円部中心点から測った柱間角度は約10度と一定しており，厳密な施工ぶりがうかがわれるという．報告者は，柱間角度からみて後円部全周では36本の柱が立てられていたと推定されている[10]（図18）．

　柱位置の決定法については言及されていないが，古墳中心から10度の開き

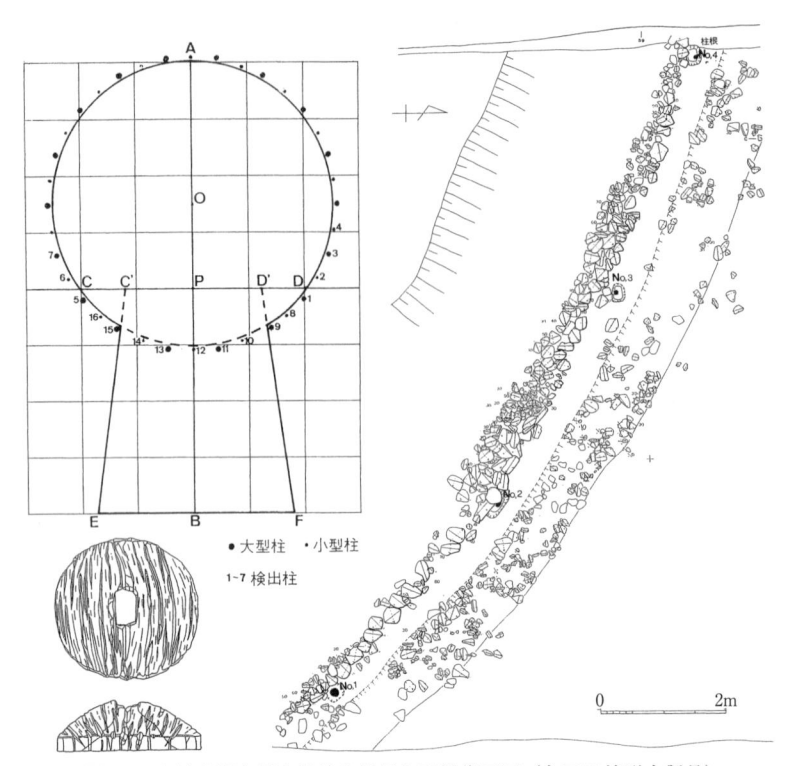

図18 今里車塚古墳木柱検出状況と配置復元図（左下は笠形木製品）

で放射状に縄を張り，墳裾線との交点に柱を立てたとは考えにくい。この方法では誤差がかなり大きなものになってしまいそうである。常識的に考えて，ある1点を起点として墳裾線の円周を等間隔に区切っていく方法が，簡便で正確な方法かと思われる。問題は，その間隔がどのように決められたかという点である。

円周を等分するためには，円周の長さを求める必要がある。今日では円の直径に円周率をかければよいこと（$2\pi r$）は初歩の数学知識であるが，古代中国においては，土地の測量などに当たり，直径の3倍を円周の長さとする簡便な方法が用いられたという[11]。

この方法が古代の日本にも伝わっていたと仮定した場合，私の築造企画論では直径は常に24単位であるから，円周の長さはその3倍の72単位となる。今

里車塚古墳の柱は36本であったから，2単位おきに立てられたということになる。この事実は，この2単位分の長さが1区で，直径は12区であったという可能性を示唆するものといえる。24等分値2単位分を1区とする大単位が用いられた証左と考えたい。

2単位区1区分の長さの現場用モノサシを使って，墳裾線の円周を区切っていったことが想定されるが，12進法にもとづく単位数の決定法によらなければ，12の倍数に円周を区切るというようなことは行なわれなかったであろう。10進法あるいは8進法では，このような割りつけにはならない。

注
1) 近藤義郎編『前方後円墳集成』全6巻，山川出版社，1991～2000年
2) 久野邦雄・泉森 皎『富雄丸山古墳』奈良県教育委員会，1973年
3) 宮内庁書陵部陵墓課『宮内庁書陵部陵墓地形図集成』学生社，1999年
4) 末永雅雄『日本の古墳』朝日新聞社，1961年
   『古墳の航空大観』学生社，1975年
5) 甘粕 健「前方後円墳の造営企画論と関東・東北の古墳研究」『前方後円墳の築造企画』関東・東北前方後円墳研究会，1999年，17頁
6) 大王墳と目される墳長200m超級の大型前方後円墳を含む古墳群を「王陵区」と呼ぶ。大和，佐紀，古市，百舌鳥，三島野（形成順）の5か所が王陵区と認められる。
7) 丸山塚古墳の円周図は沼澤「円墳築造の企画性」20頁参照。
8) 前方後円墳を設計し，土工計画を策定するためには今の方眼紙に相当するものが不可欠だったと思われるが，大単位を併用することで作図の簡便化が図られたものと考えている（この件に関しては後述）。
9) 沼澤 豊「前方後円墳の墳丘規格に関する研究（中）」『考古学雑誌』第89巻第3号，2005年，11，13頁
10) 高橋美久二ほか「長岡京跡右京第26次発掘調査概要」『埋蔵文化財発掘調査概報』1980第2分冊，1980年，73頁
11) ジョセフ・ニーダム『中国の科学と文明』第4巻，思索社，1975年，110頁
    ジョセフ・G・ジョーゼフ『非ヨーロッパ起源の数学』講談社，1996年，217頁

4 古墳の造営尺

4基の古墳による試算

箸墓古墳など大和王陵区の4基の大型古墳の検討によって，後円部直径の24等分値が古墳築造企画の基準単位であることが確認された。墳丘各段の裾や肩の線は24等分値円周線とよく一致し，各段の斜面幅やテラスの幅を単位数で把握できることもわかった。

4基の古墳では，墳丘第1段の肩より上の各段裾，肩の線が，半径12単位の円周線のうちのいずれかの線と一致していた。墳丘各段の裾，肩線を任意の単位数の円周線に一致させるという設計方式が行なわれていることは確実である。そうであれば，現況では必ずしもはっきりと視認できない第1段の裾線も，中心から12単位目の円周に一致している可能性は高い。

24等分値円周線を墳丘第1段の肩より上の計測点（裾，肩の線）に一致させる作図作業によって，築造当初の墳裾線を正確に復元する道が開かれたといってよい。

そのような作図作業によって築造当初の墳裾線が正確に復元できるなら，12単位目の円周が描く円の直径を測定すれば，それがその古墳の後円部規格，すなわち本来の計画値とみることができる。そのようにして得られた後円部直径の計測値群から，古墳の設計，施工に用いられた尺度の割り出しが可能となるだろう。このような観点から，箸墓以下4基の作図作業が終わった時点で，使用尺度の試算を行なってみた。

漢尺説

尺度推定の前提として，大型前方後円墳の造営，すなわち当時の国家的事業ともいえる大王墳の設計・施工には一定の尺度が使用され，それは中国の公定尺の系譜を引くものだったのではないかと考えた。

古墳ごとに長さの異なる「尋」という基準尺度が用いられたとする石部・宮川氏らの任意尺説[1]も知られるが，大型前方後円墳の築造には多数の集団が関わったはずであり，毎回使用する尺が変化するようでは分業はできないという小泉袈裟勝氏の指摘[2]はそのとおりだと思う。土量計算をはじめとする土工

計画の策定に当たり，前回のデータを参考とする上でも不便であり，経験の蓄積という面で，尺の不統一は致命的な欠陥となる。

古代中国では，田地など土地の丈量には尺よりも6尺1歩の「歩」程度の長さが単位として用いられた[3]。前方後円墳における使用尺度の研究で先鞭をつけられた甘粕健氏は，畿内の大型前方後円墳に6尺1歩の基準尺が用いられ，1尺値は4世紀の古墳では23cm前後であったと推定された[4]。

西村淳氏も，墳丘平面の企画には6尺を1歩とする単位系が使用され，前期古墳においては1尺23cm前後の漢尺の系統のモノサシが用いられ，最小単位は5歩と結論された[5]。氏は，箸墓古墳の後円部直径は120歩，1尺は22.88cmと推定されている。直径をメートルに換算すると164.736mとなり，私の測定値にきわめて近い。私の1単位は120歩の24分の1，すなわち5歩となり，西村氏の推定に一致する。

陵墓図によって私が計測した箸墓古墳の後円部直径は164m，これを120歩（720尺）とみると1尺の長さは22.78cmとなる。ほかの3基の後円部直径をこの1尺値で割ると，それぞれの直径および24等分値1単位の尺数，歩数は表1のようになった。

表1 使用尺試算表

古墳名	後円部直径			1単位長（24等分値）			1尺長
	m	尺	歩	m	尺	歩	cm
箸墓古墳 渋谷向山古墳	164 m	720 尺	120 歩	6.83 m	30 尺	5 歩	22.78cm ①
西殿塚古墳	132 m			5.50 m	24.14 尺	4.02 歩	22.78cm
		576 尺	96 歩		≒ 24 尺	≒ 4 歩	22.92cm ②
行燈山古墳	148 m			6.17 m	27.09 尺	4.52 歩	22.78cm
		648 尺	108 歩		≒ 27 尺	≒ 4.5 歩	22.84cm ③
						①②③の平均	22.85cm

西殿塚古墳の1単位長は4.02歩，行燈山古墳は4.52歩で，それぞれ4歩と4歩半に企画されている可能性の高いことがわかる。半歩きざみで，1単位長に変化をつけていたものと思われる（渋谷向山古墳は直径，1単位長とも箸墓古墳と同じ）。

西殿塚古墳の1単位長を4歩とみれば，その1尺の長さは22.92cmとなる。同じく4歩半の行燈山古墳では22.84cmとなる。箸墓古墳の尺との誤差はそれ

ぞれ1％未満で，4古墳の使用尺の平均値は1尺22.85cmとなった。

歩数調整

　この表で見るかぎり，私の想定のとおり後円部の単位数は24単位とあくまで一定とし，1単位の長さ（歩数）を調整することによって，後円部の全体規模に変化がつけられている可能性が高い。

　西村氏も，当初すべての古墳の後円部直径は1単位5歩の倍数で企画されたと考えたが，首長の階層性の表示手段として単位長を調節することもあったという考え方に変化しておられる[6]。

　同じように古市と百舌鳥の3大古墳について試算したところ，誉田御廟山古墳（現・応神天皇陵）と大仙陵古墳（現・仁徳天皇陵）の後円部直径はほぼ同規模で，2基の平均値は263.5 m，24等分値1単位は10.98 m，1尺22.85cmで計算すると48.01尺，歩数では8.01歩となり，1単位では8歩という完数が得られた。

　百舌鳥陵山古墳（現・履中天皇陵）も1単位6歩半という切りのよい値に設定されているとみられたが，これはのちに，これほどの大古墳では1単位の歩数が整数か，少なくとも半単位までの値に設定されているはずという予断による判定ミスであることがわかった（後述）。

　この試算では，箸墓古墳と渋谷向山古墳は直径120歩，尺に換算すると720尺となり，いわゆる完数に近くなる。これに対し，西殿塚古墳は96歩，尺数では576尺，行燈山古墳は108歩，648尺となった。完数にはほど遠い数値といえる。しかし，1単位長はそれぞれ4歩と4歩半と、切りのよい数値になっている。

完数のとらえ方

　96や108という数値はたしかに半端で，決して切りのよい数値とは思えない。しかしそれは私たちが10進法に慣らされているからであって，12進法にとってみれば決して半端な数ではない。96は12の8倍，108は9倍と基準数の整数倍であるから，12進法にとっては切りのよい数値ということになる。

　私が提唱している24等分値企画法は，後円部（主丘部）の半径を12単位とする設計法であるから，10進法ではなく12進法にもとづく技術体系下の所産であることは明らかである。

すでに述べたように上田宏範氏は，後円部直径を6単位とする築造企画が行なわれた背景に，中国を含む古代東方世界で10進法とともに12進法が広く行きわたっていたことを例示して説明されている。

　坂本太郎氏は，聖徳太子が定めた冠位の階数がなぜ12であったかという自問に対して，「支那古代より十二の数は基準数としての特殊なる意義を有していた」として，古典に現われた12基準数の類例を列挙して説明された[7]。古代日本においても12を基準数とする数の観念が根強く息づいていたことはたしかなことといえよう。

　子どものころ，プラモデルがはじめて国産化されてブームとなり私もそれなりに熱中した。国産品では飽き足らなくなり，当時アメリカでも最高品質を誇ったモノグラム社の製品などは垂涎のまとだったが，国産の飛行機模型はみな1/50や1/100というスケールなのに，アメリカやイギリスのキットは1/48，1/72というような半端な縮尺になっていて不思議に思った。これは米英ではメートル法ではなくヤード・ポンド法が使われ，長さの単位系のうち1フィートは12インチという12進法をとっているためで，4フィートあるいは6フィート（2ヤード）を1インチに縮小したものと聞いて納得した。

　6尺を1歩，300歩（1800尺）を1里とするように，古代中国においても12進法あるいはこれと関係の深い60進法にもとづく数観念が一種の技術的伝統として存在したことは疑い得ない。箸墓古墳の後円部直径が，12進法にとっても60進法にとってもきわめて切りのよい120歩に設定されているのも決して偶然ではあるまい。わが国の古墳づくりの現場にも，最初の古墳である箸墓の築造に際し，12を基準数とする数観念が中国人技術者によってもたらされた可能性は高いと考える。

12進法の由来

　詳しくは別稿[8]にゆずるが，私は，箸墓古墳は魏使・張政等の一員の手によって設計され，少なくとも後円部の完成まではその指導を受けて築造された卑弥呼の墓ではないかと考えている。

　魏志倭人伝によれば，正始8年（247年）に張政等が帯方郡から女王国へ派遣されている。複数の中国人が渡来したことは明らかで，狗奴国との紛争にともなって派遣された使節団であるから，軍事顧問団のような陣容をそなえたもの

だった可能性も高いとみれば，その中に野戦築城術などの土木技術に精通した技術者が含まれていた可能性は十分考えられる。張政等がその倭国滞留期間中に卑弥呼の死に際会したことは文献上疑う余地がない。

十二支をはじめ12を基準数とする数の観念が古代中国にもあったことはたしかであり，倭人伝に「自郡至女王国万二千余里」と実際とはかけ離れた里程数が記されているのもそのあらわれと思われる。「檄（げき）」は木簡に書かれた触れ文であるが，後漢代では長さ「尺二寸」に作るのが定式であった[9]。張政等は，帯方太守王頎の命で作った檄をもって倭の難升米を告喩し，倭に至ってのち共立された台与に対しても檄をもって告喩しているから，政等が12を基準数とする数の観念をもっていたことはまちがいない。

8を基準とする数観念

8等分値説を主唱される宮川徏氏は，8が基準数とされた理由として，①「八という数詞が古代日本人にとって特定の概念をあらわしていた」，②「古代中国で天子が祖霊祭祀の習俗として行った『八佾の儛』（8人が8列にならんで64人で群舞する）などが，古墳祭祀とその規格性に思想的な影響をあたえていた」ことの2点をあげておられる[10]。

①については，たしかに神代記を見れば大八島，八百万神，八咫鏡，八俣大蛇，八稚女など八の字のつく字句が頻出して，この数が一種の聖数，基準数とみなされていたことをうかがわせる。このような数観念が古くさかのぼる証拠といえるかもしれないが，必ずしもそうとはいえない。

推古朝と天武朝の冠位制の相違に関して青木和夫氏は，推古朝の冠位十二階は6つの徳目を大小に分けることから出発したのに対し，天武朝の浄御原令制は8つの徳目を細分して六十階としたとして，「基準数が六，これを更に分解すれば三という，中国で古くから尊重された数に帰着する分け方から，基準数が八，すなわち天武八姓とか二官八省とか，このころ整理され造作された神話の八百万とか大八州等々の八に換え（中略）階数を増加した」（傍点引用者）と述べられている[11]。

8を基準数とする数観念は7世紀後半にはじまり，それ以前は6ないし12が基準数とされていたことを明解に指摘されたものである。その慣行は古墳時代開始期までさかのぼると私は考える。

②については，皇極紀に蘇我蝦夷，入鹿父子がこの舞を行なわせたとあるが，この記事は蘇我氏を悪者に仕立てるための，『論語』巻二に依拠した書紀編者の捏造であることが定説化[12]しており，このとき実際に行なわれた可能性は低く，それ以前に大王の行事として倭国に定着していた様子もうかがわれない。いずれにしても八佾の儛をもち出すのは発想に飛躍がありすぎるように思われ，8等分値説の理由づけとしては2点とも根拠薄弱の感は否めない。

使用尺推定法

使用尺度推定の方法として誰もが採用されているのは，

　　　計測値Ⓐ÷想定尺数Ⓑ＝使用尺の1尺値Ⓒ

という計算式である。方法としてまちがいではないものの，これまで古墳造営尺について定説として広く承認されたものはなく，いまだに諸説乱立ともいうべき状況にある。

その原因として，第一に計測値Ⓐの測定の不正確さがあげられるが，この問題についてはあとで触れる。もう一つの大きな問題が想定尺（歩）数Ⓑの設定の仕方である。想定尺（歩）数については通常，完数（切りのよい数値）があてられる。

森浩一氏は，広大な土地に何かを建設するとき土地の制約さえなければ，「南北300メートル，東西200メートル……というような長さのとり方をするのが普通で，南北292メートルに東西247メートルというような長さのとり方をすることはまずない。こういう感覚は古代でも同じであったのではないか」として，畿内の大王墳級大型前方後円墳の墳長として千尺または数百尺単位の完数をあてて晋尺説を導かれている[13]。

既往の尺度論の多くは同様の前提に立って自身の推定尺を導こうとするもので，完数を10進法にとって切りのよい数値とする点で異なるものではなく，正しい結論に達し得なかった大きな原因になっている。

私の試算の結果は，後円部規格（直径）の「歩数」は12の倍数となっていた。1単位の歩数を整数とした場合だけでなく，半単位の端数がある場合も主丘部規格はその24倍で，12の倍数となる。

その後の検討で，1単位の長さは2歩1/4のように実は1/4歩きざみで調整されていることがわかった。その場合の主丘部規格は6の倍数となり，これも

12進法にとっては切りのよい数値といえるが，いずれにしても10進法的には半端な値となる。

　10進法にとって切りのよい数値を完数とみなす尺度論では，実際の古墳造営尺にはついに到達し得ないであろう，というのがこの問題に関する私の結論である。

古墳尺の存在

　ここまでのささやかな検討によって，畿内の代表的な前期古墳では1尺22.8cm前後の尺が使用された可能性が高まったと考えたが，その後，陵墓古墳をはじめ多数の古墳について円周図による検討を行なったところ，同じ1尺値の使用が確認された。結局，4基の古墳による試算から導き出された1尺22.85cmという値は修正する必要がなかった。

　1尺が22.8cm前後の尺は，中国では漢代の尺に近い。出土資料で見ると，戦国から前漢のモノサシは23.1～23.2cmのものが多い。後漢のモノサシは23.6～23.7cmのものが多く，前漢と後漢の出土尺の平均は23.4cmとなるが，寧夏回族自治区の後漢墓出土の22.95cmという23cm以下の例も知られる[14]。22.8cm前後という長さは，秦漢代の尺は「平均23cm，その出入りは5mm前後」[15]とされる範囲内にはおさまる。後漢の尺としてはかなり短い部類に入るが，箸墓古墳以降の使用尺が漢代の尺に由来するものであった可能性は高い。

　周知のとおり，甘粕健氏は4世紀の古墳には1尺23cm前後の尺，5世紀途中から25cm～26cmの尺，6世紀前葉からは35cm前後の尺というように，東亜の政治状況に対応して使用尺度も変化した[16]と考えておられる。魅力ある説であるが，完数のとらえ方に問題があり，また後述するように誉田御廟山古墳，大仙陵古墳など材料とされた古墳の墳丘規模の把握にも首肯しがたい面があって，5世紀以降の使用尺の変化について賛意を表することはできない。

　あとで述べるように，24等分値企画法とともに，私の推定尺の使用が5世紀以降も存続したことは明らかである。古墳時代を通じて古墳の造営に一貫して使われたこの尺を「古墳尺」と呼ぶこととしている。

円墳の使用尺

　箸墓など4基による試算に続いて，円墳についても同じ尺が使用されてはいないか試算してみた。

山形県菅沢2号墳の1単位は1歩半，山梨県丸山塚古墳と埼玉県金鑽神社古墳が2歩，壬生車塚古墳と奈良県鑵子塚古墳が2歩半と完数が得られ，24等分値または12等分値の歩数が整数または半単位となるものは，企画性の検討を行なった大型円墳15基のうちの10基となった。

例数は少ないものの，円墳においても大型前方後円墳と同じ尺度が使用された可能性の高いことがわかった。こうして使用尺度の見通しも立ったので，円墳の築造企画について卑見をまとめ「円墳築造の企画性」[17]と題して小論をまとめた。

円墳にも築造企画があるのではないかと着想してから4半世紀，ずっと気にかかっていた問題にようやく一応の区切りをつけることができた。

古墳尺の1尺値

上記の論考が刊行されて間もないころ，日本計量史学会会長（当時）の岩田重雄氏から拙宅に電話があった。拙論に対する感想を述べられた上，計量史学会で発表するようお勧めをいただいた。そのときは考えがまだ未成熟なのでとお断わりしたが，お話しするうち3桁の数字（164 mのような）から割り出された基準数は同じ桁数（3桁）としなければならないとの御指摘をいただいた（理由については聞きそびれた）。

私も，古墳の築造企画検討のための基準尺としてはミリメートルまでの値で十分と考えていたが，最初の試算で割り出された数値の小数点以下2桁目が5という中間の数で，四捨五入して22.9cmとすべきか，切り捨てて22.8cmとすべきか悩ましく，これまで22.85cmという4桁の数字を1尺値としてきた。ただ，従来から1歩（6尺＝1.371 m）は1.37 mと3桁の数値としてきた。

そろそろ1尺値も3桁にしようと思う。四捨五入して古墳尺1尺は22.9cmとしたい。中国出土の漢尺の平均値（23.4cm）にも近くなる。22.85cmとの差は0.2%強という微差であり，この程度の差は私の作図法では判別できない。22.9cmの6倍は1.374 m，小数点以下3桁で四捨五入しても1.37 mで，従来の1歩の値と変わらず，すでに発表してきた墳丘規格値の序列表にも影響しない。今後，古墳尺1尺は22.9cmとして論をすすめることとしたい。

作図法の精度

私の作図法の精度では，1%以下の誤差は検証できない。前方部も含めた墳

丘全体の一致状況を等分値企画図でみた場合，誤差が1％をこえると判定できるようになってくる（測量図の精度にもよるが）。

　後円部で等分値円周線と各段裾・肩線とを一致させ，これを基準に墳丘全体に方格線を加えた「等分値企画図」を作成したとき，後円部規格の推定値に1％以上の誤差があると，前方部前縁部の墳丘各段裾や肩の線と，等分値方格線との一致度が悪くなる。2％もちがえば方格線との不一致は歴然たるものがあって，説得性のある企画図を作成することができない。

　従前の尺度論では，自身の推定尺を認定する際の誤差率の上限を3％とするもの[18]や，2.5％以内の誤差内にあれば「極めて良く一致している」[19]とみるような認識が知られる。しかし，私の作図法の精度からすれば，2.5％もちがっては，よく一致しているなどとはとてもいうことができない。

　大仙陵古墳など墳長400mをこす古墳では，2.5％の誤差は10m以上となる。200m級古墳でも5mの誤差となり，24等分値企画図ではテラスの幅1本ほどの誤差となって現われる。いくら千数百年前の技術レベルとはいえ，当時の最高度の技術が結集されたであろう大王墳の造営がそのように杜撰なものであったとは思われない。

　後述のとおり，王権が決定する墳丘規格には大きな政治的意味がこめられていたはずで，大王墳以下中央，地方の首長墳は，王権から指定されたとおりの墳形と規模で正確に仕上げられなければ意味がない。古墳は計画されたプランどおり，専門的造墓技術者（集団）によって正確に築造されているものであり，特に大型古墳についてそれはいえる。

　宮川徇氏による縄張り（地割り）の実験研究の成果[20]（後述）なども参考にすれば，その施工誤差は1％未満とみるべきであろう。

　注
1）　石部ほか「畿内大型前方後円墳の築造企画について」3〜4頁
2）　小泉袈裟勝『ものさし』法政大学出版局，1977年，138頁
3）　小泉袈裟勝「東洋尺度史の諸問題」『日本歴史』第351号，1977年，29〜32頁
4）　甘粕　健「前方後圓墳の研究　その形態と尺度について」『東洋文化研究所紀要』第37冊，1965年，78〜86頁

5) 西村　淳「畿内大型前方後円墳の築造企画と尺度」『考古学雑誌』第73巻第1号，1987年，59～60頁
6) 西村　淳「前方後円墳の築造規格　初現期から前期について」『情報考古学』Vol. 1（1），1995年，15～17頁
7) 坂本太郎「冠位十二階補遺」『大化改新の研究』（坂本太郎著作集第6巻），吉川弘文館，1988年，137頁
8) 沼澤　豊「前方後円墳の墳丘規格の研究（下）」『考古学雑誌』第89巻第4号，2005年，3～7頁
9) 佐伯有清『魏志倭人伝を読む（下）』吉川弘文館，2000年，154～157頁
10) 宮川　徏「墳丘・石室にみる規格性」『古墳時代の研究』第7巻，雄山閣出版，1992年，131頁
11) 青木和夫「律令国家の権力構造」『岩波講座日本歴史』3，1976年，17頁
12) 門脇禎二『蘇我蝦夷・入鹿』吉川弘文館，1977年，115頁
　　加藤謙吉『蘇我氏と大和王権』吉川弘文館，1983年，49～50頁
13) 森　浩一『古墳の発掘』中央公論社，1965年，84頁
　　森氏の尺度研究に関して小泉袈裟勝氏は，魏志倭人伝に卑弥呼の墓を径百余歩と記すように，墳丘には尺ではなく歩が用いられたとみるべきであるのに，「ある尺の五十とか百とかの十進的完数の追求に専念されてしまったのは残念」と評されている。
　　小泉「東洋尺度史の諸問題」32頁
14) 中国国家計量総局主編『中国国家度量衡図集』みすず書房，1985年
15) 小泉『ものさし』22頁
16) 甘粕「前方後圓墳の研究　その形態と尺度について」99～109頁
17) 沼澤　豊「円墳築造の企画性」『研究連絡誌』第56号，㈶千葉県文化財センター，2000年，1～60頁
18) 西村「畿内大型前方後円墳の築造企画と尺度」48頁
19) 新井「古墳築造企画と代制・結負制の基準尺度」36頁
20) 宮川　徏「前方後円（方）墳の設計と尺度」『季刊考古学』第3号，1983年，26頁

5　墳丘の規模と序列——墳丘規格の復元的把握法——

第3段裾7単位目の原則

　次の論文は同じ年に「円墳の規模と序列」と題して発表した[1]。円墳の墳丘規模（直径）をいかに正確に把握するか，その方法について検討し，その結果，円墳においても24等分値1単位当たり古墳尺の1/4歩きざみの調整が行なわれ，直径ではその24倍の6歩ずつ差のある限定的な墳丘規格の序列が存在することを明らかにした。小型規格では1単位1/8歩，直径では3歩差の微調整も確認された（表2）。

　そのように結論した背景には，円周図による円墳自体の検討のほかに，その結果を支える，前方後円墳の後円部規格に関する検討の成果があった。円墳の墳丘規格の問題については上記の論文にゆずり，ここでは前方後円墳の後円部規格をどのように正確に把握するか，たどりついた方法を説明したい。

　さきに箸墓古墳以下4基の後円部の企画性について触れたが，西殿塚古墳など3段築成となって以後の3基は，第3段裾が7単位目の円周に一致していた。この特徴は，それ以外の大型古墳においても同様であることが，作図作業を推進する中で明らかになってきた。若干の例外[2]をのぞいて，畿内の3段築成大型前方後円墳では，第3段裾を7単位目とする原則が存在したと確信するようになった。

　第3段裾線を7単位目に置く原則があったとすると，本来の墳裾線が様々な事情で浸食された古墳についても，第3段裾に7単位目の円周が一致する円周図を作成すれば，その12単位目の円周を当初の墳裾とみなし得ることに思い至った。そのようにして求められた後円部の当初規格（直径）の計測から，複数の古墳が同一直径となり，また異なる直径の場合その差がどれも8m強，あるいはその整数倍の値になることが判明した。

　結論として，すでに述べたように，墳丘規模の決定には古墳尺の6尺を1歩（1.37m）とする「歩」という単位が用いられ，1単位当たり1/4歩きざみの歩数調整によって，直径ではその24倍の6歩（8.22m）ずつ差のある，限定的な墳丘規格の序列（ランキング）が存在することが確認された。また，古墳尺の

表2　円墳の墳丘規格表（造出付円墳を含む）

ランク	墳丘規格(主丘部)	1単位長	古墳名 前期	古墳名 中期	古墳名 後期	古墳名 終末期
20	78歩 106.9m	3歩1/4 4.45m			丸墓山(埼玉)	
21	72歩 98.6m	3歩 4.11m		小盛山(岡山)		
22	66歩 90.4m	2歩3/4 3.77m		車塚(茨城) コンピラ山(奈良)	富士山(栃木) 甲山(埼玉)	
23	60歩 82.2m	2歩半 3.43m	富雄丸山(奈良)	免鳥長山(福井) 近内鑵子塚(奈良)		壬生車塚(栃木) 下石橋愛宕塚(栃木)
24	54歩 74.0m	2歩1/4 3.08m		高鷲丸山(大阪) 御塔山(大分)	三杢山(埼玉)	丸塚(栃木)
25	48歩 65.8m	2歩 2.74m	丸山塚(山梨)	金鑽神社(埼玉)		
	45歩 61.7m	1歩7/8 2.57m			姫塚(千葉)	桃花原(栃木)
26	42歩 57.5m	1歩3/4 2.40m	小田中親王塚(石川)		権現塚(福岡)	塚穴山(奈良)
27	36歩 49.3m	1歩半 2.06m	秋葉山(静岡) マエ塚(奈良)	菅沢2号(山形) 佐味田坊塚(奈良)		
28	30歩 41.1m	1歩1/4 1.71m		八幡山1号(広島)	観音塚(栃木) 陵山(和歌山)	越塚(奈良) 牧野(奈良)
	27歩 37.0m	1歩1/8 1.54m		近内丸山(奈良)	池向11号(千葉) 鬼の窟(宮崎)	
29	24歩 32.9m	1歩 1.37m		舞鶴山1号(長野)	池向3号(千葉) 後野円山(京都)	祝堂(群馬)
	21歩 28.8m	7/8歩 1.20m		寛弘寺5号(大阪)		
30	18歩 24.7m	3/4歩 1.03m			椎名崎2号(千葉) 竜角寺101号(千葉)	
	15歩 20.6m	5/8歩 0.86m			正福寺1号(千葉)	
31	12歩 16.6m	1/2歩 0.69m				

＊　記載古墳は円周図を発表済みのものにかぎった。
＊＊時期区分は前方後円墳集成編年4期までを前期，5～7期を中期，8～10期を後期とした。

1尺値については，箸墓以下4基から最初に算出された1尺22.9cmを変更する必要のないことも明らかとなった。

既往の計測値への懐疑

　古墳造営尺の問題がこれまで解決しなかった大きな要因として，さきに述べ

た完数のとらえ方という問題のほかに，濠水の浸食などのため本来の墳丘裾部が正確に把握できず，使用尺推定の基礎となる「計測値」が不確実なものだったことがあげられる。

墳丘規模の把握が論者によって異なる実例として，百舌鳥，古市王陵区の3大古墳の例を示しておきたい。表3に見られるとおり，諸家の計測値間でかなり相違する部分と，逆に奇妙に一致する部分とがある。前者は計測点のとらえ

表3　百舌鳥，古市3大古墳計測値比較表

番号	計測者	大仙陵古墳			誉田御廟山古墳			百舌鳥陵山古墳		
		墳長	後円径	前幅	墳長	後円径	前幅	墳長	後円径	前幅
1	梅原末治	475	245	300	415	267	330	364	203	237
2	甘粕　健	486	249	305	419	250	291	365	204	236
3	石部ほか	486	243	304	416	256	304	364	208	234
4	上田宏範	486	249	305	417	259	310	365	205	237
5	中井正弘	486	249	305	425	—	—	360	205	237
6	当該市刊行文献	486	249	306	425	250	300	363	203	237
7	前方後円墳集成	486	249	305	425	250	300	360	200	237
8	沼澤　豊	493	263	307	417	263	307	370	222	240

＊メートル以下の計測値は四捨五入した。

方の相違によって当初規格の把握がかなり異なってしまうことを如実に示し，後者は先行の数値を検証することなく採録されることがまれではないことを物語るものと解される[3]。

また，百舌鳥の2基はほとんどの計測箇所について，その数値が私の把握する値より相当小さいことからみて，当初の墳裾線を復元的に把握する方法によらず，基本的に現況（陵墓図作成時点）の汀線で墳丘規模をとらえているものと推測される。

正確な墳丘規模および築造企画を把握するためには，濠水の浸食などのため目視できない本来の墳丘裾線を，合理的に説明可能な方法で推定して計測する「復元的把握」が不可欠となる。

甘粕健氏は古墳造営尺の推定のためには墳丘のどの部分を計測すべきかという自問に対し，周濠の水位の変化などについて様々に検討された上で，結局は

「大まかにみればその水位に根本的な変化はなかった」とみて「現在の水面のプランは當初の企劃にかなり近い」ことから,「湟の水面に現れた部分の長さを採るべきである」と結論された[4]。その真摯な取り組みにもかかわらず,尺度割り出しの基礎となる計測値の把握には根本的な問題があったといわざるを得ない。

中心点と半径の推定復元

当初の墳裾線が失われた古墳のうち,円墳や前方後円墳後円部の直径を推定復元する際には,比較的遺存度のよさそうな2点間を求めて計測するのが通常行なわれている方法であろう。より正確な計測値を求めるには,墳裾の推定円周線を描き,その直径を測ればよい。その場合,推定円周の中心が古墳施工時の中心点と一致し,なおかつ半径も一致するとき,正確な復元計測ができたということになる。

この2つの条件のうち,中心点を求める作業は比較的容易である。墳裾は失われていても,墳丘第1段の肩より上のラインは旧状をとどめる場合が多く,複数の円周から中心点を収斂させ,正確なポイントが求められる。

問題は半径の求め方であるが,私の方法では,中心点から第3段裾までの距離7に対し,中心から12/7の長さの線分を求めれば施工時の半径が得られることになる。

このような作業によって復元的に計測された3段築成の畿内大型前方後円墳の後円部直径は,先述のとおり古墳尺の6歩(8.22m)きざみに配列された。このような事実から,墳裾が浸食された古墳についても,当初の直径がこのような後円部規格値の序列表中の,いずれかの値に一致すると仮定することによって,その推定作業を容易に行なうことができる。

百舌鳥陵山古墳の後円部

作図作業の実例として百舌鳥陵山古墳(現・履中天皇陵)の企画図を示す。諸家による後円部の計測値は直径200〜208mで,古墳尺150歩(205.5m)が第一候補となるが,この値の円周図では各段裾,肩の線と円周との一致が見られない。1ランク上の156歩(213.7m)では幾分良好な一致が見られ,一度これを当初規格とみて企画図を発表したことがある。ただ,その図では前方部前面のテラスが1単位方格線間におさまらず,半単位ほどのズレがあって,結果と

46　第1部　24等分値築造企画論

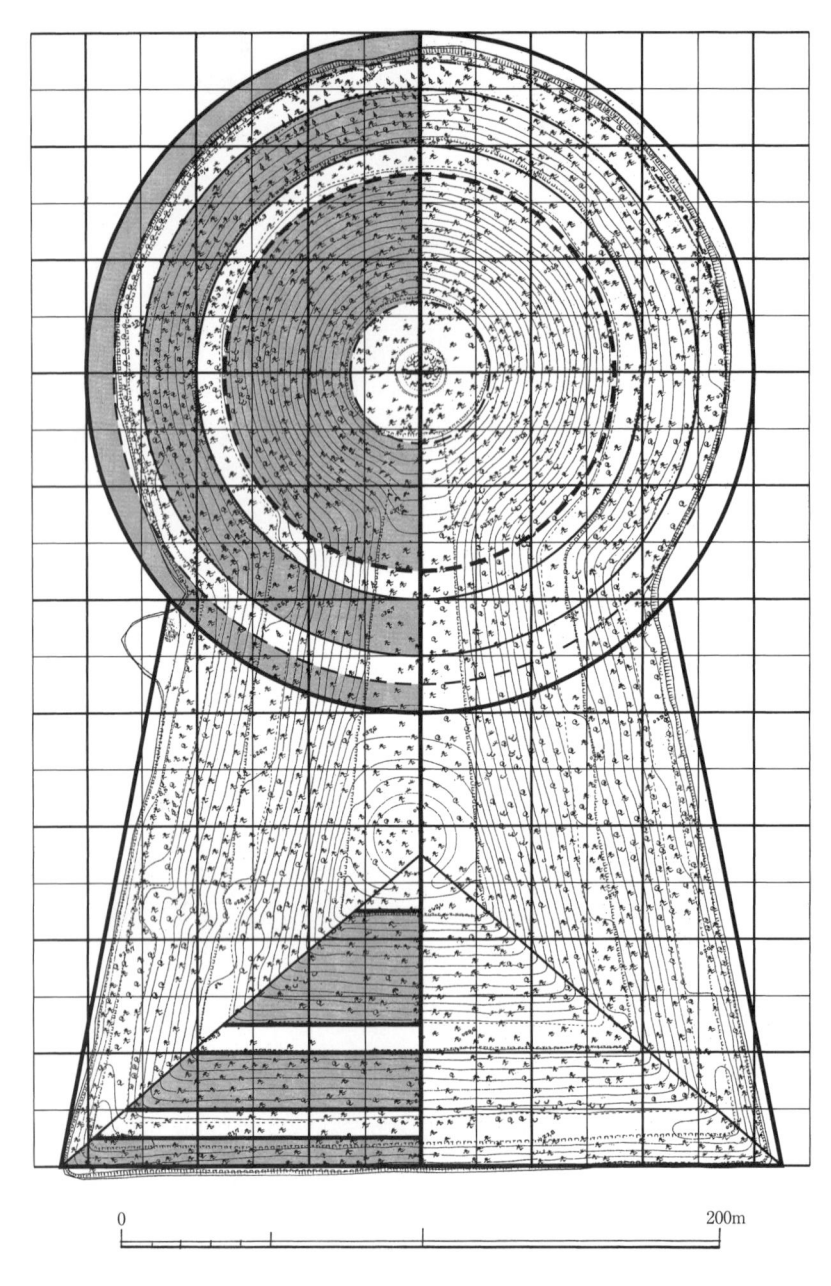

図19　百舌鳥陵山古墳企画図（後円部径162歩・221.9m）（原図：宮内庁書陵部蔵）

して誤判定であったと認めざるを得ない[5]）。

　正しくはもう1ランク上の162歩（221.9 m）が後円部の当初規格であった。1単位は6歩3/4となる。この値の企画図（図19）を見ると，後円部の第3段裾は7単位目の円周に一致し，2段目のテラスはちょうど1単位の幅でめぐる。第2段の斜面幅は2単位で，裾は10単位目の円周に一致する。1段目のテラスも幅1単位で，第1段肩は11単位目に一致するとみられるが，後背部右側に当初の肩線が残るものの，ほかの部位では肩線の内側まで崩壊が進んでいる状況が見てとれる。

　このように，径162歩の円周図の作図作業によれば，後円部では第3段裾は7単位目の円周に一致し，その他の計測部位と円周との一致状況も良好であり，後円部の当初規格がこの値であったことは確実である。

前方部の復元

　後円部中心Oを基準とする方格線を設定すると，前方部前面の各段裾，肩の線は1単位方格線に一致し，テラスは2面とも1単位の幅であることが確認される。後円部の24等分値による割りつけが墳丘全体に及んでいることは明らかで，後円部規格の推定に誤りのないこともあらためて理解される。

　前面の墳丘第2段斜面幅は2単位で，後円部と同じ幅である。第3段の斜面幅は4単位で，これも後円部の幅に近い。テラスの幅は2面とも1単位で，この古墳では前方部前面と後円部の斜面構成が同一であった可能性の高いことが理解されるが，そのように考えてよければ，第1段の斜面幅も後円部と同じ1単位とみて墳裾線を押さえることができる。

　第1段斜面幅を1単位とみたときの前面墳裾線はC点から16単位目に一致し，前方部長は16単位と把握される。16単位は4単位を1区とする大単位の4区であり，大単位区との一致の面でも問題ない。

　隅角稜線を引くと，隅角QはD点から13単位目に一致する。隅角Qから側縁部各段の肩，裾線に並行する線を引くと，くびれ部連接点（J）は，中軸線の左右9単位目の縦方格線と後円部裾線との交点に一致するように見うけられる。以上から，前方部長16単位，墳長は後円部直径24単位を加えて40単位，前方部前幅は26単位，くびれ部幅18単位と確定される。

濠水による浸食

　復元的に把握された墳裾プランを見ると，後円部では濠水による浸食が著しいのに対し，前方部側縁部では前方に向かうにしたがって浸食幅がせまくなり，前面はまったく浸食されていないことがわかる。これは，古墳の立地する原地形が，前方部側に高まる傾斜をもっているためであろう。周濠外の地形を観察すると，目視でも前方部側が2～3mほど高いことが明らかである。したがって，後世の溜池化などによる水位の上昇があっても，前方にいくほど濠水の影響を受けることが少なかったものと推察される。事実，前方部手前の周濠は浅い。

　拝所の正面に当たる前方部前面については，修陵事業によって整形されていることも十分考えられるが，方格図との一致状況からみて，全体的に基本プランに変更を加えるほどの過剰な修景は行なわれず，墳裾についても，自然崩壊部分に土を充填するくらいの補修がほどこされた程度ではなかったかと推察され，前方部前面については，陵墓図に見られる墳裾線が当初の状態を示すとみてよいと思われる。

後円部規格と墳長の関係

　百舌鳥陵山古墳は大仙陵古墳，誉田御廟山古墳に次ぐ全国第3位という大古墳である。これほどの大古墳でありながら，その1単位規格にはなぜ1/4単位に微調整された値が採用されたのであろうか。大仙陵と誉田御廟山の1単位はともに8単位という整数値であった。不可解な点であり，後円部規格の判定に悩んだ理由でもある。

　この古墳の前方部長は16単位，後円部径24単位を足すと墳長は40単位となる。1単位の6歩3/4に40を掛けると270歩となる。この数値は60の4.5倍であるから，60進法にとって切りのよい数値といえる。

　次に見るように，大仙陵と誉田御廟山の墳長も60進法にとってきわめて切りのよい数値に設定されている。百舌鳥陵山古墳の場合，先に墳長が270歩と定められ，その決定値との関係で後円部規格が調整され，1単位が6歩3/4という値になったという解釈が今のところ最も妥当性が高いのではないかと考えている。

誉田御廟山古墳の当初プラン

　陵墓図で見るかぎりこの古墳の墳裾はあまり浸食を受けていないようである（百舌鳥陵山古墳の場合は濠外から墳丘裾部の崩壊の状況を望見することができるが，この古墳と大仙陵については高い周堤にはばまれ観察はまったく不能である）。

　第3段裾が7単位目となる作図から，大仙陵古墳と同じく後円部径192歩（263.0 m），1単位8歩（10.96 m）という最大の規格をもつことが知られる（図20）。前方部長14単位，前幅28単位，墳長は38単位，304歩（416.5 m）であり，60進法にとって切りのよい300という数値に近似していることが注意される。後円部，前方部前面とも各段裾，肩の線は円周線，方格線によく一致し，規格の判定に誤りのないことがわかる。

大仙陵古墳の当初プラン

　百舌鳥陵山古墳と同じように後円部の墳裾線に出入りがあり，かなり浸食されている様子が陵墓図から見てとれる。現況の墳裾より一回り大きい径192歩（263.0 m）が後円部規格の第一候補となる。この値では第3段裾が8単位目となり異例の斜面構成となる。ほかに何種類かの値で作図したが，ほかに適当な候補は見いだせず，これが当初規格だった可能性は高い（図21）。

　第3段裾を8単位目とするので，その分，第3段のノリ面長が長大となる。そのため，斜面の途中（中心から6単位目）に幅半単位ほどの小段を設け，墳丘構造の安定を図っている。この平坦面は宮内庁の現地調査[6]によっても確認されている（したがって見方によっては4段築成の古墳となる）。

　第1，2段斜面および1，2段目テラスの幅はそれぞれ1単位であろう。右側では第2段の斜面幅が1単位より広いように見えるが，経年変化による肩線の後退や逆に裾線の前進などの累積によるものではないかと思われ，後背部左側に見られる第2段の斜面幅を本来のものと考えておきたい[7]。

　前方部長21単位，前幅は28単位でまちがいないと思われる。前面のテラスは2面とも1単位の幅で，それぞれ1単位間隔の方格線間におさまっている。後円部にくらべ前方部前面の墳裾線はほとんど浸食されていないが，これは立地を同じくする百舌鳥陵山古墳と同じ事情によるものと考えられる。

　以上の把握が正しいとすると，この古墳の墳長は45単位，1単位8歩であるから 歩数では360歩（493.2 m）となる。この数値は60進法にとってまことに

50　第1部　24等分値築造企画論

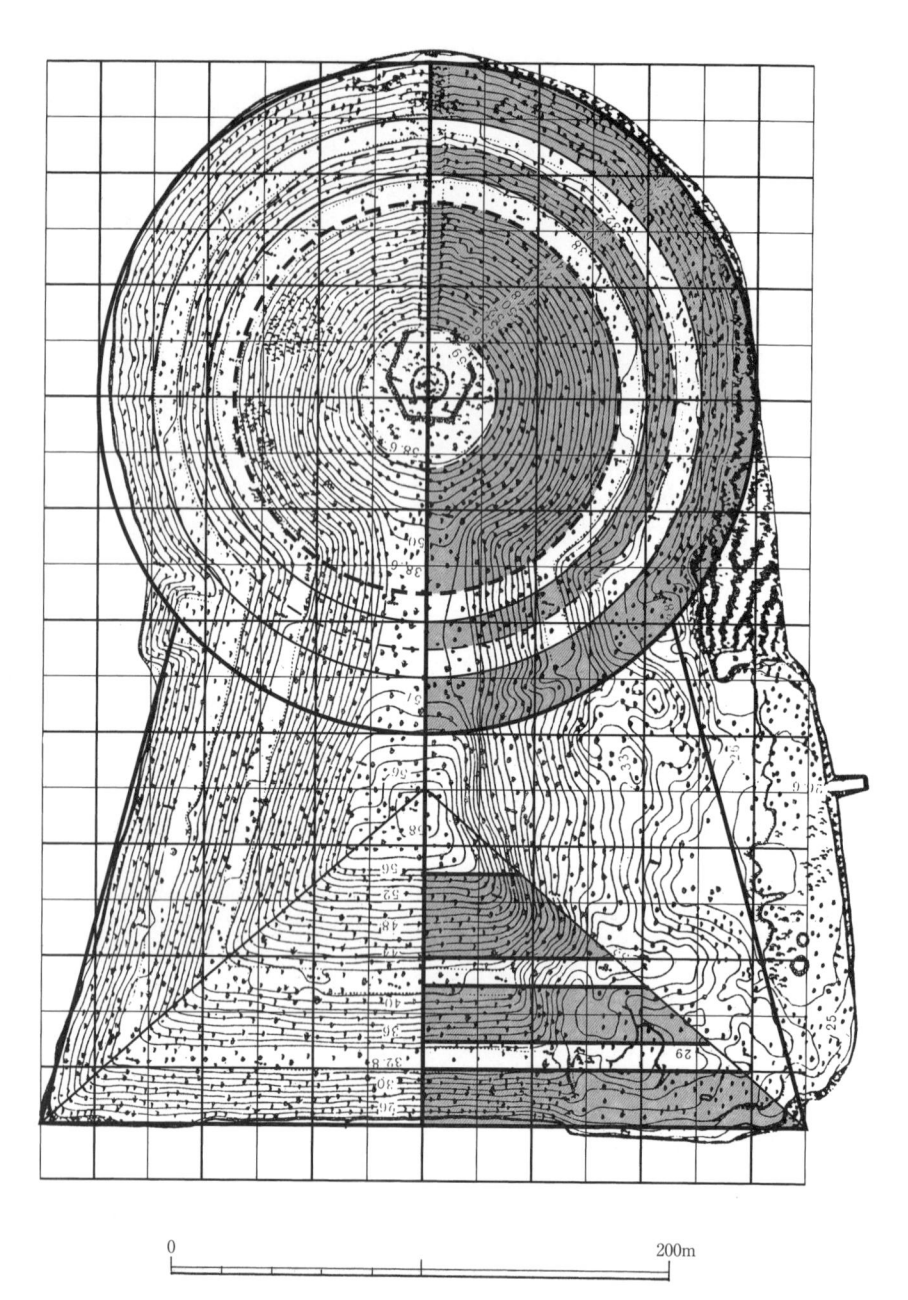

図20　誉田御廟山古墳企画図（後円部径192歩・263.0m）（原図：宮内庁書陵部蔵）

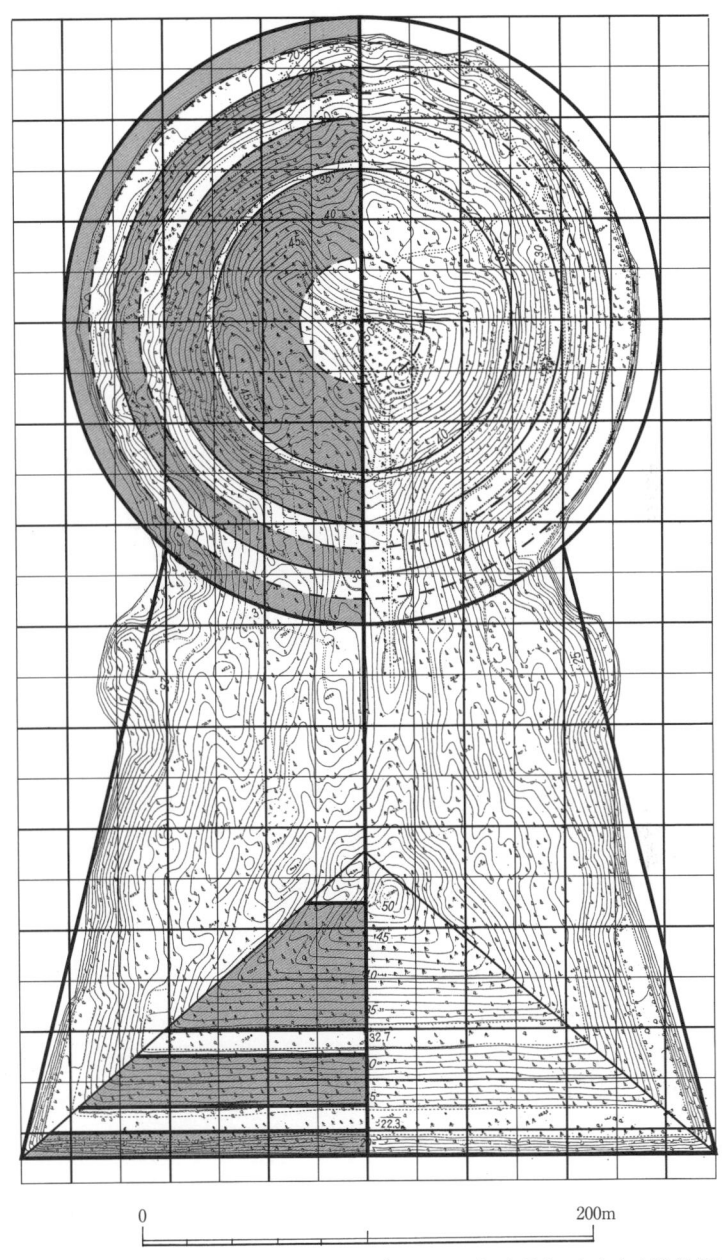

5 墳丘の規模と序列—墳丘規格の復元的把握法— 51

図21 大仙陵古墳企画図（後円部径192歩・263.0m）（原図：宮内庁書陵部蔵）

切りのよい値であり，わが国最大の古墳の墳長がこのような値であることは偶然でないと考えるのが自然であろう。

なお，上田宏範氏の分類ではこの古墳とウワナベ古墳は6：3：3のB′型式，石部・宮川氏らによれば8：8の8区型と，共に後円部径と前方部長が等しいとされるが，私の復元的把握によれば両古墳とも24：21であり，明らかに前方部長の方が短い。

復元的把握法の有効性

当初プランの復元的把握法について三大古墳の例を示して説明した。古墳時代を通じて一定の尺度を用いた24等分値企画法という設計技法が存在したという事実を前提とすれば，「等分値円周図」によって後円部規格を復元的に把握し，また方格図を組み合わせた「等分値企画図」によって前方部のプランを把握することも可能になることが理解されたものと思う。

それでも，検討の材料とした陵墓古墳については，発掘によって実際の墳裾が確認されない以上，最終的な承認はできないとする懐疑的な見方も根強いものと思われる。

このような私の方法に対する懐疑的な見方に対し，これを払拭するに足る調査事例が公開されている。

巣山古墳 奈良県広陵町の巣山古墳は大王墳級の大古墳でありながら良好な測量図がなく，後円部規格の判定ができなかったが，平成13（2001）年に待望久しい高精度の図面が公表された[8]。早速作図作業を行ない，復元的把握法によって後円部径は96歩（131.5 m）と判定した。

広陵町では1998年以降，史跡整備にともなって崩落した墳裾まわりの確認調査を実施している。2003年には前方部の右側縁部で，造出とは別に島状遺構が検出され，水鳥形埴輪などが出土して注目された。

東国に在住し情報にうとい私は，宮川渉氏から現地説明会資料[9]と御自身で撮影された写真をお送りいただき，はじめて詳細を知ったような次第であるが，私が注目したのは後円部の方であった。

墳裾は全体に豪水の浸食によって崩落しているが，幸い後円部に入れられた3本のトレンチで当初の墳裾基底石列が確認され，当初の墳裾は崖面の8 mほど外側にあることが判明した。後円部径は現況110 mほどであるが，調査者の

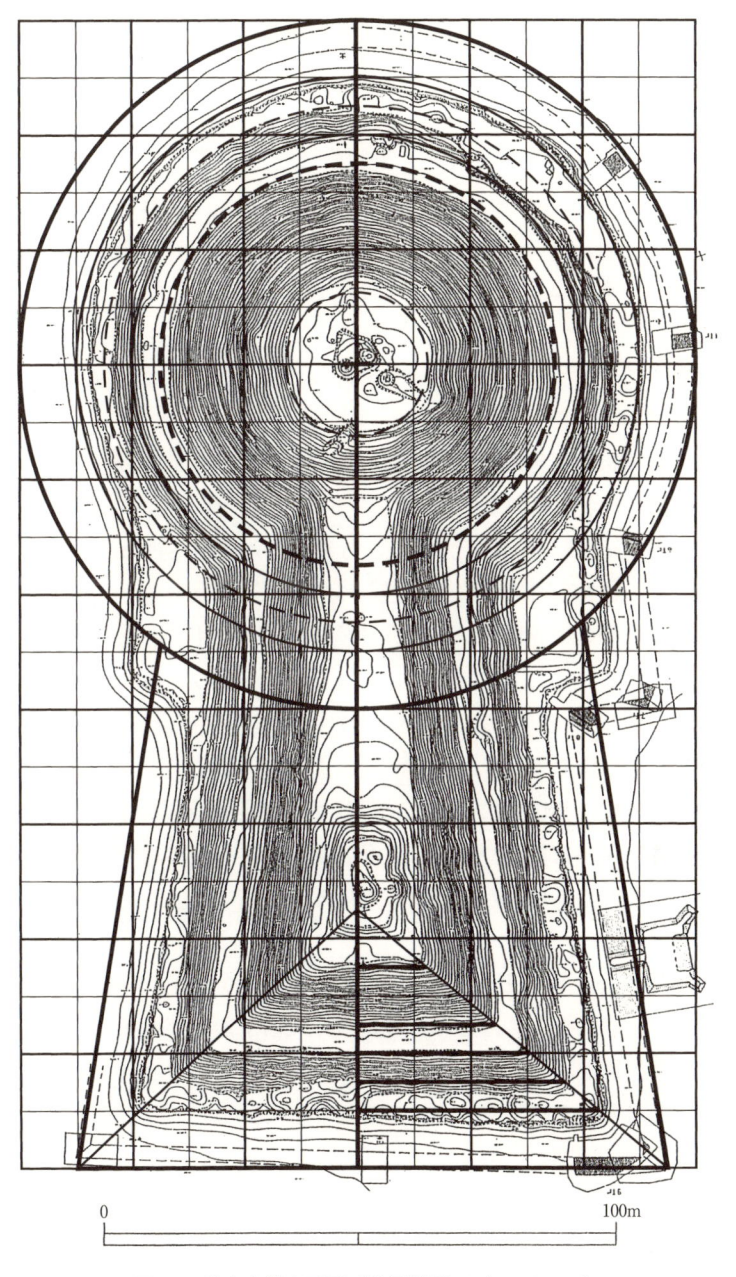

5 墳丘の規模と序列―墳丘規格の復元的把握法― 53

図22 巣山古墳企画図（後円部径96歩・131.5m）

測定では当初の径は 130 m とされた。私が推定復元した径 96 歩 (131.5 m) にきわめて近い数値である。

径 96 歩の企画図 (図 22) を作成してみると,後円部では 12 単位目の円周は確認調査によって検出された墳裾推定線に一致し,さらに第 3 段裾は 7 単位目に一致している。第 2 段の斜面幅は 1 単位であるが,くびれ部付近では幅を広げ,右側でその傾向が著しい。2 段目テラスの幅も 1 単位である。

前方部前面の裾線は C 点から 16 単位目の横方格線に一致している。前方部長 16 単位ということになるが,この数値は 2 単位区でも 4 単位区でも整数倍になるので,このような大型古墳の前方部長の設定値としてふさわしい。墳長は 40 単位,160 歩 (219.2 m) となる。

前方部前面裾線は中軸線にわずかに直交せず,また幅は 21 単位 (115.1 m) とみられるが,D 点から隅角までの距離が左右不均等で,D 点から右隅角まで 11 単位に対し左は 10 単位となる。P 点から延ばした隅角稜線は左右隅角によく一致するので,当初からこのような割りつけで施工されたことは確実である。ただし,結果として墳丘中軸線が前方部墳頂平坦面の中央を通っていないことからわかるように,本来は左隅角も D 点から 11 単位の位置に設定されなければならなかったはずで,施工ミスの可能性が考えられる。本来は前幅 22 単位に計画されたのであろう。

以上見たように,巣山古墳の調査結果は私の推定法の有効性を証明する資料といってよく,陵墓古墳についても,私の推定どおりの墳裾線が,濠水下に残されている可能性の高いことを物語っている。

周濠と濠水

巣山古墳の調査を見ると,設計上は墳裾基底石の外側が周濠の範囲となるが,濠底はわずかに掘りくぼめられるだけで,滞水能力はあまりない。現状では墳丘第 1 段斜面が堤体となって,外堤との間に灌漑用水がたたえられ,このため墳丘斜面は水面下にかくれ,大きく崩壊している。このように満々と水をたたえるのが築造当初からの意図であったとは思えない。

たしかにこの古墳には雄大な外堤がめぐっているが,島状遺構が設置されていることからみて,その上面が常に水面上に顔を出す程度にしか水をためないのが築造時の意図だったと考えるべきであろう。現状のように満々と濠水をた

たえた状態は当初から意図されたものでは決してあるまい（巻首図版）。

　余談ながら，この古墳をはじめて踏査したとき，1段目テラス上に腰の高さほどの土の堆積が土塁のように延々と続いているのを見て，中世に城として使われたことでもあったのかと不審に思った。その後この土は濠底の浚渫土が積み上げられたものとわかり納得したが，それにしては墳裾の基底石，島状遺構や水鳥形埴輪などはよく残ったものだと思う。底ざらえは水利権をもつ集落による農閑期の共同作業として行なわれたのであろうが，濠底にたまったヘドロを掻き出す程度の仕事で，地山を掘り下げるような大掛かりな作業は行なわれなかったことがわかる。

　陵墓古墳の中にも，1段目テラス上にこのような堆積土があることを示すかのような等高線の見られるものがあり，江戸時代以前において同様の浚渫が行なわれたものも多いと思われる。

　巣山古墳と同程度の作業であったとすれば，同様に墳裾の基底石などが遺存しているはずであるが，宮内庁の「墳塋調査」では，これまで多くの古墳の墳裾部に膨大な数のトレンチが入れられたにもかかわらず，基底石が確認されたケースは皆無に近い。『古代学研究』など学会誌に載る陵墓（限定）見学会報告でいつも批判されていることではあるが，何とか調査方法を見直してもらえないものかと切に願う。

大型前方後円墳の墳長

　このように3段築成大型前方後円墳の後円部規格を1基1基復元的に把握する作業を行ない，表4のとおり後円部の規格表を整備することができた。確定された後円部規格は，墳長とともに被葬者の政治的力量を推し量るためなど重要な情報を提供するものと思われる。

　墳長に関しても興味深い事実がわかってきた。私の築造企画および尺度研究は円墳のプランと墳丘規格（直径）を把握することから出発したので，その補強材料を得るため，しばらくは前方後円墳の後円部だけを対象とする作図作業に専念した。表4の母胎となる後円部規格のランキング表をひとまず完成し，その後，前方部を含む全体プランの復元に取りかかった。

　前方部プランを復元的に把握する作業はむずかしかったが，すでに述べたように何とか有効な方法を見いだし，1基1基前方部の平面プランを単位数で確

表4 大規格前方後円墳・後円部規格表

ランク	24等分値	直径	王陵区の前方後円墳					地方の前方後円墳				他の墳形
			大和	佐紀	古市	百舌鳥	三島郡	淡輪	葛城	吉備	その他	
1	8歩 10.96m	192歩 263.0m			誉田御廟山	大仙陵						
2	7歩3/4 10.62m	186歩 254.8m										
3	7歩半 10.28m	180歩 246.6m										
4	7歩1/4 9.93m	174歩 238.4m										
5	7歩 9.59m	168歩 230.2m										
6	6歩3/4 9.25m	162歩 221.9m				百舌鳥陵山						
7	6歩半 8.91m	156歩 213.7m								造山		
8	6歩1/4 8.56m	150歩 205.5m										
9	6歩 8.22m	144歩 197.3m										
10	5歩3/4 7.88m	138歩 189.1m			河内大塚							
11	5歩半 7.54m	132歩 180.8m										
12	5歩1/4 7.19m	126歩 172.6m		五社神?								
13	5歩 6.85m	120歩 164.4m	箸墓 渋谷向山 見瀬丸山	五社神?	仲津山		土師ニサンザイ			作山		
14	4歩3/4 6.51m	114歩 156.2m										
15	4歩半 6.17m	108歩 148.0m	行燈山	市庭	岡ミサンザイ				室大墓			
16	4歩1/4 5.82m	102歩 139.7m	メスリ山	ウワナベ			太田茶臼山					
17	4歩 5.48m	96歩 131.5m	西殿塚	宝来山 佐紀陵山 佐紀石塚山 コナベ	津堂城山 墓山 市野山				巣山			男狭穂塚(帆)
18	3歩3/4 5.14m	90歩 123.3m		ヒシアゲ	軽里大塚				築山 新木山		五色塚 神明山 太田天神山	
19	3歩半 4.80m	84歩 115.1m						西陵			網野銚子山 御墓山	
20	3歩1/4 4.45m	78歩 106.9m			御廟山				島の山 川合大塚山 掖上鑵子塚	両宮山	蛭子山 浅間山	乙女山(帆) 丸墓山(円)
21	3歩 4.11m	72歩 98.6m	桜井茶臼山		古室山 野中宮山	百舌鳥大塚山	今城塚	淡輪ニサンザイ			馬塚 女狭穂塚	小盛山(円)

＊五社神，メスリ山，桜井茶臼山3古墳の規格については，拙稿「前方後円墳の墳丘規格に関する研究」の付表の数値を修正している。

定していった。その後各部の長さを古墳尺の歩数に換算していったわけであるが，はじめは箸墓古墳の墳長が210歩と算定されても，その数値の意味を深く考えることはなかった。

　作業がすすむにつれて，大仙陵古墳など超大型の古墳や，箸墓のように画期性のある古墳では60進法的に切りのよい数値になっていることに気がついた。大王墳であることが確実なこれらの古墳で，その墳長（歩数）がこのような値を示したことは大きな驚きであった。

　大仙陵古墳の墳長は360歩と復元されたが，これは60進法の基準数の6倍である。誉田御廟山古墳は304歩だがおそらく300歩を意図したものとみられ，これは基準数の5倍，百舌鳥陵山古墳の270歩は4.5倍である。

　箸墓・仲津山・土師ニサンザイ3古墳は60の3.5倍の210歩，市庭古墳は3倍の180歩となることも確認された。2.5倍の150歩，その近似値である152歩という古墳もそれぞれ複数認められた。やや不確実ながら，河内大塚古墳は4倍の240歩の近似値に設定されている可能性が高い。

　また，墳長150歩以上の古墳の中には，10歩きざみで切りのよい数値となるものも多い。岡山県造山古墳260歩，見瀬丸山古墳220歩，渋谷向山・作山（岡山）2古墳は200歩，岡ミサンザイ・太田茶臼山2古墳は170歩，巣山・太田天神山（群馬）・古市墓山の160歩など，60や30の整数倍にはならないものの，10の桁で丸められた数値をもつこともわかってきた[10]。

　一般に，畿内の墳長200mをこえるような前方後円墳は，大王墳級の大型古墳として天皇陵治定問題などをめぐって特別視されることが多い。200mという値は古墳尺の150歩（205.5m）に近いから，このような60進法的に切りのよい数値（歩数）が，墳丘規模の決定に当たり一つの分節点とされていたことは十分考えられる。

　大王墳級の大型前方後円墳で把握された墳長の数値に，一定の法則性が認められることは否定できない。私の古墳造営尺の推定に誤まりないことを証する事実とみてよいだろう。古墳築造時に計画された墳丘規模を，当時実際に使用された古墳造営尺の歩数で把握することができたものと考えている。

　畿内を中心とする大型古墳の墳丘規格の序列から，被葬者の特定など重要な課題に関してどのような発言が可能かという試みは別に発表した[11]。

注
1) 沼澤　豊「円墳の規模と序列」『研究連絡誌』第59号，㈶千葉県文化財センター，2000年，1〜34頁
2) 王陵区の3段築成の古墳では桜井茶臼山古墳，メスリ山古墳，大仙陵古墳の3基が例外的な斜面構成をもち，第3段裾が7単位目に一致しない。地方の古墳の中にも，宮崎県の西都原100号墳，生目3号墳・22号墳など例外的な構成を示すものがある。
　　帆立貝古墳や円墳（造出付円墳を含む）にも3段築成のものが少数認められるが，第3段裾を7単位目に置くものは少ない。
3) 表記載の甘粕，石部，上田各氏の計測値はすでに引用した文献による。梅原，中井両氏および当該市については以下の文献による。
　　梅原「応神・仁徳・履中三天皇陵の規模と営造」『書陵部紀要』第5号，1955年，1〜15頁
　　中井『仁徳陵　この巨大な謎』1992年，創元社，178頁
　　堺市『堺市史　続編　第1巻』1971年，56，66頁（執筆は小野山節氏）
　　藤井寺市教育委員会『新版　古市古墳群』1993年，130頁
4) 甘粕「前方後圓墳の研究　その形態と尺度について」20頁
5) この古墳の後円部規格については，当初径156歩（213.7 m）ととらえ，その値の円周図や企画図を発表してきた。この値では後円部各段の裾，肩の線と円周線との一致度がやや悪く，前方部前面テラスは方格線と半単位のズレがあった。
　　それでも156歩という値にこだわったのは，その1単位が6歩半になるためで，24等分値企画法の検討を始めた初期の段階において，径120歩を超すような大型古墳では1単位規格は整数歩数か最低でも半歩きざみの値に調整されたのではないかとの予見を抱いており，それに束縛された結果であった。
　　虚心に見れば，その1ランク上の径162歩（221.9 m，1単位は6歩3/4）の方が円周線との一致度は高く，前方部前面の二面のテラスも1単位間隔の方格線内におさまっている。
6) 徳田誠志・清喜裕二「仁徳天皇百舌鳥耳原中陵の墳丘外形調査及び出土品」『書陵部紀要』第54号，2001年，7頁
7) 一般論として，築造後の経年変化は，封土表層の流失などによって斜面部肩線を内側に，裾線を外方に移動させる（沼澤「円墳築造の企画性」57頁）。
8) 橿原考古学研究所編『大和前方後円墳集成』学生社，2001年
9) 「特別史跡　巣山古墳　島状遺構」（現地説明会資料）広陵町，2003年

10) 10歩きざみの調整は，10進法によるものとみるより，60進法の基準数の6分の1の数値として切りのよい値と認識されていたと解するべきであろう。

11) 沼澤　豊「前方後円墳の墳丘規格に関する研究（上・中・下）」『考古学雑誌』第89巻第2〜4号，2005年

6　墳丘の断面と斜面構成

墳丘断面から見た築造企画

　24等分値企画法という古墳の築造企画の存在を承認してもらうためには，古墳各部が基準単位で割りつけられていることを，できるだけ多くの部位で示す必要がある。そのためには平面だけでなく，立面における一致の確認は不可欠である。

　24等分値という細分された基準単位の提唱者として，古墳の高さの企画に関しても，説得性のある検討結果を提示しなければならない。

　陵墓古墳など大型古墳については墳丘各段の高さを等高線から読みとり，それぞれ24等分値の単位数で把握する作業を行なった。後円部や前方部の全高だけでなく，1段ごとの高さについても，必ずしも基準単位の整数倍にはならないものの，半単位または1/4単位ごとの高さの設定が行なわれていると予測される。高さの企画にも，平面プラン決定に用いられたのと同じ基準単位が使われている可能性は高い。ただ，この作業においては，テラスをまたがる等高線1本をどちらの段の高さに加えるべきか判定に苦しむ場合なども多く，自説に都合のよい数値を導く恣意的な判定に陥りかねないおそれもある。

　そこで，墳丘の断ち割り調査が行なわれた古墳の墳丘断面図を材料にすれば，より客観的に高さの企画を把握することができるのではないか，そのような観点から検討し，「墳丘断面から見た古墳の築造企画」と題して発表した[1]。ただし，主丘部規格が確実に把握できるような大型古墳の断ち割り調査事例はほとんどなく，断面企画図を作成できた例数は少ない。

墳丘断ち割り調査の事例

　大厩浅間様古墳（千葉県市原市，4期）　珠文鏡，石釧などを出土した千葉県

では数少ない古期の大型円墳[2]である。台地端部に立地するため墳裾線の把握がむずかしいが，最終的に径30歩（41.1 m）の当初規格と判定した。

詳細な土層断面図には，一見して明らかなように墳丘の端から端まで伸びる水平な線が3層認められる。盛土を上下に分ける3つの面の存在から，大きくは4段階に分けて盛土が行なわれたことがわかる。調査担当の浅利幸一氏の教示によれば，第1面と第2面は，住居跡床面を思わせるような硬化面になっていたとのことである。

築成作業の途中でつくり出されるこのような面を，以下では「作業段落」と呼び，作業段落まで一定の厚さで積み上げられた盛土を「土壇」と呼ぶ。

土層断面図に30歩の24等分値（1歩1/4，1.71 m）の方格を重ねたのが図23である。旧地表面がほぼ水平なので，その面を方格線の基準とすると，第2面は下から2単位目に，第3面は3単位目にほぼ一致することがわかる[3]。墳丘の高さは4単位，墳頂平坦面の半径4単位である。

作業段落の性格

墳丘内に見られる作業段落の性格についてはどのように考えられるだろうか。第3面は木棺設置のための作業面にまちがいなさそうである。ほかの2面のうち第1面は他の2面にくらべ全体にでこぼこしており，また特に1単位の高さに正確に合わせる意識も高くはないように思われる。

墳丘を一定の傾斜で盛り上げていくため，大型古墳の構築に際しては必ず「丁張り」（後述）が設置されたと思われる。墳高が高く，ノリ面長が大きくなると一度に高い丁張りを設置することができない。この古墳の場合，ノリ面長は墳裾から墳頂まで15 m，中段の第2面まででも7〜8 mあり，途中で丁張りを設置しなおす必要がある。第1面は，第1段階の盛土が終わったところで丁張りを設置しなおした面とみるのが妥当であろう。丁張りを設置する土壇周縁部はドーナツ状に水平に仕上げられたが，中央部は特に平坦にする必要がなく，多少凹凸のあるまま，次の盛土が開始されたのだろう。

第2面も丁張り設置面とみられるが，この面は比較的水平に仕上げられている。墳丘築成の中間点として，それまでの施工状況の点検と，以降の施工の完璧を期すため，このレベルでの直径の企画値に合わせて水平面が丁寧に仕上げられた。

6 墳丘の断面と斜面構成　61

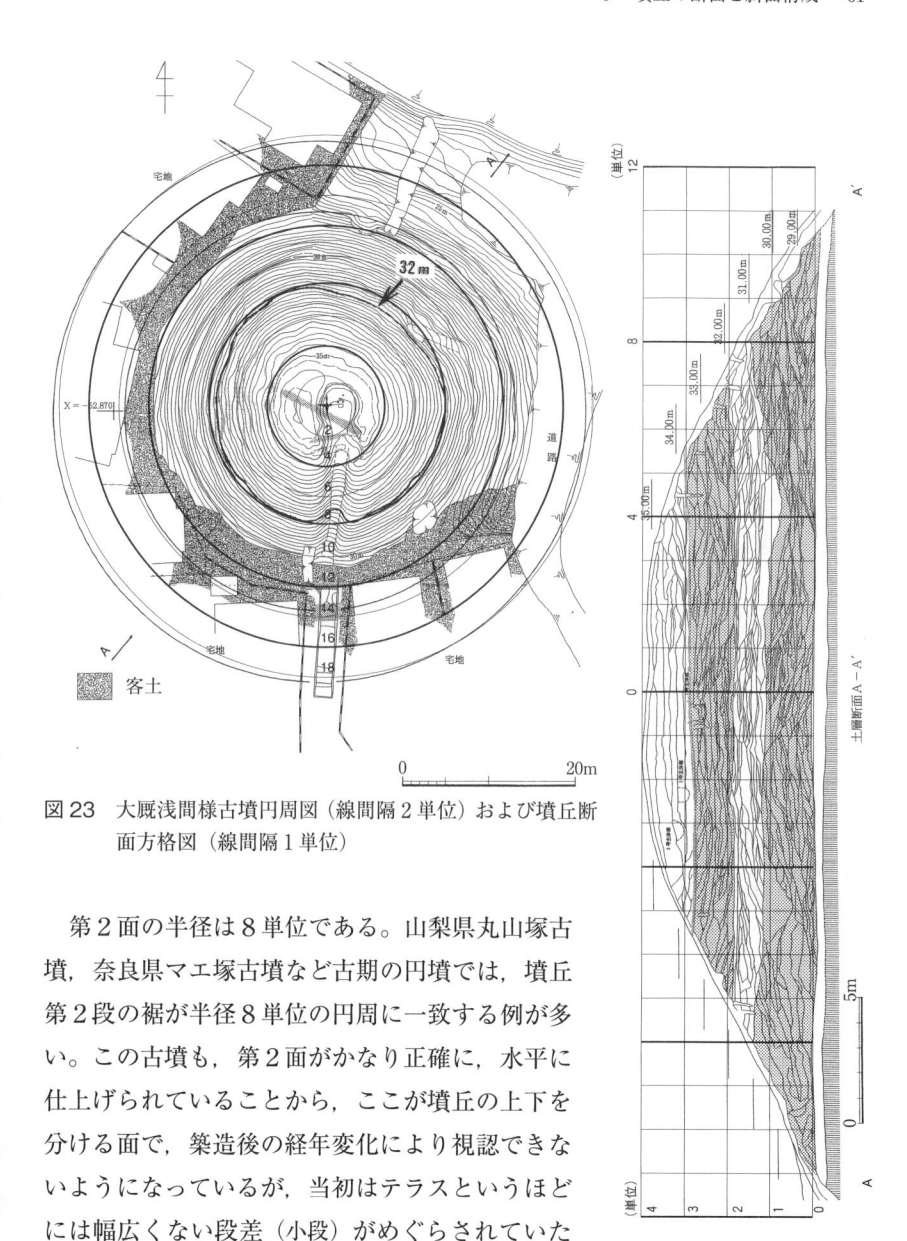

図23　大厩浅間様古墳円周図（線間隔2単位）および墳丘断
　　　面方格図（線間隔1単位）

　第2面の半径は8単位である。山梨県丸山塚古
墳，奈良県マエ塚古墳など古期の円墳では，墳丘
第2段の裾が半径8単位の円周に一致する例が多
い。この古墳も，第2面がかなり正確に，水平に
仕上げられていることから，ここが墳丘の上下を
分ける面で，築造後の経年変化により視認できな
いようになっているが，当初はテラスというほど
には幅広くない段差（小段）がめぐらされていた
可能性が高い。

　このようにみれば，第2面より下が墳丘第1段，上が第2段で，各段2単位

ずつの高さとなる。それぞれほぼ1単位の高さの2つの土壇を重ねて造成されている。第1段、第2段とも、斜面高さ2単位に対し斜面幅4単位、すなわち高さ1に対し幅2となり、現在の土工基準[4]では2割のノリ勾配ということになる。斜面の安定勾配を得るため、設計段階から基準単位による高さの企画が行なわれていたことが理解される。

作業段落と構築墓壙

新皇塚古墳（千葉県市原市、4期）　前方部を失った前方後方墳と推定される古墳である。一辺40mとの報告[5]のとおり、後方部は方30歩（41.1 m）の規格とみられる。粘土槨中央を基準として4単位間隔（6等分値）の方格図（図24）を作成すると、粘土槨はほぼ8単位の長さで、墳頂平坦面の範囲も方8単位となる。

墳丘断面図は、墳丘主軸に対し斜め方向で作成されているため、斜面幅などの判定には使えず、高さの企画だけの検討となる。1単位（1歩1/4、1.71 m）間隔の横線を引いた図を示す。墳丘中段に水平面があり、大きく上下2段に分けて築成されていることがわかる。この面は旧表土面からちょうど2単位の高さである。この面まで一気に築成されたわけではなく、途中に作業の段落を示す水平な層も何本か認められるが、すべて途中でとぎれ、大厩浅間様古墳のように端から端まで通る面は認められない。工法の違いか、土層差が判別しにくかったためかわからない。

中段の水平面から墳頂まで、やはり2単位の高さがある。この古墳も、後方部は2段築成で、下から2単位目の高さに小段がめぐっていた可能性が高い。

粘土槨底面が正しく作業段落面に一致していることからみて、墓壙は和田晴吾氏のいわれる「構築墓壙」[6]の手法によって形成されたものと思われる。作業段落面から1単位の高さで墳丘周囲のみ盛土し、中央部の土を盛らない部分が墓壙として形成されたのであろう。遺骸の埋葬終了後、墓壙内に土が充填され、3単位目の面で一旦平坦にならされた後、さらに1単位分の盛土が行なわれ墳丘の築成が完了している。

墳丘高は4単位の企画とみられるが、墳頂部はこれよりわずかに高い。これは、封土築成後に、墳頂部の水はけをよくするための甲盛がほどこされた結果とみられ、この古墳では甲盛は墳丘高の企画値外のプラスアルファーであった

6 墳丘の断面と斜面構成 63

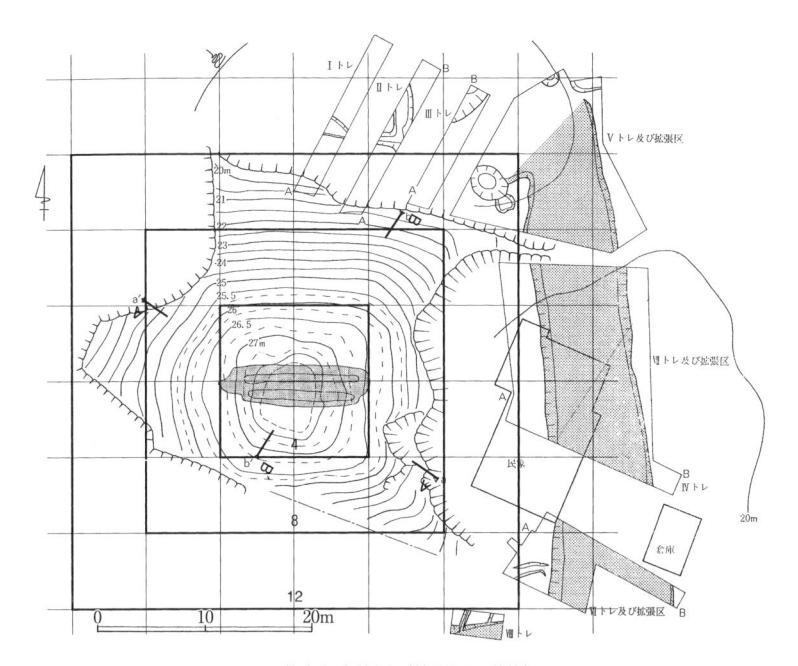

後方部方格図（線間隔4単位）

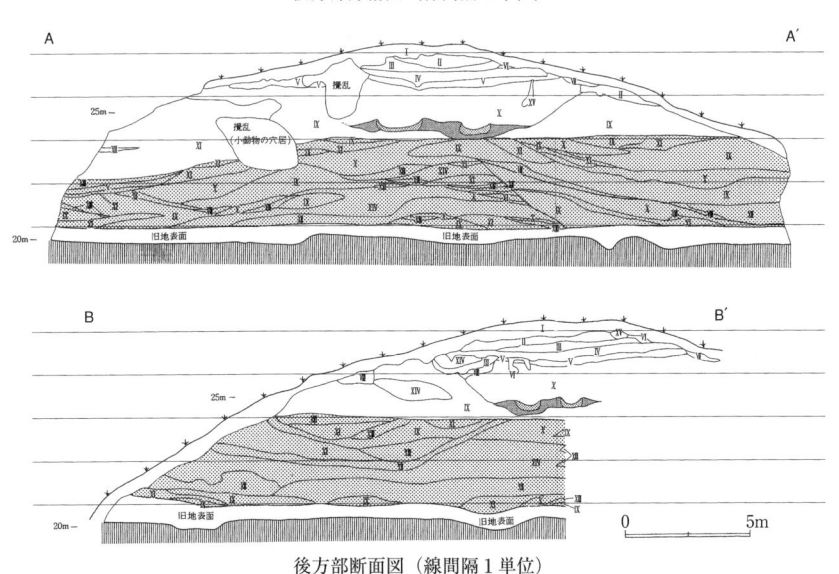

後方部断面図（線間隔1単位）

図24 新皇塚古墳平・断面図

ことがわかる。

新皇塚古墳においても等分値企画法が採用され，高さの企画も平面と共通の基準単位長によっていることは明らかである。この古墳が前方後方墳であったこともほぼ確実で，この墳形においても24等分値企画法が採用されていたことを立証する資料といえる。

3段築成古墳の断面

鳥居前古墳（京都府乙訓郡大山崎町，4期）　前方部の短い中規模の前方後円墳で，帆立貝古墳の可能性もある。墳丘の遺存度は悪く，墳形確認調査も部分的で全容がわかりにくいが，後円部の背後で3段にわたる葺石が検出され，基底石も原位置を保っていた[7]。

報告書では後円部径38.4mと推定されている。推定値に最も近い規格は径27歩（37.0m）で，1単位長は1歩1/8，1.54mとなる[8]。葺石の断面図は3枚に分かれており，これを1枚の図に合成したが，誤差はそれほどないものと思う。この図に，1単位間隔の方格線を重ねたのが図25である。

墳丘第1段裾の基底石を基準にすると，第1段の斜面幅は1単位，第2段基底石までの高さも1単位である。1段目テラスの幅も1単位で，その中央に埴輪列が配される。

第2段の基底石は後円部中心から10単位目，肩は8単位目に企画されたものと思われる。第2段斜面幅は2単位で，2段目テラスは1単位の幅，埴輪列は第1段とはちがって，テラスの外縁に沿って配置される。第3段基底石は中心から正しく7単位目，墳裾からちょうど2単位の高さにある。

第1段基底石が中心から12単位目，第3段が7単位目に一致し，その比高もちょうど2単位というように，一定の基準単位によって平面ばかりでなく立面まで一体的に企画されていることがよくわかる。

土壇積み上げ工法

百舌鳥大塚山古墳　百舌鳥王陵区においては大仙陵，百舌鳥陵山，土師ニサンザイの3巨墳に次ぐ大型前方後円墳であったが，昭和20年代に宅地造成のためほぼ完全に破壊され，わずかに残された前方部西北隅部の墳丘調査が行なわれている[9]。

墳丘測量図は末永雅雄氏の著書[10]によるが，後円部直径は同書の本文記述

図 25　鳥居前古墳平・断面図

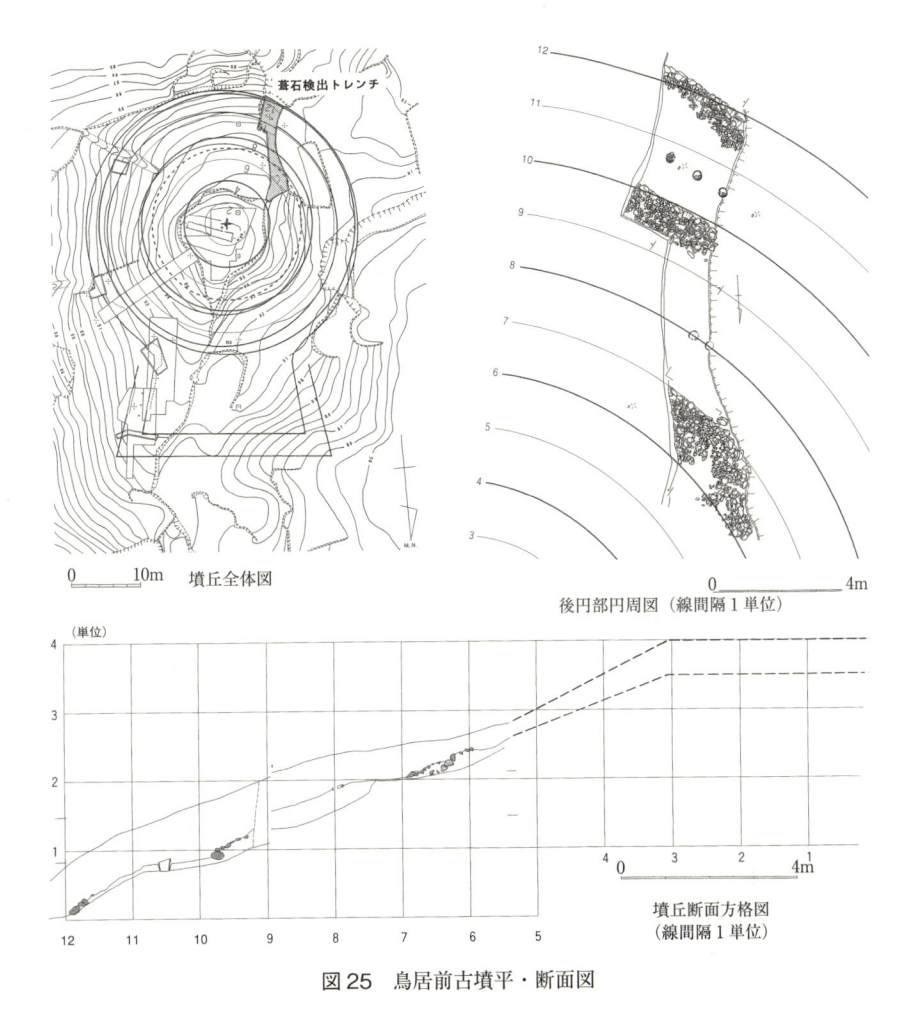

では 96 m，巻末の表では 97 m とあり，径 72 歩（98.6 m）の規格の可能性が高い。1 単位は 3 歩（4.11 m）となる（図 26）。前方部長は 16 単位で，前面裾線は方格線によく一致している。BC：CP：PD の比は 24：4：12，4 単位 1 区の 6 等分値の区数になおせば 6：1：3 となり，これは上田宏範氏のとらえ方と同じである。

　等高線から知られる後円部の高さは 14 m 強で 3 単位半（10 歩半，14.4 m），前方部は 12 m 強で 3 単位（9 歩，12.3 m）の企画の可能性が高い。

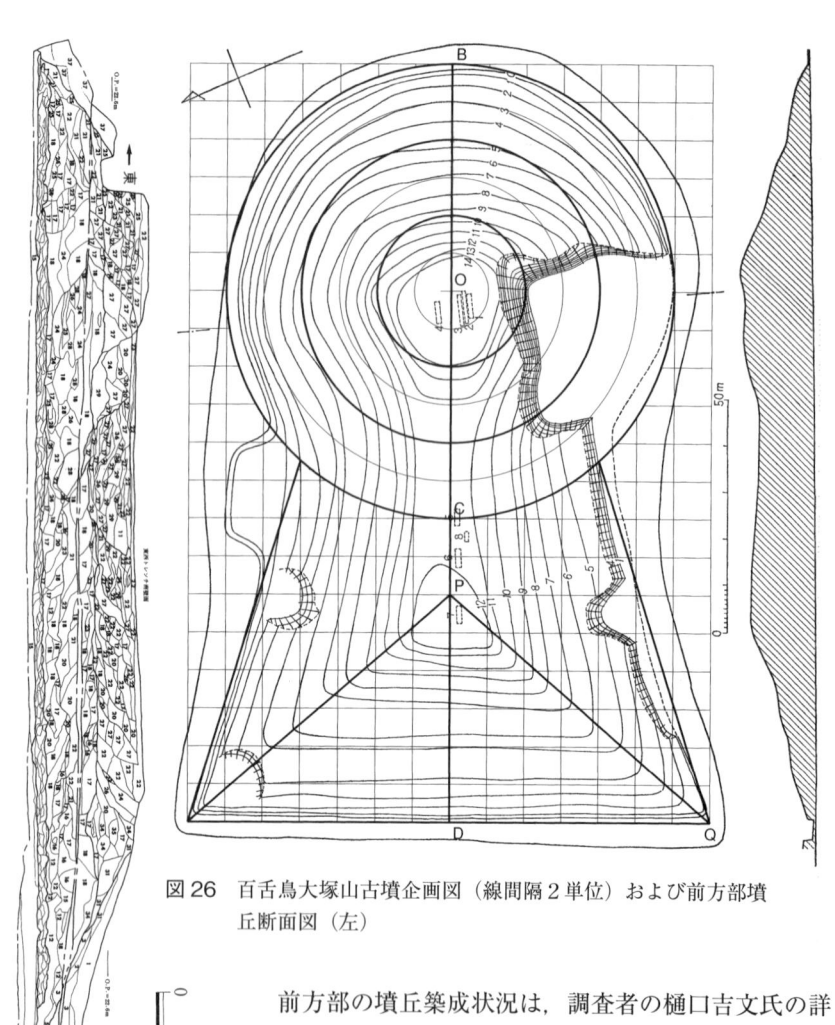

図 26 百舌鳥大塚山古墳企画図（線間隔 2 単位）および前方部墳丘断面図（左）

　　前方部の墳丘築成状況は，調査者の樋口吉文氏の詳細な観察所見によって知ることができる。墳丘は上部を削平され，第 2 段斜面下部までしか残存していなかったが，断面図に明らかなように，この古墳でも作業段落を示す水平面が 2 面確認される。
　　土壇の高さはそれぞれほぼ 1.3 m で，樋口氏は「本古墳の盛土方法として，高さ 1.3 m 弱，径 12 m 単位の円錐ないし台形の盛土を連続させて作った，厚さ

1.3 m のプレートを積み上げていく工法が想定される」と指摘された。

氏のいわれるプレートは，作業段落まで一定の高さに積まれた土壇と同意である。積層模型のように前方後円形の土壇を1枚ずつ積み上げていくような工法を想定されているのであろう。1枚目のプレート上面は平坦に仕上げられ，その縁は墳丘第1段上面テラスになるという。その上に，同じ高さのプレートが墳頂まで積み上げられ，前方部では9枚，後円部では11枚積まれたと推定されている。

周濠も，幅が 24 m，2 段に掘削されて深さ 2.6 m であることから，同じ単位による企画がうかがわれるとされる。平面で 12 m，立面で 1.3 m の単位が採用された理由として，樋口氏は「平面については『尋』，立面については，当時の人々の目の高さを基準とした」ためと推定されている。

立面で 1.3 m の単位が採用されているという所見に最も興味がもたれる。「目の高さ」という指摘は示唆的であるが，目の高さそのものではなく，古墳尺の「1歩」なのだろうと思う。私の尺度論の1歩の長さは 1.37 m であり，計測されたプレートの厚さと 7 cm の差しかない。断面図を見ると 1.3 m より多少厚い部分もあり，平均 1.3 m とみればほとんど差はない。平面における「12 m の単位」は，24 等分値3単位分の長さ 12.3 m に近い。

大厩浅間様古墳および新皇塚古墳では，24 等分値1単位の高さを作業段落とし，その高さで水平面をつくり出していた。両古墳とも1単位は1歩 1/4（1.71 m）と，作業の区切りとして適当な高さといえる。これに対し，大塚山古墳の1単位は3歩（4.11 m）と2倍半ほどの値であり，その高さまで一気に積み上げるには，斜面長が過大になり，一度に「丁張り」を設置できないなどの技術的問題が発生する。このような事情から，作業段落を1歩，すなわちこの古墳の基準長の 1/3 の高さにしたことが考えられる。

現場用モノサシ

古墳築造の現場では，中世の建築工事などの現場で使用された「間棹」（けんざお）（後述）のような現場用モノサシが用いられたと考えているが，現場における実測器具の長さとして，大厩浅間様古墳などの1歩 1/4（1.71 m）という1単位長は適度な長さといえる。これにくらべ大塚山古墳の1単位3歩（4.11 m）は，現場用モノサシとしては長すぎて扱いにくい。

この古墳の施工現場では，高さに関しては1歩が基準単位長とされ，その長さの現場用モノサシが調製，使用されたものと考えたい。この古墳の場合，1歩は1単位の1/3の長さに等しいが，1/3単位のモノサシを用意したというより，初めから1歩のモノサシとして用意された可能性も高いと思われる。超大型の大仙陵古墳，誉田御廟山古墳ともなると，1単位長は8歩（11.0 m），1/4単位でも2.74 mになり，高さの施工単位としては大きすぎる。

土壇を一定の高さに仕上げていくためには，丁張りの支柱のほか，後円部中心柱など墳丘主軸線上に立てられたいくつかの基準柱に目印をつけ，積み上げ予定高さを示すような工夫がほどこされたと思われる。そうした基準柱に現場用モノサシを当て，正確に目盛りをつけるには，予定高さが目の高さに近いことが望ましい。1歩（1.37 m）という値は，当時の平均身長からみて適当な高さといえよう。大厩浅間様古墳などの1歩1/4（1.71 m）では，当時の人たちにとってはやや高すぎたかもしれない。

わずか1例の調査事例から全体を推すことには問題もあるが，土壇積み上げにより墳丘を築成していく工法にとって，大型古墳にあっては，土壇の高さを1歩とすることには合理性があり，1歩の長さの現場用モノサシには汎用性があるといえる。

後円部の斜面構成

24等分値という基準単位による作図によって，墳丘各段の斜面とテラスの幅などを単位数で把握できることが断面調査の事例からも明らかになった。私は墳丘各段の斜面とテラスの幅などの関係を「斜面構成」と呼んでいるが，畿内大型前方後円墳の後円部の斜面構成についても理解が進んできた。

すでに述べたように畿内の大型前方後円墳では，大仙陵古墳などわずかな例外をのぞいて，後円部第3段の裾を中心から7単位目に置く原則があった。墳丘第1，2段の斜面幅，2面のテラスの幅，あるいは墳頂平坦面の広さなどについては古墳ごとに変化があるが，第3段裾7単位目の原則は忠実に守られている。

第3段裾が7単位目に固定されると，第2段以下の斜面とテラスは当然ながら残り5単位の幅の中で設定しなければならない。したがって，1単位以下（半単位のような）の調整をしないかぎり，2段目以下の斜面構成は次の4タイ

プしか存在し得ない。

斜面構成A型　第1段の斜面幅2単位，第2段1単位，テラスの幅は2面とも1単位のもの。

この斜面構成は行燈山古墳（3期，図16）で定式化が認められ，5期の仲津山古墳（古市），6期の誉田御廟山古墳（図20）まで踏襲される。伝統的な，ある時期までのスタンダードな斜面構成といえる。

斜面構成B型　斜面幅が，A型とは逆に第1段1単位，第2段が2単位となるもの。テラスの幅はA型と同じく2面とも1単位。

西殿塚古墳（図15）左側がこのタイプで，佐紀陵山古墳（現・日葉酢媛命陵，図113）など3期にはこのタイプが確実に存在する。5期の百舌鳥陵山古墳（図19）や古市墓山古墳も明らかにこのタイプである。B型は，A型とは第1段と第2段の斜面幅が逆転しただけのものであるが，第1段の斜面幅の縮小は，斜面高さとノリ面長さの減少に通じるので，何らかの土木技術的な意図があって生み出されたプランとみるべきであろう。

斜面構成C型　斜面幅が第1，2段とも1単位で，1段目テラスの幅が2単位に広がったもの。2段目テラスの幅は1単位。

1段目テラスの幅が2単位と広がり，B型にくらべ第2段裾の半径が1単位小さく，高さも低くなっているから，第2段の盛土量はかなり縮減される。奈良県築山古墳（馬見古墳群，5期）が早い例であり，6期では佐紀のウワナベ古墳，馬見の川合大塚山古墳，7期になると古市の市野山古墳（現・允恭天皇陵，図27），三島野の太田茶臼山古墳（現・継体天皇陵）などが確実な事例であり，百舌鳥の御廟山古墳もこの例に含まれよう。5期以降に現れる後出のタイプとみてよさそうである。

斜面構成D型　第1，2段の斜面幅が各1単位で，テラス幅は1段目1単位，2段目が2単位となるもの。

今のところ淡輪ニサンザイ古墳（現・五十瓊敷入彦命墓，7期）が唯一の例である（図28）。この古墳は後円部径が72歩（98.6ｍ）と陵墓古墳としては小さく，このくらいの規模だと等高線間隔1ｍの陵墓図では判定がやや不確実となるが，第3段裾は7単位目に一致し，第1段斜面および1段目テラスの幅はそれぞれ1単位とみられる。第2段斜面幅2単位の斜面構成B型の可能性もある

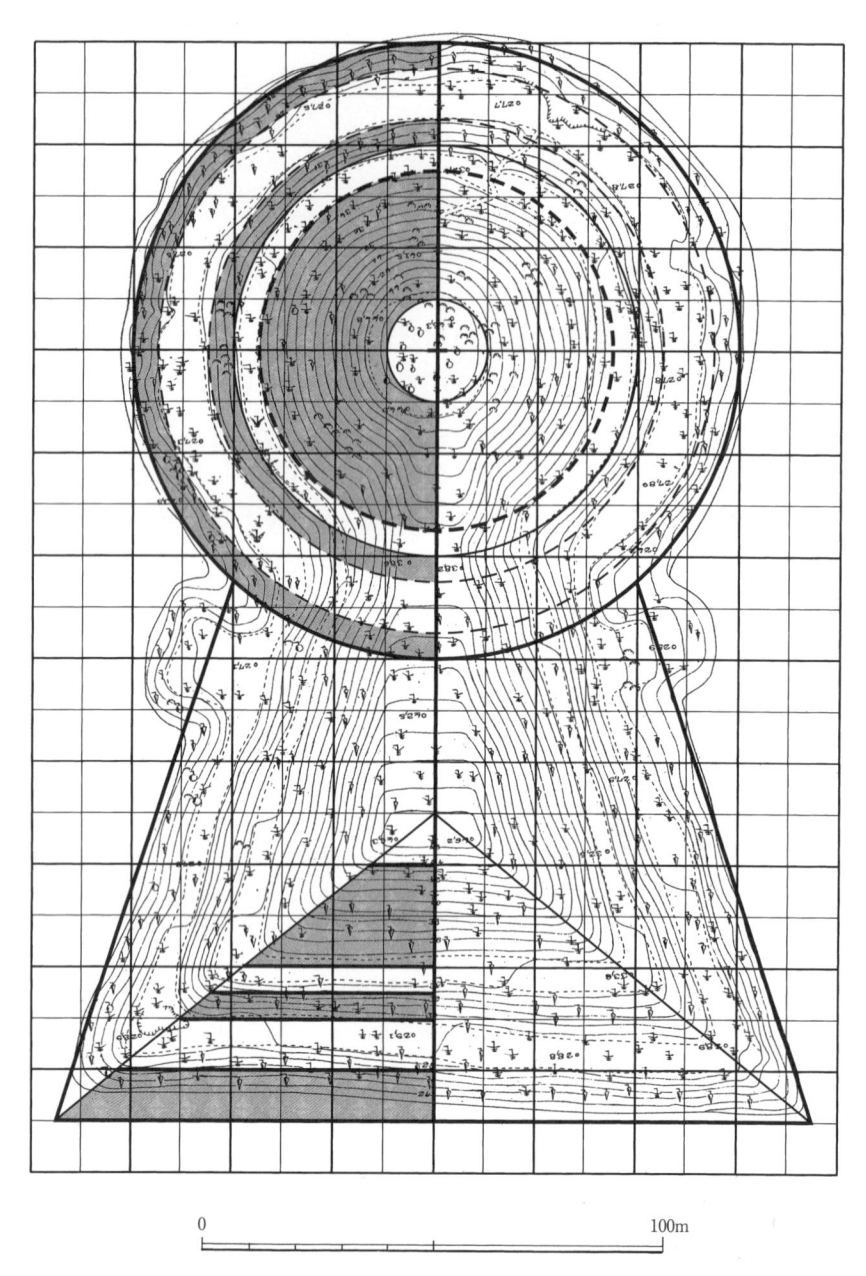

70　第1部　24等分値築造企画論

図27　市野山古墳企画図（後円部径96歩・131.5m）（原図：宮内庁書陵部蔵）

6 墳丘の断面と斜面構成 71

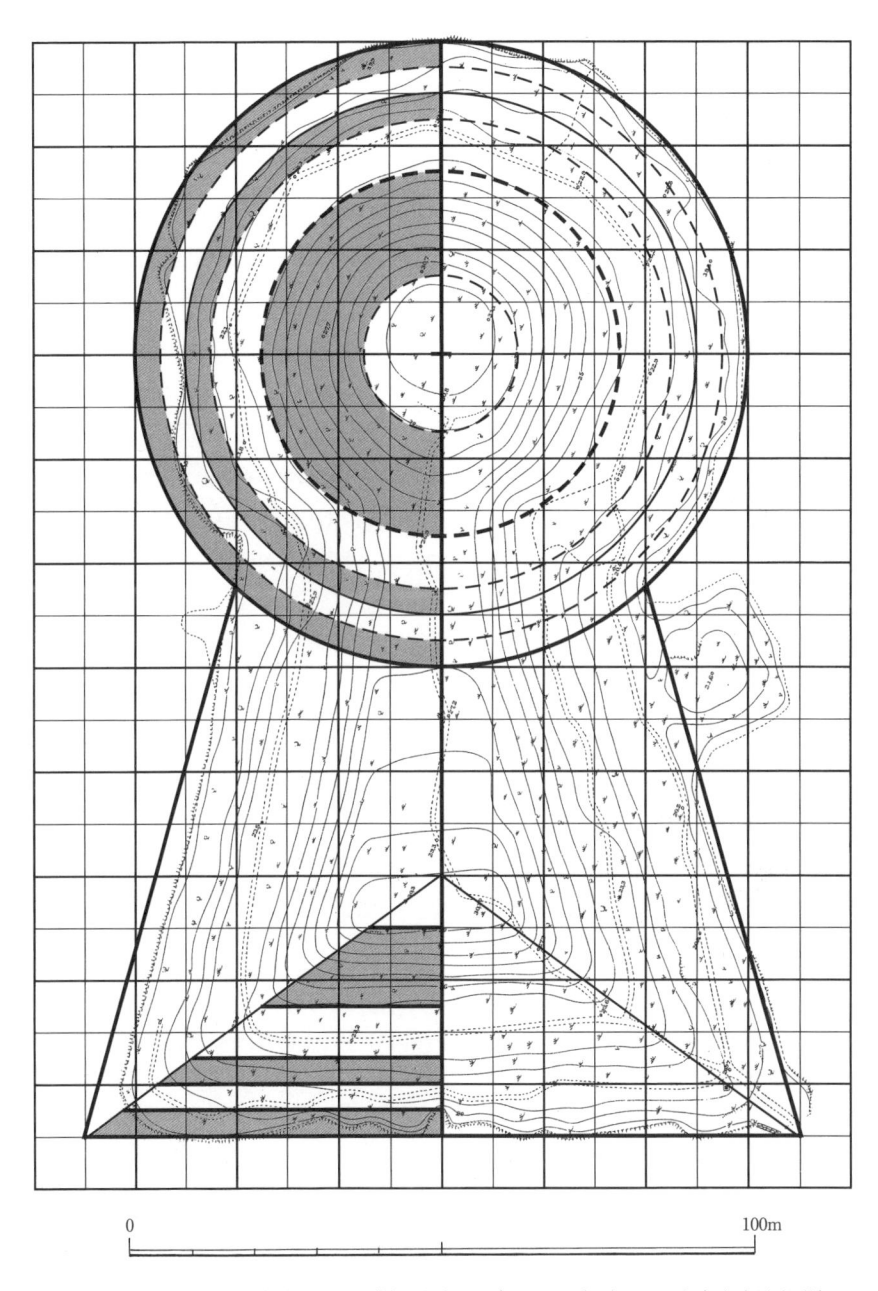

図28 淡輪ニサンザイ古墳企画図（後円部径72歩・98.6m）（原図：宮内庁書陵部蔵）

が，第2段の斜面高さは2mほどしかない。

　2段目テラス上を通る小道は，7単位目と9単位目の円周の間を蛇行しながらめぐっている。ほかの陵墓古墳にもこのような小道の存在が見られるが，斜面部は斜めに直登し，テラス上では平坦面をはずれないよう，多少の蛇行はあってもテラスの幅の中におさまっているのが普通である。この古墳の2段目テラス上の小道はジグザグに大きく蛇行している。この小道が平坦面をたどっているとすれば，2段目テラスの平坦面の幅は2単位とみなさざるを得ない。この古墳の斜面構成はほとんど例をみないD型の可能性が高い。

斜面構成の時代性

　詳しくは別稿[11]）にゆずるが，西殿塚古墳後円部の左側でB型の斜面構成が確認され，確実なところでは3期からA，B両型式が現われ，A型は6期に1例あるもののほぼ5期をもって終わる。B型は6期まで複数の古墳で採用され，8期にも地方の古墳（三重県馬塚古墳）で1例確認される。これらに対しC型の初現は5期と遅れるが，6，7期では主流となる。A，B2型式にくらべC型が後出することは明らかで，斜面構成もある程度時期的傾向を示す要素とみてまちがいない。

　これまで後円部の立体的構成に着目した研究がなかったわけではない。しかし，各段斜面とテラスの幅の関係（斜面構成）を基準単位の単位数によって定量化して明示し，型式分類として示したのは私がはじめてである。後円部の立体的構成という古墳の詳細設計に属する部分を把握するためには，6等分値や8等分値というラフなスケールは機能せず，実際に古墳の設計，施工に使用された24等分値の発見によって，それがはじめて可能になった。

　注
1）　沼澤　豊「墳丘断面から見た古墳の築造企画」『研究連絡誌』第60号，㈶千葉県文化財センター，2001年，1〜36頁
2）　浅利幸一ほか『市原市大厩浅間様古墳調査報告書』㈶市原市文化財センター，1999年
3）　断面図では，旧地表面での墳裾間の距離は24単位より少し小さいが，これは墳裾が全体的に多少カットされているため（その影響で中段テラスの平坦面も失われている）で，その分を補えば規格判定に問題はない。

4) 地盤工学会『土質工学入門』㈳地盤工学会，1977年，91頁
5) 斎木　勝ほか『市原市菊間遺跡』㈶千葉県都市公社，1974年
6) 和田晴吾「葬制の変遷」『古代史復元6　古墳時代の王と民衆』講談社，1989年，108頁
7) 都出比呂志ほか『鳥居前古墳―総括編―』大阪大学考古学研究室，1990年
8) 円墳の場合，直径30歩（41.1 m）を境として，それ以下では1単位当たり1/8歩，直径では3歩きざみの微調整が行なわれていることを確認しており，前方後円墳の後円部の規格決定も同じように行なわれた可能性が高い。1単位当たり1/8歩の歩数調整が行なわれていることについては，畿内の横穴式石室の石室規格（羨道幅）の検討によっても実証されている（後述）。
沼澤「円墳の規模と序列」20～25頁
9) 樋口吉文「百舌鳥大塚山古墳発掘調査報告―前方部北西コーナーの調査―」『堺市文化財調査報告』第40集，堺市教育委員会，1989年，20～29，64～65頁
10) 末永雅雄『古墳の航空大観』学生社，1975年
11) 沼澤「前方後円墳の墳丘規格に関する研究（中）」『考古学雑誌』第89巻3号，2005年，14頁

7　古墳の施工基準面

施工基準面と墳裾面

　椎名崎2号墳や池向3号墳など千葉県北部の円墳では，円周図を見てわかるように，旧地表面に半径12単位の円周を描き，その内側を墳丘の範囲とし，その線の外側に沿って周溝を掘りこんでいた。

　内溝の外周線や，外溝の内外周線も，中心から所定の単位数の円周を同じ面に引くことで設定され，上端での幅が決定されている。小型の古墳では周溝の幅もせまく，周溝の下端線については特に中心から何単位目というように設定されることはなかったようである。平坦で広々とした下総台地の上に営まれた古墳（特に小型の）では一般的な工法といえる。

　古墳の築造に際して，最初に縄張り（地割り）を行ない，盛土や地山掘削を開始する面を「施工基準面」，中心から12単位目の墳丘裾線が位置する面を「墳

裾面」と名づけると，下総台地の古墳は施工基準面と墳裾面が同じ水準面にあることになる。

当初はこれを当たり前のことと思っていたが，施工基準面と墳裾面が異なる古墳が稀ではなく，逆にそのような古墳の方が，特に大型古墳においては主流であったらしいことがわかってきた。

基壇古墳

この問題については栃木県に分布する基壇をもつとされる古墳の企画性を検討する中で考えが深まってきた[1]。

栃木県の南部，思川と姿川の流域には，墳丘第1段が低く，その上面テラスが一見してかなり幅広い古墳が分布する。地元研究者の中には，この平坦部を通常の多段築成古墳のテラスとは性格の異なる特殊な施設と考え，「基壇」の呼称を与えて特別視される方も多い。基壇をもつとされる古墳を大金宣亮氏の用例[2]にしたがって「基壇古墳」ということにするが，たしかに基壇とされる部分は，通常の2段築成古墳の墳丘第1段というには低く，上面テラスの幅もきわめて広いものが認められる。

地元研究者の中には基壇を墳丘と認めず，基壇の上にのる墳丘（第2段）の裾で測ったサイズを墳丘規模とする見方も根強い。このようなとらえ方に対する批判[3]も知られるが，私も結論として，基壇古墳の墳丘規格は基壇の裾でとらえるべきであると考える。

以下の記述では「基壇」を「（墳丘）第1段」，基壇上の墳丘を「第2段」とし，基壇上面の平坦面は単に「テラス」ということとする。

前方後円墳の事例

吾妻岩屋古墳（下都賀郡壬生町・栃木市，10期）「この形（基壇古墳）の前方後円墳の完成された姿」[4]と評される古墳である。

テラス面は周溝外の平坦面とほぼ同一水準にあり，千葉県の古墳の例にならえば墳丘第1段（基壇）の肩の線が中心から12単位目に一致しなければならないが，そのような作図では良好な一致がみられない。第1段の裾線を12単位目に置くと，墳丘各部と円周線，方格線との一致が最もよく，後円部の直径も古墳尺6歩間隔の主丘部規格表の値に適合することがわかった。

第1段の裾線，すなわち見かけ上の周溝内壁下端線で後円部直径を測るとほ

7　古墳の施工基準面　75

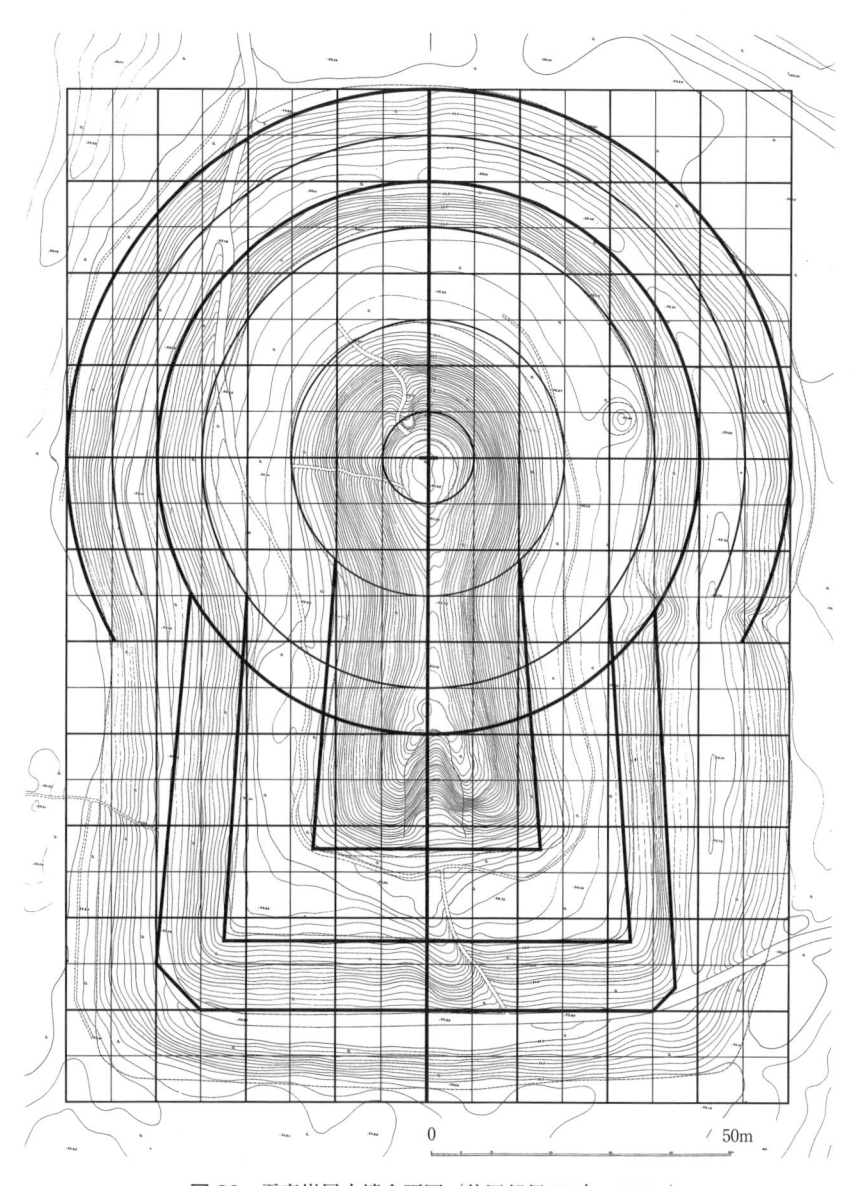

0　　　　　　50m

図29　吾妻岩屋古墳企画図（後円部径66歩・90.4m）

ぼ90mで，径66歩（90.4m）の規格の可能性が高い。企画図（図29）を作成すると，古墳各部は円周線や方格線とよく一致する。

　後円部の第1段裾は12単位目の円周に，肩は10単位目に一致する。周溝底の幅は2単位で，周溝外周の下端線は14単位目，上端線は16単位目の円周によく一致している。周溝底面は奈良・巣山古墳の例などからみて皿状に浅く掘りくぼめられていたのだろう。

　後円部第2段は，後背部から右側にかけて斜面部が多少削り取られているが，墳丘左側および右側のくびれ部付近の状況から裾線の半径6単位とみられる。テラスの幅は4単位となる。

　前方部長は第1段基底面で12単位，前面幅は20単位であるが，隅角が斜めに切られているため，最大幅は左側で2単位後方，右側では1単位後方にあり，それぞれ前面幅より2単位と1単位広くなっている。左右不均等なのは，右側では下り斜面が迫っているため，右側隅角部が全体に内寄りに仕上げられているためである。

　前方部第2段の前面には石室盗掘時の排出土などが堆積し，裾線をどこに求めるか悩ましい。図のように後円部中心（O）から17単位目とする案を示す。この場合，前面のテラス幅が4単位となって，後円部と同じ幅となることは肯定材料になると思われる。

　この古墳は，ほぼ平坦な台地上に営まれ，テラス面のレベルは，周溝を隔てた古墳外平坦地のレベルとほとんどちがわないので，基本的に墳丘第1段は地山を掘り残すことによって形成されたとみられる。テラス面は内側に向かってわずかに高さを増すが，これは雨水の排水のための傾斜で，そのための最低限の盛土しかほどこされていないことがわかる。

　施工基準面は旧表土面であり，後円部ではそこに半径10単位の円周を描き，その外側を掘削して，見かけ上の周溝下端線が半径12単位目になるよう施工されている。施工基準面と墳裾面のレベルが異なる事例といえる。

　壬生茶臼山古墳（下都賀郡壬生町）　この古墳も基壇古墳とされるが，一見してテラスの幅はややせまく，第1段もまわりの地表面より高い（図30）。第1段下端線でおさえた後円部規格は径45歩（61.7m）である。

　後円部第1段の肩が10単位目にくる点は吾妻岩屋古墳と同じであるが，第

7 古墳の施工基準面 77

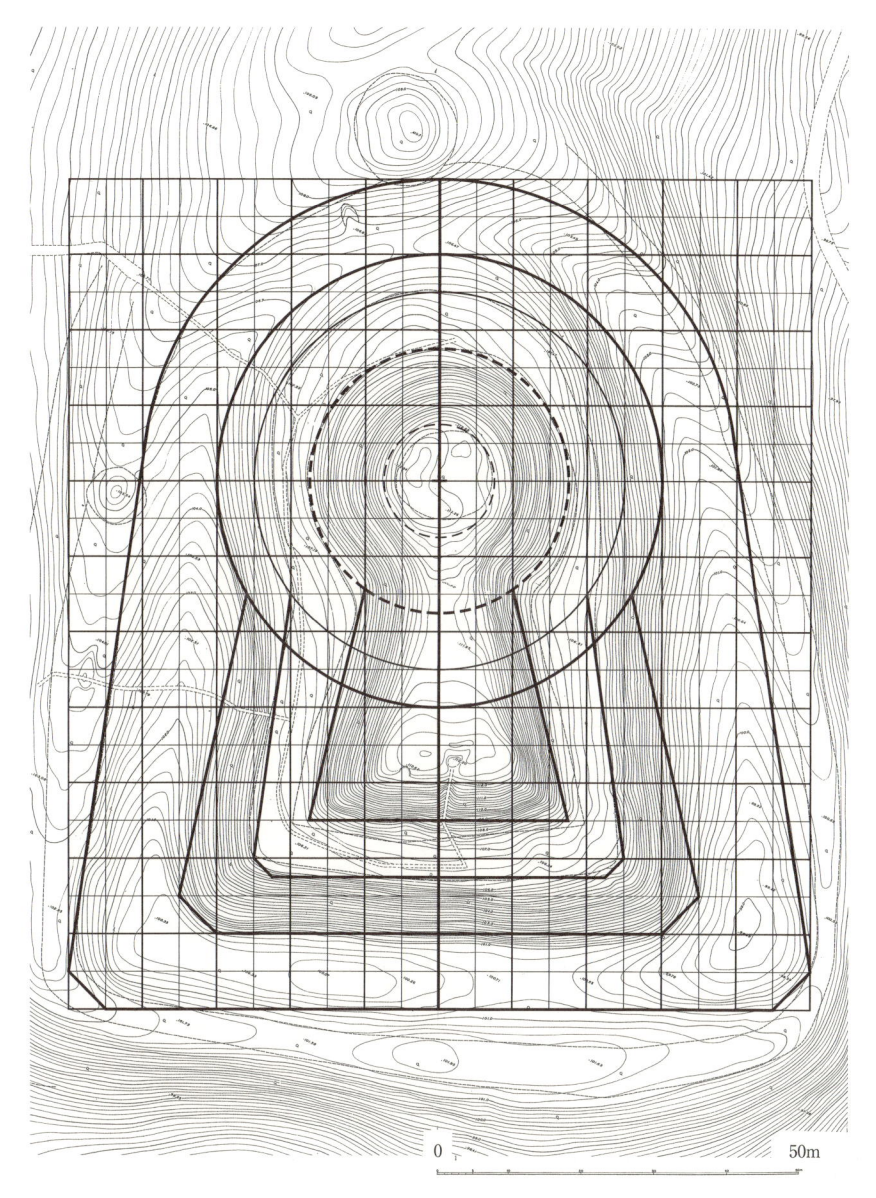

図30 壬生茶臼山古墳企画図（後円部径45歩・61.7m）

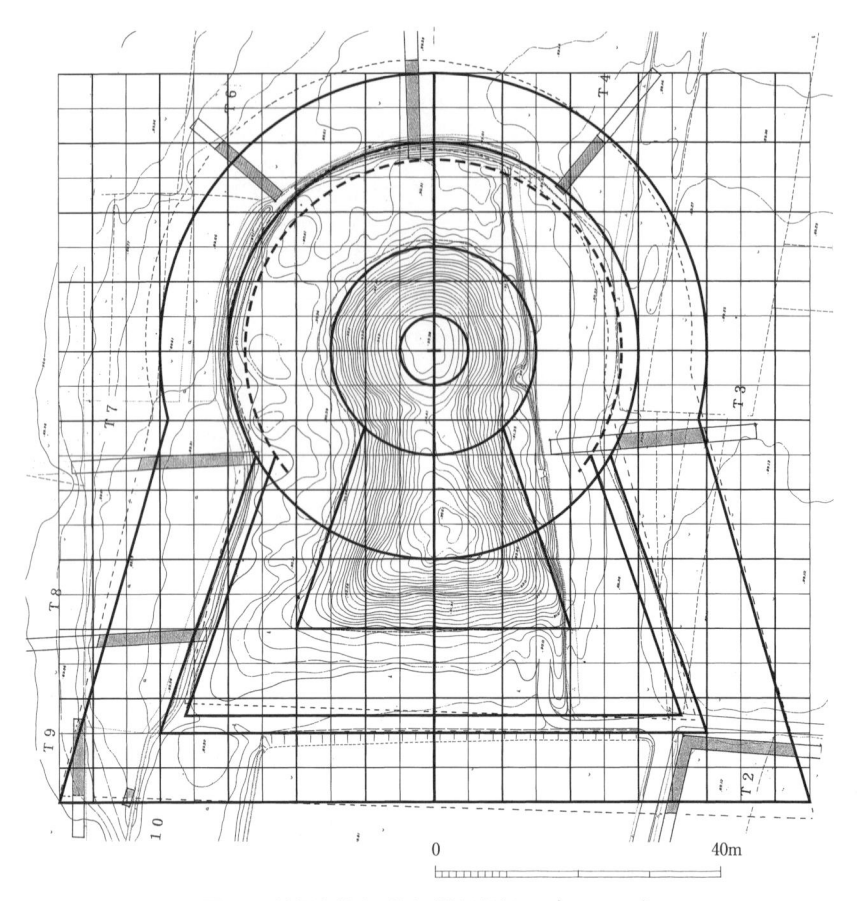

図31　長塚古墳企画図（後円部径42歩・57.5m）

　2段裾が7単位目なので，テラスの幅は3単位と1単位せまい。墳頂平坦面は広めで半径3単位とみられる。前方部長12単位，墳長36単位は吾妻岩屋古墳と同じ単位数である。
　もう1例，後円部テラスの幅が3単位になる古墳がある。壬生愛宕塚古墳がそれで，第1段肩が9単位目，第2段裾が6単位目にくる構成で，墳頂平坦面は半径2単位とせまくなっている（図面省略）。第2段裾，肩の位置が吾妻岩屋古墳と同じになっているので，第2段の「縮小化」を指標とすれば，壬生茶臼山→壬生愛宕塚→吾妻岩屋という，典型的な基壇古墳への道筋がたどれること

になる[5]）。

　長塚古墳（下都賀郡壬生町）　一見して吾妻岩屋古墳よりも低く広いテラス面をもち，いっそう特異性の感じられる古墳である（図31）。後円部規格は径42歩（57.5 m）で，この古墳も第2段裾は6単位目，墳頂平坦面の半径2単位であり，この点は壬生愛宕塚，吾妻岩屋と同じである。

　これに対し第1段の斜面幅は1単位で，したがってテラスの幅は5単位となる。第1段上部が削平されているのではないかとの疑いももたれるが，テラス上には一面に葺石の敷かれていることが確認されており[6]，当初からこのように低平な第1段をもつプランであったのはまちがいない。この古墳も，周溝外の平坦面とテラス面とがほぼ同レベルであり，第1段は地山を掘り残すことで形成されたとみてよい。

　第1段の低平化が極限に達し，テラス幅も最大化しており，吾妻岩屋→長塚と展開したことは確実といえよう。

円墳の事例

　丸塚古墳（下野市，7世紀前半）　この古墳の墳丘規格については，周溝の掘りこみ開始面でおさえるべきとみて，周溝上端線の直径に近い径48歩（65.8 m）ととらえ，一度誤った円周図を発表してしまった。他の基壇古墳の検討結果に照らして，この古墳についても報告者のとらえ方のように周溝底で墳丘規格をおさえるべきものと考え訂正した。

　確認調査報告では「墳丘第1段の基底径74 m」[7]とされる。径54歩（74.0 m）の規格に等しく，この値の円周図（図32）を作成すると第2段裾は6単位目，墳頂部の半径は2単位となる。これは吾妻岩屋古墳の後円部第2段の構成と同じである。トレンチ断面図を見ると，周溝内周壁（第1段斜面）はゆるやかに立ち上がり，その斜面幅は2単位，テラスの幅は4単位となる。

　桃花原古墳（下都賀郡壬生町）　3段築成の円墳で径45歩（61.7 m）の規格である[8]（図33）。この古墳についても，旧稿では墳丘規格の測定部位を誤まり直径58 mと考えたが，あらためて円周図を作成しなおした結果，径45歩と訂正すべきものと結論された。

　近くにある長塚古墳と同じように第1段がきわめて低い。第1段肩は10単位目より11単位目の円周との一致度の方が高く，斜面幅1単位の当初企画と

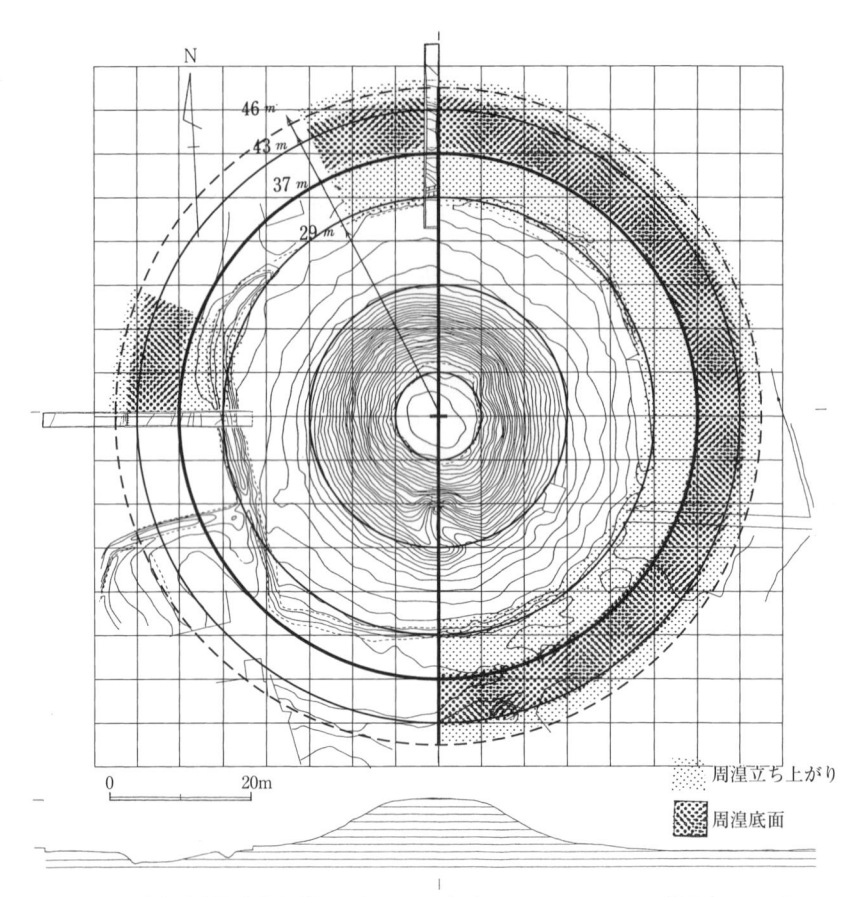

80　第1部　24等分値築造企画論

図32　丸塚古墳円周図（径52歩・74.0m）（スクリーントーンは報告者による）

みられる。第2段裾が7単位目なので，1段目テラスは4単位の幅となる。1段目テラスと周溝外の平坦地のレベルがほぼ同じなので，第1段は地山の掘り残しによって形成されているのはまちがいない。1段目テラスの幅は丸塚と同じ4単位であるが，この古墳は3段築成なので2段築成の場合の5単位に相当するとみてよく，丸塚→桃花原という展開が考えられる。

基壇古墳の特性

　たしかに基壇古墳は独特の立体観をもっており，地元の方が強調されるような地域色が感じられる。

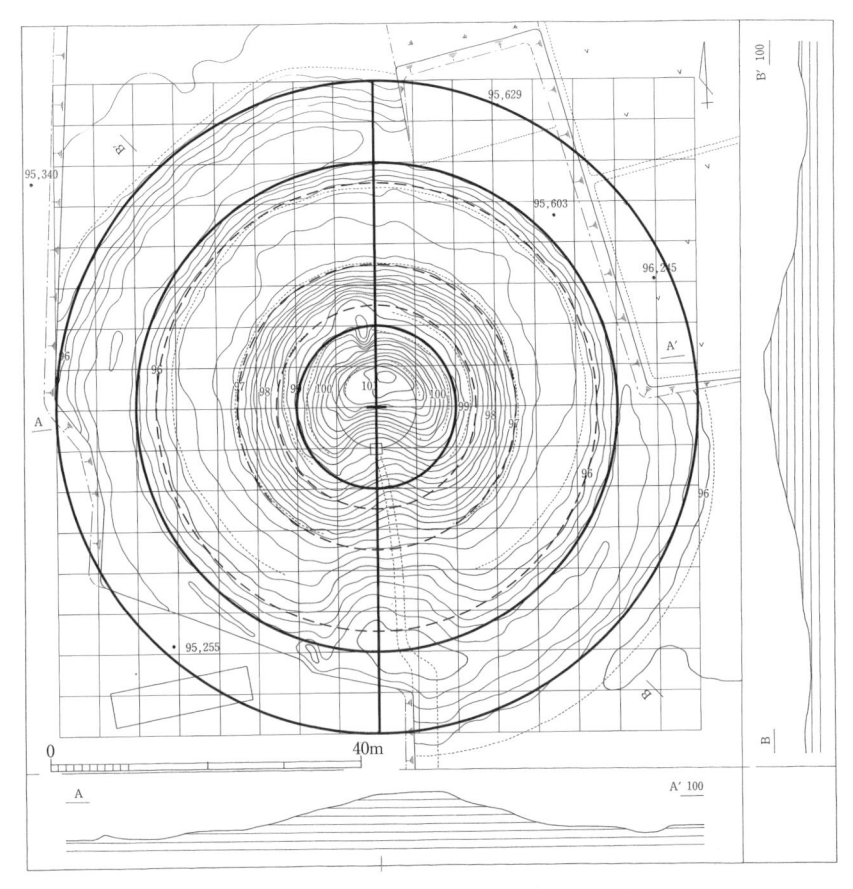

図33　桃花原古墳円周図（径45歩・61.7m）

　基壇古墳とされるものには前方後円墳と帆立貝古墳，円墳があり，おおむね6世紀後葉（10期）以降の古墳である。これまではっきりした定義はなかったが，私の検討の結果では，
　①墳裾面（中心から12単位目）が見かけ上の周溝内壁の下端にある
　②墳丘第1段は地山を掘り残して形成される
　③墳丘第2段裾は中心から6単位目に一致する
　④テラスの幅は4単位以上
　⑤墳頂平坦面の半径2単位

となり，この5要素を典型的な基壇古墳の特性として抽出できる。

ただし，基壇古墳とされるもののうち通常の古墳からの移行段階にあるとみられる古墳（壬生茶臼山や壬生愛宕塚）には，「②多少の盛土がされたもの，③7単位目に一致するもの，④幅3単位のもの，⑤半径3単位のもの」が認められる。

単位数でみても異常なほどにテラスの幅は広く，地山掘り残しによって形成された低平な墳丘第1段と相

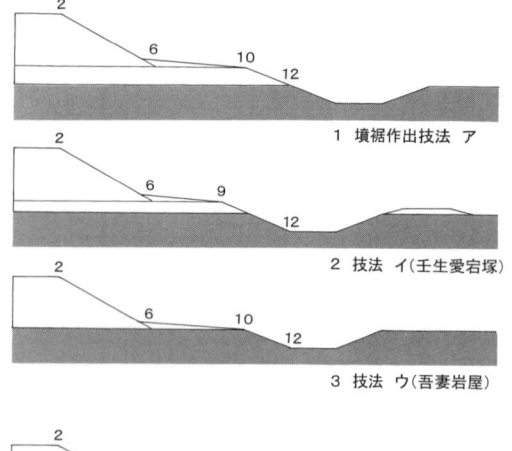

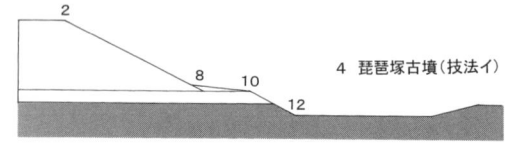

図34 基壇古墳など後円部断面模式図（数字は単位数）

まって，他地域にはほとんど例を見ない独特な墳丘構造となっている。墳丘の安定構造を得るために設置されるテラス本来の役割からすれば，1，2単位の幅があれば十分であり，畿内の大型古墳などにくらべて1単位長が短いとはいえ，4単位ないし5単位という幅は墳丘構造上不自然なほど広い。

別に何らかの目的，意図があって設定されたのではないかとの疑問を抱かせるが，このような立体的構成が定着した理由については今のところ十分明らかにすることはできない。テラス面の全面発掘を待つしかない。

地表面に半径12単位の円周を描き，そこから封土を盛り上げて壮大な墳丘を築くことが可能であるにもかかわらず，基壇古墳では地山掘削手法によって低平な第1段と極端に広いテラスを削り出し，第2段は小さく形成された。

吾妻岩屋古墳の後円部は径66歩（90.4 m）で，近くにある琵琶塚古墳（基壇古墳成立前，9期）の54歩（74.0 m）より2ランク上の規格であるが，実際に見る墳丘の量感は圧倒的に後者がまさっている。

古墳時代を通じて，墳丘の壮大さに価値を見いだし，前方後円墳という墳形

で大きな墳丘を築造することが名誉とされたと想像されるが，このような時代思潮の中で考えると，この地の状況はいささか奇異であり，たしかに地域の特性といってよさそうである。

2種類の墳裾作出法

図34の1は，地表面に墳裾線（12単位目）を設定し，その外側を周溝として掘り下げ，内側に盛土をする築造工法の模式図である（各単位数は吾妻岩屋古墳後円部と同じとした）。この工法は全国的にも多く見られ，千葉県など南関東の古墳では一般的なものである。これを墳裾作出技法のアとする。

同図2は，地山削り出しと盛土を併用する基壇古墳への移行期（壬生愛宕塚古墳など）の後円部横断面模式図である。この古墳の場合は地表面に引かれた半径10単位の円周を境に，外側を掘削し，内側に盛土する。墳裾作出技法のイとする。1にくらべ第1段の盛土量がかなり削減されている。

同図3は吾妻岩屋古墳の模式図である。築造開始に当たり，平坦な地表面に中心柱を立て，半径10単位と16単位の円を描く。この円周に沿って掘削用の丁張りを設置し，2本の円周にかこまれた範囲を掘削する。掘削角度は内外とも，斜面幅2単位に対して深さ3/4単位となる勾配である。第2段の裾からテラス周縁まで，排水を考慮してスロープ状に仕上げるため，幅4単位に対し高さ1/4単位程度のゆるい勾配がつけられる。この技法を墳裾作出技法のウとする。

3者をくらべてみると，ウの工法では墳丘第1段分の盛土がまるまる省略され，明らかに省力化された方法であることが理解される。技法イは，盛土の縮減量の面でウとアの中間にあり，省力化の過程においても中間的位置を占める。

同図4は第2段裾を8単位目とする琵琶塚古墳の断面で，これにくらべると，テラスを極端に広くとって第2段裾径を小さくした基壇古墳は，盛土量が著しく縮減されるプランであったことが理解される。

地山削り出し工法（墳裾作出技法のウ）は丘陵頂部に立地する古墳などではごく普通に認められるが，平坦な地形上に営まれた古墳でも決してまれな工法ではない。古市古墳群の岡古墳（2段築成の方墳，4期）でも，第1段を地山削り出しで形成し，旧地表面を中段のテラス面とする工法を確認している[9]。同じ

古墳群の盾塚古墳（4期，図58）も，第1段は地山削り出しで形成され，削り出された墳裾線が12単位目に一致するよう施工されていた。

このように，平坦地における地山削り出し（若干の地形的高まりを核としている場合も多いと思われるが）と，その結果として見かけ上の周溝内壁下端線が墳丘第1段の裾となる工法は，基壇古墳だけに見られる地方的技法とすることはできず，むしろ畿内中枢部で多く認められる正統的な技法ということができる。

ほかに技法ウによる古墳として第2部で取りあげる三重県神前山1号墳，滋賀県久保田山古墳，奈良県三吉石塚古墳などの帆立貝古墳があり，いずれも地山を削り出した下端線に沿って葺石基底石列が置かれ，その裾線が正しく12単位目の墳裾とされている。この技法は，畿内を中心にかなり広範に採用されている可能性が高く，大王墳クラスの大型古墳でも採用されているであろうことは，巣山古墳の発掘例からも推測される。

墳丘規格は墳裾面でおさえる

墳裾線の設定に関しては，施工基準面（封土の積み上げ，および周溝の掘りこみの開始面）に12単位目の墳裾を置く方法と，掘りこまれた周溝下端線が12単位目の墳裾面となる方法の2者が存することを見てきた。

墳裾基底石列をそなえた古墳であれば，そこがほぼまちがいなく墳裾面である。問題は葺石基底石の設置されていない古墳であって，墳裾面を周溝の肩（上端線）にあるとみるか，裾（下端線）とみるかで大きなちがいが出る。さきに述べたように丸塚古墳では墳裾面の認定を誤り，1ランク下の規格と判定してしまった。前方後円墳や帆立貝古墳であれば，主丘部規格の判定に1ランクの誤差があれば，その24等分値による前方部長や幅の単位数の把握も誤ったものとなり，ことは重大である。墳裾面の確定は墳丘規格の把握に当たって考慮すべき重要な留意点といえる。

関東平野に多い葺石をもたない古墳などでは特に問題となるが，このような場合はやはり，等分値円周線と各段の裾や肩の線，主体部その他の計測点との一致状況の確認に留意し，慎重に判定する必要がある。

注

1) 沼澤　豊「古墳築造企画の普遍性と地域色—栃木県における基壇を有すると

される古墳をめぐって─」『古代』第114号，2004年，105～162頁
2) 大金宣亮「下野の首長墓─前方後円墳の消長─」『前方後円墳の消滅』新人物往来社，1990年，90頁
3) 白石太一郎氏は，基壇古墳の基壇部分を墳丘外ととらえたのでは，列島の他地域の古墳との比較が適正に行なえないとして，他の地域で普通に行なわれている計測法に拠るべきことを説かれている。
　　白石「壬生車塚古墳の測量調査」『関東地方における終末期古墳の研究』国立歴史民俗博物館考古研究部，1990年，43，45頁
4) 大和久震平「古墳文化」『栃木県の考古学』吉川弘文館，1972年，218頁
　　なお，壬生町所在古墳の概要については『壬生町史　資料編　原始古代・中世』（壬生町，1987年）を参照されたい。
5) 君島利行氏は，基壇の築造方法には「①旧表土面を利用し墳丘第1段平坦面を造る，②旧表土面上に盛り土をし平坦面を造る」の2種があり，壬生愛宕塚古墳は後者の方法によると推定されている。
　　君島「国指定史跡『愛宕塚古墳』測量調査」『壬生町立歴史民俗資料館年報』№1，1999年，25頁
6) 壬生町教育委員会君島利行氏の教示による。
7) 小森紀男ほか「国分寺町丸塚古墳第三次調査報告」『栃木県立しもつけ風土記の丘資料館年報』第7号，1993年，75頁
8) 君島利行『下坪古墳群　北原17号墳　桃花原古墳』壬生町教育委員会，1998年，35～40頁
9) 沼澤「墳丘断面から見た古墳の築造企画」8～10頁

8　墳丘の築造工法

「設計」についての基本的考え方

　前方後円墳の後円部や円墳の基本設計は，半径を一定の単位数（12単位）とし，基準単位にもとづく同心円を描くことで決定されていること，前方部や外縁施設も同じ基準単位によって設定されていることを説明してきた。
　実際に測量図に当たってみると，古墳の各部は，基準単位にもとづく同心円や方格線に正しく一致し，その施工が築造企画どおりきわめて厳密に行なわれ

ていることが理解されるが，当初企画どおり古墳を完成させる施工法はどのようなものだったのか．築造企画の検討は，施工法との関連で考えてはじめて説得性を増す．

古墳の設計はどのように行なわれたのか，前方後円墳については一定の研究成果が蓄積されてきた．しかし上田宏範氏は，現況の古墳の測量図からいくら築造企画を推定したとしても，それは古墳の型式あるいは類型を提示したにすぎず，古墳の設計法を明らかにしたことにはならないといわれる[1]．

設計図のような直接的資料が発見されないかぎり確定的なことはいえないということのようであるが，これは過剰なリゴリズムというべきであって，古墳や集落の存在状況から当時の政治体制や身分秩序，集団関係などを解明しようとする様々な試みに対し，その時代の官職表や姓氏録，あるいは戸籍に類するような資料が実際に発見されないかぎりどのような研究成果も承認しないといっているようなもので，このような姿勢は考古学そのものの存在否定にほかならない．

氏は「型式学的研究法」こそ推進されるべきと強調される．そのような主張が，人間の営為の蓄積によってある程度無意識的に形態が変化していった土器型式の変化をたどるのと同じように，安易に古墳の類型を設定し，その系譜を論じる風潮を招いているのはたしかなことといえる．築造企画研究の先駆者としての上田氏の功績はきわめて大きいが，マイナス面を指摘するとすればこのあたりといえようか．

方格図法

前方後円墳や前方後方墳，帆立貝古墳あるいは方墳を設計し，土工計画を策定するためには，今の方眼紙に相当するものが不可欠だったと思われる．現在の方眼紙は10進法にもとづくので，1mm方眼の細線に加えて5mm，10mmおよび5cmごとに少しずつ太くなる線が引かれ，縦横の長さを把握しやすいようになっている．

古墳時代に，そのような素材が既成品としていつでも手に入るような状況は考えられないから，そのつど手書きで方格線を描き，設計に着手したはずであるが，等間隔で直交する線を正確に描くことは，かなり手間のかかる作業である．古墳の設計に12進法が使用されていたとすれば，一枡を12等分した方格

が複数描かれた設計用方格図を用意しなければならない。

　周濠を含む古墳全体をカバーする方格を描くには多大の労力を要するから，墳丘部の細部設計が必要な部分だけ1単位間隔の方格線を描き，それ以外は2〜4単位間隔の方格線を描く簡便な方法が考案されたのではなかろうか。古墳の概略設計に当たり2〜4単位を1区とする大単位が併用されたのは，このような事情によるのかもしれない。墳丘各段の土量計算や斜面の面積計算などの際，数値の小さい区数を用いれば計算が容易になる利点も考えられる。

　いずれにしても，複雑なプランをもつ古墳の設計には，設計用方格図が不可欠であり，方格図上ではじめに墳丘中軸線と主丘部中心点が決定され，続いて墳裾や周濠外周などの概略プランが決められ，さらに墳丘各段の構成など詳細設計が行なわれていったものと想像される。

　このような設計手法は倭人の独創にかかるものとは考えがたく，やはり中国の技術が導入された結果と考えるべきであろう。古代中国では地図の作成に，四角い網によって距離を測る「計里畫方之法」が行なわれた。方格図法というべき手法である。

　方格縮尺の描かれた現存最古の中国地図は，西安碑林にある『禹跡図』（石刻されたのはAD1137年だが元図の成立は1100年以前と推定されている）とされるが，方格図法の成立はさらにさかのぼる。後漢代の天文学者・張衡（AD78〜139）が創始したともいわれ，『晋書』によれば晋の高官（司空）であった裴秀（AD224〜271）はこの方法で「禹貢地域図」を作成して皇帝に献ずるとともに，地図製作の原則「制図六体」を書き残している[2]。2〜3世紀の中国では，軍事，内政両面で正確な地図が必要とされ，そのための方格図法が定着しつつあったことがうかがわれる。

　最初の前方後円墳である箸墓古墳の創出には中国人技術者が深く関与していた可能性が高い。このような地図作成技術の一端が，古墳の設計そして施工の現場に応用された可能性もまた十分考えられるところといえよう。

平面プランと高さの企画

　前方後円墳の後円部や円墳の平面企画にかぎっていえば，西村淳氏[3]のいわれるように，一つの点を中心としていくつかの円周を描くしか方法はなく，基本設計がそのように行なわれたことはまちがいない。

設計に当たっては，何段築成にするかを決め，次には第1段の肩を何単位目にするかを決める（裾は自動的に決まっている）。テラスの幅を決めれば，第2段の裾も決まる。順次同じようにして，墳頂部まで決定される。墳丘半径の単位数を一定に保つことによって，このように墳丘各部を任意の単位に割りふるだけで平面企画は完成する。

周溝についても，単周溝か多重周溝にするかが決まれば，溝と堤の幅をそれぞれ何単位にするかというだけの作業である。ただし，多段築成あるいは多重周溝とすることについては，何らかの政治的，社会的意味があったはずであり，その決定権が造墓の技術集団にあったとは思われない。どこでどのように決定されたかは別に考察すべき問題である。

墳丘の高さの企画も，造墓技術者にとっては簡単な作業であったろう。あくまで平面企画の決定が先に行なわれたとして，各段の斜面幅は1単位とか2単位という整数値に割りつけられている。したがって，高さの企画は，1段ごとに，斜面幅の単位数に対し，高さを何単位とするかを決めるだけの作業であった。

この作図法をとる場合，少し慣れてくれば設計図はなくとも，頭の中で基本設計はできたと思われる。熟練した造墓技術者にとっては，必ずしも図化する必要もなかったと思われるが，造墓主体者や現場責任者への説明用に，設計図は作成されたことであろう。木板，布，生乾きの粘土板，あるいは地面など，後世に伝わりにくい素材に描かれたことが考えられる。

ノリ勾配

高さを決めるということは，同時に斜面の勾配を決定することにほかならない。現在の土工技術では，斜面の傾きは「ノリ勾配」で表わされる。高さを必ず1として考え，そのときの水平長さ（斜面幅）が1.5であれば，その勾配は1：1.5，または1割5分であるという。したがって，2割，3割と数値が大きくなるほど勾配はゆるく，数値が小さくなれば逆に勾配は急になる（図35）。道路や堤防の設計に際しては，地盤の強度や土質などを考慮して，各種の標準ノリ勾配表にもとづいて勾配が決定される。

大型円墳の検討では，高さの企画も平面と同じ基準単位によって決定されていた。このことは，現在と同じような勾配の決定が行なわれていた可能性を示

唆する。この場合，平面企
画の決定が先行したとみら
れるので，現在の方法とは
逆に，水平長（斜面幅）を
1として考えた方がわかり
やすく，実際にもそのよう

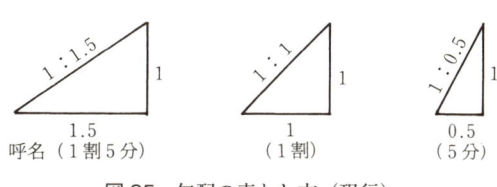

図35　勾配の表わし方（現行）

に企画された可能性が考えられる。いずれにしても斜面の傾斜角を30度とか
45度にするといった設計は行なわれなかったとみてよい。
　ノリ勾配は盛土の斜面が最も安定し，崩れにくい安定勾配となることが肝要
である。地盤や土質，ノリ面長さなどの要素のほか，段築成の何段目か，葺石
などのノリ面保護工はほどこされるのかといった様々な要素を勘案して決定さ
れたのであろう。

施工基準面の形成
　古墳によっては施工基準面と墳裾面が必ずしも同一水準面にないことを前章
で説明したが，施工基準面はその古墳の立地によって様々に異なる。
　施工基準面は墳裾面に，あるいは基壇古墳のように墳丘第1段の上面（テラ
ス面）にかぎられるものではない。山丘上に立地し，墳丘全体が地山削り出し
によって形成された古墳では，墳頂平坦面が施工基準面となるし，切土と盛土
が併用されるケースでは2段目のテラス面，あるいは墳丘各段の途中の面（作
業段落面）が施工基準面となる場合もあったろう。
　このことを念頭において，円墳（前方後円墳の後円部も基本的には同じ）の場合
を例にとって，設計どおりに古墳を完成させる施工方法について簡単にみてお
きたい。
　平坦な土地に立地する場合は，築造時の地表面が施工基準面となる。樹木な
どの障害物を除去して，多少の起伏であればそのまま施工されたであろう。傾
斜地での施工や，小さな山塊を墳丘の核にする場合などは，必ず地形の切り盛
りによって水平面が造成され，施工基準面とされたはずである。
　3段築成前方後円墳の2段目テラス面が施工基準面とされる場合であれば，
造成された水平面のしかるべきポイントに中心柱を立て，これを中心として半
径7単位と8単位の円周が描かれる。7単位目の内側には，盛土用の「丁張り」

図36 『春日権現験記』に描かれた間竿（10）と地搗棒（15）（澁澤敬三／神奈川大学日本常民文化研究所編『新版絵巻物による日本常民生活絵引』第4巻，平凡社による）

が設置され，これに合わせて墳丘第3段の築成が行なわれる。

　また，8単位目の円周に沿って切土用の丁張りが設置され，円周の外側を削り出していって墳丘第2段の斜面を形成する。2つの円周線にはさまれた部分はもちろん2段目テラスとなり，若干の切土あるいは盛土によって，排水のための傾斜がつけられる。

縄張り（地割り）の方法

　基本設計図を原寸大に拡大して地面に写す作業については宮川徙氏が実験的に研究され，貴重な成果をあげておられる[4]。用意された道具は1単位162cmの「尋棒」と水糸，それに直角を出すための「勾股弦」だけで，大仙陵古墳の実大の1/8の企画線が平均誤差0.5％前後という精度で描けたと報告されている。

　尋棒は，建築や土地丈量に古くから用いられた「間竿」（尺杖）に，水糸は「間縄」に当たるものといえよう。間竿は，大工が角棒を使って作り，一つの工

事ごとに使い捨てるものであったという[5]。鎌倉時代初期に成立した『春日権現験記』（図36）や『当麻曼荼羅縁起』などの絵巻物[6]から，中世における間竿の実態が知られるが，古墳築造の現場用モノサシも実態は同じようなものだったろう。

　想定される間竿は，基準単位1単位分，古墳の規模によっては1/2から1/4単位分，あるいは1歩の長さに切られた棒である。絵巻物に描かれた間竿のように，目盛りが切られていたかもしれない。

　間縄は，最低でも主丘部の半径分（12単位）の長さが必要で，丁張りの設置などのために1単位きざみの目盛がつけられていたと思われる。このように12等分された縄があれば，各辺の長さが3，4，5単位となる直角三角形を簡単につくることができるので，前方後円墳の縄張りに当たり主軸に直交する前方部前縁線を設定するためなどにも利用されたはずである。

　宮川氏の実験によれば，円の半径が大きくなるほど，水糸で一気に円を描こうとすると誤差が大きくなるとのことであり，氏の推定されたような方法で，中心点から放射状に何点も距離を測定し，慎重に円周が求められた。円周には，盛土工事中も消えない程度に何らかの目印がつけられたろう。木の枝を挿しておく程度の簡単なものや，木杭を打ったり土嚢や葺石の根石を置くような大がかりな場合もあったろう。千葉市人形塚古墳で検出されたように細溝を掘りこむような簡便な方法もあった[7]。

　なお，平坦地に築かれた円墳では，旧表土面に円の中心棒を立てた痕跡が残されているはずであるが，私が発掘を担当した古墳でも，常に注意をはらってきたが検出することはできなかった。中小規模の円墳の場合，細棒を差しこむ程度でこと足り，遺構として検出できないのであろう。ただし，大型の円墳や前方後円墳の後円部などの場合は，しっかりした掘り方に中心棒（柱）が立てられたはずであり，今後検出されるものと考えている。

丁張り

　所定のノリ勾配で土盛りを行なうためには「丁張り」が不可欠である[8]。図37は地表面から盛土する場合を示している。

　地面に引かれた第1段肩線の上に垂直に柱を立て，第1段の盛土高さに当たる点から，第1段裾線まで斜めに棒が渡される。現在はヌキ板が使われるが，

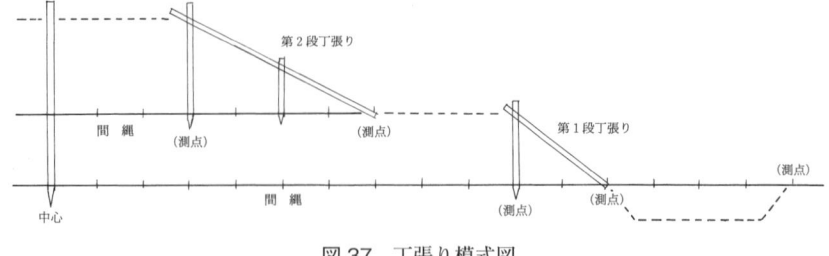

図37 丁張り模式図

　この時代のことであるから，竹や針葉樹の幹など，なるべく直線的な材料が選ばれただろう。

　大阪府蔵塚古墳[9]の後円部で見いだされた放射状の「土嚢列」は，封土の締め固めに際し圧力を分散するのを防ぐ役割とともに，丁張りの機能を兼ねそなえていた可能性がある。長野県千曲市森将軍塚古墳でも墳頂方向にのびる「縦石垣」が2段にわたって検出され，作業単位を表わしたものではなく，「丁張り」として設けられたと推定されている[10]。様々な丁張りの方法が工夫されていたのはまちがいない。

　このようにして，円の中心をとおる放射線上に，何か所か丁張りが設置された。現在の土工基準では，丁張りの標準設置間隔は，半径300m以下の曲線部については5mとされており[11]，蔵塚古墳後円部の放射状「土嚢列」の間隔はこの基準に適合している。

　なお，椚国男氏は，丁張りの設置に際しては，後漢時代の画像石に描かれたような「角度定木」を使用して傾斜角を出したと想定されている。そのような場合もあったかもしれないが，これでは誤差が大きくなりそうに思われる。角度を出すまでもなく，斜面幅と高さを，現場において実際の長さで求めて丁張りとすれば，誤差はほとんど生じない。

盛土の締め固め

　『春日権現験記』には地搗棒(ぢつきぼう)を扱う男が描かれる。ここでは礎石をかためる作業に使われているが，古墳の封土の締め固めもこのような素朴な道具で行なわれたのだろう。

　図38の①は昭和初期の利根川の堤防工事の写真である。この写真を見ると，古墳の築成現場の光景もこのようなものではなかったかといつも思う。

8 墳丘の築造工法 93

①土羽打ち作業（ならし）

②土羽打ち作業（本打ち）（昭和38年，佐原市篠原新田地先）

図38 利根川の築堤作業風景（国土交通省利根川下流河川事務所提供）

これは「土羽打ち」というノリ面の締め固め作業の写真で，地搗棒と同じような土羽棒が使われている（土羽とはノリ面のこと）。運ばれてきた土を連続的に軽くたたいて落ち着かせる「ならし」という作業が行なわれている。同図の②では土羽棒を肩の上まで振り上げて力いっぱい打ちつけている。この作業は「本打ち」という。

　おそらく古墳づくりにも使われたであろうこのような土工具で，昭和30年代まで堤防工事が行なわれていた。写真で見るかぎり土羽打ちの作業員（「ぶち方」）はすべて女性である。土を掘り出し，トロッコに積んで運んでくるのが男の仕事であったという。古墳づくりの現場でも，このような老若男女ごとの作業分担が自然発生的に生じ固定化していったことであろう。

　図の①では一列にならんだ「ぶち方」の前に音頭取りの女性が立つ。作業員が長時間無理なく働けるよう，土羽打ち唄を歌い，その調子で打ち固め作業をコントロールしたという。利根川下流域では，地域によって歌詞も節も異なる土羽打ち唄が採録されている。古墳時代にも，古墳づくりにともなう各種の労働歌があったと想像される。崇神紀の箸墓の由来譚に見える，大坂山の石を人民が連なって手渡しで運んだという大意の歌謡は，労働歌の名残といえるものなのであろうか。

　土の垂直方向への締め固めは「タコ搗き」といった。近代には「タコ」あるいは滑車を用いる「石ダコ」という専用の用具が工夫されたが，古墳づくりには土羽棒より多少太い程度の地搗棒が唯一の道具だったのではあるまいか[12]。

　千葉県野田市の川間地区に残る土羽打ち唄[13]に，

　　　　昔の仕立てと事かわり
　　　　　石だこつくやら土羽をうつ
　　　　　　見るもけんごな仕立かた

という歌詞が見える。

　　　　　参間まぶにて弐割のり
　　　　　　下ヨリ上まで出来あがる
　　　　　　　いかなる高水あらふとも

という一節も面白い。「弐割のり」とは2割の勾配で，高さ1に対して法幅が2となる勾配のことである。堤防のノリ勾配は2割と決まっており，重要な箇所

では中段に犬走り（テラス）を設けて断面を大きくした。

　古墳づくりにおいても，丁張りの示す勾配に合わせて土羽打ち作業が行なわれ，所定の勾配に仕上げられていったものと思われる。

上段の築成

　第1段が所定の高さまで積み上がると，いったん平坦に仕上げられ，その面で第2段の裾と肩の線を描くことになる。椚国男氏は，積み上がった下段の肩の線を基準に内側に一定の幅をとり，上段の裾線を決定したと考えておられる[14]。しかし，この方法は手間がかかるばかりでなく，下段の積み上げが正確でなければ，歪みが段を重ねるにしたがって増幅されていくという欠点をもつ。丁張りを設け，いかに厳密な施工が行なわれたとしても，大型の古墳で1段の高さが大きくなれば，施工誤差も生じてくる。

　正確な施工を可能とする，より簡便な方法として，盛土作業が終了するまで，円の中心棒の上部が盛土の上に常に出ているよう高さが保たれていたものと考える。単純な工夫であるが，こうすれば，いつでも円の中心からの距離を測ることができ，盛土の途中で施工誤差を修正することも可能である。

　大型円墳の第2段や，大型前方後円墳の第3段などのように，斜面高が大きくなり，ノリ面長も長くなれば一度に高い丁張りを設置することはできない。大厩浅間様古墳の墳丘断面で確認されたように，盛土の途中で何度か平坦面をつくり出し，丁張りを設置しなおすという作業が繰り返されたはずである。築造企画どおりに完工させるために，円の中心点を失わないようにする配慮は不可欠であった。

　中小規模の古墳であれば，多少長めの棒を立てておけば足りる。高さ20〜30 mに達するような古墳の場合も，棒を継ぎ足していけば，作業の期間中，常に中心点が明示される。中心棒には，間竿によって各段の予定高さの目盛りがつけられ，丁張りとともに盛土の際の目安とされたであろう。第2段の裾，肩の予定線も，この中心棒を起点として描かれ，第1段と同じように丁張りの設置後，盛土が行なわれた。

　これまで検討した古墳においては，各段の裾と肩の線は総じて予定された円周によく一致し，かなり正確に施工されていた。ただ，大型前方後円墳の中に，裾や肩の線が同一円周から部分的にずれ，歪みを見せるものがある。各段

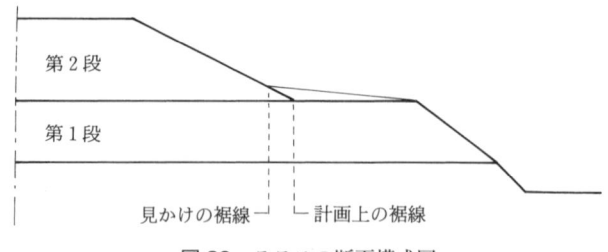

```
         ┌─────────
    第2段 │
         │    ＼
─────────┘      ＼────────
                          ＼
    第1段                   ＼
                             ＼
─────────────────────────────┐＼
         ↑         ↑         │ ＼_____
      見かけの裾線  計画上の裾線
```

図39 テラスの断面模式図

が積み終わった時点で，中心棒から肩の線を測り，予定どおり積み上がっているかどうかを確認しない場合もあったようである。また，確認したとしても，予定より径が不足した場合，斜面に土を盛り足すと，そこが「すべり面」となって地すべりがおこりやすくなるため，あえて修正をしなかったような事情も考えられる。

テラスの整形

多段築成としてテラスを設ける理由としては，埴輪を樹立して墳丘を荘厳する機能などのほか，土木技術的な効用が期待されていたと思われる。堤防などの斜面に設けられる小段（犬走り）には，①斜面の平均勾配をゆるめて安定化する，②雨水の集水面積を小さくし，斜面を流下する水の流速を落として浸食を防ぐ，③斜面の維持修繕の際の足場として利用する，などの効用があるとされる[15]。古墳は土の造営物であり，雨水への配慮は欠かせない。排水のためテラスには必ずゆるい傾斜がつけられた。

テラスに傾斜をつけるのが下段の造成工程の中で行なわれたか，下段頂部は平坦に仕上げておき，上段の築成過程でつけられたのか、この点はよくわからない。些細な問題のようであるが，各段の高さの企画を検討する際，テラスの外周（下段の肩）までで測るか，上段の裾までで測るかのちがいで 1/4 単位程度の差が生じる場合がある。

上段の築成過程で傾斜がつけられた場合には，上段裾の計画線よりも，見かけの裾線が内側にくることになり，平面企画の判定にも微妙な影響をもたらす（図39）。ただし，築造後の経年変化によって裾部には必ず土砂が堆積し，見かけの裾線を外側に押し出す要因となる。その方が当初の企画線の確認にとっては大きな支障となる。

墳頂部の整形

墳頂部には，雨水対策のため甲盛がほどこされた。高さの企画を検討する際，甲盛の頂部までを企画高ととらえるか，肩の高さまでが企画高で，甲盛はプ

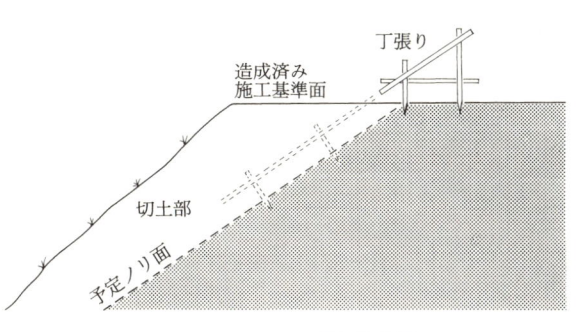

図40　切土用丁張り模式図

ラスアルファーなのか，古墳個々に慎重に判断する必要がある。

墳頂部肩の線は，円周図の円周に正確に一致する例が多く，墳頂部の仕上げは丁寧に行なわれたようである。墳頂部肩の線の測定が終われば，墳頂に頭を出していた中心棒は切断され，その役割を終える。

墳頂部に竪穴系主体部をもつ古墳の場合，「掘りこみ墓壙」であれば上述のようにして墳頂部まで形成され，その後墓壙の掘削が開始されたはずである。「構築墓壙」[16]の場合は，構築の開始面で中心柱は撤去され，墓壙まわりの封土を丁張りに合わせて墳頂レベルまで盛り上げていくことになる。

地山削り出し

丘陵頂部などに立地し，主に地山削り出しによって墳丘をつくり出された古墳がある。京都府綾部市の私市丸山古墳は直径70mに近い帆立貝古墳であるが，墳頂部に1mほどの盛土があった以外，すべて地山削り出しによって形成されていたという[17]。

このような古墳では，平坦地に盛土だけで築造された古墳とちがい，最初に墳裾や周溝の線を描くことはできない。施工基準面は，立地によって私市丸山古墳のように墳頂部の場合もあり，多段築成の1段目や2段目の上面が基準面になる場合もある。施工基準面の造成は，地山削り出しだけの場合もあり，切土と盛土を併用して行なわれる場合もあったろう。

いずれにしろ，そのように造成された基準面上で中心点を決め，その面の計画半径で円周を描く。削り出しに当たっては，この円周が基準線になる。

円周の外部の地山を一定の斜角で掘削していく場合も，現行の方法に類似した手法で丁張りが設置されたはずである（図40）。丁張りを目安に，一定の斜角

で削っていき，一定のノリ面長になったところで削り出しをやめれば，そこがその段の裾になる。理論的にはその上の肩の線と同心円に仕上がっているはずである。裾線から，外方に一定距離を測ってテラスの幅を決めれば，その円周が下の段の肩の線になる。椚国男氏のいわれる方法は，削り出しによる墳丘整形の際に有効である。

周溝の掘削

周溝をともなう古墳では，その外周線は縄張りの最初の段階，盛土が開始される前の段階で地表面に描かれたはずである。

周溝掘削による排出土は，そのまま墳丘の盛土になる。下総台地の古墳の場合，築成の最初の段階で墳裾線に沿ってドーナツ状に土堤が築かれる。黒色有機質土が主体なので，周溝の掘りはじめの土であろう。周溝外の表土を広く，薄く剥ぎ取るようなことも行なわれたと思われる。その後，土堤の内側に四方から土を投入していくが，墳丘中心部から上部にかけてはロームブロック土が多くなり，周溝深部の土が供給源となる。

周溝の掘削土が，盛土の主要な供給源であったことはまちがいないところであり，周溝の幅と深さ，また二重であるかどうかといった点は，全体の土工計画に際して重要な要素となったはずである。土量計算を容易にするためにも，周溝の幅や深さも，当然墳丘と共通の基準単位によって設定されたものと思われる。

注
1） 上田「前方後円墳の築造企画と型式学的研究」3〜4頁
2） J・ニーダム『中国の科学と文明』第6巻，思索社，1976年，45〜72頁
　　杜石然ほか『中国科学技術史　上』東京大学出版会，1997年，238〜240頁
　　弘中芳男『古地図と邪馬台国―地理像論を考える―』大和書房，1988年
3） 西村　淳「パーソナルコンピュータによる古墳築造に使用された『ものさし』の長さの推定研究の位置づけと批判に対する解答」『情報考古学』Vol. 4 No. 1，1998年，50頁
4） 宮川「前方後円（方）墳の設計と尺度」26頁
5） 小泉『ものさし』146頁
6） 澁澤敬三編／神奈川大学日本常民文化研究所『新版　絵巻物による日本常民生活絵引』第3巻・第4巻，平凡社，1984年

7) 笹生　衛「椎名崎古墳群・人形塚古墳発掘調査概要―人形塚古墳旧地表面上の地割線について―」『研究連絡誌』第19号，㈶千葉県文化財センター，1987年，1～4頁
8) 古墳築成における丁張りの技術については早く椚國男氏の優れた考察があるが，本文のとおり私の考えと相違する部分がある。
　　椚　國男『古墳の設計』築地書館，1975年，137～139頁
9) 江浦　洋ほか『蔵塚古墳』㈶大阪府文化財調査研究センター，1998年
10) 矢島宏雄「墳丘構造の調査」『史跡森将軍塚古墳保存整備事業発掘調査報告書』更埴市教育委員会，1992年，92頁
11) 地盤工学会編『土工入門―土の構造物をつくる―』㈳地盤工学会，1990年
12) 三重県多気郡明和町の六大A遺跡（弥生後期から古墳時代）で「タコ」とみられる木製品が出土している。これは直径20cmの丸太を長さ50cmほどに切り，両端をそのままにして中間部を繰り抜き2本の柱状の取っ手を作り出したもので，両端が磨耗していることから，取っ手を持って両端部の重みを利用して竪穴住居の床面などを叩き締めるのに用いられたものかと推定されている。タコとして用いられた可能性は否定できないが，その構造は長時間の作業にはまったく適さないので，古墳や堤防のような大規模工事に用いられることはなかったと思われる。
　　穂積裕昌『一般国道23号中勢道路（8工区）建設事業に伴う六大A遺跡発掘調査報告（木製品編）』三重県埋蔵文化財センター，2000年，39，218頁
13) 千葉県立関宿城博物館編『利根川改修100年』2000年，27頁
14) 椚『古墳の設計』139頁
15) 地盤工学会編『土質工学入門』92頁
16) 2種類の墓壙の名称と形成法については和田晴吾氏の見解に従った。
　　和田「葬制の変遷」108頁
17) 鍋田　勇「私市丸山古墳」『京都府遺跡調査概報』第36冊，（財）京都府埋蔵文化財調査研究センター，1989年，11頁

9　古墳の築造企画と横穴式石室

畿内型石室の企画性

　24等分値企画法の存在を立証するため，古墳の平面構成，墳丘の立体的構成に続いて内部主体の企画性についても検討し，「古墳の築造企画と横穴式石室」

と題して発表した[1]）。

　千葉市椎名崎2号墳では，横穴式石室の全長や墳丘内における位置どりが基準単位によって決定され，古墳築造の全体計画の中に組みこまれていた。この古墳の石室はそれほど大きなものではないが，日本各地には全長10mを優にこす大きな横穴式石室を内蔵する古墳が数多く知られる。玄室を墳丘内のどこに置き，羨道を墳丘斜面のどこに開口させるかということが，古墳全体の築造企画の策定に当たって大きな問題になったはずである。少なくとも横穴式石室の長さは，墳丘と同じ基準単位によって設定されなければ，両者の整合性はもてないのではなかろうか。

　竪穴系主体部についても墳丘の築造企画との関連性のうかがえる事例は認められるが，横穴式石室の場合，より綿密に墳丘の築造企画との整合性が図られていた可能性が高い。

　また，横穴式石室の多くは，玄室と羨道という縦，横，長さがそれぞれ異なる2つ（以上）の立方体で構成され，計測点が多く求められるという点で，24等分値企画法の存在を検証するための素材として優れている。

　物集女車塚古墳　最初に石室の企画性について検討したのは京都府向日市の物集女車塚古墳[2]）（9期）であった。墳丘の断ち割り調査の事例を探していたところ，この古墳でも墳丘断面に土壇積み上げ工法が認められたため検討した。残念ながら，断面調査が前方部隅角の末端近くであったため，土壇の高さと基準単位との関係はつかめなかった。

　この古墳には残りのよい横穴式石室がそなわっている。そこで試みに，このとき判定された墳丘の1単位規格で石室の方格図を作成してみたところ，方格線と石室各部との良好な一致が認められた。予想外のことで，横穴式石室の企画性の検証作業に一気にのめりこむこととなる。

　報告書の推定では後円部径31mで，これは径24歩（32.9m）と径21歩（28.8m）の中間に位置するが，円周図による検討では多少不確実な面はあるものの後者の規格と判定していた。1単位は7/8歩，1.20mである。

　石室の方格図
　図41は石室実測図に1単位間隔の方格線を重ねた図である。太実線が1単位（1.20m），細実線は1/2単位，細破線は1/4単位間隔である。

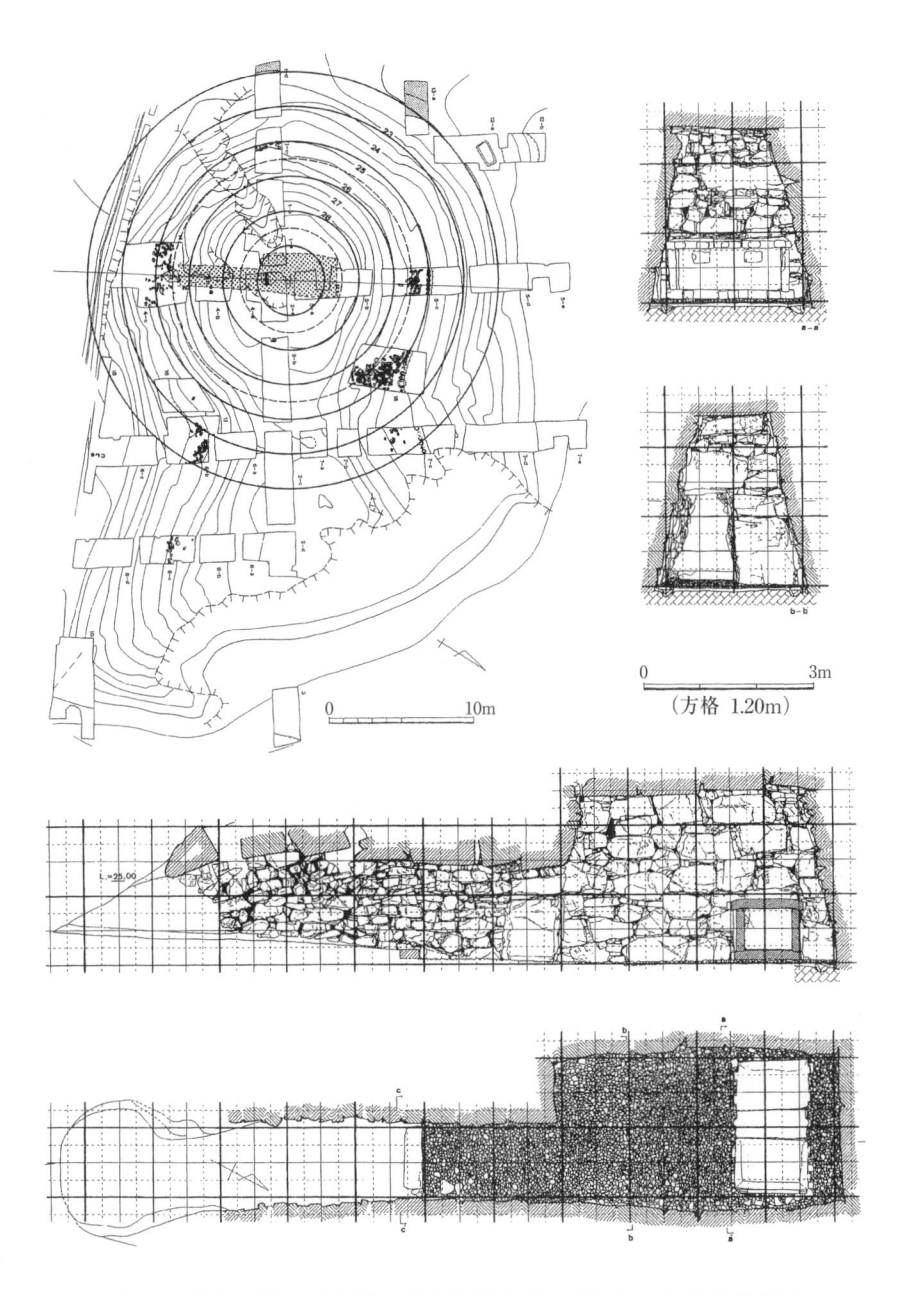

9　古墳の築造企画と横穴式石室　101

図41　物集女車塚古墳企画図（後円部径21歩・28.8m）および石室方格図

石室の長さは奥壁から羨門部までちょうど9単位、玄室は長さ4単位，側壁は軽く胴張りするが，奥壁と玄門部では2単位の幅となる。玄室側壁は，両側とも床面から天井部までほぼ半単位持ち送られ，天井部の幅は1単位となる。玄室高は2単位半である。

羨道の長さは5単位で，床面の中ほどに置かれた仕切石の奥側の縁が，玄門部から2単位目の方格線に一致しているのが目につく。羨道の幅は仕切石より奥では1単位，羨門へ向かって多少幅を広げる。羨道天井石のうち前3石は前方にせり出しているが，本来は天井石の先端も奥壁から9単位目に一致していたのだろう。羨道高は天井石奥4石がほぼ1単位半，手前3石はそれより1/4単位高くなっていた可能性があり，羨門から2単位目に天井の段差があったとみられる。

このように，石室の幅や高さが1単位やその1/2，1/4の方格線によく一致するのを見ると，これを偶然の一致とすることは到底できそうにない。墳丘と同じ基準単位によって，石室の長さだけでなく，室内空間の主要な構成が決定されていることを認めなければならない。

畿内型企画法

その後の検討で，畿内の大型横穴式石室のほとんどすべてにおいて同様の企画性が確認された。共通するのは，羨道の最もせまい部分の幅を1単位とし，石室各部の規模がその単位数で設定されていることである。

この企画法を，羨道の幅を基準とする企画法ということで論文発表時には羨道幅企画法と名づけたが，いかにも響きが悪い。そこで，「畿内型石室」[3]においては最古期の石室にはじまり，その存続期間を通じて一貫して採用されていることから，今後は「畿内型企画法」と呼ぶことにしたいと思う。

羨道の幅を「石室規格」とすると，物集女車塚古墳では後円部の1単位規格と石室規格が共通（同じ長さ）であった。石室を設計どおり墳丘に組みこむためには，両者共通の規格であることが望ましいのはいうまでもない。

しかし，その後の検討で両者共通の規格とする古墳はむしろ少なく，石室規格の方が墳丘1単位より大きいもの，逆に小さいものとまちまちであることがわかった。ただ，その場合も羨道の幅は任意の値ではなく，例外なく墳丘築造企画における1単位規格値の序列の中から選択されていることが確認された。

市尾墓山古墳 大型石室としては最古期と目されるのが奈良県高取町の市尾墓山古墳[4]の石室である。

この古墳の後円部規格は径24歩（32.9 m）、1単位は1歩（1.37 m）だが、羨道の幅はこれよりかなり大きく、方格図の検討では1歩1/4（1.71 m）が石室規格とみられる（図42）。共通規格でない場合も、何らかの換算式などによって石室を墳丘内に組みこむための技術力はすでに十分蓄積されていたのであろう。

この1歩1/4（1.71 m）という規格は、畿内の大型石室においてほぼ最大の石室規格であり、奈良県の牧野古墳（広陵町）や天王山古墳（桜井市）など大王や有力王族の墓に擬せられる古墳もこの規格であった[5]（図43の1、2）。羨道の幅がこの規格で、玄室の長さ4単位、幅2単位、羨道長6単位、石室全長10単位という平面構成が、当時最高格式の石室プランとみなされていたらしい。この規格を上まわる石室は、蘇我馬子の墓とみられる石舞台古墳（1歩半, 2.06 m, 図43の3）ほか2、3にとどまり、石室規格が被葬者の階層性などの重要な判定要素となることがわかる。

石室規格の選択

畿内型石室の石室規格は、一部の小型石室と若干の超大型規格をのぞけば3/4歩（1.03 m）から1歩1/4（1.71 m）までの5段階であることが確認された。これが畿内の中・大型石室の規格として通常の範囲と考えられる。石室構築企画の策定に当たり、数多い24等分値1単位規格の中から、こうした石室規格はどのように選定されたのであろうか。

羨道を外界から玄室に至る通路とみれば、石室規格はそこを通過することが予定されたものに応じて選択されたと考えるのが自然である。羨道の幅の選択に際し、最も問題となったのは玄室内に収納される棺の形式と大きさであったと思われる。

大阪府高井田山古墳[6]（柏原市）では、分厚いコウヤマキを棺材とする幅75 cmと66 cmの2基の木棺痕跡が確認された。石室規格は3/4歩（1.03 m）で、木製とはいえかなり重量のある幅70 cm前後の棺を、複数の人間が運び入れるためには過不足ない幅といえる。初期の片袖式石室にはこの程度の規格が多く、この段階における葬法と規格選定の実態を示している。

木棺より幅広い羨道を必要とするのが家形石棺である。組合式の場合は部材

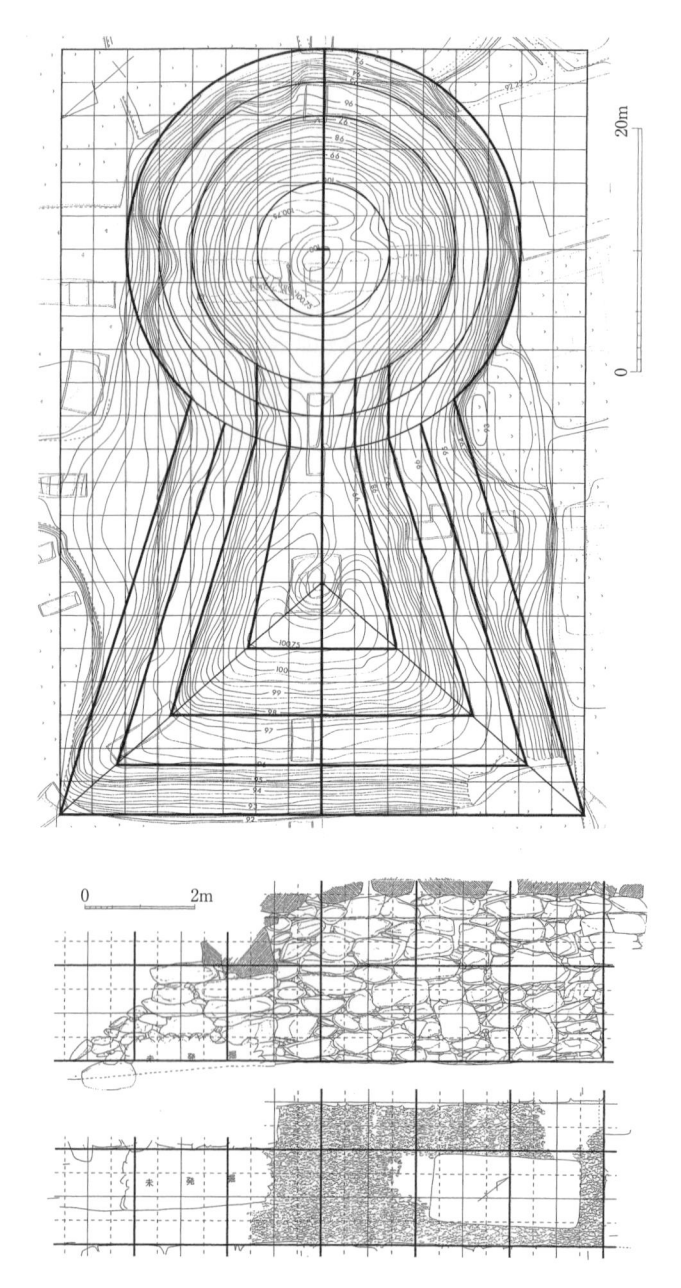

104　第1部　24等分値築造企画論

図42　市尾墓山古墳企画図（後円部径24歩・32.9m）および石室方格図（方格1.71m）

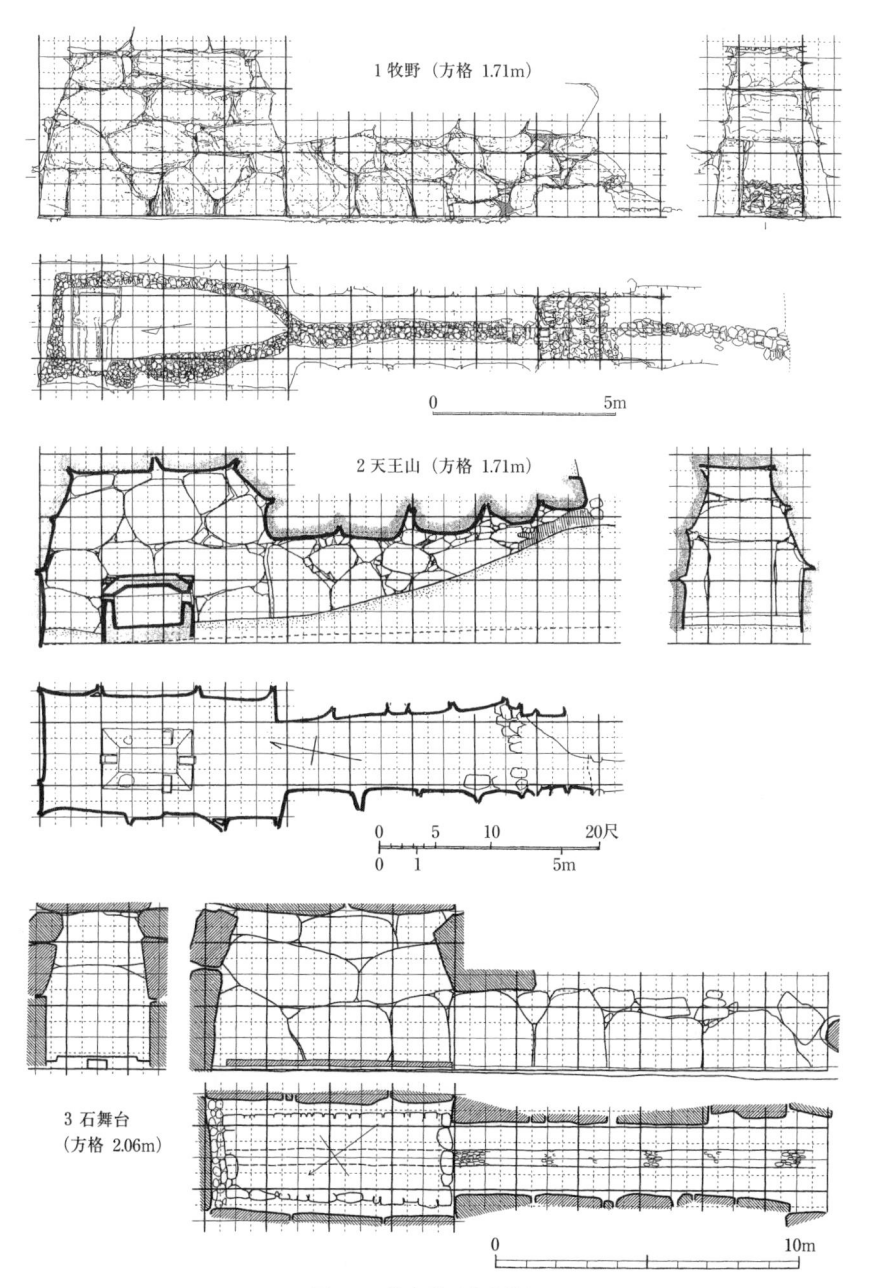

9 古墳の築造企画と横穴式石室 105

図43 畿内型石室方格図

の搬入にそれほど広い幅は必要ないともいえるが，部材1枚でも相当の重量があり（特に一石からなる棺蓋など），その搬入のためには何らかの運搬具や，同時に多人数が通過できるだけの幅が必要である．物集女車塚古墳の7/8歩（1.20m）程度の幅が最低限必要だったものと思われる．

1歩1/4（1.71m）という大規格の奈良県越塚古墳（桜井市）や1歩1/8（1.54m）の同・烏土塚古墳（平群町）の主棺も組合式であるが，いずれも組合式としてはきわめて大きな規模をもつ．組合式石棺の場合，その組み立ては玄室内で行なわれ，完成後に遺骸や副葬品の埋納が行なわれることになる．

その際，石室内で最終的な納棺儀礼が執行されたはずであるが，大型古墳の被葬者にふさわしい盛大な儀礼を行なうためのスペースを確保するためにも，石棺形式にくらべ大きな石室規格が必要とされたものと思われる．また，棺蓋が一石からなる場合は何らかの吊り上げ装置を使わないと開閉が困難で，そのためにも高い天井と全体的に大きな室内空間が必要とされたのではなかろうか．

石室規格の階層性

最も大きな規格を必要とするのが刳抜式家形石棺である．市尾墓山古墳でいち早く墳丘の1単位より大きい1.71mの石室規格が採用され，天王山式・石舞台式の石室の多くはこの規格であった．刳抜式石棺を収納する場合，それだけの羨道の幅と，その規格に見合った玄室規模が必要とされ，大型古墳に採用されるうちに刳抜式石棺を用いる葬儀にとって必要十分な規格として定着していったものと推測される．

半ランク下の1.54mの規格にも，奈良県市尾宮塚古墳（高取町）など刳抜式石棺が納置された石室は多く，これに準じた規格とみなされていたことがうかがわれる．1.71mという規格は，王族や有力豪族にふさわしい第一級の石室規格とみなされ，これを超える1歩半（2.06m）以上の規格は別格ともいえる大規格といってよい．

棺形式と石室規格の関係を整理すると，
 ①木棺（箱形，釘づけ式） 5/8歩（0.86m）～3/4歩（1.03m）程度
 ②組合式家形石棺（小型） 7/8歩（1.20m）～1歩（1.37m）程度
 ③組合式家形石棺（大型） 1歩1/8（1.54m）～1歩1/4（1.71m）

④刳抜式家形石棺　　　　　　1歩1/8（1.54 m）以上

となる（組合式石棺の大型，小型の区分は便宜的なものである）。

　もちろん例外はあるが，棺形式に応じたこのような石室規格選択の目安があったことが想定される。このことから，①を小型規格の石室，②を中型規格，③④を大型規格とし，1歩半（2.06 m）以上を超大型規格と区分することが可能となる。被葬者と所属集団の政治的立場や力量などを反映する区分として，個々の古墳の歴史的評価を検討する際の目安になり得るものと考える。

墳丘と石室の一体的企画

　大和を中心とする畿内の横穴式石室を対象として，羨道の幅を基準とする構築企画の存否について検証した結果，

　①畿内の横穴式石室には，羨道の幅を基準（1単位）とする構築企画が存在したこと（＝畿内型企画法の存在）

　②その1単位長は，歩数調整により決定された墳丘築造企画の1単位規格の中から選択されていること

　③石室規格を，墳丘築造企画の1単位と共通の規格にするものがあること（＝共通企画法の存在）

　④尺度は，7世紀前葉（石舞台式）までは1尺22.9cmという，古墳時代前期から一貫して用いられた一定の古墳造営尺が用いられたこと

などを明らかにすることができた。

　土による構造物である墳丘にくらべ，横穴式石室は堅牢な石による構造物であり，人為的破壊を受けていないかぎり，時間の経過による当初プランの変化はほとんど無視してよい。方格図によって検討すれば，自然石利用の場合も当初企画値の正確な判定が可能で，基準単位の割り出しが確実に行なえる。畿内の大型石室の検討によって，古墳尺に基づく24等分値築造企画の存在はよりたしかなものとなった。

　羨道の幅を基準とする方格図による検討は，石室の規格やプランを理解する上で有効な方法であることもわかった。仮に私の提唱する古墳尺や歩数調整を認めない立場でも，羨道の幅を基準とする方格線が，横穴式石室の平面，立面という図形理解のため，きわめて有効な補助線の役割を果たすものであることは否定できないだろう。

石室構築企画における基準単位には，歩数調整された墳丘築造企画の1単位規格が用いられていた。墳丘，石室の基準単位として，どちらにも古墳尺による伝統的な1単位規格値が使用されていることは，石室の構築企画が古墳全体の築造企画の中に組みこまれていたこと，両者を一体的に設計し，施工管理までも行なうトータル・コーディネーターともいうべき存在があったことを物語る。
　横穴式石室に設計計画はなく，石工の経験と勘をたよりに組み上げられたとの言説も知られるが，そのような見方が成立しないことは明らかである。

横穴式石室の構築技法
　羨道の幅を基準とする方格図による検討を通じて，ほかにも畿内型横穴式石室の構造やプランに関して様々なことがわかってきたが，それらの論点については注記した拙論にゆずり，ここでは石室構築技法に関する私の着想の一端のみ紹介しておきたい。
　方格図による検討では，石室各部は平面，立面とも羨道の幅を基準とする方格線によく一致し，設計意図どおり正確に施工されていることが確認され，技術水準の高さがうかがわれた。このような，設計計画どおりの厳密な施工はどのようにして可能となったのか。
　クレーンなどのない時代，巨石を組み合わせて設計どおりに石室を完成させるのは容易なことではなかったと思われる。
　石舞台古墳の調査報告で高橋逸夫氏は，2万貫（75トン）とも推定される巨大な天井石の架構に際し，「玄室，羨道の壁を互いに梁を以て支へ，また支柱を以て梁を受けしめ，更に石室内部に一旦土を填め」「その上を轉子を以て石を移動せしめ」「天井石を石室全部に覆うた後に，室内の土，木材を運び出し」たと推定された[7]。
　関川尚功氏はこの推定を一歩前進させ，「こうした作業（梁や支柱の構築—引用者）は天井石の架構時ばかりではなく，すでに側壁設置の段階から行なわれなければならない」と述べられている[8]。

枠型工法の存在
　私も，石室構築に当たり，梁や支柱で枠型（フレーム）を組む工法が一般的に行なわれたと考える。

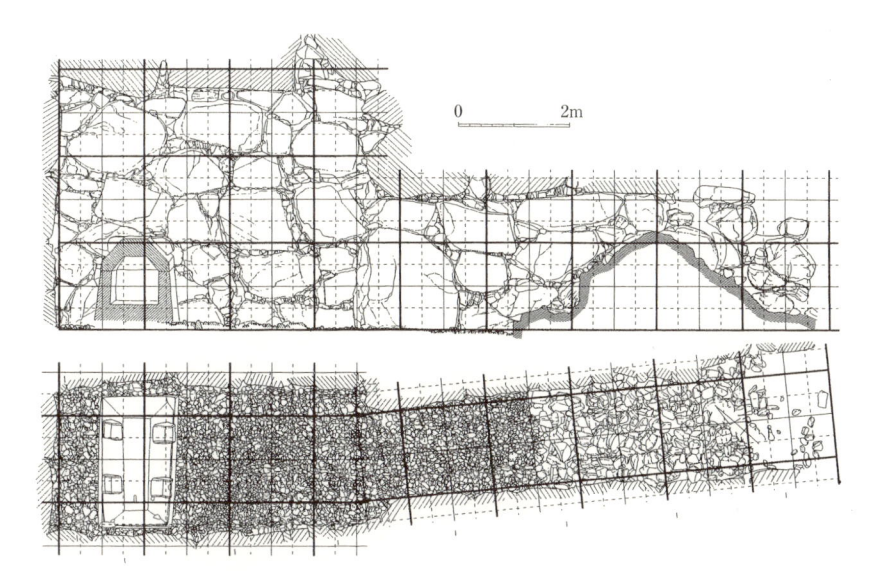

図44 藤ノ木古墳石室方格図（方格 1.54m）

　枠型は，天井石架構時に加わる圧力を支えるだけでなく，各種作業の足場ともなり，側石積み上げ過程での各種の事故を予防し，安全を確保するために不可欠な設備である。また，関川氏がアーチ架構を例に出して説明されたように，設計どおりの立面構成を実現するためにも必要とされたはずである。このような工法を石室構築における「枠型工法」と呼びたい。
　ただ，高橋，関川両氏が，石材の荷重を支えるには支柱だけでは不足とみて，石室内に土を充填する工法を想定される点には賛同できない。側石の転落や歪みを防止する力をもたせるためには，充填された土は硬く締め固められなければならないが，天井までそのように固められた土を，天井石架構後に掘り崩し，せまく長い羨道から排出する作業は相当の労力を要する。
　奈良県藤ノ木古墳（生駒郡斑鳩町）の家形石棺は，石室構築前に据え置かれた可能性が高いと考えられている[9]（図44）。このようなケースでは石棺も土で埋め，その後あらためて掘り出されることになるが，土木技法としてあまりにも洗練されていないといえる。常識的に考えても石室内への土の充填という工法が行なわれることはなかったとみてよいであろう。

明日香村塚本古墳

　私が枠型工法の存在を想定するヒントになったのが，奈良県明日香村の塚本古墳の調査例であった[10]。

　この古墳で最も注目されるのは，羨道の床面で検出された6個の柱穴である。両側壁に沿って2列に3個ずつならび，柱間は2間×1間となる。心心は1.6～1.8mの間隔と報告されているが，報告書の図面で計測すると1.5～1.6mほどであり，これは1歩1/8（1.54m）の規格に相当する[11]。

　この値の方格図（図45）を作成してみると，方格線（太線）の交点は6つの掘り方に正しく一致する。玄室の奥壁は，最奥の柱穴心から4単位半，前壁は1単位半の方格線に一致するので，玄室の長さはちょうど3単位であることがわかる。玄室は左右に1/4単位ずつ広がり1単位半の幅，高さ2単位，羨道の高さは1単位1/4とみられ，石室規格1歩1/8として構築されていることはまちがいない。

　ただ，羨道の幅は袖石部で1.95mと広く，右側壁石の据えつけ痕からみて中間部ではこれよりややせまくなっていたとみられるが，それにしても1単位長よりかなり大きい。枠型は，本来支持柱の外法間が基準単位と同じ長さになるよう組まれなければならないが，この古墳では支持柱の心心を基準単位の長さに合わせており，羨道の仕上がり幅は基準単位長より大きくなる。

　ほかにも，想定される基準単位長より羨道の幅がかなり広い石室がいくつか知られるが，同じように羨道部の枠型支持柱の心心を基準単位に合わせたために幅広くなった可能性が考えられる。枠型の組み方によって生じた誤差ということになるが，通路としての羨道の機能を考えれば，企画された幅を確実に確保するためには容認される誤差であり，意図的に行なわれた可能性も高いと思われる[12]。

　同様の柱穴は「西袖石の下部」「玄室の東南隅」「棺台の南端の両側」でも検出されたという。玄室東南隅のものをのぞいて，すべて1単位方格線の交点に位置するものと思われる。掘り方の径は50～60cm，柱痕の径は20cmないし23cm，柱穴から想定される構造物について報告書では，「羨道の天井石や側壁を支えるにしては脆弱であり，おそらく築造企画にかかわる，たとえば丁張りのためであっただろう」と推定されている。

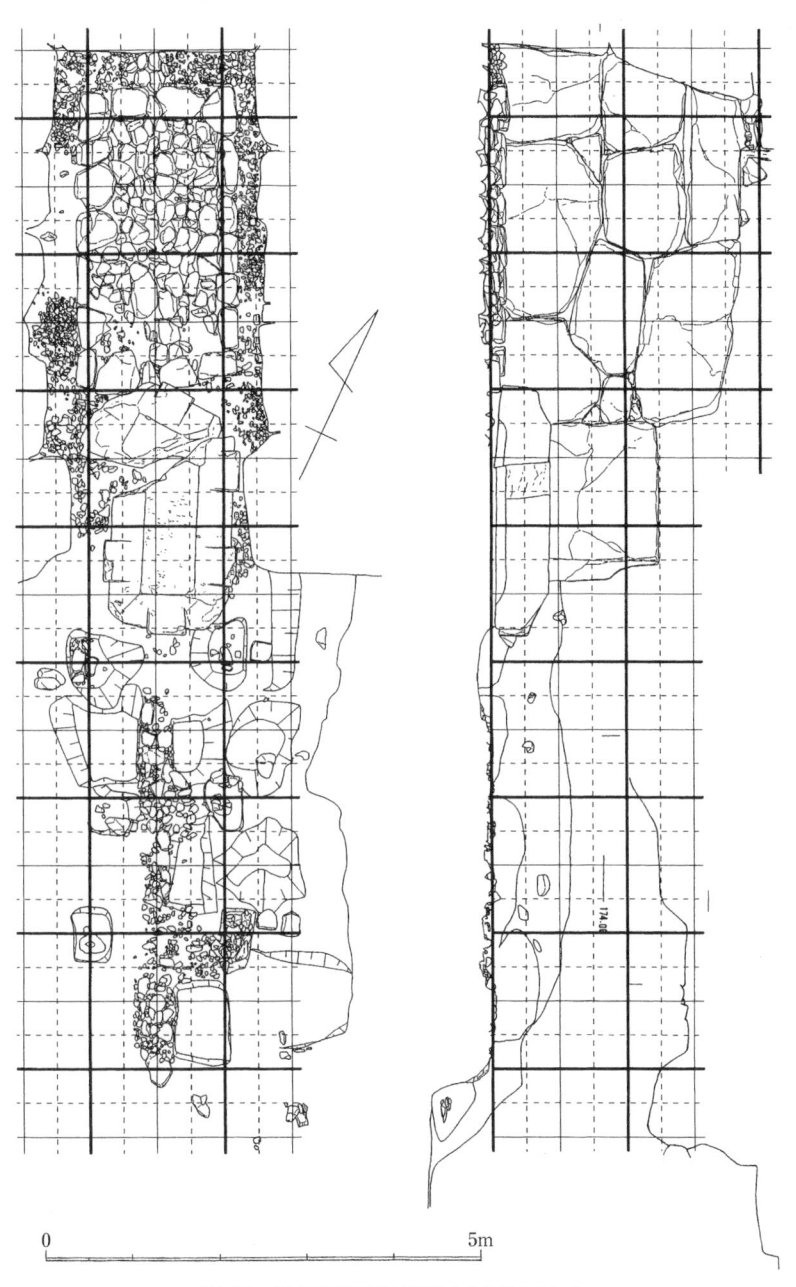

9 古墳の築造企画と横穴式石室 111

図45 塚本古墳石室方格図（方格1.54m）

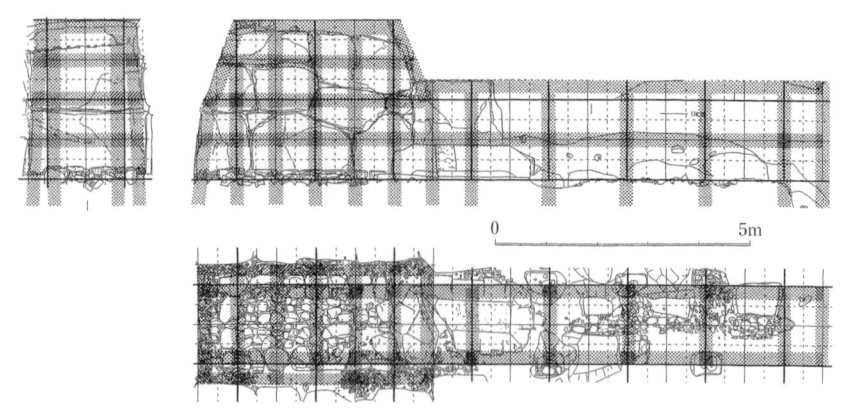

図46　枠型模式図

　根元で径20cmという丸太は，塚本古墳程度の石室の枠型として決して脆弱なものではないと思われる。1本だけでなく，多数の柱が横材で互いに緊結され，荷重を分散して支えたはずであるから，天井石架構の際の重圧にも十分耐えられたのではあるまいか。逆に「丁張り」(見当)だけのためとすれば，あまりに大がかりである。
　塚本古墳検出の柱穴から想定される構築物は，側壁を設計どおり正確に積み上げるための見当としてだけでなく，工事に際する足場を確保するため，側石や作業員の転落を防止するため，天井石架構の際の荷重による側壁の崩壊や歪みを防止するためなど，多様な役割をもつ構造物(＝枠型)として組み上げられたものと考えられる。

枠型の構造と機能
　石室構築に際して仮設される枠型は，現在行なわれている建築物の地下工事において，地山の崩壊や過大な変形を防止するために設置される仮設の設備である「土止め支保工」に類似した機能と構造をもつものといえる。
　塚本古墳で検出された柱穴から想定される枠型を図化すると図46のようになる。方格線交点には主たる支持柱が立てられ，玄室の6本は2単位の高さ，羨道では1単位1/4の高さに切りそろえられ，縦横の横材(＝梁)で緊結された。
　壁際の支持柱は，側石の内側への転倒を予防する役割をもち，土止め支保工

でいう「土どめ壁」（現在は鋼矢板が使われる）に当たる。主軸方向の横材は「腹おこし」，主軸に直交する横材は「切りばり」に当たり，共に土止め壁だけでは土圧を支え切れないときに設置されるものである。前後，左右の支持柱をつないで安定させるためにも，縦横の横材は当然設置されたはずである。

　藤ノ木古墳のように，石室構築前に石棺が据え置かれた条件下で施工する場合，誤って側石を落下させ石棺を損傷するようなことは絶対に起きてはならないことである。それでも石室構築前に石棺を置く手法がとられているのは，そのような事故が起こらないという技術的な裏づけがあったからであろう。安全な施工を保証したのが枠型工法であった。したがって，玄室については特に念入りに養生がほどこされ，石棺のまわりには，栗石や裏ごめの土砂の落下を防ぐため，板やその他の素材が張られていたと思われる。

家形石棺への遺骸の納棺方式

　刳抜式家形石棺へ遺骸や副葬品を最終的に納置する儀礼が，どこでどのように行なわれたのかという重要な問題も，これまで正面から論じられることはあまりなかった。

　藤ノ木古墳では石室構築前に石棺が設置されたが，その時点ですでに遺骸や副葬品がおさめられていたとは常識的に考えにくい。貴人の遺骸の周囲で，長期にわたって喧騒に満ちた石室の構築作業が行なわれるような埋葬手順は考えにくく，枠型によって防護されていたとしても，石棺を破損するような事故が発生するおそれも絶無とはいえない。

　したがって，石室完成後に納棺とそれにともなう儀礼が執行されたはずだが，石棺蓋の開閉をどのように行なうかという重大な問題が残る。藤ノ木古墳の調査を担当された前園実知雄氏は，滑車によって吊り上げる方法を想定されている[13]。

　先述のように組合式石棺の場合は棺の構造上，石室内で組み立てられ，完成後に遺骸が埋納されたはずである。刳抜式の場合は，石室の外で遺骸をおさめたあと石棺を石室内に運びこむことは可能である。しかし私は，ある時期までは組合式，刳抜式にかかわらず家形石棺への遺骸，副葬品の納入は石室内で行なわれたと考えている。6世紀後半以降の畿内型石室（白石氏編年の二塚式以降）は大型化し天井が非常に高くなるが，石室内で最終的埋葬儀礼を執行し，

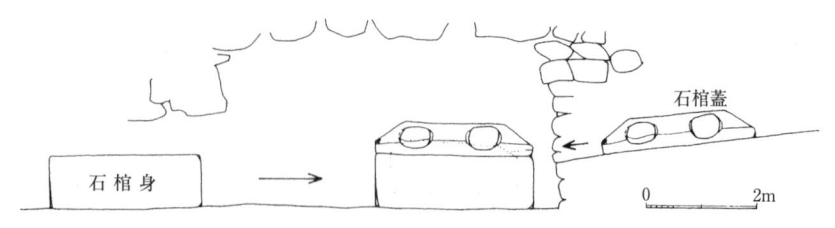

図47　市尾墓山古墳石棺搬入想定図（河上邦彦『市尾墓山古墳』から転載）

　棺の蓋を開閉するために，高い天井と大きな室内空間が必要とされたものと考える。

　6世紀初頭ころの市尾墓山古墳では，墳丘の1単位規格より大きい1歩1/4（1.71 m）の石室規格（羨道幅）が採用されていた。この規格は石室完成後に石棺を運び入れるために必要な大きさであり，すでにこの時点で，刳抜式家形石棺を納置する横穴式石室に固有の埋葬方式が成立しつつあったことを推測させる。

　ただ，この古墳では，棺身は羨道から搬入されたとみられるものの，玄室天井は低く，棺蓋を羨道から搬入して吊上げ装置によって閉鎖するという手法はとられなかった（羨道の高さからみて，蓋をした状態で石棺を搬入することは困難）。玄室奥壁の高い位置に棺蓋搬入口を設けるという特殊構造がとられており，そこから蓋をすべりこませることによって，玄室内で棺に蓋をするという問題が解決されている（図47）。玄室内で遺骸を納棺するという葬法の成立期において，いかにして石棺に蓋をするか，造墓技術者が様々に模索した状況がうかがわれるといえよう。

　石室内で納棺するという埋葬方式は，7世紀前半代の石舞台式石室の段階まで続いた。基本的にこの時期までの大型石室は，玄室内での納棺後，棺蓋を最終的に閉鎖するために十分な高さと，儀礼執行のための大きなスペースをそなえている。

　ただしその一方で，水泥南・ツボリ山・金山古墳など，刳抜式家形石棺をおさめながら，玄室の平面規模は小さく天井も低く，玄室内での納棺儀礼の執行が不可能とみられる一群の石室の存在が知られ，それまでの畿内型石室とは異なる埋葬方式が成立しつつあったことをうかがわせる[14]。

岩屋山式石室の段階になると玄室規模はさらに縮小し，天井の高さは低くなって玄室内での棺蓋の開閉はまったく不可能となる。石室外で遺骸を収納し，蓋をした上で石棺を搬入するしか方法はないと思われ，逆にこのような納棺方式の変化にともなって，玄室規模の縮小という石室構造の変化が引き起こされたと考えた方が真実に近いといえるだろう。

　この時点で，刳抜式家形石棺は「据えつける棺」から「持ちはこぶ棺」[15]へと性格を一変させたということができる。このような埋葬方式の重大な変化が生起した事情についてはまだ考えが及ばない。ただ，石棺蓋の低平化，縄掛突起の形骸化といった刳抜式家形石棺の形態変化が，このような埋葬方式の変更に対応した意図的な仕様変更の結果であることはたしかなことといえよう。

枠型の多様な機能

　枠型の天井部材が，石棺蓋を開閉する何らかの装置を取りつけるために利用されることはあったであろう。

　天蓋や「垂帳」による石室内の装飾を推定する見解[16]が知られる。玄室内における最終的埋葬儀礼に際して室内の荘厳が行なわれ，荘厳具の装着のために枠型材が利用されることもあったかもしれない。

　このようにみれば，石室の完成後も枠型の一部は撤去されずに残されたと考えられる。羨道部や玄室の一部の枠型は石室完成後ただちに撤去されたはずであるが，玄室の枠型の一部については納棺儀礼が終わるまで残され，このような機能を果たしたことが考えられる。

　枠型の部材は再利用されることがあったろう。牧野古墳と天王山古墳，岩屋山古墳とムネサカ1号墳のように同形同大の石室が存在すること[17]は，それぞれどちらか一方で使用された枠型材がそのまま再利用されることのあったことを物語る。

　塚本古墳の石室床面で検出された柱穴は，墳丘の1単位規格と同じ値によって石室の設計，施工が行なわれていたことを立証する有力な物証であるとともに，石室の構築技法や埋葬方法の実態を考えさせる絶好の資料であった。

注
1) 沼澤　豊「古墳の築造企画と横穴式石室」『考古学雑誌』第87巻第1，2号，2003年

2) 秋山浩三ほか『物集女車塚古墳』向日市教育委員会, 1988年
3) 土生田純之「横穴系の埋葬施設」『古墳時代の研究』第7巻, 雄山閣出版, 1992年, 123頁
4) 河上邦彦『市尾墓山古墳』高取町教育委員会, 1984年
5) 白石太一郎氏は, 牧野古墳は舒明天皇の父押坂彦人大兄皇子の墓の可能性がきわめて高いとされ, 天王山式石室の暦年代比定の有力な根拠とされている。天王山古墳の被葬者は崇峻天皇とする見方が知られる。
   白石「終末期横穴式石室の型式編年と暦年代」『考古学雑誌』第85巻第1号, 1999年, 14～15頁
6) 安村俊史ほか『高井田山古墳』柏原市教育委員会, 1996年
7) 高橋逸夫「石舞臺古墳の巨石運搬並にその築造法」『大和島庄石舞臺の巨石古墳』京都帝国大学文学部考古学研究報告第14冊, 1937年, 80～81頁
8) 関川尚功「大和東南部の大型横穴式石室について」『橿原考古学研究所論集 第十一』吉川弘文館, 1994年, 206頁
9) 藤ノ木古墳の家形石棺は, その大きさから石室構築後の搬入は困難で, 搬入できたとしても玄室内で90度回転させることは不可能なことから, 石室構築前に据え置かれた可能性が高いとされる。
10) 東 潮ほか「明日香村塚本古墳発掘調査概報」『奈良県遺跡調査概報　1982年度　第2分冊』1983年
11) 東 潮氏はその後, 柱間隔を1.50～1.60mと修正され, さらに柱穴から想定される木組み構造物について, 単なる丁張り用のものではなく, 「天井石架構のさいの補強材」と「足場」としての機能を想定された。また, 木組みのみで天井石移動時の重力に耐えられるか自問され, 「推測の域を出ない」との保留つきながら, 石室内への土の充墳を想定されている。
   東「大里2号墳をめぐる諸問題」『阿波海南大里2号墳発掘調査報告書』海南町教育委員会, 1997年, 74頁
12) ほかの古墳でも, 現地で羨道の最もせまい部分の幅を測ると, 床面では例外なく推定される石室規格より10cmから20cmくらい広くなっている。1歩1/4 (1.71m) の規格と推定される石室では1.90m前後あるのが普通である。玄室ほどではないが羨道の側石も持ち送られ, したがって上部にいくほど羨道の幅はせまくなる。このことを考慮して, 天井近くでも設計上の幅を確保するため, 最下部の幅は設定規格値より広くされたものと考えられる。
13) 前園実知雄「朱色に秘めた豪華な棺内発掘」『藤ノ木古墳』(日本の古代遺跡を掘る5), 読売新聞社, 1995年, 32頁

前園氏によれば，石棺の縄掛突起の裏側には擦痕が認められ，吊り上げのために縄が掛けられた証拠とみておられる。
　なお，「つるべ」のような定滑車では力の方向を変えられるだけであるが，動滑車を1つ組み合わせればつり荷の半分の力で吊り上げることができ，定滑車と動滑車を2個ずつ組み合わせれば1/4の力で吊ることができる。石棺蓋の重さが2トンとすれば，この組み合わせの滑車2組を使ったとしても，それぞれ250kgの力が必要（摩擦がないとして）であり，屈強な人夫が1組当たり4〜5人は必要である。いずれにしても2組の滑車を枠型の天井部材に取りつけ，それぞれのロープに棺蓋の前後2対のうち各1対の縄掛突起を結び，静々と吊り上げたものであろう。

14)　水泥南・ツボリ山・金山3古墳の石室構造の類似については早く山崎信二氏が指摘され，埋葬法式に規定されて成立した構造との予測をもたれているようにも受けとれるが、明言はされていない。
　　山崎信二『横穴式石室構造の地域別比較研究—中・四国編—』1985年，63〜64頁

15)　和田晴吾氏の用例による。ただし，和田氏は，刳抜式石棺は最後まで「据えつける棺」であったと考えておられる。
　　岩屋山式，同亜式石室においては，遺骸を埋納して蓋をしたあと，そのまわりに側石を積み上げて石室を完成させる石棺先置方式が行なわれた可能性も考えられないことではない。ただ，貴人の眠る石棺の周囲で，長期にわたって喧騒に満ちた土木工事が行なわれることになる，そのような埋葬手順が一般的であったとは常識的に考えがたい。
　　奥壁や玄室側壁（あるいは羨道袖石部分も）まで積み上がった時点で遺骸を納置し（石棺は先置きかこの時点での搬入を想定），石棺に蓋をして天井石を架ければ石室が完成するという手順も考えられないことではない。ただ，その場合はなぜ長大な羨道が設置され，横穴式という形式が維持されているのか説明がむずかしい。本文に示したような埋葬方式が行なわれたと考える所以である。
　　和田「棺と古墳祭祀—『据えつける棺』と『持ちはこぶ棺』—」『立命館文学』第542号，1995年，35〜37頁

16)　菅谷文則「横穴式石室の内部—天蓋と垂帳—」『古代学研究』第59号，1971年，23〜28頁

17)　白石太一郎「岩屋山式の横穴式石室について」『ヒストリア』第49号，1967年，26〜28頁

10　24等分値築造企画の普遍性

古墳築造企画の普遍性

　私は，古墳の築造において一定の尺度（古墳尺）を用いる24等分値企画法という設計手法が行なわれていたと着想して以来，この企画法が普遍的に採用されていたことを実証するため，様々な検討を行なってきた。この場合の普遍的とは，この設計手法が，
　① 古墳時代の全期間を通じて行なわれていること
　② 古墳築造の行なわれたすべての地域で採用されていること
　③ 前方後円墳をはじめ，あらゆる墳形で採用されていること
　④ 大王墳や地方国造クラスの大古墳以下，群集墳中の小規模古墳に至るまであらゆる階層の古墳で採用されていること，
などを意味する。さらに，個々の古墳においては，
　⑤ 周溝を含む墳丘の平面，立面プランだけでなく，主体部の位置や規模など，古墳の主要な構成要素がすべて同じ企画法（基準単位）によって決定されていること
なども立証しなければならないと考えている。

　①の時期的普遍性については，24等分値企画法は早く箸墓古墳で認められ，古墳成立とともに採用された設計手法であることが明らかである。その後，4〜6世紀代を通じて採用されたことは，ここまで掲載した企画図でも十分理解されたものと思う。この企画法は蘇我馬子の墓とみられる石舞台古墳（7世紀前葉）でも確認され，前方後円墳の築造が停止された後もこのころまで存続したことは確実である。

　②の地域的普遍性についても多言を要しないところといえよう。

　④の階層的普遍性については，陵墓古墳や，地方でも国造クラスの墓所とみられる大型古墳では，例外なくこの企画法が採用されている。小は，千葉県の変則的古墳など，後期群集墳でも確認される。

　ただし，各地の後期群集墳は山丘の尾根や斜面に立地する場合が多く，それらの中には周溝をめぐらさないもの，墳丘もわずかに石室を被覆するだけとい

った程度のものも多く，企画性の判定が困難なもの，当初から企画性を意識せず築造されたかとみられるものも多い。

　千葉県，中でも下総地域は，下総台地という平坦なローム台地が広がり，後期群集墳も台地上に営まれた（図3）。このような立地条件によって精密な施工が容易に行なえたことが，24等分値企画法の確認できる中小古墳を多く見いだせる要因になっているのかもしれない。

　⑤については，墳丘や周溝の平面プランだけでなく，立面の企画も同じ基準単位によって設定されていること，内部主体についても，畿内型横穴式石室の設計，施工に，古墳築造企画における24等分値1単位規格値が用いられ，墳丘築造企画の中に石室を組みこむための計画性が存在することを立証した。

造墓指定

　日本各地における古墳の造営は，基本的に倭王権による墳形と墳丘規格の指定[1]にもとづいて，専門的造墓技術者が24等分値企画法を用いて設計し，土工計画を策定した上，墳丘，主体部，埴輪製造などの分野ごとに，専門工人や多数の人夫を動員して施工されたものと考えられる。多くの集団による分業を円滑に行なうために24等分値企画法は有効性を発揮した。

　多くの施工実績の中で，基準単位の変化に応じて墳丘各段の土量や表面積，テラスの総延長（埴輪の必要数算定に不可欠）などが算出できる速見表のようなものも整備されていたと思われる。基準単位が伝達されれば，石室材や葺石，各種足場や丁張り用材など，各種資材の調達もオートマチックに開始される体制が整えられていたにちがいない。

　また，個々の古墳は，倭王権に指定された墳丘規格どおり厳密に施工されなければならないから，現場用モノサシの品質は，専門的造墓集団によって古墳時代を通じて厳重に管理されたものと思われる。このことは，各地の大型古墳が古墳尺6歩きざみの規格値に厳密に仕上げられている事実から推察される。大型古墳で例外なく一定の尺度を用いた24等分値企画法が確認されることから，古墳時代を通じて以上推察したような造墓体制が維持されていたことは確実と思われる。

　小型古墳の造営についても，直接的あるいは間接的に，倭王権の管理下に置かれていたと考えられる。主丘部規格30歩以下の小型規格において3歩きざ

みの規格値の序列が確認されることからその事実が推測される。千葉県の中小古墳の施工例を見ると，各種集団の大がかりな分業体制は考えられないとしても，この程度の中小規格の古墳築造にも専門的造墓技術者が関与していた可能性が推測される。その関わり方がどのようなものであったかという点については，専門的造墓技術者（集団）の実態とともに今後の検討課題である。

企画性の判定が困難な中小古墳についても，造墓主体者の自由な発意で勝手気ままに築造されたとみることは適当でないと考えるので，中央統制による築造物であることを示す何らかの痕跡が残されてはいないか，探索する作業を継続する必要がある。

すべての墳形における採用

最後に，③のあらゆる墳形における採用という要件について，これまで前方後円墳と円墳については豊富な企画図を示して論証してきた。それ以外の墳形については検証が必ずしも十分ではなく，特に，重要な墳形である前方後方墳については作図作業がほとんど進んでいない。ただし，これらについても24等分値企画法が広く採用されているという予測を抱いており，適合例を示しておきたい。

前方後方墳

前方後方墳には，古式古墳の常として山丘上に立地するものが多く，墳裾線がはっきりせず，後方部の平面プランが整わないものが多い。後方部の四隅が直角をなさず全体に菱形にゆがんだもの，羽子板状のもの，各辺が胴張りしたものなどもあって，このようなものは企画性の判定が一見してむずかしそうである。また，前方後方墳には明瞭な段築成をなすものが少ない点も，企画性の判定の困難さを予測させる。作図作業を行なった数少ない事例の中から1例だけを示す。

美野高塚古墳（岡山県勝田郡勝央町） 前方後方墳にはちがいないが，後方部だけとり出せば上円下方墳かと見まがう特異な構成の古墳である。

測量調査報告[2]によれば後方部一辺33〜34mで，主丘部規格は方24歩（32.9m）の可能性が高い。この値の企画図（図48）では中心から12単位目の方格線は見かけ上の墳裾によく一致している。第1段斜面幅は2単位とみられる。第2段は円丘状を呈し，裾線は半径10単位の円周に一致する。墳頂平坦

10 24等分値築造企画の普遍性 121

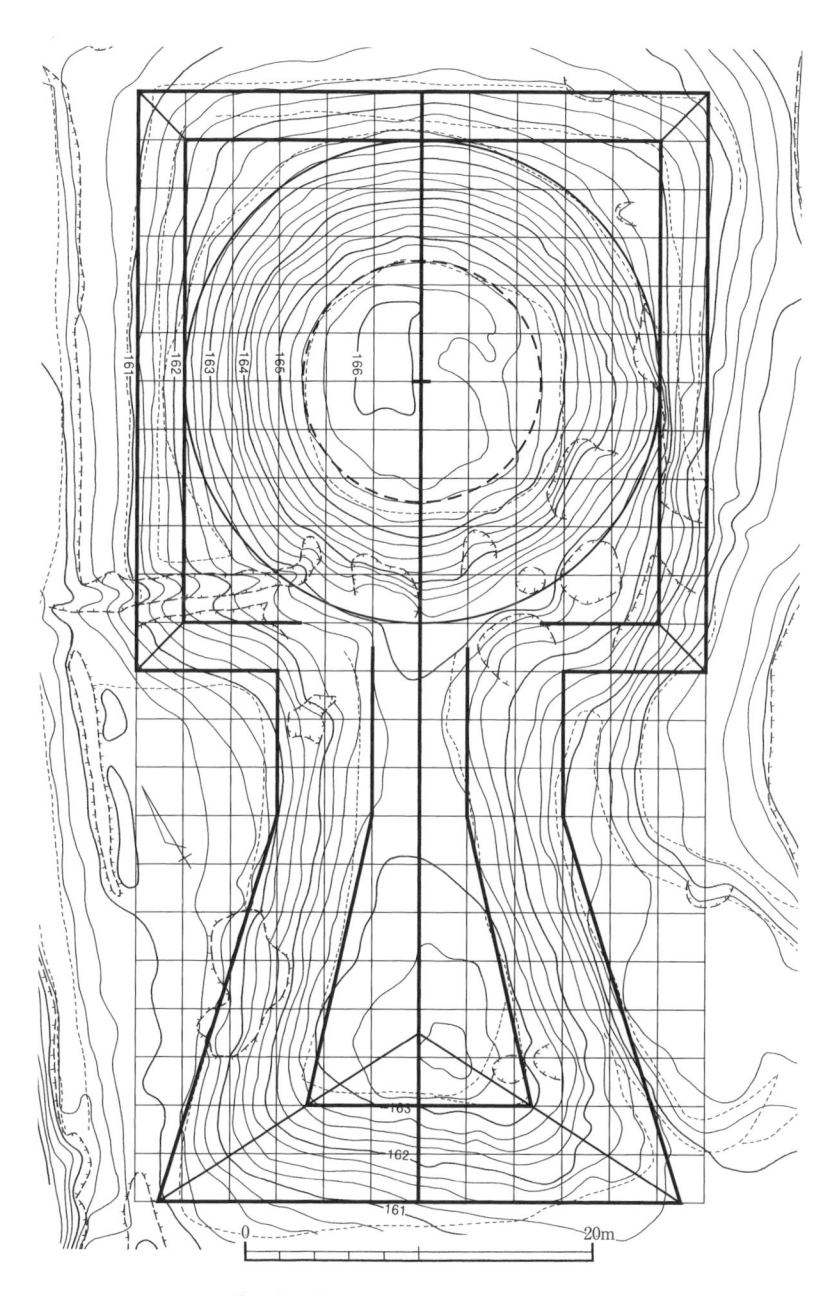

図48 美野高塚古墳企画図（後方部一辺24歩・32.9m）

面は半径5単位であろう。

前方部は撥形に広がる。報告者は前方部長32mととらえられており，これは後方部一辺と同じ24単位になる。その可能性も否定できないが，作図によれば22単位とした方がよいように思われる。前幅も22単位としたが，前方部長とともに発掘調査によらなければ結論は出せない。隅角稜線などは参考程度に見ていただきたい。

前方部長など不確実な点は残るが，後方部については前方後円墳などと同じ主丘部規格が採用され，24等分値企画法によって設計されていることもまちがいない事例としてよいだろう。

方墳

方墳についても前方後方墳と同じ理由で企画性の判定作業は遅れているが，いくつかの方墳で24等分値築造企画を確認している。ここでは1例だけ図示して説明する。方墳については方格図だけでの検討となる。

割見塚古墳（千葉県富津市）　内裏塚古墳を筆頭とする須恵国造の最高首長墳系列の最後に位する古墳で，確認調査によって墳丘の一辺40～40.2m，二重周溝の外溝の外辺長は107～107.5mと復元されている[3]。

墳丘規格は一辺30歩（41.1m），1単位1歩1/4（1.71m）の可能性が高い。24等分値，12等分値ではメッシュが細かすぎてわかりにくいので，6等分値（4単位区）を1区とする方格図（図49）とした。

中心から3区目の方格を墳丘各辺に一致させると，内溝外周線は4区半の方格に一致する。さらに，外溝内線は7区目，外周線は8区目にほぼ一致している。内溝幅1区半，外溝幅1区，中堤の幅は2区半となる。外溝は，北（右）側の一辺が全体に内側に寄って一致度がやや低いものの，全体的には方格図との一致度はきわめてよい。

古墳の全体規模は16区四方である。1区が5歩（6.85m）であるから，80歩（109.6m）四方が企画値となる。外溝北側辺の施工誤差により，企画値より実測値が2mほど短くなっている。

この古墳では，一辺を30歩とし，その6等分値（4単位区）による概略設計が行なわれている可能性の高いことが理解される。方墳における等分値企画法は，ほかにもいくつか確認しており，今後類例を増やしていく必要があるが，

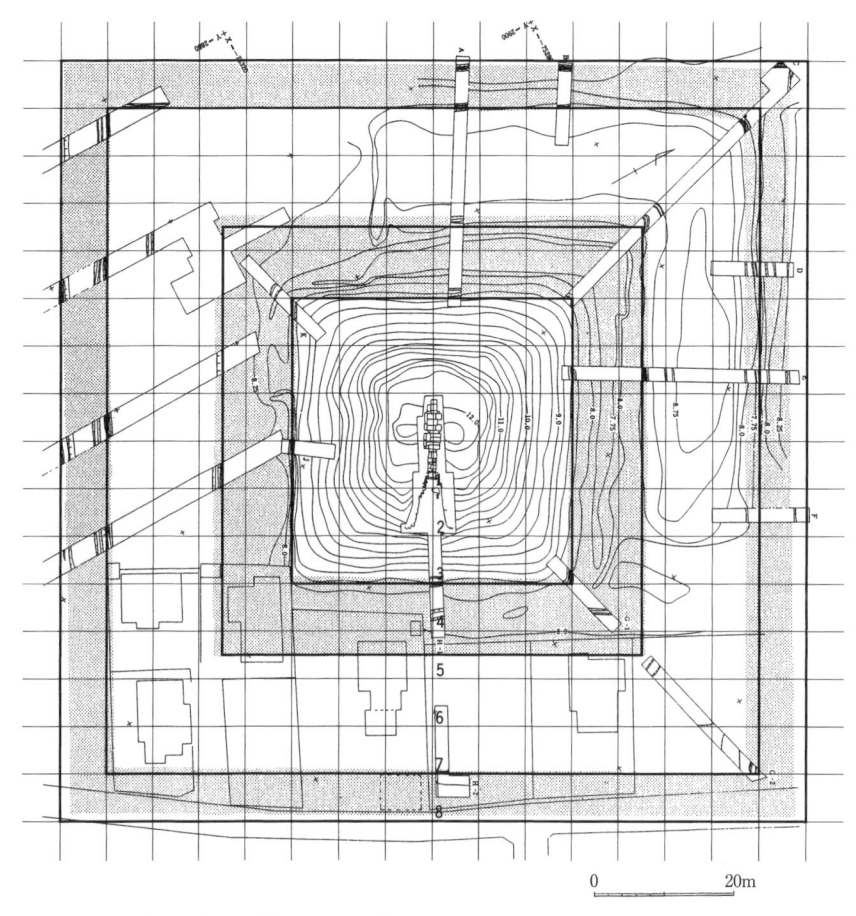

図 49　割見塚古墳方格図（墳丘一辺 30 歩・41.1m，線間隔 4 単位，スクリーントーンは報告者による）

地域や時期をこえて広く採用されている可能性は高い。

　以上見たように，方墳においても 24 等分値企画法の存在が確認され，「方○歩」のように，円墳と同じような規格の固定，序列化が行なわれていた可能性が考えられる。方丘系墳形においても円丘系と同じ築造企画が存在することは確実である。

双円墳

　類例の少ない墳形である。円丘を主体とするが，複合図形墳なので円周線と

方格線を組み合わせた等分値企画図によって検討する。

金山古墳（大阪府南河内郡河南町）　史跡整備にともなう確認調査[4]によって大円部[5]径55.4mと復元されたが，これは墳丘外テラス（周溝内周壁の緩傾斜面）を含めた大きさであり，大円部の直径は36歩（49.3m），1単位1歩半（2.06m）とすべきと考える。その値による企画図（図50）を示す。図の天地をどうするか迷ったが，大円部の方が直径24単位の主丘部であることは疑いないので，大円部を上にして作図した。

大円部左（東）側は，周溝内にかつて人家があった関係で墳裾部をかなりカットされているが，西側はよく遺存しているとみられる。小円部は逆に右側の方の損傷が著しいことが円周図からうかがわれる。

大円部は3段築成で，各段裾の基底石は第3段だけ2か所で確認されており，これを基準に大円部の中心を求めた。通常の3段築成前方後円墳とちがい，この古墳の第3段裾は5単位目の円周に一致している。

1段目テラス上には敷石がほどこされ，その範囲から推してテラス幅2単位，第1段の斜面幅も2単位ととらえられる。2段目については確証がないが，斜面幅2単位，テラスの幅1単位の可能性が考えられる。

周溝幅は6単位である。周溝は浅く皿状にくぼみ，内外壁の緩斜面と周溝底の幅が各2単位にとられている。確認調査ではこの周溝内壁の下端線を墳丘裾ととらえているが，そのような認識では墳丘全周にわたって2単位（4.11m），損傷の激しい大円部左側ではほぼ4単位（8.22m）も墳裾線が後退しているということになる。

墳丘裾部はたしかに急傾斜であり，後世の耕作などでカットされている可能性は考えられる（濠水による浸食は考えなくてよいであろう）。しかし，円周図で見ると大円部の西側（右側），さらに小円部の北から東（左側）にかけて，墳裾線が同心円を描き，一定の斜面幅をたもつことが知られる。後世の無意識的な掘削の結果とはとても思われず，築造当初の墳裾線と墳丘第1段斜面が遺存しているとみるべきであろう。

くびれ部右側の墳裾部には，小円部石室の墓道を埋めたあとに葺石がほどこされているが，その基底線は大円部では墳丘中心から12単位目，小円部では8単位目の円周になだらかに移行しており，この事実も私の墳裾のとらえ方の妥

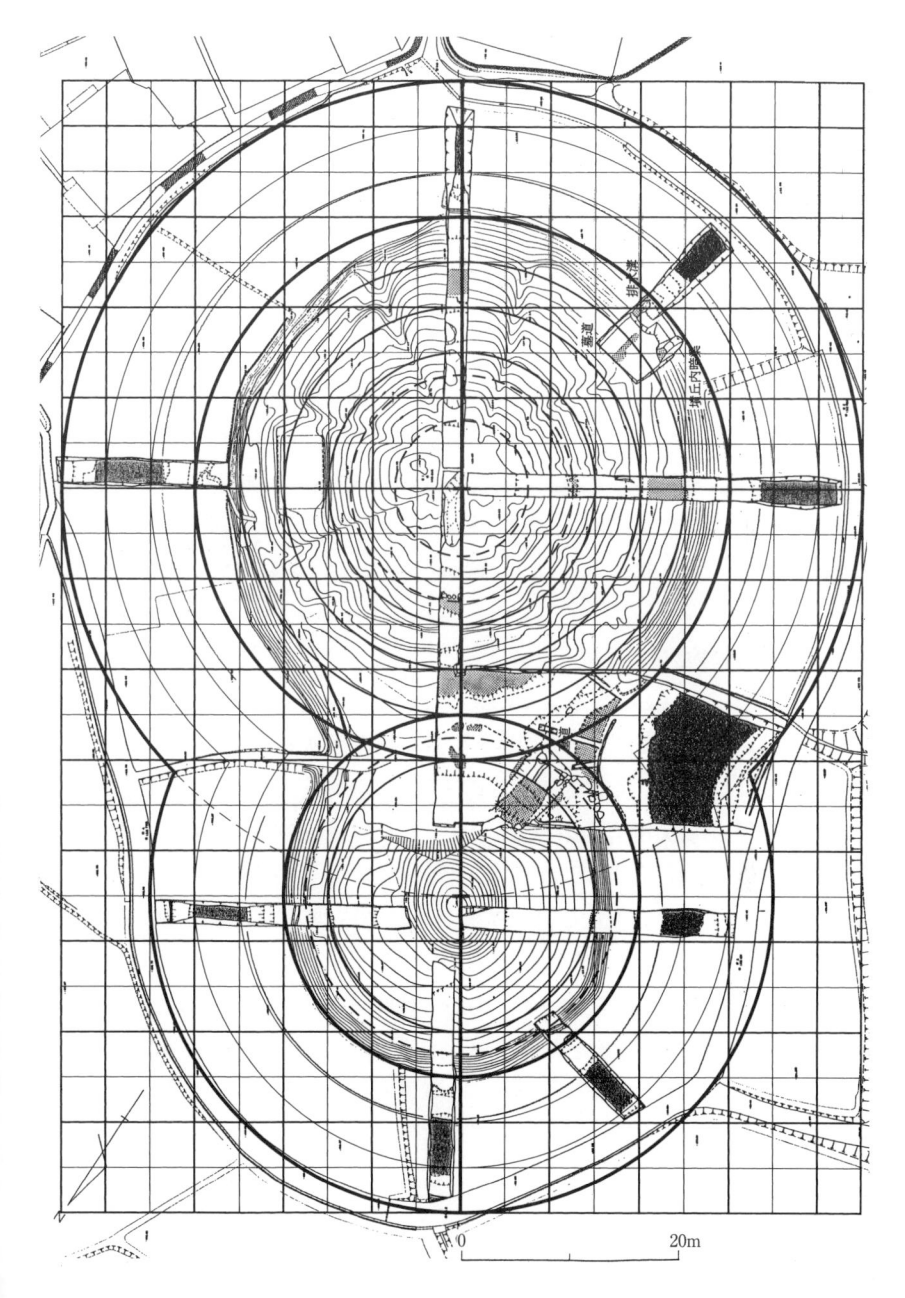

10 24等分値築造企画の普遍性 125

図50 金山古墳企画図（大円部径36歩・49.3m）

当性を物語るものと考えられる。

　小円部墳裾から 6 単位目の円周は，左側では外周道路の内法とよく一致する。これに対し右側では道路 1 本分ほど幅がせばめられている。後世の作為であろう。

　小円部は 2 段築成とみられ（墳頂の土盛は後世のものという），墳丘中心点は大円部の周溝外周線（18 単位目の円周）の延長上に位置する。基準単位長は大円部と同じで，墳丘の半径 8 単位，第 1 段の斜面幅とその上面テラスの幅は各 1 単位とみられる。

　円周図の検討によれば，この古墳の規模は，大円部直径 36 歩（49.3 m），周溝外周径 36 単位・54 歩（74.0 m），小円部直径 16 単位・24 歩（32.9 m），周溝外周径 28 単位・42 歩（57.5 m），墳長 38 単位・57 歩（78.1 m），周溝を含む全長 50 単位・75 歩（102.8 m）となる。

　双円墳も，円墳などと同じ 24 等分値企画法で設計されていることは明らかである。

帆立貝古墳の検討へ

　帆立貝古墳について考えるようになったのも，24 等分値企画法の「あらゆる墳形における採用」の検証作業がきっかけであり，次第に問題意識として醸成されていった。現に作図作業を加えている古墳が前方後円墳なのか帆立貝古墳なのか，はたまた造出付円墳なのかわからない。既往の論説にあたっても明確な解答は得られず，もどかしい思いがつのった。

　24 等分値企画法の普遍性を立証するため，「帆立貝古墳における採用」という事実を確認したい。そのための前提として，まず帆立貝古墳とは何かという問題を解決しなければならないが，結局この問題は自分自身で解決するしかないこと，そして，24 等分値を基準単位とする作図法による検討作業によってしかその解決は図れないであろう，という意識も次第にかたまってきた。

　24 等分値という，古墳の設計，施工に実際に用いられたであろう基準単位によって検討すれば，この問題の解決が図られるだろうというかすかな予測もあった。

注

1）　沼澤「円墳の規模と序列」29 〜 31 頁

2）　倉林眞砂斗・澤田秀実『美作の首長墳―墳丘測量調査報告―』吉備人出版，2000年，35～43頁
3）　小沢　洋『千葉県富津市二間塚遺跡群確認調査報告書Ⅱ』富津市教育委員会，1985年，17～37頁
4）　河南町教育委員会『史跡金山古墳発掘調査概要』1994年，1～30頁
　　同『金山古墳をめぐる諸問題』（史跡金山古墳公園完成記念講演会資料）1996年，1～40頁
5）　大円部，小円部という呼称は，石部氏らの用例にしたがった。
　　石部ほか「帆立貝形古墳の築造企画」『考古学研究』第27巻第2号，1980年，98～99頁

第2部 帆立貝古墳築造企画論

1 はじめに

あいまいな概念規定

円墳状の主丘部に,造出または短小な前方部とみなされる突出部を付設する一群の古墳を,漠然と帆立貝式古墳(または帆立貝形古墳)と総称するのは今日でも一般によく行なわれる呼称法といえる。造出付円墳をも含む総称として用いられることが多く,当面そのような広い範囲の古墳を指す場合は「帆立貝式古墳」として論をすすめる。

本書では,造出付円墳あるいは前方部の短い前方後円墳などとは別個の,そのどちらにも属さない独自の墳形としての「狭義の帆立貝式古墳」が存在することをこれから論証していく。狭義の帆立貝式古墳の呼称の問題についてもあとで検討するが,それまではその墳形名を,式も形もつけず単に「帆立貝古墳」ということとする(このへんの使い分けはややまぎらわしいが,あまり気にせず読み進んでいただきたい)。

帆立貝式古墳に関して近年積極的に発言されているのは遊佐和敏,櫃本誠一の2氏であろう。両氏とも,帆立貝式古墳は「帆立貝式(形)前方後円墳」と「造出付円墳」の2種の異なる墳形に区分されるという点で見解は異ならないようである。

遊佐和敏氏の区分案

2つの墳形の区分基準に関して遊佐氏は,突出部の高さについては,帆立貝式前方後円墳の「前方部」は後円部の3分の1以上,造出付円墳の「造出」は円丘部の3分の1以下と数値的に明確に区分されているが,突出部の長さについては,前者が「後円部直径の2分の1を上限とすること」,後者は「円丘部直径の2分の1以下であること」と,事実上,区分基準を示されていない。

一方で,「『短小な前方部』や『造り出し』の高さ,あるいは長さの一方の基準が当てはまらない場合でも,他方の基準を重視したり,他の要素を加味することによって,正しい判定が可能である」とも述べられ,前方部または造出における埋葬の有無や埴輪の存在状況,周溝の形態などをも加味して判断すべきことを説かれている[1]。

総合的判断による区分法といえようが，墳形区分に際して最も重要な平面形に関し，前方部と造出の区分基準を明確に提示することなく行なわれる「総合的」判定は，ややもすれば主観的，恣意的なものに陥りかねない。

櫃本誠一氏の案

櫃本氏は，両者の区分については明確でないとされながら，前方部長が後円部径の1/3，幅が1/2程度の一群と，同じく長さ1/5以下，幅1/2以下程度の一群との2者が存するとされ，前者を「前方後円型の帆立貝形古墳」，後者を「円墳に造り出しが付設された形態」と区分する見解を示された[2]。ただし，図示された各比率の分布図からは，そのようなグルーピングを可能とするような分布のかたよりや境界線があるようには見うけられない。

氏はまた，同一古墳に複数の突出部がつく帆立貝式古墳を取りあげ，大きい方を前方部，小さい方を造出とする一応常識的な判断を示されたが，両者を区分する基準は示されず，突出部が一つだけの古墳について，それが前方部なのか造出なのかを判断できる客観的基準は抽出されていない[3]。

石部氏ら4氏の案

上記2氏に対し，石部正志・田中英夫・宮川徙・堀田啓一の4氏は，後円部直径の8分の1を古墳築造企画における基準単位とする独自の企画論に立脚し，基準単位の区数で突出部長を把握し，突出部5区型から8区型を定型的な前方後円墳，1区型から4区型までを帆立貝形古墳とされ，その中でも1区型と2区型が帆立貝形の名称にふさわしい古墳ととらえられた[4]。

後円部直径の8等分値という一定の明確なスケールを用い，その単位数で突出部長を数量化して表示し，墳丘形態の特徴を客観的に比較しようとする4氏の方法は正統なものであり，それまでの帆立貝式古墳の形態論とは一線を画すものと評価できる。

ただし，後円部直径8等分値というスケールは，この種の古墳の形態を理解するためには粗すぎ，突出部の長さが8等分値1区に満たない古墳などの形態把握には機能しないという限界をもつ。また，円丘系の主丘部直径を方格図によって把握するという致命的に欠陥のある方法に依拠しているため，主丘部直径の把握がほとんどの場合不正確であり，そこから割り出された8等分値およびその値による区数のとらえ方も正確ではない[5]。

奈良県乙女山古墳は4氏によれば2区型である[6]。私は，古墳築造企画の基準単位は主丘部直径または一辺の24等分値であることを明らかにしてきた。8等分値1区は24等分値3単位であるから，乙女山古墳の突出部長2区は6単位となるが，あとで図を示して説明するように私の検討では4単位であり，4氏の把握とは相違する。私の検討結果では，24等分値4単位のほか，1単位，2単位，8単位など，8等分値の区数では整数値にならない古墳が多く認められ，4氏の把握とは異なる結果が得られている。

4氏は，古墳造営の基準尺度は大小2種の「尋」で，1尋の長さは古墳ごとに異なるという伸縮自在の任意尺説[7]を提起されているが，これも墳丘規模の不正確な測定から導かれた，誤った結論といえる。

既往諸説への疑問

石部氏ら4氏の論で，1区型から8区型まで1区きざみに等間隔でならぶ前方後円墳の8つの「類型」の中で，4区と5区の間に，帆立貝式古墳と定型的前方後円墳の境界がなぜ引けるのか，合理的な説明のない点も疑問点として指摘される。遊佐氏，櫃本氏の所説にも同様の疑問点，すなわち前方部長が後円部直径の1/2あるいは1/3以下になるとなぜ通常の前方後円墳とは異なる墳形として区分されるのか，納得のいく説明は行なわれていない。

既往の諸説には帆立貝式古墳そのものの範囲に関する規定のあいまいさが指摘できるといってよい。帆立貝式古墳の分類以前に，帆立貝式古墳と前方後円墳の区分基準，概念規定を明確にする必要がある。

帆立貝式古墳の範囲を定めるということは，前方後円墳とは何か，前方部の規模や形態からみてどこまでを前方後円墳とするかという，前方後円墳自体の定義の問題に帰着する。この重大な問題が，実はこれまであいまいなままに放置され，墳形の差異に関する本質的考究のないまま，前方後円墳や帆立貝式古墳の築造企画論が展開されてきているのが現状ではなかろうか。

本論の方法と目的

古墳の築造企画すなわち基本設計（法）を解明するためには，1基1基の古墳について，主丘部の6等分値や8等分値ではなく，24等分値という実際の古墳の設計，施工に用いられたであろうスケールによって検討し，古墳各部を単位数によって客観的に把握する基礎作業が必要であると考える[8]。迂遠な道

であるが，このような検証を経ず，感覚的判断で古墳の類型や系譜を論じる道は私の採るところではない。

　第2部では帆立貝式古墳について，突出部の長さ，幅などを 24 等分値の単位数で把握し，主丘部に対する突出部の規模からみてどのような分類が可能か検討し，あわせて前方後円墳と帆立貝式古墳の境界の問題について考える。

　最終的には，分類された諸形態が，前方後円墳，前方後方墳，円墳，方墳などの「墳形」とならんで，倭王権による古墳（の墳形と墳丘規格）による身分秩序の表出という造墓管理政策の中で，どのように位置づけられていたかを考察しなければならない。

　大小様々な突出部の付設が，造墓主体者の自由な発意で行なわれたものか，それともそのような造作にまで倭王権の造墓指定が及び，帆立貝式古墳における諸形態がそれぞれ独立した墳形としての位置を占めていたものか，その解明が最終的な目標となる。

　注
1） 遊佐和敏『帆立貝式古墳』同成社，1988 年，28 頁，30 頁
2） 櫃本誠一「帆立貝形古墳について」『考古学雑誌』第 69 巻第 3 号，1984 年，59〜63 頁
3） 櫃本誠一「前方後円墳における前方部の諸形態」『古代学研究』第 150 号，2000 年，73 頁
4） 石部正志ほか「帆立貝形古墳の築造企画」『考古学研究』第 27 巻第 2 号，1980 年，99 頁
5） 　4 氏の方格図法では，墳裾線の円周に外接する方格（正方形）を作図し，その方格の一辺が後円部直径とみなされる。方格と円周との接点は 4 点求められるはずであるが，前方部側の 1 点を視認することはできないので，3 つの接点の一致状況しか確認できない。墳丘規格を「点」で確認しているわけで，確度の低い方法といわざるを得ない。この確認は墳裾レベルの一平面上でしか行なわれない。4 氏の作図を見ると，後円部各段の復元円周線の中心と，方格線の基準点が大きくずれたものが多く見られ，このことは，本来の墳裾線に外接すべき方格線の設定に誤りがあることを図らずも露呈したものといえる。
　　石部氏らの方法に対し，本書でも用いる私の方法では，基準単位にもとづく円周ないし方格線と，実測図上の墳裾線などとの一致度を全周的に確認する。墳裾線だけでなく，墳丘各段の裾や肩の線との一致状況を複数のレベルで確認

する。このように，全周的かつ多層的に一致度を確認するので，把握精度は格段に高く，濠水によって墳裾が浸食された古墳などについても，現状では視認できない本来の墳裾線を正確に復元，把握できる。

　個々の帆立貝式古墳の墳丘規格に関する私の把握の当否については，これからの検討結果によって判断してもらうこととするが，上に指摘した方法的欠陥のため，4氏による帆立貝式古墳の形態把握は総じて不正確であり，区数による形態区分も墳形理解のための有効な指標にはなっていない。

6）　石部ほか「帆立貝形古墳の築造企画」91頁
7）　石部正志ほか「畿内大型前方後円墳の築造企画について」『古代学研究』第89号，1979年
8）　6等分値，8等分値というスケールは，周濠外周プランや周濠幅，墳裾プランなど古墳の「概略設計」を把握するためには有効であり，実際にもこのスケールによる概略設計，施工が行なわれた可能性も高い。

2　古墳の築造企画と造営尺

24等分値企画法と古墳尺

　古墳の設計，施工に際しては，主丘部の直径または一辺の24等分値を基準単位とし，墳丘各部の長さを単位数で割りつける24等分値企画法が行なわれ，平面だけでなく，墳丘各段の高さなど立体的構成も同じ基準単位によって決定された。

　古墳造営尺としては1尺22.9cmという一定の尺度（古墳尺）が使用された。実際にはその6尺を1歩（1.37m）とする「歩」という単位が用いられ，基準単位は，その歩数を調整することで決定された。

　円墳の場合は，直径30歩（41.1m）以上の大型規格では1単位当たり1/4歩ごとの調整が行なわれ，直径ではその24倍の6歩（8.22m）ずつ差のある限定的な墳丘規格の序列が存在した。直径30歩以下の中小規格では，1/8歩ごと，直径で3歩差の微調整も行なわれた。

　ほかの墳形でも主丘部の規格は同じ方法で決定され，帆立貝式古墳の主丘部についても例外ではない。主丘部規格の判定と築造企画の検討は，円丘系の墳

2 古墳の築造企画と造営尺 135

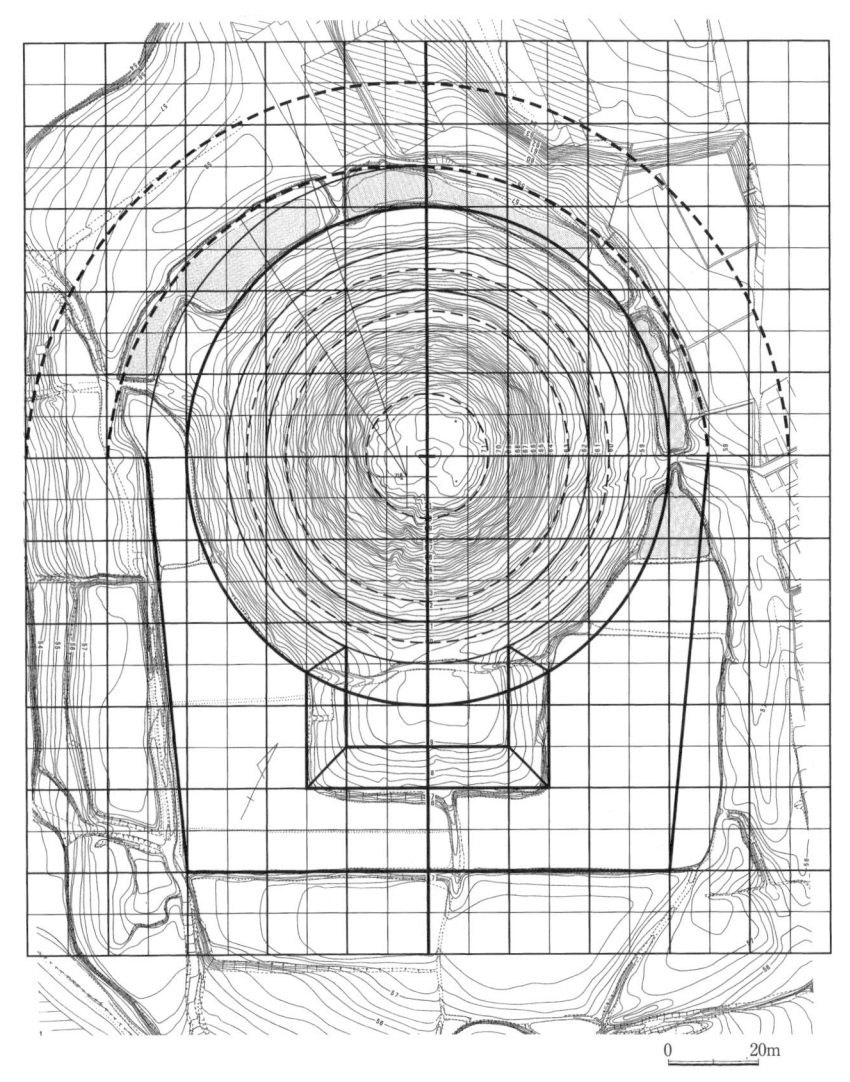

図51 乙女山古墳企画図（主丘部径78歩・106.9m——方格線間隔2単位，以下同）

形の場合は円周図，方丘系の墳形は方格図，円方複合の前方後円墳などの場合は円周と方格を組み合わせた等分値企画図を作成して検討する。奈良県乙女山古墳[1]（北葛城郡河合町，5期[2]）の企画図（図51）を示して説明する。

なお，以下の記述で，帆立貝式古墳とされる古墳個々の墳形が確定されない

かぎり前方部，造出の適正な呼び分けはできないので，一律に「突出部」ということとする。後円部，円丘部についても同様「主丘部」で統一する。

主丘部規格の判定法

墳裾の浸食などで規模の把握がむずかしい古墳の当初規格を把握するためには，主丘部規格表（43頁の表2および56頁の表4）の中から，測量図の計測値に近い墳丘規格をいくつか選び，半径12単位の円周図を何種類か作成して，墳丘各段の裾や肩の線と円周線との一致度を確認する。

3段築成の畿内大型前方後円墳では，大仙陵古墳（現・仁徳天皇陵）などわずかな例外をのぞいて，墳丘第3段の裾線を7単位目の円周に一致させるのが原則であり，第3段裾がそのような一致を示し，なおかつ各段の裾，肩の線と円周線との一致状況もよい規格値が当初規格とみなされる。ほかの墳形でも同様の約束ごとが認められ，2段築成の帆立貝古墳の場合は，主丘部の第2段裾を9単位目とする例が多い[3]。

この方法で判定された乙女山古墳の墳丘規格は径78歩（106.9 m），1単位は3歩1/4（4.45 m）である。等分値企画図を示すが，24等分値では図が煩瑣となるので，方格線の間隔は2単位（12等分値）とした。

突出部は2つあり，大突出部は長さ（CD）[4] 4単位，幅12単位，側縁線は墳丘主軸線に平行し，前方への開きはない。前面，側縁とも斜面幅2単位である。

大突出部の前面で周濠の幅4単位，外堤上面の幅も4単位である。周濠外周の前面は，墳丘主軸線から左隅Rまでちょうど12単位あり，右隅Rから側縁部にかけてのラインは乱れているが，本来は左右相称に企画されていたとみて幅24単位で復元した。主要各部は4単位またはその整数倍の単位数で割りつけられており，4単位（6等分値）を1区とする概略設計が行なわれている可能性が高い。

小突出部の前面は直線にならず，主丘部中心から14単位目の円周に一致するカーブを描くので，長さ2単位ととらえられる。幅は5単位である。この部分の周濠外周線は主丘部墳裾線と同心円を描かない。様々に検討した結果，主丘部中心点Oから左へ1単位，前方へ1単位の方格交点を中心として，半径15単位の円弧を描くと現状の周濠外周線によく一致することがわかった[5]。こ

のように措置することで小突出部前面の周濠幅を確保したこと，また，逆に主丘部後背部右半の周濠幅が不自然にせばまっている理由が理解される。

　このような一致状況から，この古墳の主丘部規格の判定に誤まりないこと，突出部長が24等分値4単位であることが確認される。また，古墳の設計，施工における24等分値築造企画法の存在，等分値企画図による古墳の形態把握の有効性なども理解されたものと考える。

　以下，この方法を用いて帆立貝式古墳の当初企画を把握し，主に平面形態の上からの分類作業を進めていく。

　注
1)　木下　亘ほか『史跡乙女山古墳　付高山2号墳―範囲確認調査報告―』河合町教育委員会，1988年
2)　古墳の時期については，『前方後円墳集成』（近藤義郎編，山川出版社）における各地域の時期比定（「集成編年」という）に従うが，疑問のあるもの，同書に記載のない古墳については，私の推定により「5期か」のように記載する。
3)　2段築成の帆立貝古墳で主丘部第2段裾を9単位目とする例が多いのは，低平な突出部の頂部平坦面との接続を考慮しての措置と考えられ，第2段裾の位置は，墳丘規格だけでなく「墳形」を判定する鍵になる可能性も考えられる。
　　単純円墳（突出部をもたない円墳）の場合は，4～5世紀の大型円墳では第2段裾を8単位目とする例が多く，6世紀以後は7単位目とするものが多い（沼澤「円墳築造の企画性」および「円墳の規模と序列」参照）。2段築成の前方後円墳後円部では第2段裾7単位と8単位の例が多いが，時期的傾向は未確認である。
4)　各計測点の名称は上田宏範氏（『前方後円墳』1969年）の用例に従う。墳丘の左右は，（大）突出部から主丘部を見た状態での左右とする。
5)　周濠外周線の中心点が主丘部墳裾線のそれより南西方向へ若干ずれることについては，すでに宮川徏氏が指摘されている。
　　宮川「乙女山古墳の築造企画性の検討」（注1文献所収）62頁

3 複数の突出部をもつ古墳

大突出部長4単位の事例

　乙女山古墳は複数の突出部をもつ帆立貝古墳（以下，「複突出墳」[1]という）で，大突出部の長さ4単位，小突出部は2単位であった。櫃本氏はこの古墳の大突出部を前方部ととらえ，墳形は帆立貝形前方後円墳であるとされた[2]。遊佐氏は大小の突出部を共に造出とされ，「2つの造り出し付き円墳」と判断されている[3]。

　小突出部については両氏とも造出とする見方で異ならないが，大突出部の評価については数値化された区分基準を示された上での判定ではないため，共に客観性，説得性に欠ける。ただし，両氏がいち早く着目されたように，個々の帆立貝式古墳の突出部について，その性格をどのようにとらえるかという判断材料を得るために，複突出墳における大小2つの突出部のあり方を確認しておくのは意義のあることと思われる。また，突出部が1つだけの古墳にくらべ計測部位が多く求められ，24等分値企画法の存在を立証する上でも有効な材料となる。

　以下，複突出墳の築造企画について検討し，突出部の規模を24等分値の単位数で把握する作業を行なう。

　久保田山古墳（滋賀県東近江市，7期）　大型の円墳や帆立貝古墳からなる木村古墳群で2基の複突出墳が調査されている。久保田山古墳は主丘部径57mとの報告[4]のように，径42歩（57.5m）の規格とみられる。

　この値の企画図（図52）を作成すると，墳裾の葺石基底石列は12単位目の円周によく一致し，中段テラスの埴輪列は10単位目，第2段裾の葺石基底石は9単位目にほぼ一致する。

　周溝の幅6単位，外周線は18単位目の円周によく一致しているといえよう。大突出部前面でわずかにふくらみ，この部分の周溝外周線は，O点から6単位前方の墳丘主軸線上の点を中心とする，半径13単位の円周線と一致するように見える。

　大突出部は長さ4単位，幅8単位，小突出部は長さ3単位，幅5単位であ

3 複数の突出部をもつ古墳 139

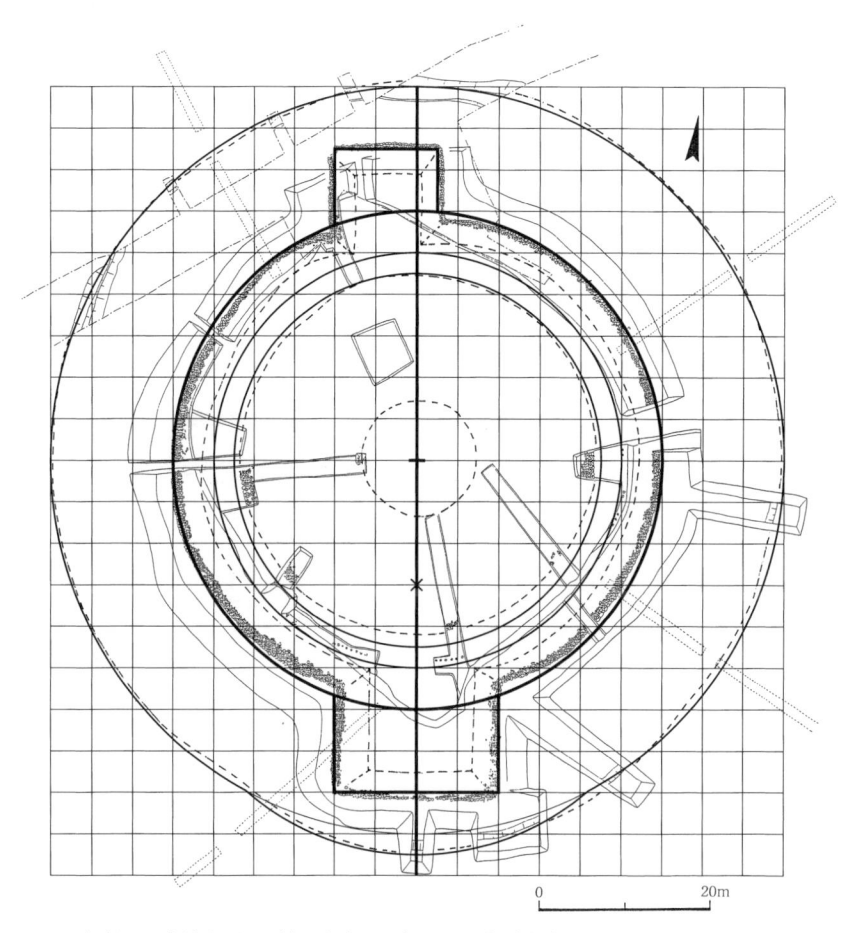

図52 久保田山古墳企画図（主丘部径42歩・57.5m）（破線はすべて報告者による推定線）

る。小突出部は左にかたよって付設され，主軸線から左側縁まで4単位，右側縁までは1単位である。

　天乞山古墳（滋賀県東近江市，5期）　久保田山古墳のすぐ近くにある古墳で，方墳状の主丘部をもつ。「一辺ほぼ65 m」[5]とされ，方48歩（65.8 m）の可能性が高い。

　方格図（図53）を作成すると，墳裾は中心から12単位目，第1段肩は10単位目，第2段裾は8単位目の方格線によく一致する。第1段の斜面幅，テラス

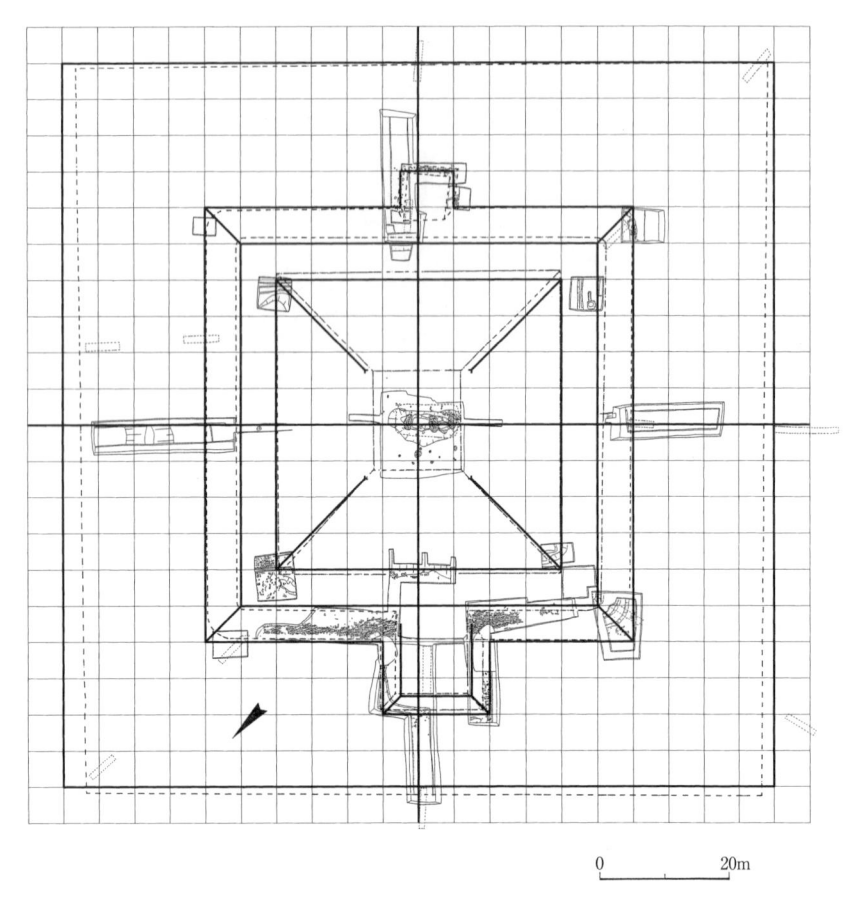

図53 天乞山古墳企画図（主丘部一辺48歩・65.8m）（破線はすべて報告者による推定線）

幅とも2単位である。

　周溝は幅8単位，外周の一辺はちょうど40単位となる。2単位1区，または4単位1区の概略設計が行なわれている可能性が考えられる。

　大突出部は長さ4単位，幅6単位で，主軸より右に1単位かたよって付設されている。両側縁，前面とも斜面幅は1単位であろう。小突出部は長さ2単位，幅3単位で，やはり半単位右にかたよっている。

　主丘部の平面形は円，方と異なるが，共に大突出部の長さは乙女山古墳と同じ4単位，小突出部は天乞山古墳では同様に2単位，久保田山古墳では3単位

大突出部長5単位の事例

野毛大塚古墳[6]（東京都大田区，5期）　雑誌連載時には大突出部長4単位の類例に含めたが訂正したい。

南関東の低平なローム台地では，平坦な地表面上で墳裾や周溝外周線などを割りつけるのが通例とみて，大突出部の上面での長さ4単位，同じく小突出部は2単位をとったが，大小突出部の裾部には葺石基底石が遺存しているので，その部分を墳裾面とすべきものと考えなおした。

第1部で見た基壇古墳のように，関東地方でも施工基準面と墳裾面を異にする工法は決して稀なものではなかった。幅広い割には浅い周溝の状況も，このようなとらえ方の妥当性を示している。

報告者の推定値は直径68mで，径48歩（65.8m）の規格が最も近い。第1主体部の中央部を中心に，突出部右側の墳裾推定線までの距離を半径ととらえると，この規格値にほぼ一致する。

この値の企画図（図54）では，C点から大突出部前面の葺石基底石までの距離は4単位よりは長く，6単位には達しない。大突出部長は5単位とみるしかない。前幅はちょうど10単位となる。小突出部は長さ3単位，幅も3単位であろう。

周溝外周線は左側手前部分しか確認されていないが，主丘部背後ではおそらく6単位の幅で，外周線は墳裾と同心円を描くものだったろう。くびれ部から突出部にかけての外周線はかなりゆるいカーブとなり，主丘部の後背部裾近くの左右の点（図の太十字線）を中心とする半径29単位の円弧に最もよく一致する。墳丘封土の盛り上げ開始前に，この点付近を中心として縄を張り，予定線が引かれたものと思われる。突出部前面での周溝幅は3単位となる。

大突出部長6単位の事例

神前山1号墳[7]（三重県多気郡明和町，7期）　径21歩（28.8m）の規格とみられる。この規格は墳丘規格30歩以下にあらわれる1単位当たり1/8歩の歩数調整による中間規格である。

企画図（図55）によれば第2段裾は9単位目，中段テラス上の埴輪列は10単位目の円周に一致する。墳裾部葺石の基底石列は12単位目の円周より多少大

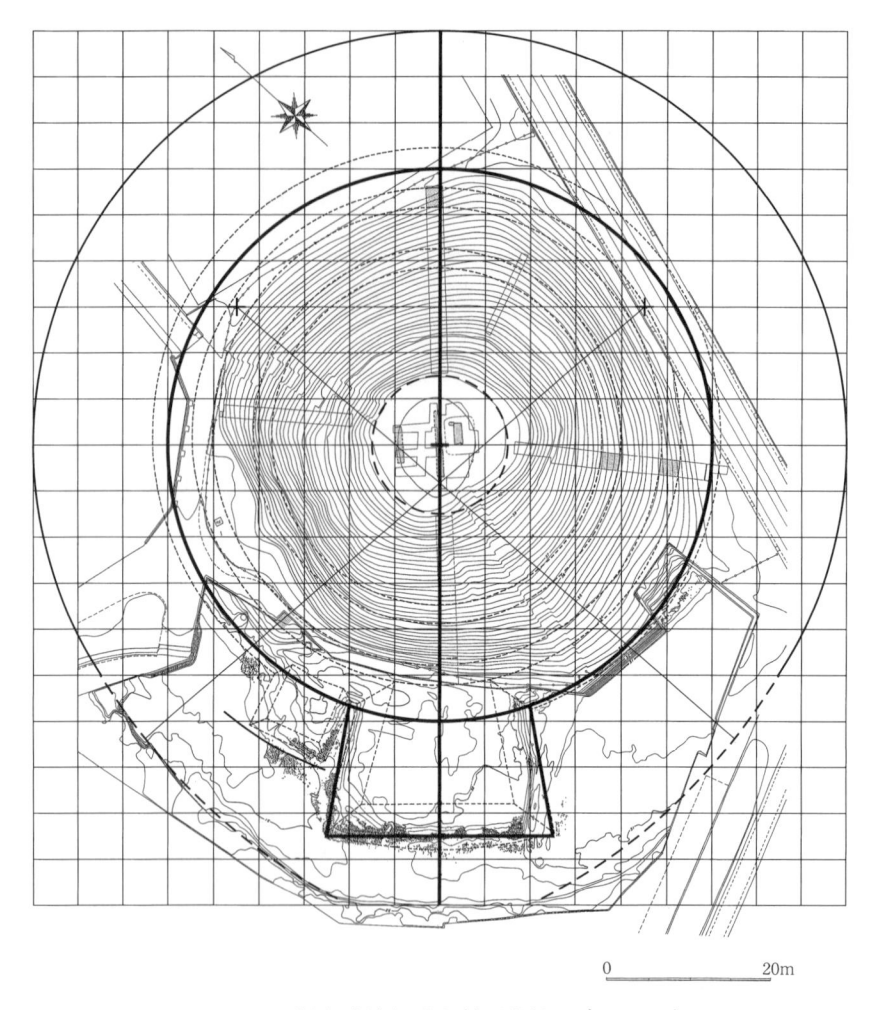

図54　野毛大塚古墳企画図（主丘部径48歩・65.8m）

きい円を描く。墳丘第1段は地山削り出しによって成形されているとのことであり，工法に起因する施工誤差かもしれない[8]。ただ，地山を正しく12単位目まで削り出し，その上に葺石を置いたとすれば，その分見かけの墳裾径は大きいものとなる。このようにみればそれほどの施工誤差はないともいえ，墳丘規格の推定に誤まりないと考える。墳裾外をめぐる埴輪列は14単位目の円周

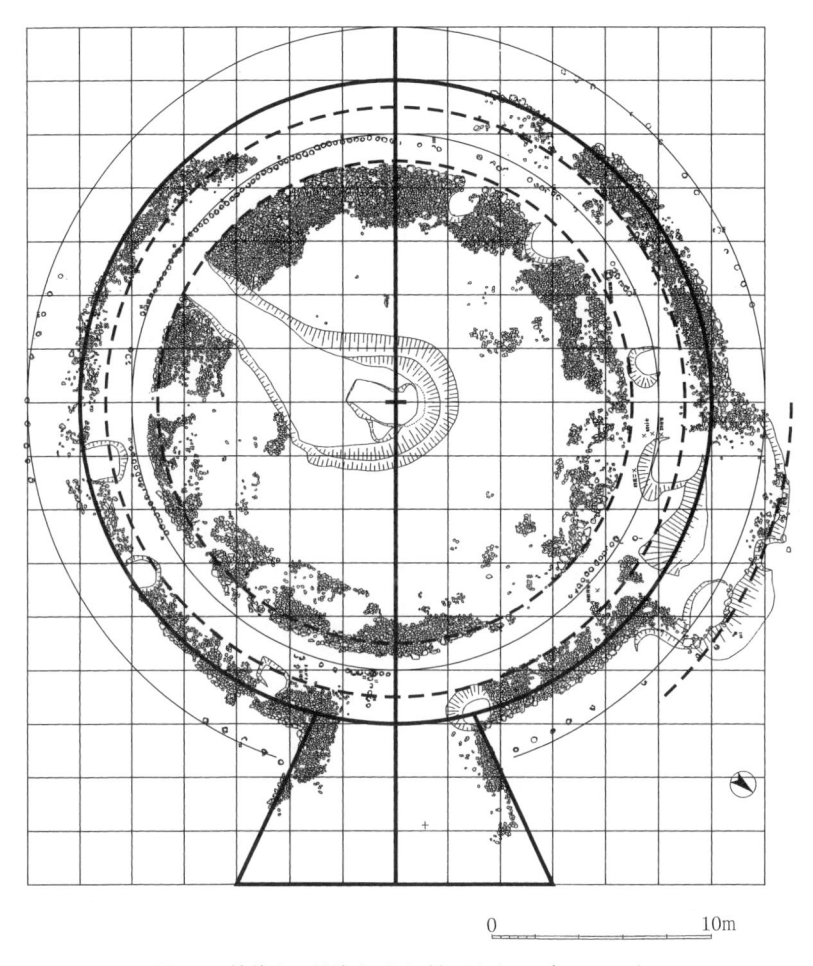

3 複数の突出部をもつ古墳 143

図 55 神前山 1 号墳企画図（主丘部径 21 歩・28.8m）

によく一致している。この埴輪列の直径は 33.5 m と報告され，28 単位（33.6 m）の数値に一致する。

　大突出部は図化前に破壊されたというが，くびれ部から 7 m あったとの記述から，6 単位（7.2 m）の長さとみてまちがいない。小突出部も前縁の葺石列が損壊を受けていたが，この部分では墳裾外をめぐる埴輪列が 15 単位目の円周上に位置していることから，突出部前縁は 14 単位目に一致していたはずで，長

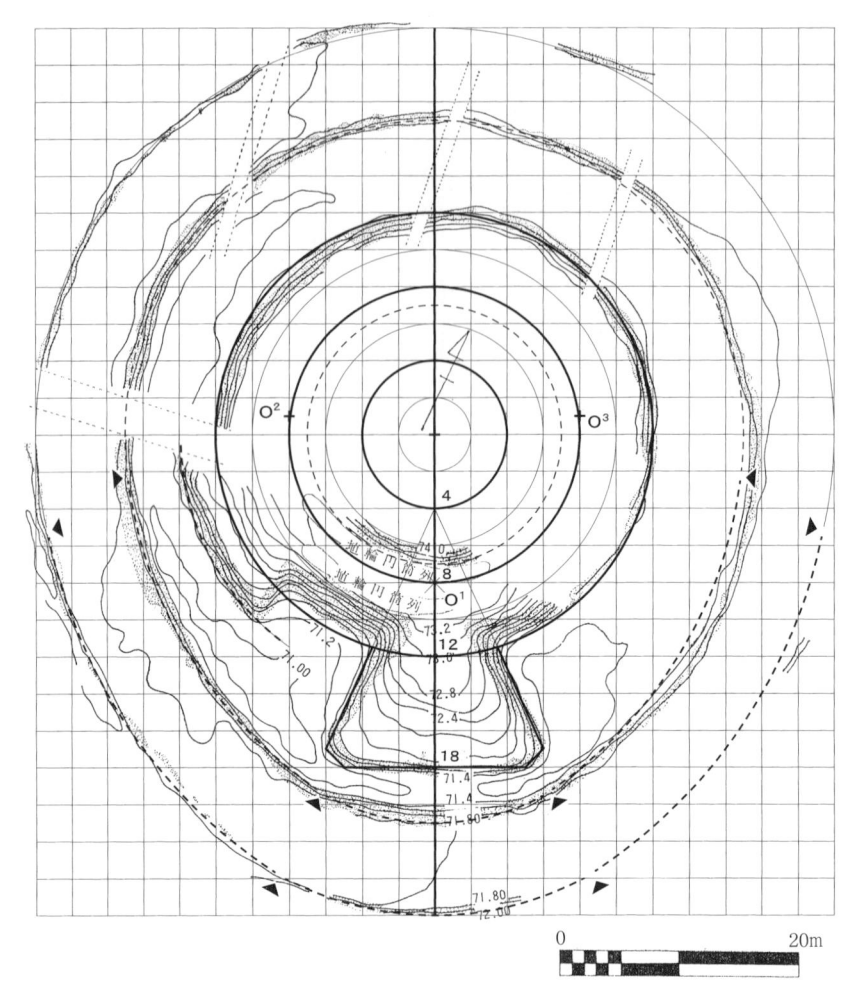

図56　若宮八幡北古墳企画図（主丘部径27歩・37.0m）（▲は半径の異なる円弧の接点）

さは2単位と推定される。幅は8単位であろう。

　若宮八幡北古墳[9]（群馬県高崎市，9期か）　主丘部径35.8m前後と報告され，径27歩（37.0m）の当初規格であった可能性が高い。

　企画図（図56）によれば，12単位目の円周は墳裾の葺石基底石列に，第2段裾は7単位目に一致する。中段テラス上に二重にめぐらされた円筒埴輪列は8

単位目と10単位目に一致するようである。埴輪列の間隔は最小で2.8 m，最大で3.5 mと報告され，2単位（3.08 m）の間隔で配置する計画であったとみてよかろう。第2段裾の径が帆立貝古墳としては小さく設定されたのは，埴輪列を二重にめぐらす必要からテラスの幅を広くとるための措置であったことが理解される。

　大突出部の長さは6単位である。両隅が斜めにカットされ，前縁より1単位後方で最大幅12単位となる。前縁の幅は10単位である。側縁線の延長は，主軸と4単位目の円周との交点を指向するように見える。小突出部は長さ2単位，幅は14.9 mとの報告から10単位とみて支障ない。

　墳丘外に周溝と外堤がめぐる。外堤の内外周プランは倒卵形を描く。主丘部背後では溝，堤とも幅5単位で，主丘部の墳裾線と同心円を描く。大突出部前面では溝（底）幅3単位，外堤の幅は5単位となる。この部分の，外堤内外周線の円弧の中心はO点ではなく，内周線は図の点O^1を中心とする半径13単位の円周に，外周は半径18単位の円周に一致する。

　主丘部背後と大突出部前面の，それぞれ中心も半径も異なる円弧をつなぐ中間部のラインは，点O^2，O^3を中心とする半径25単位と30単位の円周に一致するように見える。ただし，墳丘右側では実際の外周線との一致度がやや低く，縄張り時に中心点の設定を誤ったものかもしれない。

　周溝と外堤の，墳丘裾と同心円を描かない円弧については，図上での検討では上述のように設定されたものと考えざるを得ない。前半部のなめらかなカーブは，後背部とは中心も半径も異なる円弧をうまく接続することでしか描けないと思われ，実際の設計，施工もこのような操作の繰り返しで行なわれた可能性が高い。

　次に見る御願塚古墳などでは，主丘部手前の周溝外周線は直線の組み合わせで描かれ，この方が設計も施工も楽だと思われるが，手間のかかる倒卵形プランを採用したのにはそれなりの理由があったのであろう。

　御願塚古墳 [10]（兵庫県伊丹市，7期）　主丘部径39 mという『伊丹市史』の記載値がその後も踏襲されているが，企画図（図57）の検討では明らかに径30歩（41.1 m）の規格である。

　大突出部は長さ6単位で，隅角が斜めにカットされていた可能性が高く，そ

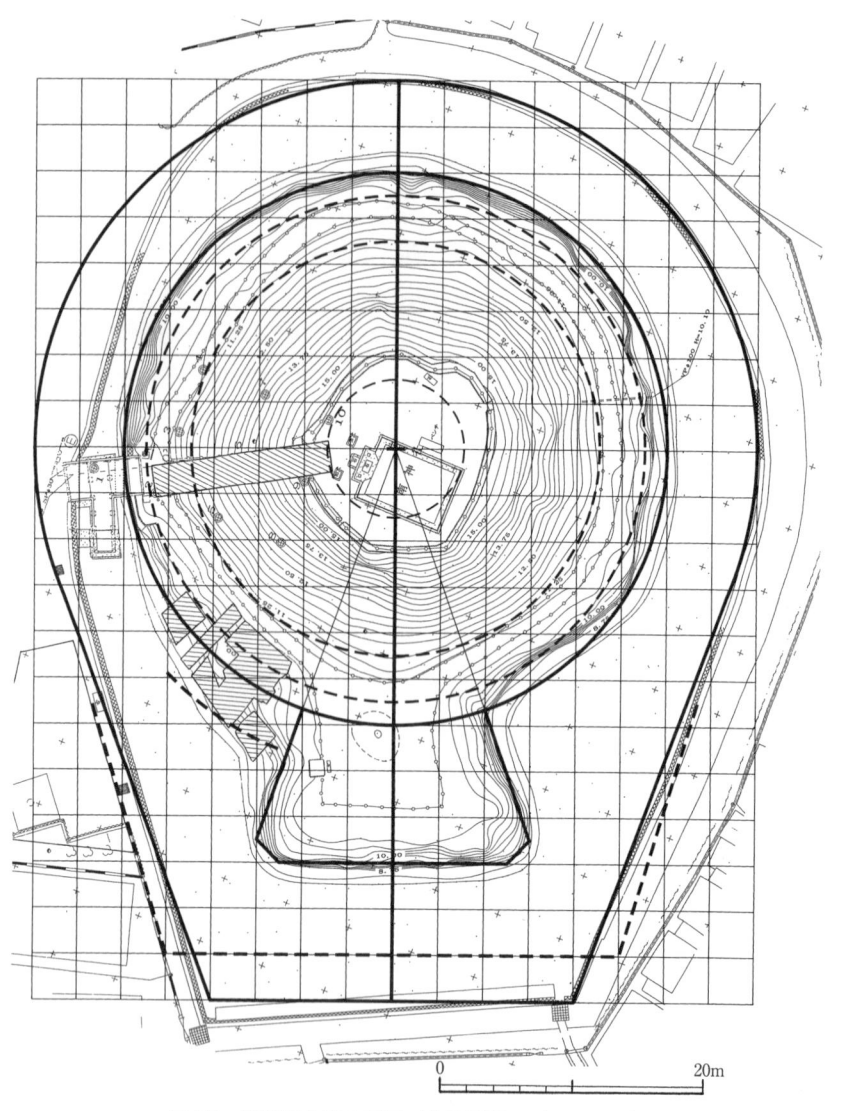

146 第2部 帆立貝古墳築造企画論

図57 御願塚古墳企画図（主丘部径30歩・41.1m）

の場合先端幅10単位，1単位後方で12単位の最大幅となって，前縁部のプランは若宮八幡北古墳や後述の鞍塚古墳と同一となる。ただし，両側縁線の開き度合いはそれぞれ微妙に異なる。

小突出部の詳細図は未公表であるが，大突出部の左側に近接して付設され，左右逆ながら鞍塚古墳に似たプランを示すものらしい。長さ5.2 mといわれ，これはほぼ3単位の長さで，小突出部長が3単位をこえないことはほぼ確実である。幅はこれよりやや広い程度の規模だったらしい。

　主丘部第2段の裾は9単位目に一致し，おそらくテラスの幅2単位で，第1段の肩は11単位目に一致するものと思われる。墳頂平坦面は現状で半径4単位の広さをもつが，社殿建設によって改変されている可能性があり，当初の状態は不明としたい。

　周濠は主丘部背後で幅4単位，外周線は墳丘と同心円を描く。前面は現状の外周線を尊重すれば濠幅6単位，外周部前面幅16単位となるが，本来の濠幅は後背部同様4単位だった可能性も考えられる。側縁部前半部の外周線は直線状に復元整備されているが，古い時期の測量図（『伊丹市史』所載）ではゆるいカーブを描いているようにも見える。

　盾塚古墳（大阪府藤井寺市，4期）　次に見る鞍塚古墳に近接して営まれた古墳で，古市古墳群内の仲津山古墳（現・仲姫陵）の南東，至近の位置にあった。近年の調査時には共に墳丘は失われていたが，周溝の発掘によって墳裾の葺石列が部分的に確認され，当初のプランが確認されている[11]。

　盾塚古墳の主丘部規格は42歩（57.5 m）とみられる。報告書では後円部径49 mとされるが，これは第2段裾の径である。報告者は，「（造出は）後円部墳丘第1段目の斜面に取り付いて構築されている」という認識を示されており，そうであれば墳裾線は葺石基底石でおさえるべきである。くびれ部幅は10単位の長さに相当する24 m弱と報告されているが，これは基底石間で測られた数値である。次に触れる鞍塚古墳では墳裾の葺石で直径をとらえられており，一貫性に欠ける。いずれにしても，部分的に「横長の石材を平置きする」など，厳密な施工状況のうかがわれる葺石基底石列で主丘部規格をおさえるべきであろう。

　企画図（図58）を作成すると，12単位目の円周は葺石基底石列にほぼ一致するが，基底石列の径の方が若干大きい。墳丘第1段は地山を削り出し，その斜面に褐色砂質土を貼りつけたのち葺石が貼られていたとの記述から，神前山1号墳と同様の原因による誤差とみることができる。

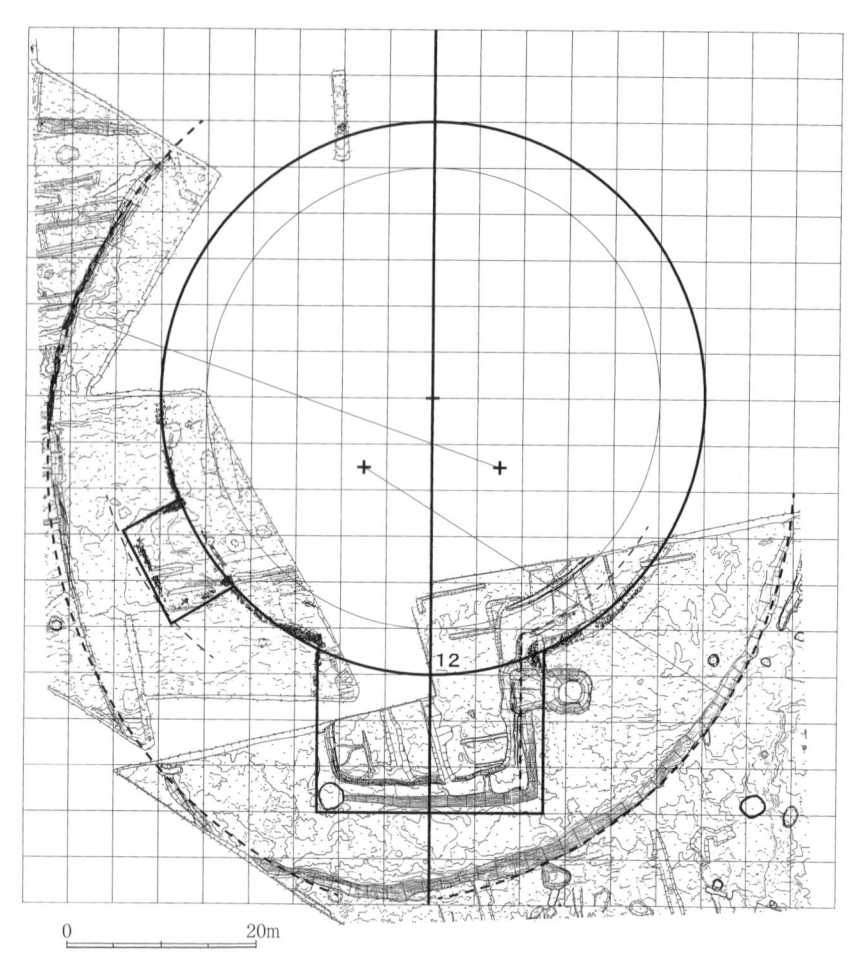

148　第2部　帆立貝古墳築造企画論

図58　盾塚古墳企画図（主丘部径42歩・57.5m）

　くびれ部右側に部分的に第2段裾線の位置を示す溝が残るが，ちょうど10単位目の円周に一致する。埴輪列は11単位目にほぼ一致し，テラスの幅2.5mとの記述からも，テラスの幅1単位で，その端に沿って埴輪がめぐらされていたことがわかる。大突出部右側縁の埴輪列も墳裾線の内側1単位の方格線に一致しており，主丘部，突出部とも第1段の斜面幅が1単位だったことが知られる。大突出部の長さは6単位，幅10単位，小突出部は長さ3単位，幅4単位

である。

　周溝外周（調査時の上端）線は，中軸線をはさんで対称の位置にある点を中心として描かれ，左側は半径20単位，右側は半径19単位の円弧にほぼ一致する。結果として左右非対称の外周のラインとなっており，意図的に行なわれたものとすれば地形や立地的制約によることが考えられるが，単純な施工ミスの可能性も高い。遺存度が悪いため中心点の位置や半径のとらえ方に多少の誤差があると思われるが，墳丘封土の積み上げ前に，この付近の点を中心に縄を張って周溝予定線を描いておかないかぎり，このようになめらかな円弧をもつ周溝を設定することは不可能だったろう。

　鞍塚古墳（大阪府藤井寺市，6期）　盾塚古墳にくらべてもいっそう計測箇所が少ないが径30歩（41.1 m）の規格とみられる（図59）。大突出部の長さ6単位，隅角は斜めにカットされ，先端幅10単位，1単位後方で12単位の最大幅となる。小突出部の長さ3単位，幅は4単位程度である。大突出部前面の周溝外周線は，中心から6単位前方の中軸線上の1点（O^1）を中心とする半径15単位の円周にほぼ一致する。右側の外周線の円弧はきわめてゆるく，その中心点（O^2）は左側の周溝外周線より外側に求められる。

　高塚1号墳（三重県多気郡明和町，6期）　未発掘であるが企画性の把握が可能な資料である。測量調査報告[12]の推定では主丘部径55 mで，これは径42歩（57.5 m）の値に近い。墳裾は−8.5 mの等高線のあたりと報告され，企画図（図60）では12単位目の円周がほぼこの等高線に重なる。

　大突出部前面は−9 m，小突出部前面は−8 mの等高線のあたりとの記載から，大突出部長6単位，小は3単位と認められる。幅はやや不明確ながら大8単位，小は6単位ととらえておきたい。次の明合古墳と同じく最終的判定は発掘の結果を待たなければならないが，墳丘規格と大・小突出部長の把握についてかなり確度は高く，少なくとも小突出部長が3単位をこえないことは確実と思われる。

　明合古墳[13]（三重県津市，4期）　一辺59 m前後との報告から，45歩（61.7 m）の規格の可能性が考えられる。45歩の24等分値1単位は1歩7/8（2.57 m）で，1/8歩きざみの歩数調整による中間規格である。このような調整は大型の墳丘規格（30歩以上）では原則として行なわれないが，この規格だけは単純円

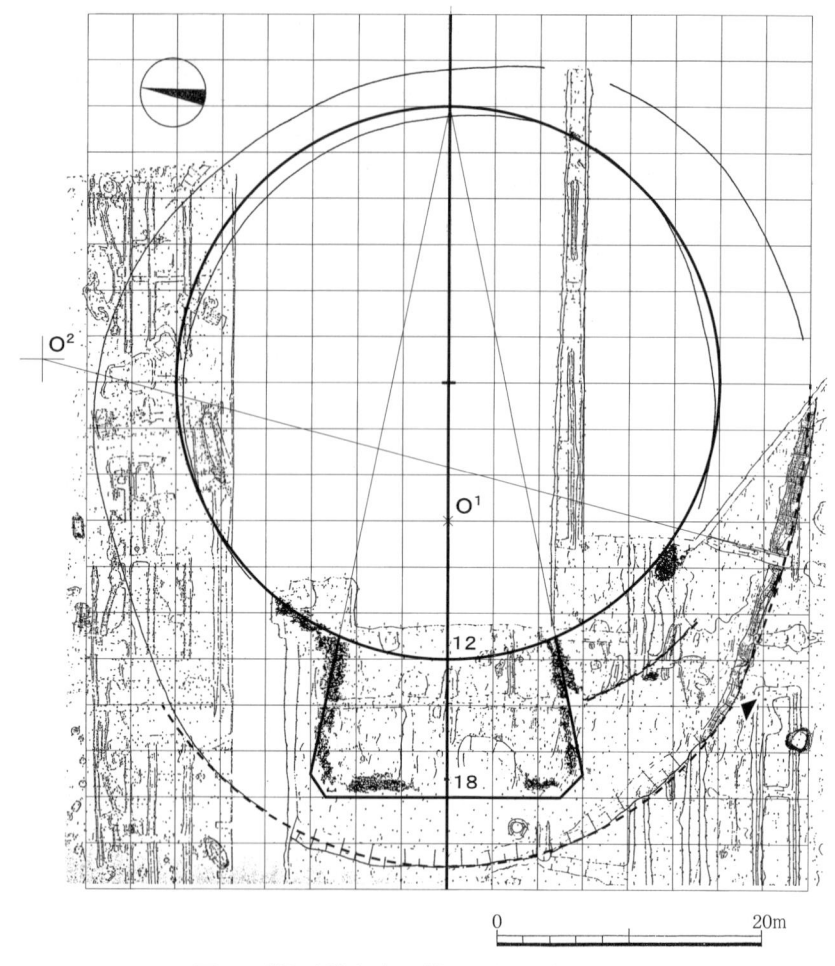

図 59　鞍塚古墳企画図（主丘部径 30 歩・41.1m）

墳の千葉県姫塚古墳（山武市），岡山県月の輪古墳主丘部（後述）などで認められている。大型規格としては例外的な歩数調整が行なわれたのは，墳丘規格を 45 歩という 60 進法にとって切りのよい数値とするためではなかったかと考えている[14]。

　方格図（図 61）によれば，墳裾線は 12 単位目の方格線に一致し，第 1 段は斜面，テラスとも幅 2 単位，第 2 段裾線 8 単位目と，滋賀・天乞山古墳と同じ立

3 複数の突出部をもつ古墳 151

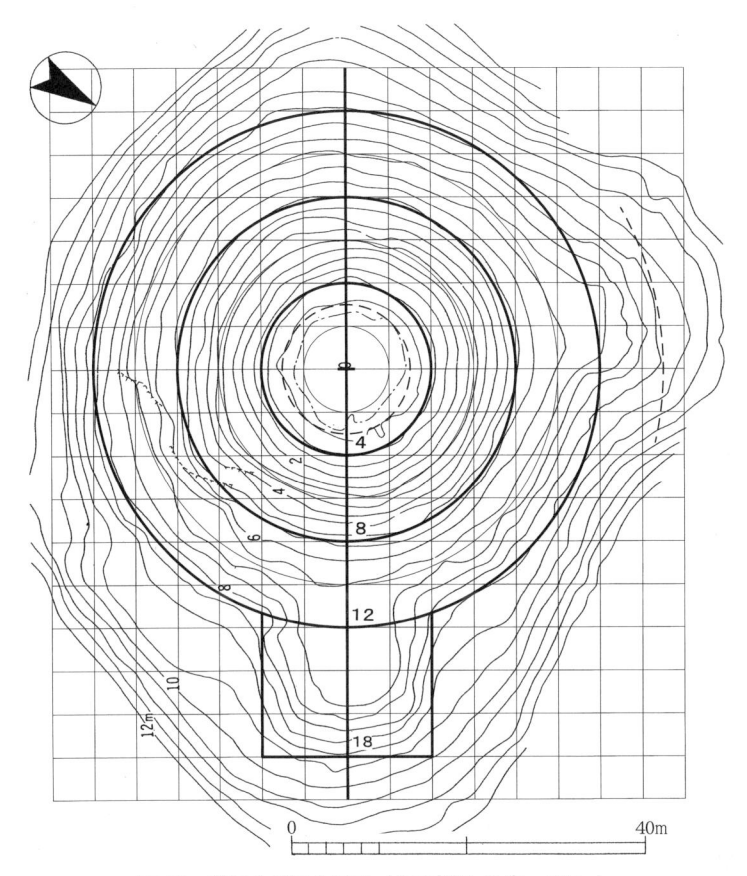

図60 高塚1号墳企画図（主丘部径42歩・57.5m）

体的構成を示す。第2段裾は一辺41.5mと記述され，16単位（41.1m）の辺長でまちがいないことがわかる。大突出部は村道新設によって先端が若干（1.5mほど）削られたとの記述から，6単位の長さとみてほぼまちがいない。幅は8単位か10単位とみられるが損壊のため確定できない。主軸線をはさんで左右均等の幅であったかどうかもわからない。小突出部は長さ3単位，幅7単位で問題なさそうである。

　その他の古墳　以上が，比較的精度の高い測量図によって大突出部長4単位から6単位と確認された複突出墳である。

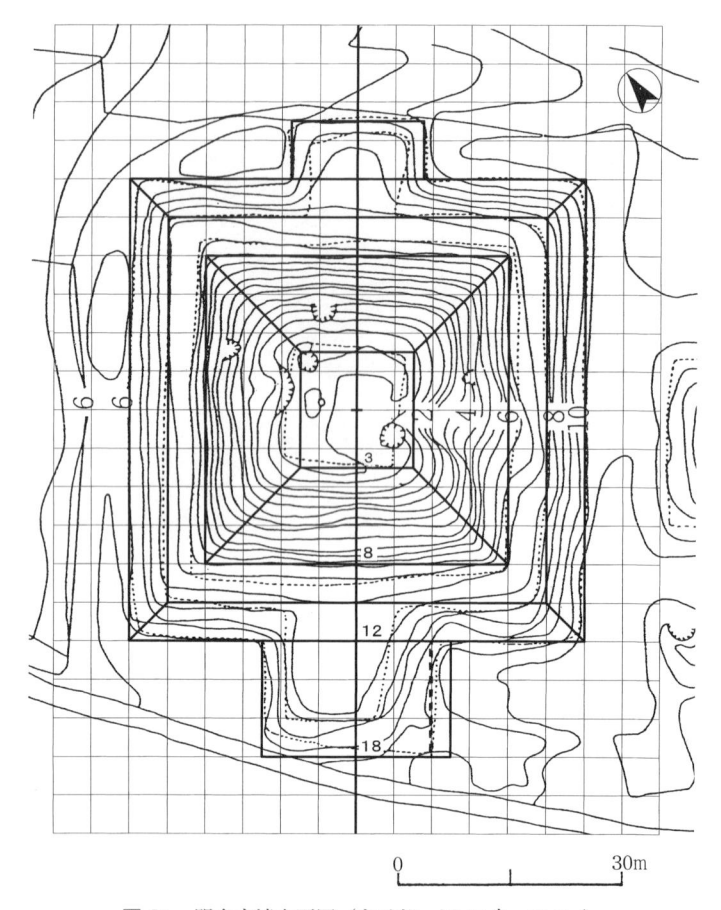

図61　明合古墳企画図（主丘部一辺45歩・61.7m）

　ほかに，兵庫県加西市の玉丘古墳群中で2基の複突出墳が確認されている。共に遺存度が悪いため墳裾線のとらえ方がむずかしいが，マンジュウ古墳[15]（5期か）は主丘部径27歩（37.0m），笹塚古墳[16]（8期か）は36歩（49.3m）の規格とみたとき，共に大突出部長4単位，小突出部長は3単位となる。周溝外周線の設定も基準単位で理解できるので墳丘規格とプランの判定に誤まりないと考えているが，最終的な確定は笹塚古墳の正式報告を待って行ないたい。
　このほかにも，複数の突出部をもつとされる古墳がいくつか櫃本誠一氏によって集成されている[17]。その中の蕃上山古墳[18]（大阪府藤井寺市，8期）には，

くびれ部左側に小突出部様の張り出しが見られるが，これは後世の攪乱によって（大）突出部左隅角から側縁部がえぐり取られたために生じたものと考えられる。仮に当初からの施設だったとしても，小突出部が大突出部に接することのない他の複突出墳とは異なるプランであり，同列に扱うことはできない。ここでは複突出墳の事例から除外し，主丘部規格 27 歩（37.0 m），突出部長 9 単位の通常の帆立貝古墳とみておきたい（企画図は後掲）。

金津山古墳（兵庫県芦屋市，7期）は「後円部径 42 m，前方部長 13 m，前方部前端幅 18 m」[19] との報告から，主丘部径 30 歩（41.1 m）の規格で，突出部長 8 単位，幅 10 単位の帆立貝古墳と知られるが，確認調査では明確な小突出部は検出されていないとのことである[20]。

供養塚古墳[21]（滋賀県近江八幡市，7期）は「後円部径 37 m」との報告のように径 27 歩（37.0 m）の規格で大突出部長 9 単位，小突出部長 3 単位であり，あとで帆立貝古墳と前方後円墳との境界について考察する際に取りあげたい。

注
1) この場合の突出部とは，主丘部から直接派生するものにかぎるものとし，前方後円墳の造出のように，主丘部（後円部）から派生した突出部（前方部）からさらに派生するか，あるいは主丘部と突出部の連接部に取りついて双方にかかるものをのぞく。
2) 櫃本「前方後円墳における前方部の諸形態」73 頁
3) 遊佐和敏「乙女山古墳の墳形について」『東邦考古』15 号，1991 年，51 頁
4) 田中 浩「木村古墳群」『蒲生町史　第三巻　考古・美術・建築・民俗』2000 年，56〜59 頁
5) 田中「木村古墳群」53〜56 頁
6) 寺田良喜ほか『野毛大塚古墳』世田谷区教育委員会，1999 年，63 頁
7) 下村登良男『神前山 1 号墳発掘調査報告』明和町教育委員会，1973 年
8) 地山削り出し工法および工法に起因する誤差については沼澤「円墳築造の企画性」42 頁参照。
9) 田島桂男『八幡原遺跡』高崎市教育委員会，1974 年
10) 高井悌三郎「御願塚古墳」『伊丹市史　第 4 巻　史料編 1』1968 年
　　伊丹市教育委員会『御願塚古墳第 8 次調査現地説明会資料』および『御願塚古墳史跡公園竣工式次第』1999 年
　　引用図は，伊丹市教育委員会の御好意により第 9 次調査の実績報告書から転

載させていただいた。
11）　三木　弘『土師の里遺跡——土師氏の墓域と集落の調査——』大阪府教育委員会，1999年。鞍塚古墳についてもこの報告書による。
12）　下村登良男『河田古墳群発掘調査報告Ⅲ』多気町教育委員会，1973年，142〜145頁
13）　浅生悦生「三重県安芸郡明合方墳について——三重県主要古墳基本調査3——」『ふびと』23，三重大学学芸学部歴史研究会，1965年，38頁
　　　浅生悦男・田中秀和『安濃町史　第一編　考古編』1994年，181〜184頁
14）　沼澤「円墳の規模と序列」23頁
15）　立花　聡『玉丘遺跡群Ⅱ』加西市教育委員会，1993年
16）　加西市教育委員会『史跡笹塚古墳（第2次）発掘調査現地説明会資料』2001年
17）　櫃本「前方後円墳における前方部の諸形態」70〜71頁
18）　野上丈助「外環状線内遺跡発掘調査概要・Ⅰ」『大阪府文化財調査概要1972年度——Ⅱ』1973年
19）　芦屋市教育委員会『金津山古墳〔第11地点〕（前方部西半域の周濠）埋蔵文化財発掘調査実績報告書——震災復興調査——』2000年
20）　この件に関しては調査を担当された森岡秀人氏から教示を得た。
21）　滋賀県教育委員会『昭和58年度滋賀県文化財調査年報』1985年，26，29頁

4　大・小突出部の性格区分

大・小突出部の長さ，幅，高さ

　等分値企画図を示して検討した複突出墳12基（うち方丘系2基，供養塚の図は後掲）の大・小突出部の長さ，幅を整理すると表5のとおりとなる。

　長さ　大突出部の長さは4単位と6単位が複数あり，5単位と9単位が各1基あるが，小突出部は2単位と3単位の2種にかぎられ，時期，地域をこえて共通の約束ごとが認められるといってよい。

　幅　幅についても大突出部はほぼ8単位，10単位，12単位の3種にかぎられるが，小突出部の方は3単位から10単位までとばらつきが大きく，神前山1号墳や若宮八幡北古墳など径30歩以下の小規格古墳で単位数が大きくなっている。

小規格古墳では1単位長も短いので，突出部の上面に一定の広さを確保するためには，長さ，幅の単位数を増やすしかない。面積の確保がもっぱら幅の増大によって実現されていることは，小突出部の長さの設定に何らかの制約があったこと，反面，幅についてはそのような制限のなかったことを物語る。

高さ　高さについては，数値化して表示することはできないが，大・小突出部で明確な差異が認められる。

表5　大小突出部の平面規模比較表　（数字は単位数）

古墳名	大突出部		小突出部	
	長	幅	長	幅
乙女山	4	12	2	5
久保田山	4	8	3	5
野毛大塚	5	10	3	3
神前山1号	6	12	2	8
若宮八幡北	6	12	2	10
御願塚	6	12	3？	3？
楯塚	6	10	3	4
鞍塚	6	12	3	4
高塚1号	6	8	3	6
供養塚	9	16	2	5
天乞山	4	6	2	3
明合	6	8〜10	3	7

　大突出部の上面は，基本的に主丘部の中段テラスと同じレベルに仕上げられ，両者が一続きの平面となる。

　これに対し，小突出部の方は中段テラス面まで達せず，主丘部第1段斜面の中腹に突き当たって終わる。このような状況は乙女山，御願塚，明合古墳のほか，天乞山および野毛大塚古墳の復元整備された姿に見ることができる。神前山1号と盾塚については，主丘部中段テラスの埴輪列から大小それぞれの突出部へ派出する埴輪列の有無によって，同様の状況であったことが推測される。小突出部のこのような状況は，前方後円墳における造出の接続状況に共通するものといってよい。

小突出部は造出

　小突出部長に3単位をこえるもののないことは，突出部長3単位と4単位の間に，突出部の性格を区分する明確な境界が設定されていた可能性を示唆する。わずか1単位の差であるが，長さ3単位以下の突出部と，4単位以上のものとのあいだには決定的な性格差が存在したと推測される。

　遊佐，櫃本両氏[1]とも，小突出部は「造出」であるとの認識で一致してい

る。常識的判断として異論の少ないところと思われ，私も小突出部は造出であろうと考える。

　大突出部については，単位数によって長さが明確に区別されていることから，小突出部とは性格を異にする施設と認めるのが適当であろう。

　大突出部を正面[2]として中軸線を設定すると，小突出部さえなければ，古墳全体の平面プランは中軸線をはさんで左右対称に企画されている（方丘系の複突出墳をのぞく）。このことも，小突出部が副次的な施設（＝造出）であること，大突出部は造出ではなく，前方後円墳における前方部のように，墳形の決定要素となる主たる突出部であることを示唆している。

　滋賀・久保田山古墳では，大小2つの突出部は中軸線上の前後対称の位置にありながら，小突出部は左にかたよって付設されていた。小突出部（＝造出）の設置位置は，前方後円墳や帆立貝古墳の築造企画における左右対称という規範に制約されることのなかったことが理解される。あるいは，あえて左右対称の位置からずらすことによって，その従属性を明示すべく意図されたものとも考えられる。

　なお，方丘系の2基のうち天乞山古墳では，大小突出部ともその中軸線は主丘部中軸線からずれており，小突出部を除いても左右対称になっていない。明合古墳も大突出部は中軸線がずれている可能性があり，あえてこのような非対称性を指向した可能性も考えられる。左右対称の前方後方墳との区別化意識の存在が想定され，その大突出部を前方部とみなすことが適当でないことを示唆している。

前方部に対する「小方部」

　遊佐，櫃本両氏のように，造出付円墳をのぞいた帆立貝式古墳を「帆立貝式（形）前方後円墳」ととらえる立場をとれば，大突出部は「前方部」とみなされることになる。

　妥当な見解のように思えるが，長さ4単位，6単位という短小な突出部と，その数倍のボリュームをもつ前方後円墳の前方部とでは何らかの性格の差異があったと考えられ，同じ呼称を与えることには多少の抵抗を覚える。

　そこで，これからは大突出部を「小方部」（「小前方部」の略）と呼んで，造出および前方後円墳における前方部と区別することとしたい。4単位以上何単位

までを小方部とするかという問題についてはあとで考える。

　墳丘平面プランの等分値企画図による検討の結果，小方部と造出の別は，その長さ（単位数）によって区分するのが最も適当と考えた。数ある形態的要素のうちの一つだけを根拠とした単純な区分案であるが，複突出墳において，大・小突出部の長さが24等分値築造企画法の基準単位数によって明確に区分されている事実をみれば，最も有効で客観的な区分基準になるものと思われる。また，複突出墳における大小2つの突出部のあり方からの類推によって，突出部が1つだけの帆立貝式古墳についても，長さが3単位以下の突出部は造出，4単位以上のものは小方部 ととらえて差し支えないものと考える。

　小方部，造出の区分に関する形態面から見た結論は以上のとおりであるが，両者の性格の差異はどこにあるかという本質的な問題が残る。この課題についてはあとで再度検討するが，前方後円墳における前方部は，その墳形に固有かつ不可分の構成要素であるのに対し，造出は墳形構成の要素ではなく，確定された墳形に，別個の要因ないし目的によって付加された副次的施設とする一応の定義を，ここでは示しておきたいと思う。

　前方後円墳から前方部を取り去れば円墳と化すが，造出の有無にかかわらず前方後円墳は前方後円墳であることに留意すべきであろう。小方部の性格が前方部に準ずるものであろうことも，以上みた複突出墳における大・小突出部のあり方から予測されるところといえよう。

　このようにみてくると，造出が付設されていても円墳は円墳であるという理解が成立することになる。次に，長さ3単位以下の突出部を1つだけもつそのような帆立貝式古墳，すなわち「造出付円墳」の企画性について見ておくこととする。

　注
　1）　遊佐「乙女山古墳の墳形について」50～53頁
　　　　櫃本「前方後円墳における前方部の諸形態」73頁
　2）　前方後円墳の立面形は，側面から見える姿を重視して決定されたのではないかとの所説も知られるが，「正面」ということになれば，弥生墳丘墓における外界と主丘部とをつなぐ通路から発展してきたという前方部の成り立ちを考えれば，前方部前面が正面であり，そこから後円部を眺めた状態を正面観とみるべ

きことは多言を要しないところと思われる。
　設計作業に当たっても，中軸線をはさんで対称の図形を描く場合，その中軸線は設計者から見て縦方向に置くのが当然で，横方向に中軸線を置くようなことはありえないことといってよい。これは，実際の図面に当たって，作図法によって築造企画の検討を一度でも実際に行なってみればすぐに理解できることである。設計者にとっての正面も，左右対称の墳形の場合は前方部（突出部）前面にあったことはまちがいない。

5　造出付円墳

造出長3単位の円墳

　前章で，複突出墳における大小2つの突出部の検討から，長さが3単位と2単位にかぎられる小突出部は「造出」であろうと考え，突出部が1つだけの帆立貝式古墳（以下「単突出墳」ということがある）についても，突出部長が3単位以下のものは「造出付円墳」とすべきとする見方を示した。以下，そのような古墳の実態について見ていくこととするが，ここまでくれば単突出墳における3単位以下の突出部を「造出」と呼んで何ら問題ないと思われる。
　今のところ長さ3単位の造出をもつ円墳は1基しか確認していない。この古墳は単突出墳ではなく，3つの造出をもつ特異な古墳である。
　免鳥長山古墳[1]（福井市，5期）　尾根状地形の突端に立地する。墳丘は径60歩（82.2 m）の規格とみられ，北側の墳裾線は12単位目の円周に一致する（図62）。この部分では墳裾外に幅1単位の平坦面がめぐるが，このような墳裾外まわりの整形は，丘陵上に営まれた比較的古期の古墳ではしばしば観察されるものである。墳頂平坦面は半径4単位，第2段裾は9単位目の円周に一致し，中段テラスは幅1単位で一周する。
　3つの突出部のうち，南側のものは掘切りによって自然地形から分離されている。この掘切りは比較的浅く，幅もせまいため後世の杣道のようにも見えるが，中司照世氏によれば当地にはこのような分離方式によって作出された古墳がほかにも存在するとのことである。掘切り斜面を前縁線とみて支障ないとすると，突出部の長さは3単位となり，私の区分基準では造出となる。幅は，右

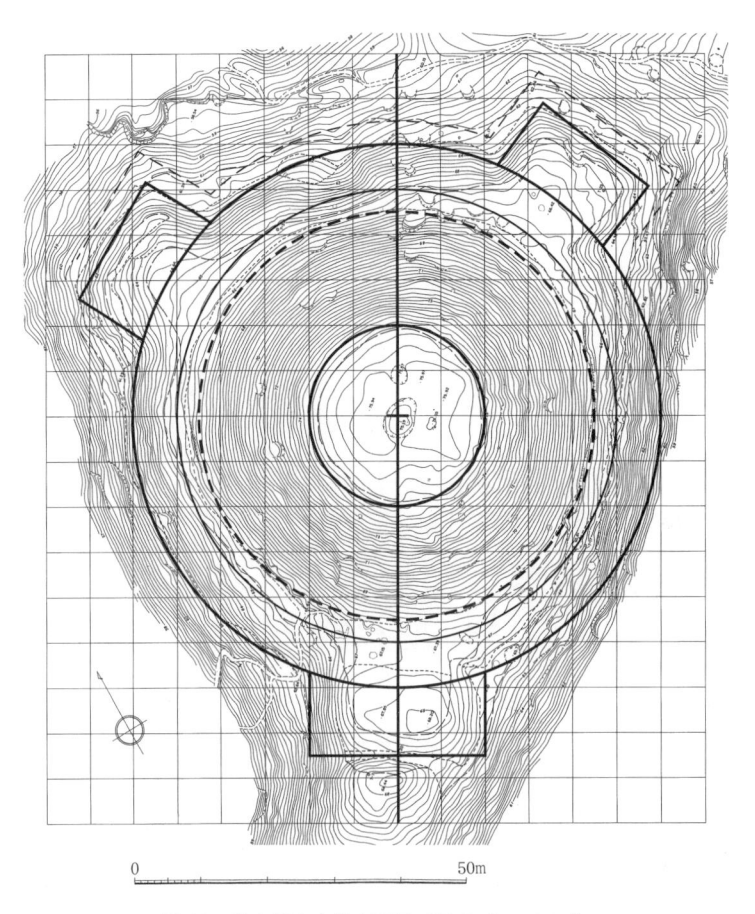

図62　兎鳥長山古墳企画図（径60歩・82.2m）

側裾を基準とする作図によって8単位と推定される。

　北側の2つは同規模で，共に長さ3単位の造出とみなされる。幅は6単位で，南造出より小さい。南造出の上面テラスは主丘部中段テラスとほぼ同じレベルで，北側の2つも多少レベルが下がるが中段テラスと一続きとなり，段差によって中段テラスと遮断されることはない。

　中司氏は，南造出は主稜線上に位置し，また先端に向かって高さを増していることなどから前方部とみなし，他の2つを造出と考えておられる。明らかに幅広いことなど北側の造出との差異はたしかに認められるが，長さは3単位で

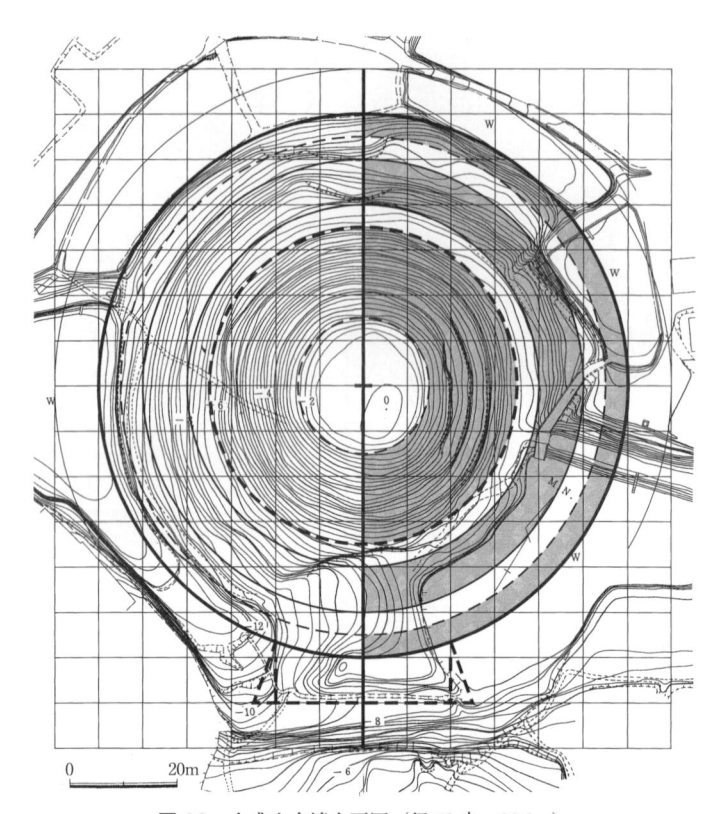

図63　小盛山古墳企画図（径72歩・98.6m）

他と異ならない。長さを重視する私の分類基準に従えば3つとも造出ととらえられ、この古墳は3つの造出をもつ円墳と考えざるを得ない。

造出長2単位の円墳

長さ2単位の造出をもつ円墳は複数確認される。

小盛山古墳（岡山市、5期か）　3段築成の墳丘は直径95mと報告され[2]、濠水による浸食を考えると径72歩（98.6m）の可能性が高い。

その値の企画図（図63）を作成すると、第3段肩の線は3単位目、裾は7単位目に一致する。2段目テラスの幅は1単位で、墳丘右半部で平坦面がよく保たれている。第2段斜面幅は2単位、1段目テラスと第1段斜面幅は共に1単位である。畿内の大型前方後円墳後円部における斜面構成B型と同じ堂々たる

立体的構成をもつことがわかる。

　造出は長さ2単位，前縁の幅は8単位ないし10単位とみられるが，どちらとも確定しかねる。造出の平面形が，先端へ向かって多少幅を広げる台形状か，広がりのない方形なのかもわからない。周濠もかなり変形しているようで，右後背部で外周線が14単位目の円周に一致するので，後背部では幅2単位でめぐっていたものとみられる。側縁から前縁にかけての平面形は右側では馬蹄形，左側では無花果形のように見えるが，どちらが本来のものか確定しがたい。

　この古墳は，造出の前面で自然地形から切り離されているが，測量調査を実施された草原孝典氏は，造出がその切断斜面の下端まで達する可能性を指摘されている。ただ，同地の造山，作山の両巨墳も前方部前面で自然丘陵から切り離されているが，切断斜面の下端線と前方部第1段裾線との間には，周濠に相当する幅広い平坦面が存在している。こうした事例を参考にすれば，この古墳の場合も，丘陵切断斜面の下端線から，周濠に相当するほぼ1単位の幅の空閑地を隔てて造出前面に至るとみるのが正解といえよう。

　三吉石塚古墳（奈良県北葛城郡広陵町，6～7期）　墳丘は2段築成，直径40 m[3]）または41.4 m（造出部調査時の現地説明会資料）と報告され，墳裾の葺石を基準にすると径30歩（41.1 m）の規格とみられる（図64）。

　中段テラス上の埴輪列は9単位目，第2段裾は8単位目に一致する。周溝底の幅は2単位，外周壁の斜面幅はほぼ1単位となる。造出長は2単位，隅角は左右非対称ながら前面幅は14単位とみておきたい。

　寛弘寺5号墳（大阪府富田林市，5期か）　古く梅原末治氏によって調査報告され，近年再調査が行なわれている[4]）。両次の報告書所載の測量図を合成したのが図65である。再調査報告によれば，円筒埴輪列は墳丘裾をめぐり，埴輪列の半径は約14 mに復元されるという。径21歩（28.8 m）の規格の可能性が高く，この値の円周図では，墳頂部の埴輪列は4単位目の円周にほぼ一致する。

　墳裾埴輪列の外に「コ」の字形にめぐる埴輪列があり，突出部の存在が知られる。梅原報文では，コの字型埴輪列は墳裾埴輪列からかなり離れた位置に描かれ，その図では突出部長は4単位ほどになるが，これは誤まりで，再調査では墳裾列から直接派出することが確認されている。突出部長はおそらく2単位で，造出とみてまちがいない。幅は4単位であろう。

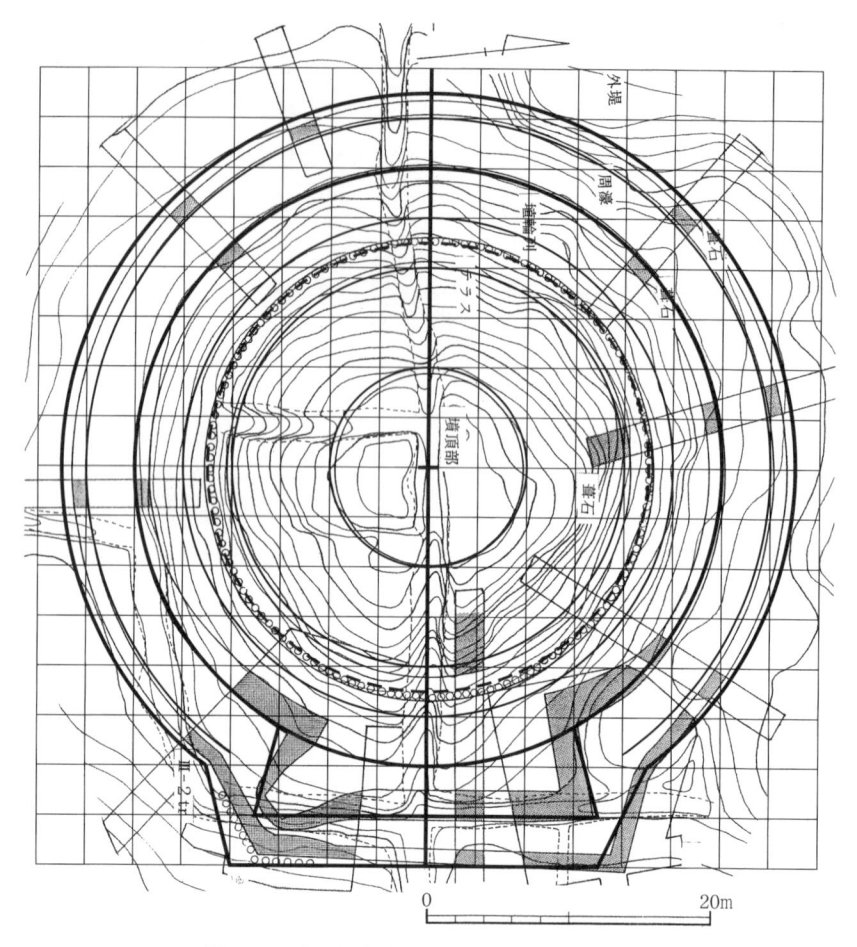

図64 三吉石塚古墳企画図（径30歩・41.1m）

宝塚2号墳（三重県松阪市，5期）　調査担当者の計測によれば墳丘直径は83 m[5]であり，径60歩（82.2m）の規格でまちがいない（図66）。

墳丘第1，2段は斜面，テラスとも幅1単位，第3段裾は8単位目，肩は4単位目の円周に一致する。造出は長さ2単位，先端に向かってわずかに幅がせまくなり，前幅11単位というやや半端な数値の横長の長方形となる。

八幡山1号墳（広島県三次市）　測量調査報告では「後円部径約40m」[6]とされ，径30歩（41.1m）の規格とみられる。

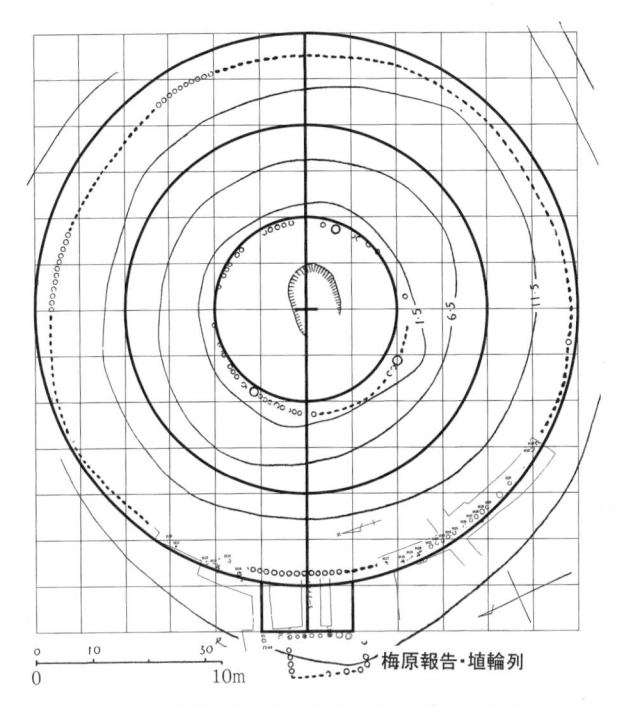

図 65　寛弘寺 5 号墳企画図（径 21 歩・28.8m）

　この値の企画図（図67）では，12単位目の円周は見かけの墳裾線より多少大きいように見うけられるが，かつては「魚を釣った」と伝わる周溝が現状ではかなり埋没していることから，当初の墳裾線は堆積土に覆われ，現況より外側をめぐっていた可能性が高く，当初規格は径30歩で問題ないと考える。周溝は後背部で2単位の幅，墳丘第2段裾は9単位目に一致している。北側に張り出す造出は長さ2単位，前縁の幅6単位，くびれ部で8単位である。
　造出の正反対の位置（南側）にも小さな突出部が見られる。墳頂部が盗掘された際の排出土の堆積とみなされ，古墳に本来そなわった施設とする見方はこれまでなかったが，測量図では，この部分の等高線は北側造出と同じような整ったラインを描いているように見える。現況を観察したところでは，たしかに盗掘時の排出土は一部この部分まで流出しているものの，大半は盗掘壙の脇に撥ねあげられており，南側突出部がすべて排出土から成っているようには見え

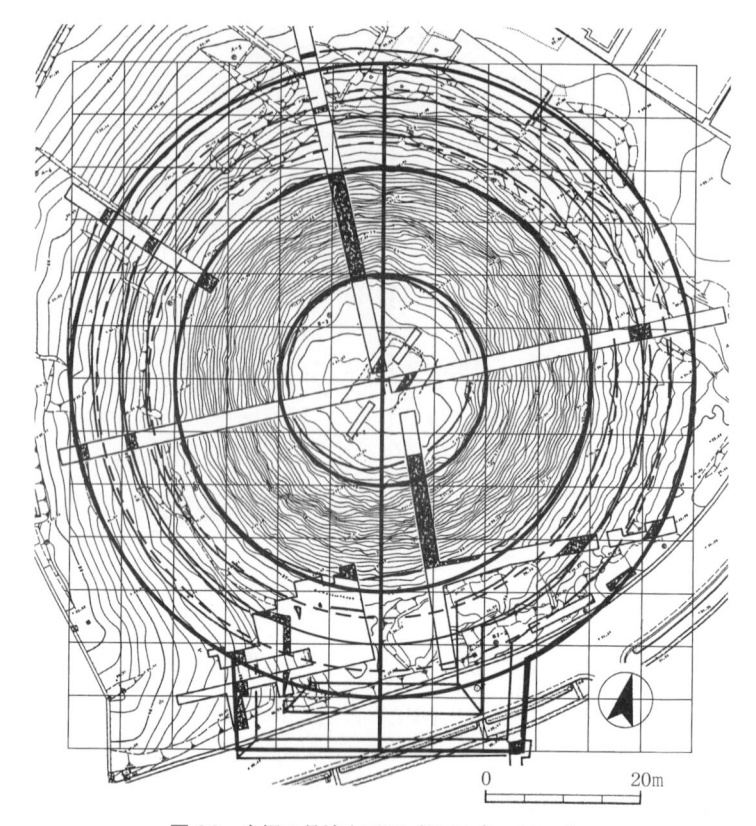

164　第2部　帆立貝古墳築造企画論

図66　宝塚2号墳企画図（径60歩・82.2m）

ない。

　南側の突出部も造出の可能性が考えられるが，その想定の肯定材料となるのが近傍に所在する三次市上大縄古墳[7]（7期か）である。損傷が甚だしいため前章の複突出墳の例示からは除外したが，わずかに残存した墳裾の葺石から径15歩（20.6m）の規格と推定され，大突出部は長さ4単位の小方部，小は3単位の造出と認められる（図68）。造出の中軸は，主丘部中軸線から半単位右にずれている。滋賀・久保田山古墳に似た構成といえるが，近くにあるこのような事例の存在は考慮すべきであろう。

　八幡山1号墳の南側突出部の長さは1単位ほどで，当初からの施設だとすれば造出となる。幅は3単位程度で，中軸線は主丘部主軸より右に若干ずれてい

5 造出付円墳　165

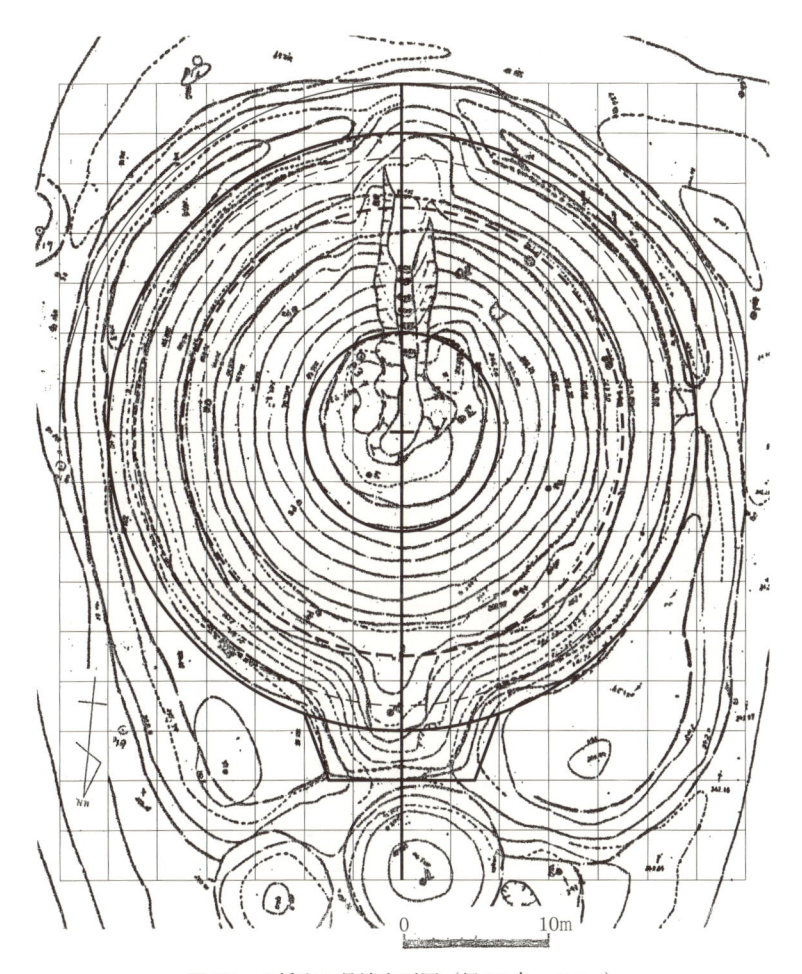

図67　八幡山1号墳企画図（径30歩・41.1m）

る。ただ，すでに見た複突出墳は一方が長さ4単位以上の小方部，他が造出という構成であり，また複数の造出をもつ免鳥長山古墳では，3つの造出はすべて同じ長さであった。これらにくらべると，長さのちがう造出を1つの古墳に付設するという異例の構成であり，問題を投げかける。発掘をしなければ確定できないが，少なくとも長さ2単位の造出を1つもつ円墳であることだけは確実といえる。

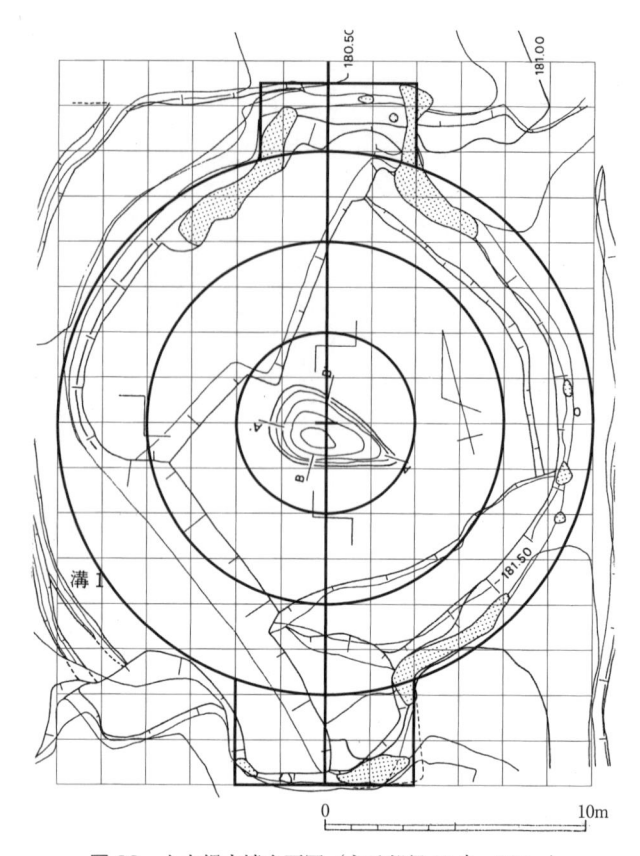

166　第2部　帆立貝古墳築造企画論

図68　上大縄古墳企画図（主丘部径15歩・20.6m）

　後野円山古墳[8]（京都府与謝郡与謝野町，6期）　墳裾の葺石基底石を基準にすると径24歩（32.9m）の規格とみられる（図69）。
　造出は長さ2単位，幅6単位である。その前面裾線は直線でなく，墳丘中心から14単位目の円周に合わせたカーブを描く。周溝は2単位の幅で，造出の前面のみ外周線が凸レンズ状に張り出す。張出部のカーブは中軸線上の点O^1を中心とする半径8単位の円周に一致する。墳丘第2段の肩は4単位目，裾は8単位目に一致するとみられるが，一致度はやや低い。
　太秦高塚古墳（大阪府寝屋川市，8期）「円丘部直径37m」との報告[9]のとおり，径27歩（37.0m）の規格とみてまちがいない（図70）。

5 造出付円墳 167

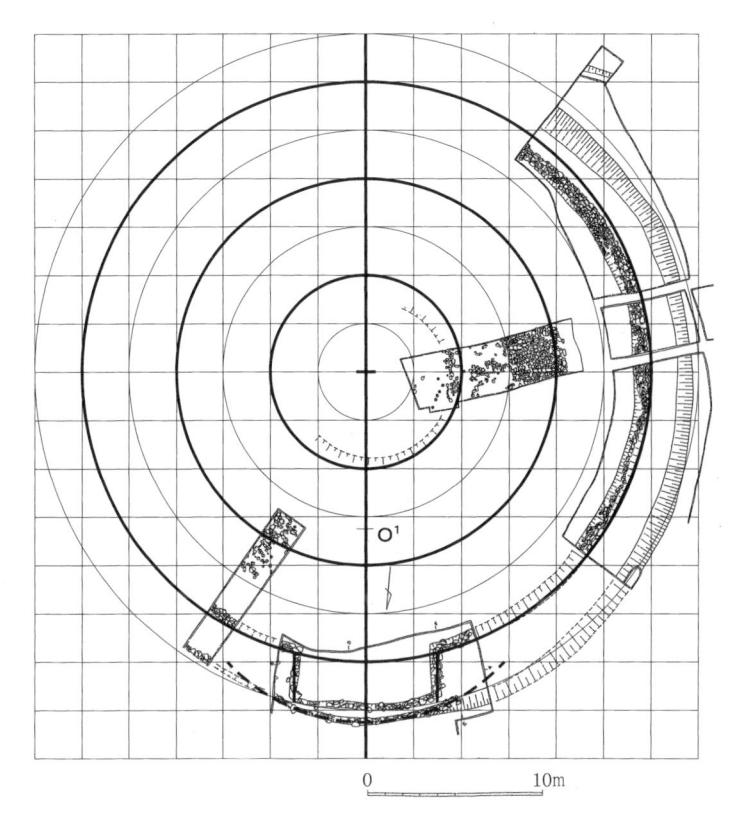

図69 後野円山古墳企画図（径24歩・32.9m）

　引用図では墳丘斜面部はスクリーントーンで表現されており，第1段肩は10単位目，第2段の裾は8単位目，肩は3ないし4単位目に一致するとみられ，墳丘右半部で特によい一致度を示す。墳裾線も右半部では12単位目によく一致し，左側後背部では裾線が内側に食いこんでいるものの，丘陵基部の最高所という立地を考えれば，全体にかなり厳密に施工されているといえる。中段テラスの埴輪列は9単位目にほぼ一致する。
　造出は長さ2単位，幅はほぼ8単位，前縁線はゆるい円弧を描き，そのカーブは14単位目の円周に一致している。周溝の幅はよくわからないが，一定の幅で墳丘を一周し，造出の前面のみ凸レンズ状に張り出すプランをもっていたものと思われる[10]。

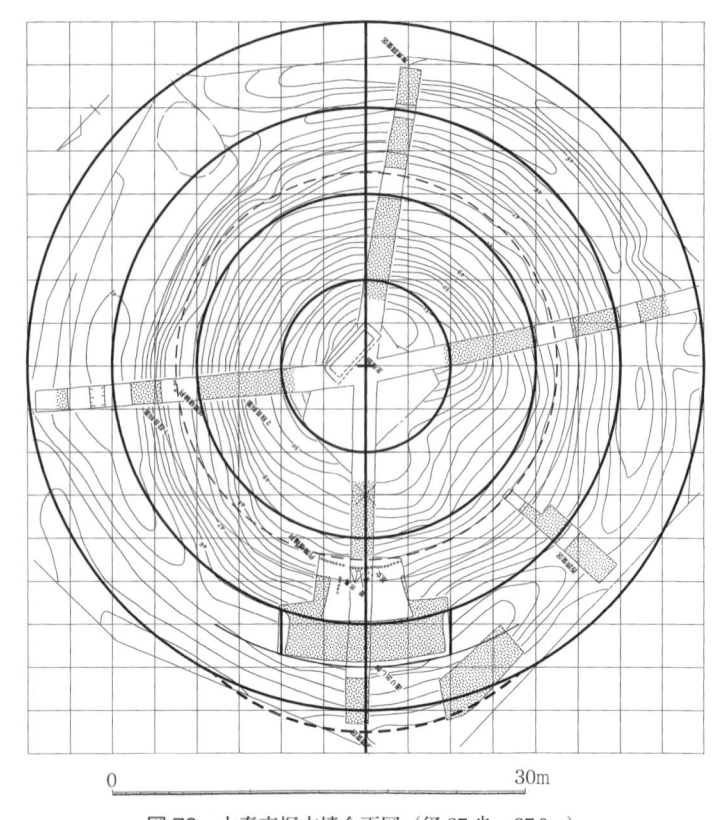

168　第2部　帆立貝古墳築造企画論

図70　太秦高塚古墳企画図（径27歩・37.0m）

公卿塚古墳（埼玉県本庄市，6期）　トレンチによる部分的発掘であるが，報告者による古墳プランの推定復元はかなり正確なものと認められる。周溝の掘りこみ開始面での「内径66m」との報告[11]のとおり，径48歩（65.8m）の規格でまちがいない（図71）。

　造出長は2単位で，前2古墳同様，前面は直線でなく，14単位目の円周に一致するカーブをもっていた可能性が高い。造出幅を6単位ほどに復元した根拠は不明であるが，当たらずといえども遠からずというところであろうか。側縁線が先端に向かって広がる復元案の妥当性については何ともいえない。

　周溝は6単位の幅で一周し，造出前面のみわずかにふくらんでいたとみられる。復元図では角張った段差をもって張り出すように描かれているが，後野円

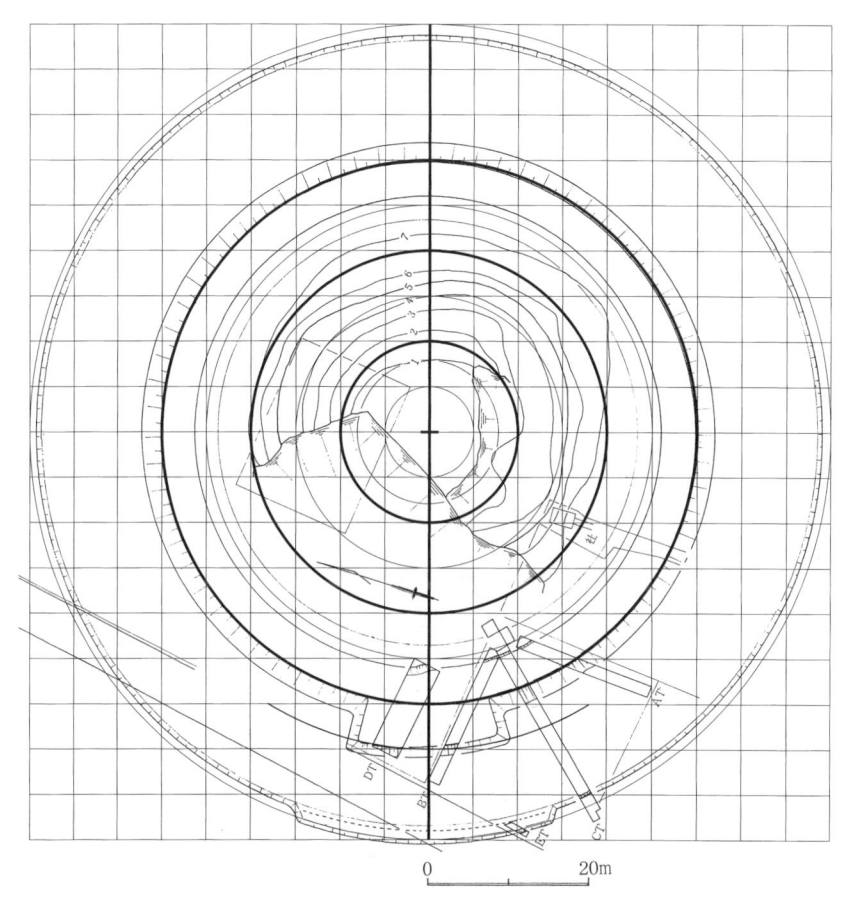

図 71　公卿塚古墳企画図（径 48 歩・65.8m）

山古墳のように凸レンズ状に張り出していた可能性が高いと思われる。

造出長 1 単位の円墳

　長さ 2 単位の造出は，他の帆立貝式古墳の突出部とくらべ見かけでもかなり短いが，その造出にくらべても明らかに短い突出部をもつ古墳が存在する。検討してみると，その突出部はみな 1 単位の長さであることがわかった。3 基確認しているが，うち 2 基は関東の終末期古墳であるため，これまで見た造出付円墳とは性格が異なる可能性も考えられる。

　御塔山古墳（大分県杵築市，5 期）　直径 75 m との報告[12]のとおり径 54 歩

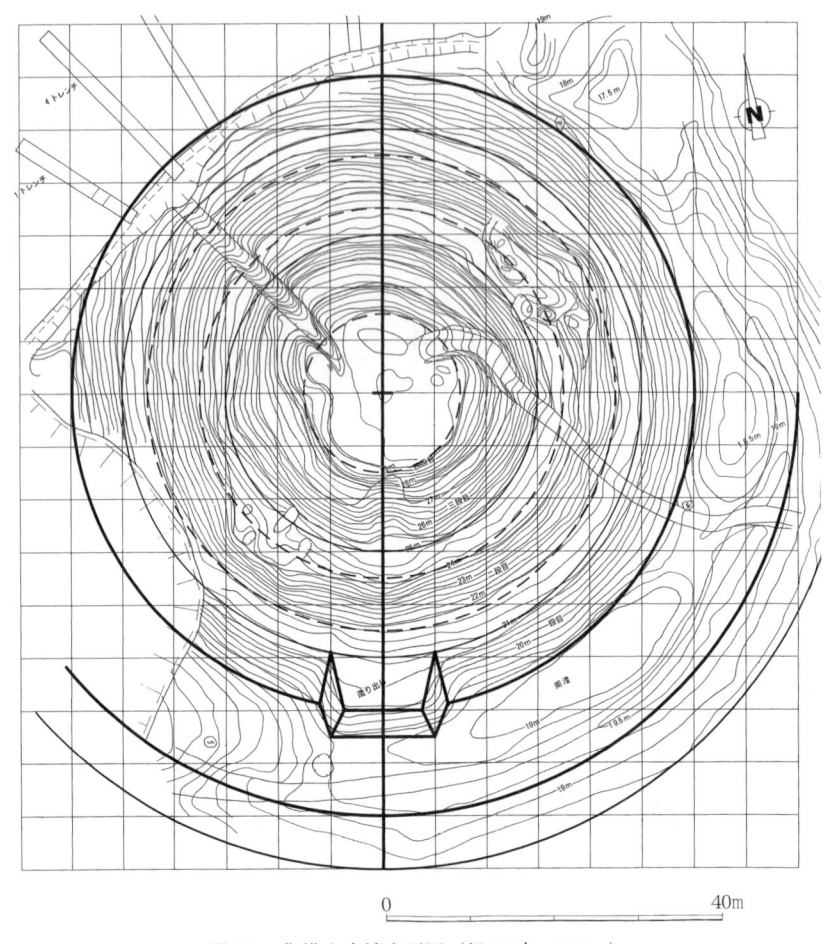

170　第2部　帆立貝古墳築造企画論

図72　御塔山古墳企画図（径54歩・74.0m）

(74.0 m) の規格である（図72）。

　上から見ていくと第3段肩は3単位目，裾は6単位目に一致し，テラスの幅は1単位，第2段肩は7単位目，裾9単位目，下のテラスも幅1単位で第1段肩は10単位目となる。3段築成の各段は，24等分値の各単位の円周にきわめてよく一致している。第3段の裾を6単位目とするのは，畿内の3段築成前方後円墳の後円部（若干の例外をのぞく）では見られない独特の構成である。

　造出は墳裾部で長さ1単位，くびれ部の幅5単位ほどで，先端に向かってせ

5 造出付円墳 171

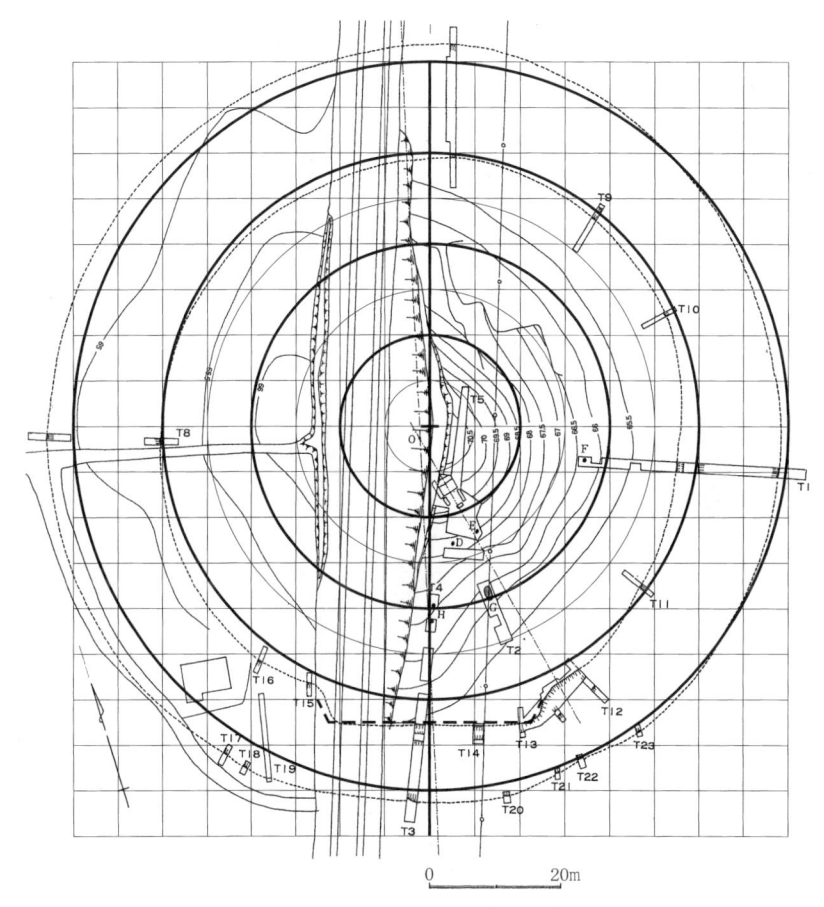

図73 下石橋愛宕塚古墳企画図（径60歩・82.2m）

ばまり前面の幅4単位となる。前面の斜面幅が1単位なので造出上面の長さは2単位となるが，突出部の長さは墳裾面でおさえるという原則に従えば，長さ1単位の造出の事例となる。

下石橋愛宕塚古墳（栃木県下野市，10期以降）「後円部径約82m」[13]との報告のように径60歩（82.2m）の規格とみられ，この値の企画図によれば，周溝内外周線は，部分的なトレンチ発掘にもかかわらず良好な一致度を示す（図73）。

周溝はおそらく4単位の幅で一周し，造出の前面で多少ふくらむ感じがある

図74　祝堂古墳企画図（径24歩・32.9m）

ので，京都・後野円山古墳などのように凸レンズ状に張り出すプランをもっていた可能性が高い。造出の長さは1単位，前面の幅は10単位ほどで御塔山にくらべかなり広い。

　この古墳の墳丘第1段は低く，かつきわめて広く，地元では「基壇」をもつ古墳といわれる。造出上面は，低平な基壇に連接していたとみられるので，造出自体の上面のスペースはわずかなものであるが，祭祀などの空間確保には十分といえようか。

祝堂古墳（群馬県伊勢崎市，10期以降）　二重周溝をもつが内溝までの企画図とする（図74）[14]。造出とその両側墳裾のわずかな範囲にのみ葺石が貼られている。

径24歩（32.9m）の規格とみられるが，この葺石列に12単位目の円周を合わせて作図すると，それ以外の墳裾線は円周より多少内側をめぐる。これは，墳裾斜面の葺石のない部分では，周溝が自然に埋没するまでの間に，雨水や霜柱によって斜面部が流失し，全体にやせてしまったためと考えられる。日かげとなる墳丘背後（北側）でその傾向が著しいのは，霜柱による影響が強かったことを示している。

造出の長さは1単位，くびれ部での幅6単位ほどで，全体に滑らかなカーブをもって張り出すので前面の幅はとらえにくい。内溝の幅は4単位，造出の前面が多少広くなっているので，ここだけ凸レンズ状に張り出すプランをもっていた可能性が高い。

注

1）「免鳥古墳群」『福井市史　資料編1　考古』福井市，1990年，786〜791頁
　　この古墳の現地確認に当たっては中司照世氏に御案内いただき，本文に記した所見の教示を得た。
　　なお，本古墳の墳丘確認調査が平成14年9月から10月にかけて福井市教育委員会によって実施されているが，正式な報告書には接していない。

2）草原孝典「小盛山古墳の測量調査」『古代吉備』第18集，1996年，43頁

3）井上義光『昭和62年度石塚古墳範囲確認調査概報・新木山古墳外堤範囲確認調査概報』広陵町教育委員会，1988年，20頁

4）梅原末治「河内寛弘寺の一古墳」『近畿地方古墳墓の調査（一）』日本古文化研究所，1935年，55頁
　　上林史郎『河西西部地区農地開発事業に伴う寛弘寺遺跡発掘調査概要・Ⅵ』大阪府教育委員会，1987年，23〜27頁
　　なお，梅原氏の報告古墳が現存し，上記の調査報告書があることについては河南町教育委員会赤井毅彦氏から教示を受け，資料を送付していただいた。

5）松葉和也「宝塚2号墳について」『平成13年度第2回松阪はにわシンポジウム　宝塚古墳の源流を求めて—大和・河内と伊勢の埴輪—』松阪市ほか，2002年，14頁
　　福田哲也・松葉和也ほか『三重県松阪市宝塚町・光町所在　史跡宝塚古墳

保存整備事業に伴う宝塚1号墳・宝塚2号墳調査報告』松阪市教育委員会, 2005年
6) 高田明人・山崎やよい「おむすびと豆たたき―双三郡吉舎町八幡山古墳測量雑感―」『続トレンチ』第3巻第1号, 1979年, 35頁
7) 松村昌彦ほか『上大縄古墳・下の割遺跡』㈶広島県埋蔵文化財調査センター, 1989年
8) 佐藤晃一編『後野円山古墳群発掘調査報告書』加悦町教育委員会, 1981年
9) 寝屋川市教育委員会『太秦高塚古墳とその時代―北河内の古墳時代を考える―』(歴史シンポジウム資料), 2002年, 3頁
10) 雑誌連載中, この項の原稿を提出したあと寝屋川市の現地を踏査したところ, 復元整備が行なわれ, 周溝は馬蹄形プランに, 造出は前方に向かって広がる台形状に復元されていることを知った。
　　市教育委員会の塩山則之氏によれば, 周溝外周は斜面部にかかるため明確ではないが馬蹄形にめぐるように観察されたとのことであった。その観察を否定する根拠もないが, 発表された実測図からは造出の平面形も含め後野円山古墳と同タイプに復元するのが妥当のように思われる。いずれにしても確定は正式報告の刊行を待つこととなる。
11) 佐藤好司「公卿塚古墳」『埼玉県古式古墳調査報告書』埼玉県史編さん室, 1986年, 162頁
12) 杵築市教育委員会『杵築地区遺跡群発掘調査概報Ⅲ』1992年, 3頁
13) 常川秀夫「下石橋愛宕塚」『東北新幹線埋蔵文化財発掘調査報告書』栃木県教育委員会, 1974年, 126頁
14) 中澤貞治『牛伏第1号墳　祝堂古墳　大沼上遺跡』伊勢崎市教育委員会, 1982年

6　円墳における造出の特性

造出の平面形態

　円墳における長さ2〜3単位の造出の平面形は4つのタイプに分かれる。
　①は前面が直線で幅広く, 側縁が先端へ向かい幅を広げ, 全体では扁平な台形状になるもので, 三吉石塚古墳のほか小盛山古墳もその可能性がある。複突出墳では若宮八幡北古墳の造出がこのタイプであった。

②は幅が小さくて側縁が開かず，全体では正方形に近い長方形となるもので，免鳥長山古墳と寛弘寺5号墳が該当し，複突出墳の造出の多くはこのタイプであった。宝塚2号墳もこのタイプとみられるが，前方に向かって若干幅がせまくなり，次に見る③との中間的様相を示す。

　③は先端に向かって幅がせまくなるタイプで，八幡山1号墳が該当する。

　④は幅が比較的広く，前面が墳丘中心から14単位目の円周と一致するカーブを描くもので，後野円山，太秦高塚，公卿塚の3基がこれに当たる。複突出墳の造出では乙女山古墳に見られ，神前山1号墳の造出も，わずかに残された前縁部の基底石が直線的にならばずに弧を描いていることから，このタイプだった可能性が高い。

　以上の4タイプのうち①と②は，前方後円墳の前方部や帆立貝古墳の小方部に共通した構成をもち，外観上その長さだけが短くなったような形態を示す。これに対し，③は小方部に採用されている可能性（三重・高塚1号墳など）も捨てきれないが，今のところ造出に特有の形態とみられる。複突出墳の造出にも，このタイプは今のところ確認されていない。④も，前面が主丘部墳裾線と同心円を描くという，前方部にも小方部にも認められない独特の形態で，造出に特有のタイプといえる（狛江亀塚古墳の小方部を例外とする）。

　造出に特有の④のタイプは，5期から8期まで，畿内のほか丹後，伊勢，武蔵の古墳に採用されている。造出の平面プランという細部についてまで，時期，地域をこえた同一性が確認されることは，古墳の細部意匠についてもいくつかの基本モデルとその設計図が存在し，それを管理する職能集団があったことを物語っているように私には思われる。

複突出墳の造出との差異

　これまでに確認した複突出墳においては，2つの突出部のうち大突出部は古墳の正面に置かれ，古墳全体の中軸線の中心に位置するのに対し，小突出部の方は基本的に左右対称の設計意図の対象から除外されていること，また，小突出部上面のレベルは低く，主丘部中段テラスの面まで達しないこと，の2点を両者の相違点として指摘した。

　長さのちがいとともに，これらの事象も小突出部の従属性を示す兆候として，これを造出とみなす根拠と考えたことは前述のとおりである。

ところが造出付円墳では，小盛山や三吉石塚，八幡山１号墳の周溝外周プランに見るように，造出中央を通る墳丘中軸線をはさんで左右対称のプランが現出されている。後野円山など造出前面がレンズ状に突出する周溝形態も，造出を正面として意識したプランとみてよさそうである。
　造出のレベルについても，多くは造出上面と墳丘中段テラスが一続きの平面を形成しているようである。これは，複突出墳における造出との著しい相違点といえ，単突出墳における長さ２～３単位の突出部を造出とする見方に疑問を投げかける材料とみられるかもしれない。
　宝塚２号墳の報告において松葉和也氏は，この古墳を造出付円墳とする私の見方を平面のみを重視したものだとして排され，突出部が２段に築成されていることを根拠として帆立貝古墳とする見方を報告書の結論とされた（報告書167頁）。たしかに主丘部３段に対し突出部２段という立体的構成は，狭義の帆立貝式古墳である三重・女良塚古墳（後出）に共通するものである。これに対し，同じく主丘部が３段の大分・御塔山古墳では，長さ１単位の造出は１段，その上面は主丘部の１段目テラス面までの高さしかなかった。
　複突出墳の造出の場合は，たしかに主丘部テラス面まで達する高さがなく，明らかに小方部との差別化が見られたが，私が造出付円墳とみる単突出墳の長さ３単位以下の突出部は，ほとんどが主丘部テラス面までの高さをもっている。この問題については次のように考えるべきであろう。
　造出を付設する円墳がきわめて少ないことは，その設置に何らかの制限があって，造墓主体者の意向で自由に付設することはできず，特別に許可された者しか設置することのできない特別な施設であった可能性の高いことを示唆する。そうであれば，造出自体に尊貴性を見いだす意識が生ずるのは自然の成りゆきともいえ，そのような造出に対する認識から，これを正面とする左右相称のプランが生み出された可能性が考えられる。
　また，前方後円墳や帆立貝古墳は円墳よりも格式の高い墳形と認識されていたと思われるが，その墳形の構成要素として主丘部と不可分の存在である前方部や小方部に造出を見立て，前方部や小方部のある墳形になぞらえた相称プランが成立したような経緯も想定される。免鳥長山の３つの造出のうち，南造出のみ幅広く設定されていたことも，このような意識の反映と解される。

このように，複突出墳と造出付円墳における造出のあり方の差異は，前方部や小方部をもたない円墳という墳形においては，造出自体に対する尊貴性の認識から，前方部や小方部に準じた扱いが行なわれたためと理解するのが妥当と考えられる。したがって，造出の主丘部への取りつき方がどのようであれ，単突出墳における長さ3単位以下の突出部はあくまで造出であり，その墳形は円墳であるとする見方を変更する必要はないと考える。

　このような相称プランがどのように生み出されたのか，造墓主体者の注文によるのか，造墓技術者の独創によるものか明らかでないが，造出を中心とする全体プランが許容されたことは，造出の高さや周溝外周のプランなどについては，造出の長さとはちがい，中央政権による統制を受けることのなかった可能性が高いことを推測させる[1]。

　宝塚2号墳の造出が2段築成とされたのも，上と同じ意識によって行なわれた作意とみればよいであろう。

　福井・免鳥長山古墳の3つの突出部はすべて主丘部中段テラス面までの高さがあった。松葉氏のような見方からすれば，この古墳は3つの小方部をもつ帆立貝古墳ということになる。複数の前方部をもつ前方後円墳や前方後方墳が存在しないように，そのような帆立貝古墳は存在し得ないはずである。宝塚2号墳はあくまで造出付円墳ととらえなければならないものと考える。

1 単位長の造出の特性

　長さ1単位の造出の平面形を見ると，御塔山古墳は長さ2単位の広島・八幡山1号墳と同じく先端に向かって幅のせばまる方形状で，③のタイプに近い。他の2基は，下石橋愛宕塚古墳の前面は直線的，祝堂古墳は曲線的と異なるが，幅の広い点は共通している。平面プランは三者三様ともいえるが，2単位型に共通する形態をもつ御塔山と，幅広い点で共通する他の2基とに分けて考えてみたい。

　どれも造出にともなう特別な遺構や遺物の出土は知られていないようであるが，御塔山の場合，造出上面のテラスは2単位（6.17 m）の長さがあって比較的広く，2〜3単位の造出と同じ機能をもたせることは可能と思われる。ほかの2基については，造出上面テラスの面積はごくせまいものの，墳丘中段テラスと一続きになっていたとすれば，かなりの平坦面は確保されているともみら

れる。ただし、ことさらに付設された施設としての実用性、独立性には欠けるといわざるを得ない。

これらのことから、5世紀代の御塔山古墳の造出は、長さ2～3単位の通常の造出とほとんど異ならない性格の施設とみて支障ないと考える。

これに対し関東地方の2基は、7世紀前半という築造時期からみて、従来の造出とは別個に創案された新たな施設の可能性も考えられないことではないが、造出の退化した形態とみておくのが自然な見方ではないかと思う。その規模からみて、実際には造出上での特別な行為などは行なわれず、実際的機能はまったく形骸化していた可能性が高い。

古墳時代終末期における長さ1単位の造出は、本来の機能を失ったルヂメント（痕跡器官）とみておくのが妥当といえよう。

そのような施設の付設についてまで、中央政権からの造墓指定の内容に含まれていたものか、造墓主体者にとっては、そのような形骸化した施設を付設する意義がどのように受けとられていたものかも疑問がもたれる。

企画図によって明らかなように、痕跡的な造出をもつ古墳も、造出の長さは24等分値企画法の正しく1単位に設定され、墳丘の規模も、古墳時代を通じて維持された古墳尺の6歩間隔の墳丘規格値から選択されていた。

その築造に当たっては、基本的に前代と同様の古墳築造プロセスが踏襲されていることは疑う余地がないといえる。中央政権からの造墓指定にもとづき、専門的造墓技術者が関与して古墳の築造が行なわれている可能性が高く、そうであれば痕跡的造出の付設についても造墓指定の内容に含まれていたと考えるべきであろう。

長さ1単位の造出は、造出本来の機能を果たし得ない痕跡的形態に化してはいるが、中央政権による造墓管理を通じた地方豪族の統制策の上でなお何らかの役割を保持していた可能性は高い。

造墓指定を受ける側にとっても、これを付設することの意義は十分理解され、少なくとも、その付設によって単純円墳との区別化が図られること、およびその意義は十分認識されていたものと思われる。

長さ1単位の造出をもつ古墳の確認数も少なく、確実な類例は3基を示し得るにすぎない。このような小さな突出部は表面観察で確認することは至難で、

トレンチ発掘でも見逃される可能性があるが、開発にともなう全面発掘例が増加している中でも検出例は稀有といえ、2〜3単位のものと同じく、もともと築造数が非常に少ないものだったことはまちがいない。

造出付円墳の僅少性

これまで見てきたように、長さ1単位の造出をもつものを加えても、造出付円墳の確認数は10基余りにすぎない。

遊佐和敏氏の丹念な集成によれば、氏のいわれる「造り出し付き円墳」は不確実なものも含めると250基に達する[2]。著しいちがいであるが、これは概念規定の差に起因するものであり、私の設定した区分基準によって厳密に分類すれば、このような結果となる。

ほかにも不確実な事例がいくつか知られ、また探索からもれた古墳もあるはずで、今後の発掘調査の進展によって類例も多少は増えるとみこまれるが、突出部長4単位以上の帆立貝古墳にくらべれば造出付円墳の数は圧倒的に少ない、という傾向は変わらないと思われる。さしたる根拠はないが、その所在数は数十という桁におさまるのではないかと考えている。

造出付円墳の確認数が、遊佐氏の説かれるような数百基という数ではなく、私の基準によって厳密に選別すればせいぜい数十基程度にしかならないということが事実として認められれば、造出の性格や造出付円墳に葬られた被葬者像にもおのずと変更が迫られることになる。

全国に少数の造出付円墳が存在するという事実が、具体的にどのような歴史事象を反映するものかという考察についてはあとで述べる。その当否は別にしても、古墳の墳形とその意義を正しく理解するためには、私の提起した基準にもとづく帆立貝式古墳の分別作業が今後とも必要であり、新規の調査例などについて、各地の研究者によって作図法による厳密な検討が推進されることを期待したい。

カラネガ岳2号墳の墳形

連載終了後、1単位長の造出をもつ事例を1例確認した。墳丘の遺存度が悪いため、造出付円墳なのか、複突出墳の造出だけが残ったものか判断できないため、事実だけ記載しておく。京都府長岡京市のカラネガ岳2号墳がそれで、造出上から出土した土師器などから5世紀前葉（5期）の築造と推定される。

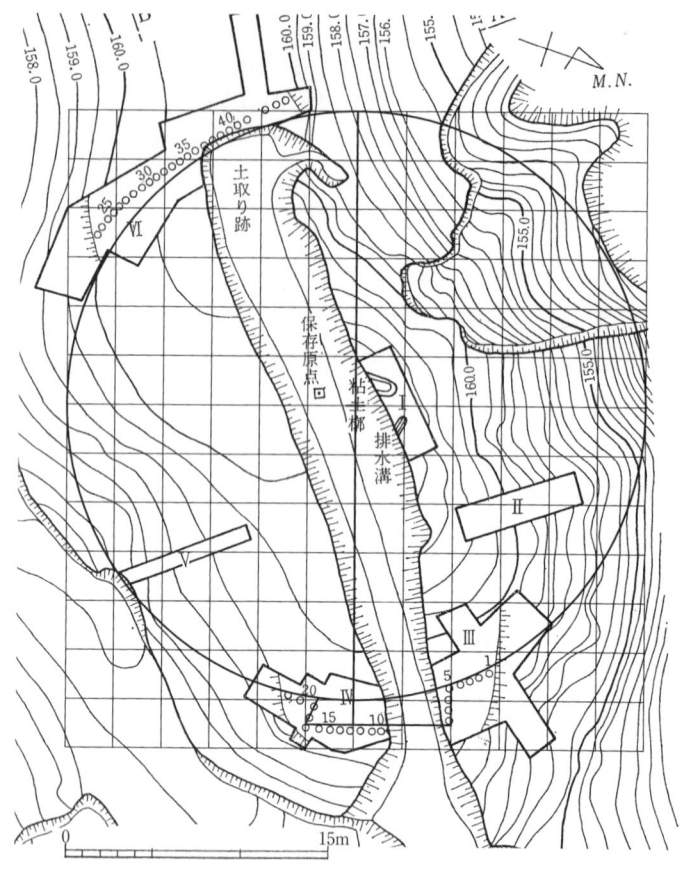

180　第2部　帆立貝古墳築造企画論

図75　カラネガ岳2号墳企画図（径24歩・32.9m）

　墳裾にめぐらされた円筒埴輪列から直径約34mと報告[3]されており，径24歩（32.9m）の可能性が高い。造出側の埴輪列を基準にこの値の円周図（図75）を作成すると，12単位目の円周は反対側の埴輪列に接するので，この規格でまちがいないと思われる。反対側の埴輪列はやや直線的にならぶ。ここが小方部との連接部で，西側の尾根筋に向かって小方部が派出していた可能性も考えられる。
　造出は長さ1単位，幅6単位である。造出前縁線に主軸を直交させると左右非対称となり，主軸から左隅角まで2単位，右は4単位となっている。このよ

うな状況は，造出付円墳の造出としてはやや異例といえる。この造出が複突出墳の小突出部，つまり帆立貝古墳に付設された造出ではないかとの疑いを抱かせ，その可能性も十分考えられる。

注
1)　各地の古墳の墳型やその形態変化に「共通的傾向」が認められることから，古墳の墳形は「国家的身分制の表現」であり，全国の古墳造営は大和政権によって統制されていたと想定された西嶋定生氏は，横穴式石室が畿内に先駆けて北九州地方で採用されていることなどから，副葬品や主体部構造が，「墳型」のようには「中央による一元的規制」を受けなかったと推定されている。
　　西嶋定生「古墳と大和政権」『現代のエスプリ』第6号『日本国家の起源』所収，1964年，216, 254頁
　　古墳の造営に際し，墳形と主丘部規格および前方後円墳の場合は墳長について中央政権による統制（造墓指定）を受けたことはまちがいないと思われるが，それ以外にどの程度の指定が行なわれたものか明確でない。
　　私は，墳丘規格にくらべ周溝や周堤などの外縁施設が不釣合いなほど大きい千葉県割見塚古墳や宮崎県鬼の窟古墳の事例を引いて，中央政権から指定された内容（墳形や墳丘規格の）と期待（地方豪族など造墓主体者の）とのギャップを埋める調整弁として，主体部構造や外縁施設については規制の対象外とされていた可能性を考えている（沼澤「円墳の規模と序列」30頁）。
　　なお，畿内7世紀代の大型横穴式石室の規格に関しては，身分（冠位）に対応した中央統制が行なわれた可能性があり，この問題に関しては下記の拙論で論じた。
　　沼澤　豊「古墳の築造企画と横穴式石室」『考古学雑誌』第87巻第1～2号，2003年
2)　遊佐『帆立貝式古墳』86～157頁の表による。
3)　岡内三眞ほか「京都府長岡京市カラネガ岳1・2号墳の発掘調査」『史林』第64巻第3号，1981年，96～139頁

7 狭義の帆立貝式古墳

小方部をもつ古墳

これまでの検討によって，円墳状の主丘部に短小な突出部を付設する古墳という程度の漠然とした概念規定による帆立貝式古墳の中から，造出付円墳を分離する作業が完了した。造出付円墳をのぞいた，長さ4単位以上の「小方部」をもつ古墳が狭義の帆立貝式古墳ということになる。

私は，小方部をもつ古墳は円墳とも前方後円墳とも異なる墳形ととらえるべきであると考える。したがって，この種の古墳には独立した墳形として適正な名称を付与すべきと考えるが，名称の問題についてはあとで検討することとして，さきに述べたように当面，狭義の帆立貝式古墳を「帆立貝古墳」と呼ぶことにして論を進めていきたいと思う。

4単位以上何単位までを小方部とするかという問題も残されているが，これはすなわち前方後円墳と帆立貝古墳との境界を形態上どこに設定するかという大きな課題に通じる。この問題についてもあとで触れることとして，ここでは帆立貝古墳として問題ないと思われる長さ4単位から6単位の古墳について見ておきたい。

月の輪古墳の墳形

報告書で明確に「造り出しをもつ円墳」[1]と規定され，遊佐，樋本両氏のほか多くの研究者が疑いもなく同意される月の輪古墳（岡山県久米郡美咲町，5期）の突出部は，私の検討によれば長さ4単位であり，造出とは認められない。

主丘部規格は三重・明合古墳（方丘系）と同じ45歩（61.7m）の中間規格である。墳裾の葺石基底線は，墳丘左側では急斜面が迫っているため径がせばめられているが，右側では半径12単位目の円周によく一致する。第1段斜面幅は1単位，上面テラスの幅も1単位である。第2段裾線は10単位目，墳頂平坦面は半径4単位とみられる。

突出部の長さは4単位，幅はくびれ部で4単位，側縁の葺石列は先端に向かって多少広がるようで，前面の幅は5単位ととらえられる（図76上）。突出部上面に見られる埴輪列の左右の間隔は2単位，先端に向かってハの字状に若干

7　狭義の帆立貝式古墳　183

広がっていくように見うけられるので，報告書の推定のように，突出部自体も先端に向かってわずかに広がる台形プランをもっていたとみてよい（図 76 下）。中段テラスをめぐる埴輪列は 10 単位目に一致するので，第 2 段裾線に沿って樹立されていたことがわかる。墳頂部埴輪列の半径は 3 単位である。墳裾に部分的に残る埴輪列は 12 単位目に一致する。

　企画図に見るように月の輪古墳突出部の長さは 4 単位であり，私の分類基準では造出ではなく小方部となる。この古墳の小方部は一見して非常に小さく，そのような印象が，これを造出とする見方を主流とする要因になっていたと思われる。そのように見えるのは小方部の幅が 5 単位と小さいためで，これまで見てきた小方部長 4 単位の古墳では，その幅は乙女山古墳 12 単位，久保田山古墳 8 単位と月の輪古墳よりかなり大きかった。

　この古墳は山稜頂部に主丘

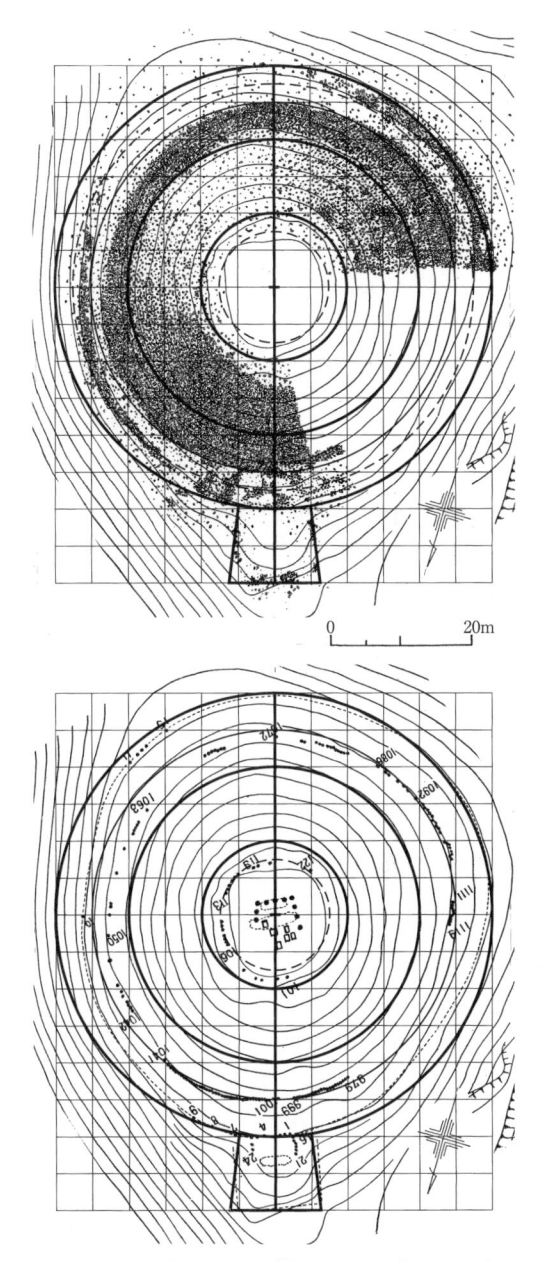

図 76　月の輪古墳企画図（主丘部径 45 歩・61.7m）

部を置き，小方部をせまい尾根筋に向けて設定せざるを得ないという地形的制約から，幅を大きくすることができなかったとみるのが無理のない解釈といえよう。このような事情で小方部が見かけ上小さいため，従来の印象判断による墳形のとらえ方では造出付円墳とみなされてきたものと思われる。24等分値というスケールを用いる方法によれば，月の輪古墳は明らかに小方部長4単位の帆立貝古墳と判定される。

小方部長4単位の古墳

小方部長4単位の事例は多いが，5基だけ企画図を示す。

池上古墳（奈良県北葛城郡広陵町，5期）　主丘部は2段築成で，第1段斜面の葺石基底石で墳丘規格をおさえると径54歩（74.0 m，1単位3.08 m）と認められる。基底石のすぐ外側を円筒埴輪列がめぐり，報告者もこの埴輪列が「実質的な墳裾を示すもの」[2]と記述されている。企画図（図77）でも12単位目の円周は葺石基底石列に一致し，そのすぐ外側を埴輪列がめぐる。

規格判定にまったく問題ないと思われるが，報告書では「後円部径80.6 m」ととらえている。埴輪列の外側はゆるい傾斜面となり，周溝底面に至る。斜面の幅はほぼ1単位なので，その斜面の下端線で直径を計測すると，54歩の規格値に斜面幅2単位分（6.16 m）を加えた80.16 mとなり，報告書の推定値に近似する。

報告書では矛盾するとらえ方が示されていることになり混乱する。斜面下端でとらえた値に近い規格値は径60歩（82.2 m）であるが，この値の企画図では墳裾線だけでなく，小方部をはじめとする古墳の各計測部位との一致が見られない。円周線との一致状況からみても，墳丘規格は葺石基底石でおさえた径54歩以外には考えられない[3]。

主丘部周囲の周溝部分の全体幅は3単位，外堤も3単位の幅，小方部前面では周溝2単位，外堤3単位の幅とみられる。主丘部は墳頂平坦面の半径4単位，第2段裾9単位目，テラス幅2単位，第1段肩は11単位目となる。小方部は長さ4単位，前幅10単位である。

雷電山古墳（埼玉県東松山市，5期）　主丘部径73 mとの報告[4]のとおり，池上古墳と同じ径54歩（74.0 m）の規格でまちがいない。

部分的なトレンチ発掘であるが，報告者の佐藤好司氏による復元図は信頼に

7 狭義の帆立貝式古墳　185

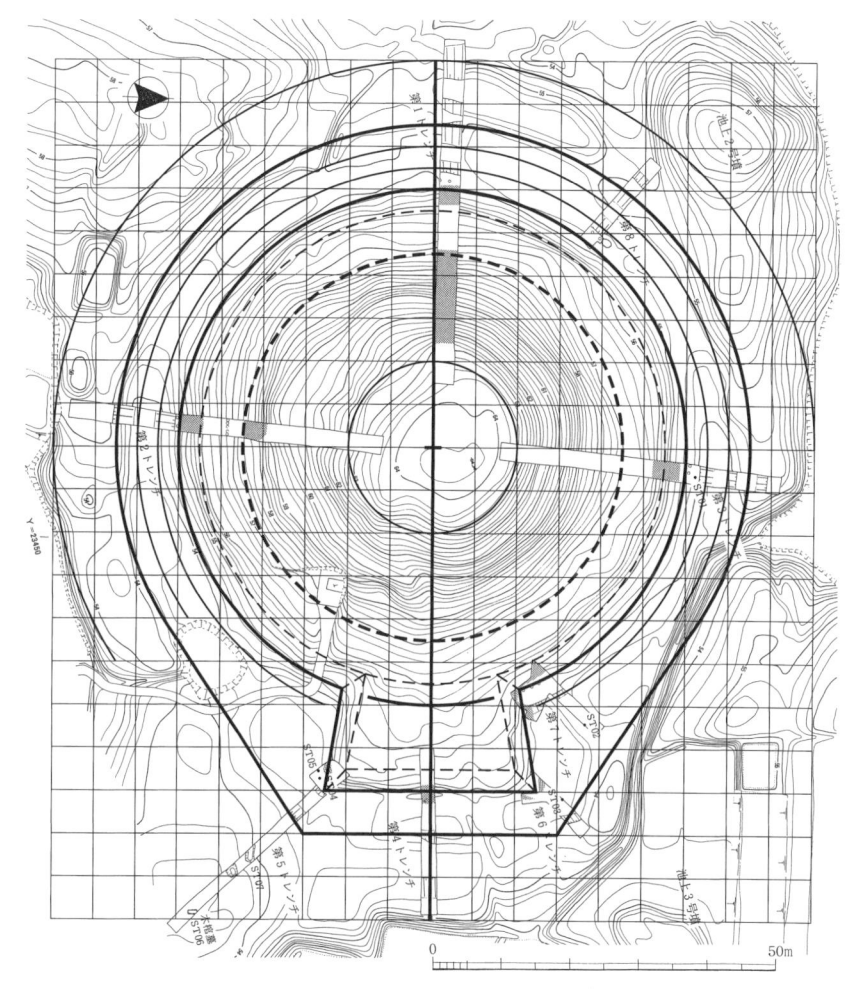

図77　池上古墳企画図（主丘部径54歩・74.0m）

足るものと思われるので，企画図（図78）には墳裾の輪郭線のみ描き，その他の部分は報告書の復元線で見ていただきたい。小方部は長さ4単位，前幅12単位，周溝は一定の幅（2単位）でほぼ一周する。墳頂の埴輪列は3単位目，1段目テラス上の埴輪列は10単位目に一致している。

高崎情報団地遺跡16号墳[5]（群馬県高崎市，7期）　主丘部径27歩（37.0 m）

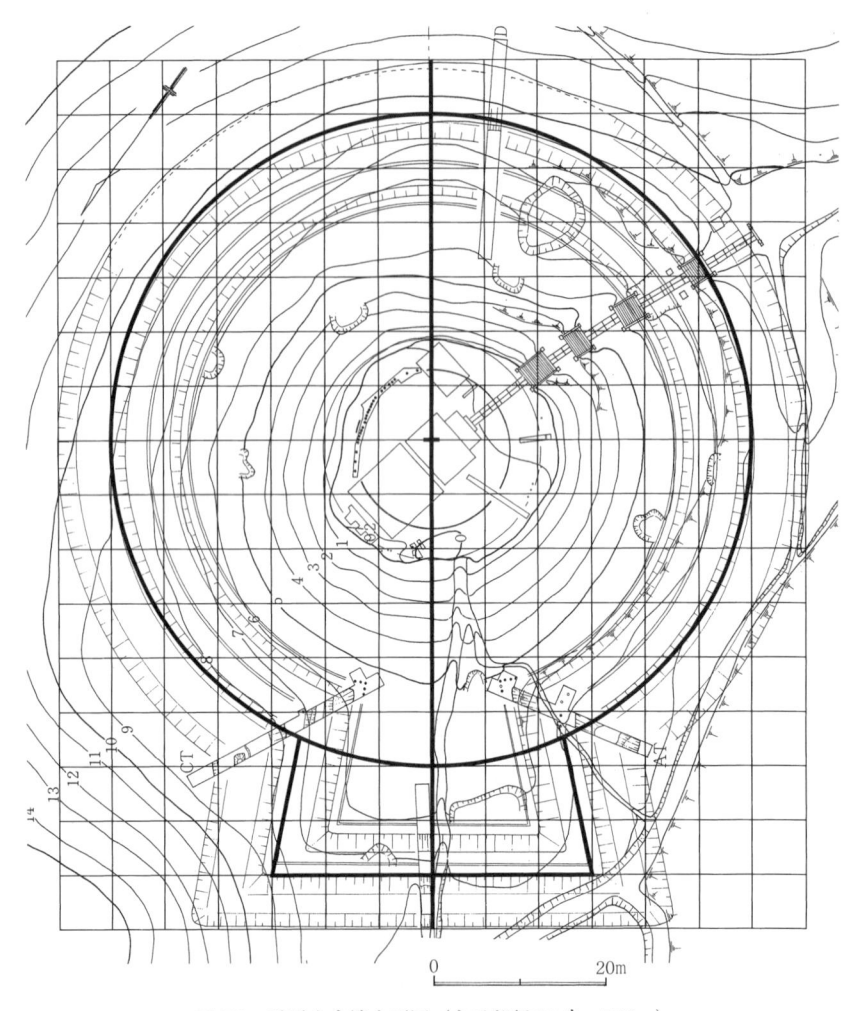

図78 雷電山古墳企画図（主丘部径54歩・74.0m）

の規格で，小方部長4単位，幅は8単位である（図79）。

　周溝は，4本の中心も半径も異なる円周線がなめらかに接続され，比較的整った倒卵形の外周プランとなる。後背部のみ主丘部と同心円で，両側縁と前縁線はそれぞれ異なる点を中心とする。墳丘の築成前に，各点から縄を張って外周線をあらかじめ地表に描いたものと思われるが，側縁線が左右対称にはなっ

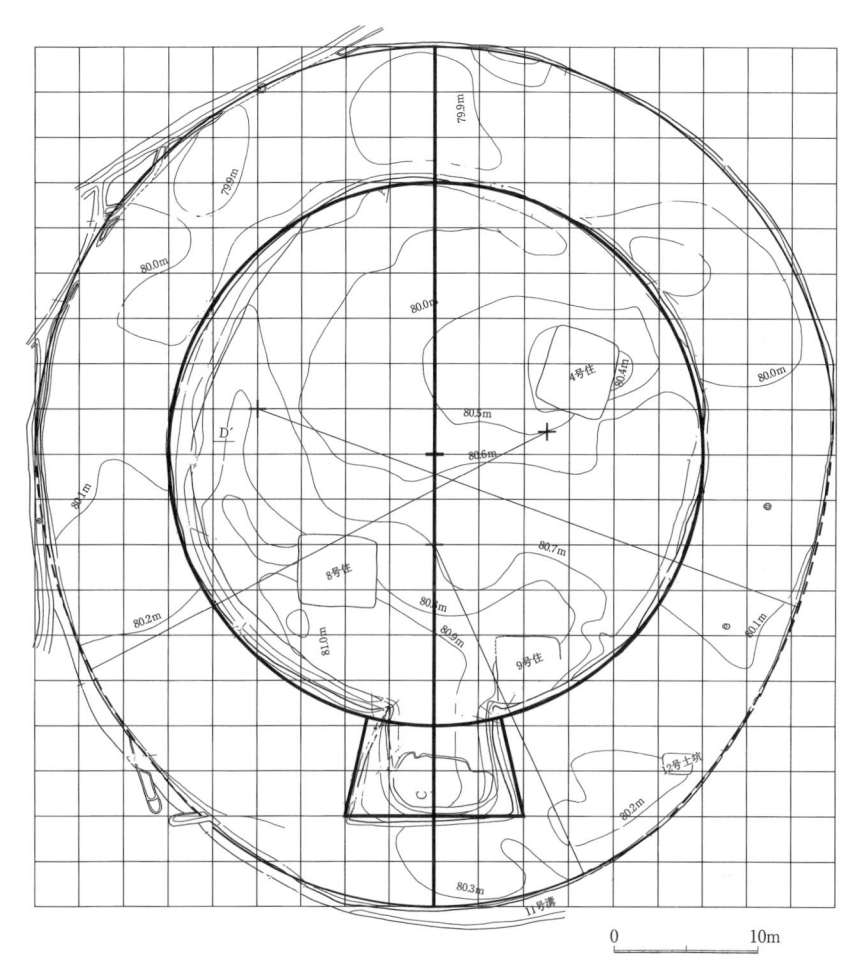

図79　高崎情報団地遺跡16号墳企画図（主丘部径27歩・37.0m）

ていないので，実際には，比較的厳密に設定されている後背部と前縁線を基準として，その間を現場合わせで適当につないだものかもしれない。

　御塚古墳（福岡県久留米市，9期）　3重の周溝と周堤をもつ稀有な事例であり，これが築造当初からの施設であることは江戸期の記録（『筑後将士軍談』）と史跡整備にともなう発掘調査によって確認される[6]。

　主丘部は径48歩（65.8 m）の規格で，造出は前面裾線が道路工事などで多少

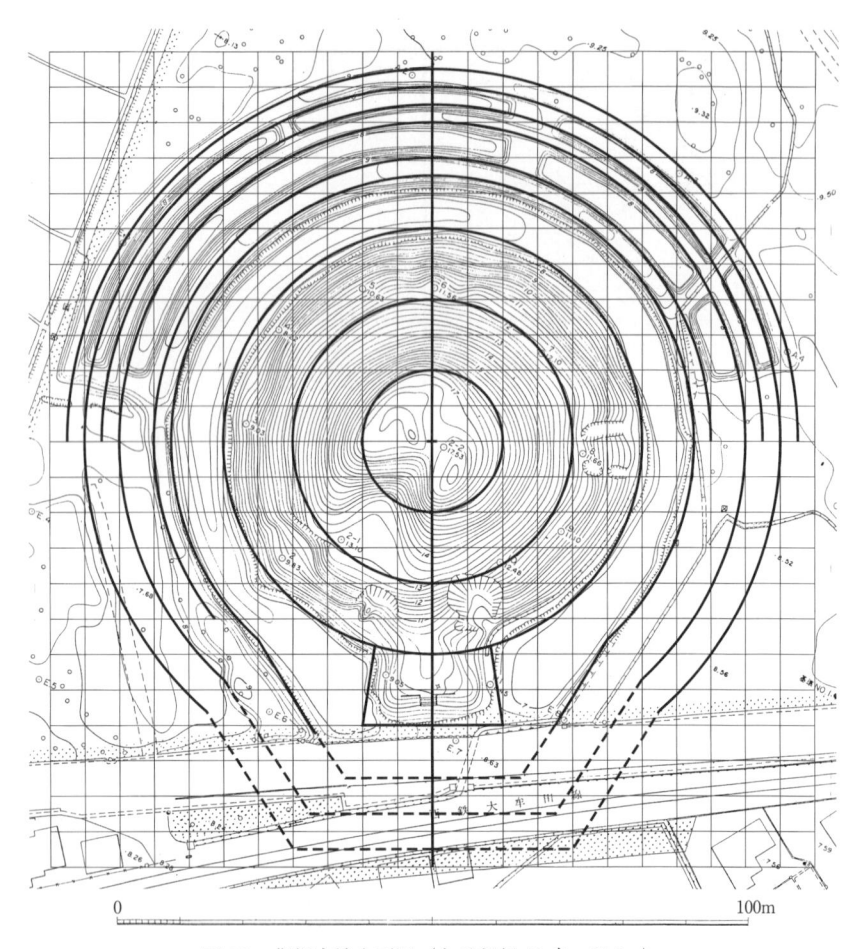

図80　御塚古墳企画図（主丘部径48歩・65.8m）

埋め立てられているとみられるが，長さ4単位，幅8単位でまちがいないと思われる（図80）。周濠と堤の平面プランは馬蹄形に近いが，側縁部が若干くびれる無花果形であることが発掘で確認されている。周濠の幅は内3単位，中2単位，外1単位，堤は3本とも1単位の幅である。

　久部愛宕塚古墳（栃木県宇都宮市，10期か）「後円部径41.0m」との報告[7]のとおり径30歩（41.1m）の主丘部規格とみられる。部分的なトレンチ調査であるが，報告者によってかなり正確に当初プランが復元されている（図81）。企

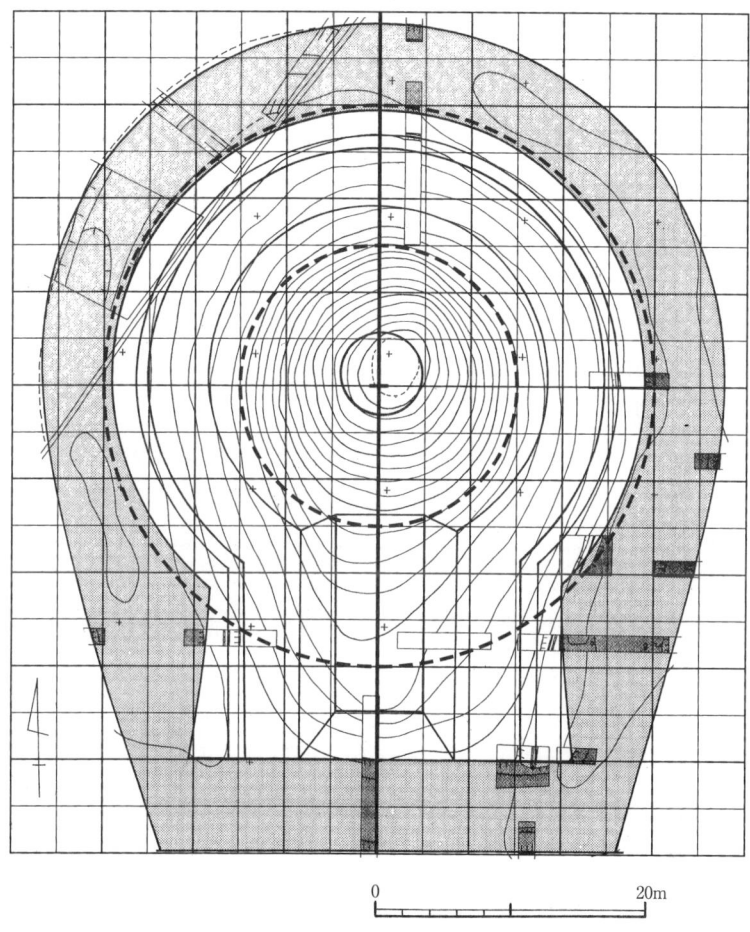

図81　久部愛宕塚古墳企画図（主丘部径30歩・41.1m）

　画図には方格線および半径6単位目と12単位目の2本の円周線（太破線）だけを描き，ほかの線はすべて報告者によるものである。
　墳丘第2段裾は6単位目に一致するようなので，基壇古墳とみてよさそうである。小方部は長さ4単位，前幅は16単位ときわめて広い。当地に多い幅広の小方部をもつ古墳のうち，平面プランの確定された数少ない事例として貴重である。

小方部長5単位の古墳

5単位の小方部をもつ事例として確認しているのは3例（野毛大塚を含む）しかなく，7単位の事例が今のところ確認されていないことからも，奇数単位長の小方部をもつ帆立貝古墳は例外的な存在とみてよいと思われる。

樋渡古墳（吉武S1号墳，福岡市，5期）　弥生時代中期の墳丘墓を核として主丘部が築造された古墳で，墳頂部は近世墓地のため破壊されていたが，墳裾基底石列がほぼ完全に発掘され，平面プランが明らかとなった。「後円部径31.5～31 m」と報告[8]され，径24歩（32.9 m）の規格の可能性が高い。

この値の企画図（図82）では，墳裾基底石列は12単位目の円周に，中段テラス上の埴輪列は10単位目の円周に正しく一致し，規格の判定に誤りないことを示している。ただし，第2段裾の径は9単位目の円周より多少小さい。周溝は主丘部のまわりで6単位の幅をもち，外周線は18単位目の円周に一致している。外周線は小方部側へすぼまっていき，やや不整形ながら倒卵形プランを意図したものとみられる。

小方部長は4単位よりは明らかに長く，5単位とみておくのが妥当である。平面形は前方へわずかに広がる台形で，前幅は8単位である。小方部長5単位の確実な事例といえよう。

磯崎東1号墳[9]（茨城県ひたちなか市，8～9期か）　海岸崖面の傾斜が迫った場所に立地するため，主丘部背後左側と右側くびれ部付近の葺石が滑落し，大きく旧状を損なっている（図83）。もともと主丘部裾と第2段裾の輪郭線は正円形にめぐらず，多少ゆがんでいたものらしい。

墳丘規格は径24歩（32.9 m）で，墳裾は12単位目，第1段肩は10単位目，第2段裾は8単位目に一致する。小方部は長さ5単位，隅角が斜めにカットされ前縁の幅10単位，1単位後方で12単位の最大幅となっている。

なお，主丘部裾の葺石基底石列が右側くびれ部付近で外側へ若干張り出しているが，施工後の変形とみられ，造出の痕跡である可能性は低い。

小方部長6単位の古墳

長さ6単位の事例は複突出墳に多く見られた。単突出墳で説得力ある企画図を提示できるものはそれほど多くはないが，ほかにも広島県三玉大塚古墳をはじめ6単位の可能性のある古墳はかなり多く存在する。

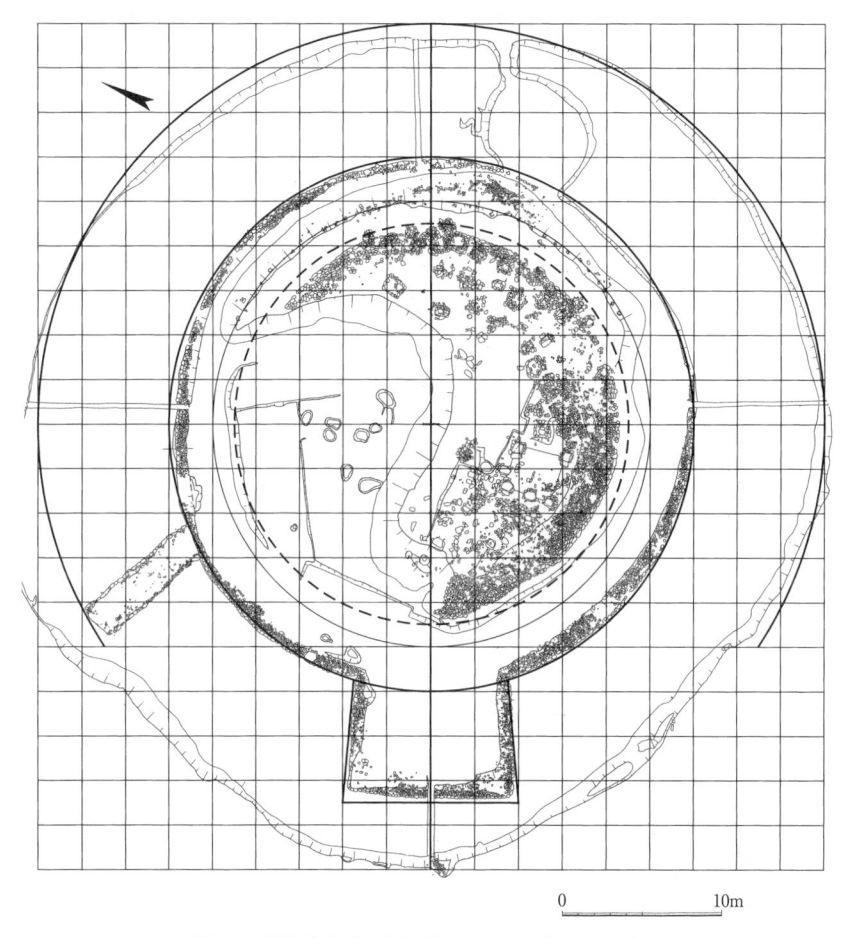

図82　樋渡古墳企画図（主丘部径24歩・32.9m）

雨宮古墳[10]（滋賀県蒲生郡竜王町，5期）　発掘資料ではないが精細な測量図からほぼ正確な判定が可能である（図84）。

主丘部径48歩（65.8 m）とみたとき，長方形プランの小方部は長さ6単位，幅12単位となる。主丘部第2段の裾線は9単位目，テラスの幅1単位，第1段の斜面幅は2単位とみられる。小方部の両側縁および前面の斜面幅も2単位である。周溝の外周プランは，馬蹄形のほか無花果形，墳丘相似形にも可能性がある。同じ滋賀県の椿山古墳や地山古墳（共に小方部長8単位，後出）の存在か

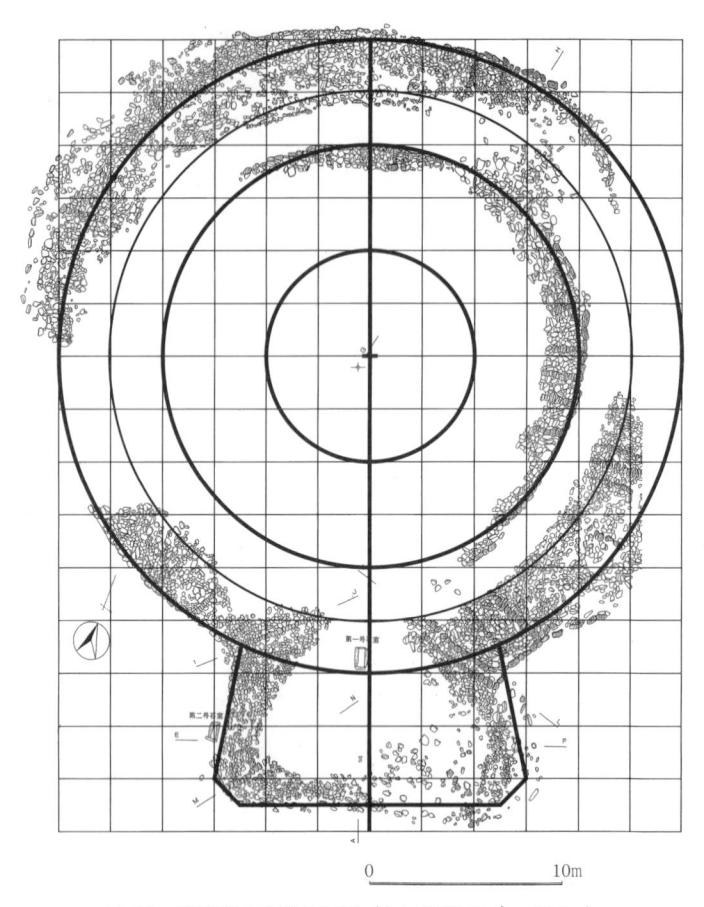

192　第2部　帆立貝古墳築造企画論

図83　磯崎東1号墳企画図（主丘部径24歩・32.9m）

ら，墳丘相似形の可能性が最も高いように思われる。

　舞台1号墳[11]（群馬県前橋市，6期か）　見かけ上の周溝内壁斜面の下端線を墳裾面とみたとき，主丘部径24歩（32.9 m），小方部長6単位，前幅10単位ととらえられる（図85）。

　主丘部第2段裾の葺石基底石は部分的に9単位目に一致するが，正円形をなさず後背部では径も幾分小さい。テラスは1単位の幅である。周溝は馬蹄形で，外周の上端線は基準単位の円周線および方格線によく一致している。

　赤堀茶臼山古墳（群馬県伊勢崎市，6期）　戦前の後藤守一氏調査時の図面[12]

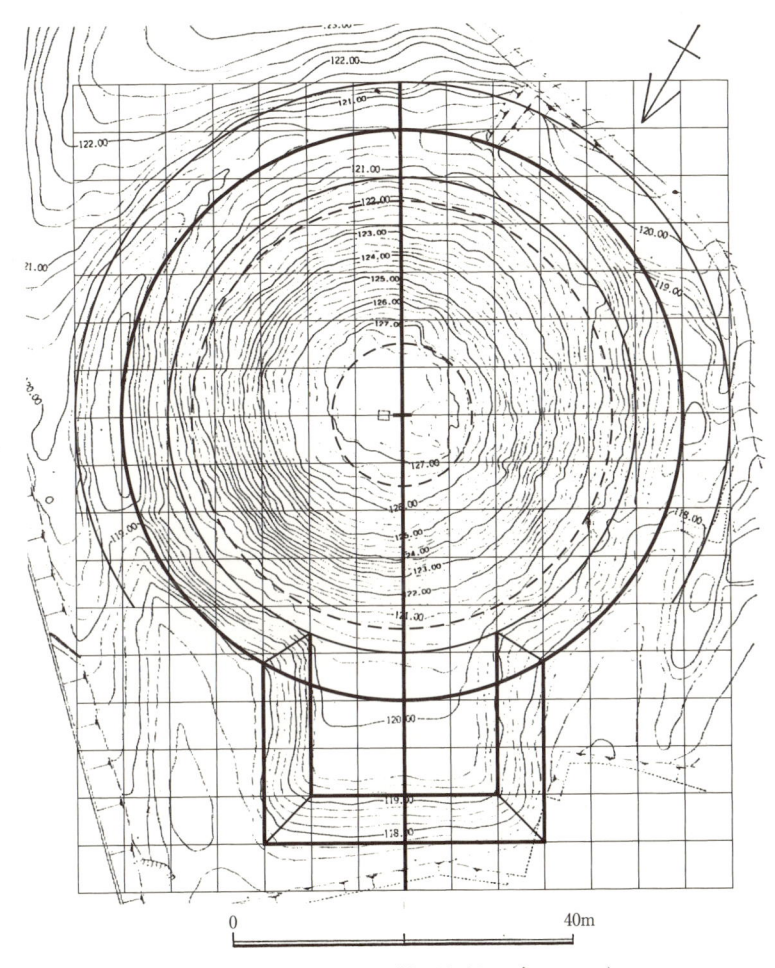

図84　雨宮古墳企画図（主丘部径48歩・65.8m）

から主丘部径36歩（49.3 m），小方部長6単位と判断していたが，近年の調査資料によってその正しさが裏づけられた（企画図は平成9年作成の調査図[13]を使用）。

　7本のトレンチで確認された主丘部墳裾の葺石基底石は，いずれも径36歩の円周に一致し，第2段裾の基底石は，帆立貝古墳の通例どおり9単位目の円周に一致している。小方部長は6単位でまちがいなく，前幅は20単位，くびれ

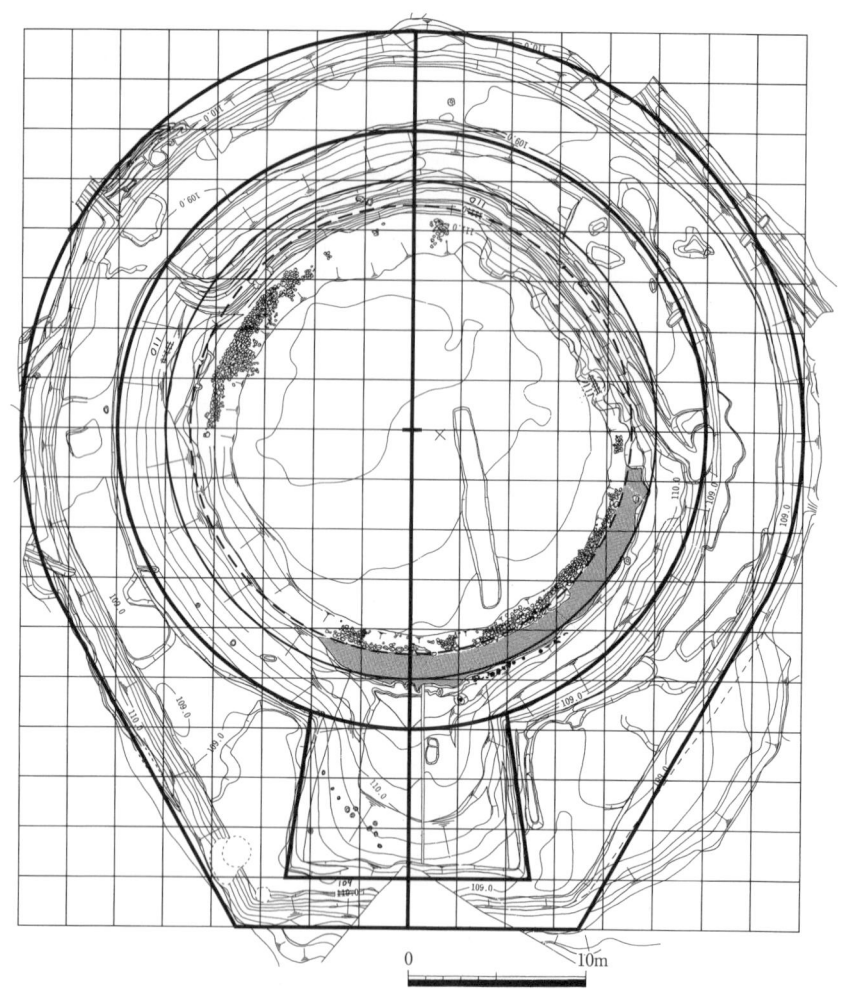

194 第2部 帆立貝古墳築造企画論

図85 舞台1号墳企画図（主丘部径24歩・32.9m）

部での幅は16単位である（図86）。

　小方部の前幅20単位というのは，あとで見る小方部長9単位の古墳における前幅16単位にくらべても広い。長さの割にきわめて幅広いやや異例ともいえる平面プランといえるが，その後も群馬県や栃木県では幅広の小方部をもつ帆立貝古墳が多く営まれたようである。そのような帆立貝古墳のプラン，時期

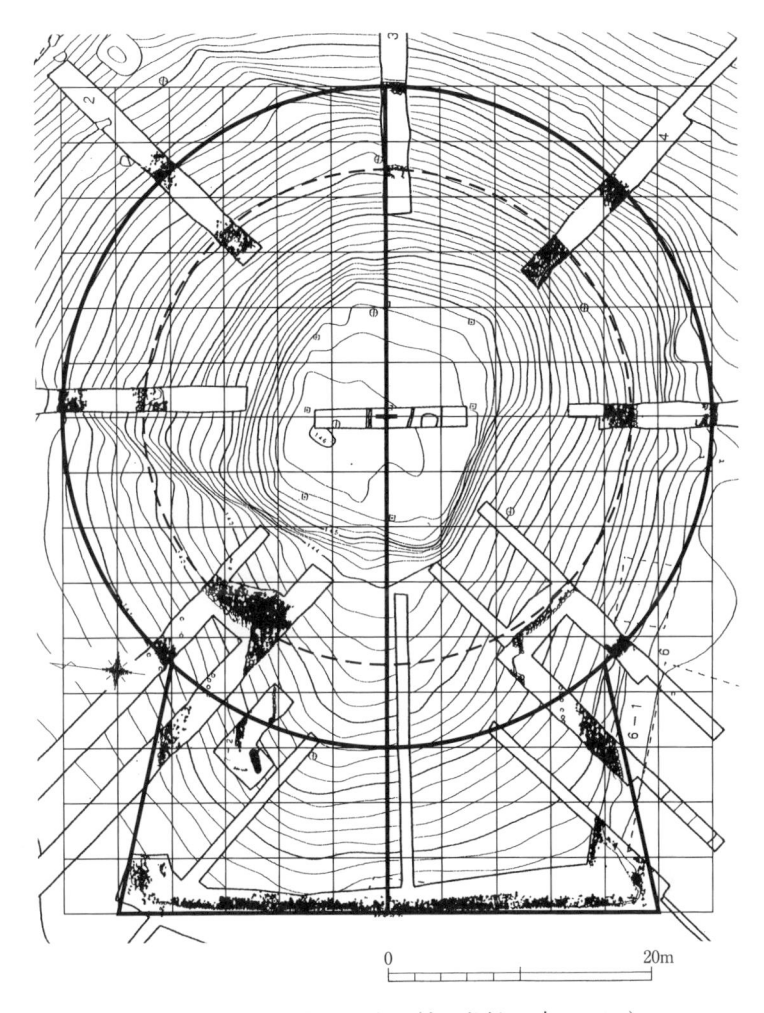

図86 赤堀茶臼山古墳企画図（主丘部径36歩・49.3m）

が確定されれば，その分布状況などから，歴史的に何か意味のある情報が得られる可能性は高いと思われる。

　なお，戦前の調査図からも小方部の側縁線は直線ではなく，中間部が若干内湾するカーブを描いていたとみられる。

　小立古墳（奈良県桜井市，7期か）　発掘調査によって葺石の墳裾基底石列が

完全に露呈されたが，狭隘な谷地形に占地したためか，主丘部裾線は正円形をなさずいびつである。報告者の測定では後円部径27 m [14]であり，径21歩（28.8 m）の規格に近い。

　企画図を作成すると，この値の円周は基底石列が描く円周より多少大きい。左右のくびれ部近くの基底石列を基準に作図した図（図87）を示す。これによると，くびれ部付近の裾線は径21歩の円周線によく一致している。

　ところが墳丘右側では，ある一点を境として円周の曲率が変わり，円のふくらみを欠いて後背部へと向かっている状況が観察できる（屈曲点は中心点Oの2単位後方の横方格線と右側裾線との交点あたり）。左側後背部にかけて基底石は「乱雑に葺かれ」「谷奥など人目につきにくい箇所については見栄えは気にしないという意識があった」かと推測されているように，この部分の施工は不正確である。したがって，施工の良好な主丘部手前側の基底石列が一致する径21歩が当初の設計値だったとみてまちがいない。

　小方部は長さ6単位，幅12単位ととらえられるが，これより若干幅広く仕上がっている。墳丘第2段の基底石列も正円形をなさず，本来8単位目の円周に一致するよう計画されたとみられるが，一致度はあまりよくない。テラス上の埴輪列もうまく一致する円周線がない。

　周溝の外周形態は盾形だったというが，土砂の崩壊によって図化および写真撮影ができなかったとされ，現地説明会用の概念図しかよるべきものがない。概念図によれば両側縁線が主軸に平行する盾形で，主丘部背後および小方部前面で周溝の幅4単位となっている（図88）。橋本輝彦氏の教示によれば概念図はほぼ正確とのことであるが，概報の図からは前方へ向って多少幅をせばめる馬蹄形または墳丘相似形の可能性も捨てきれないように思われるものの，ここでは調査者の見解を尊重しておきたい。

　狛江亀塚古墳（東京都狛江市，8期）　径31 mと報告[15]され，主丘部規格24歩（32.9 m）の可能性が高い（図89）。小方部は長さ6単位，前幅10単位，周溝は幅6単位で一周する。小方部前面は直線でなく，周溝外周線と同じ半径18単位の円周に一致するカーブを描く。周溝外周線が小方部前面で凸レンズ状にふくらむ点とともに，後野円山古墳など造出付円墳で認められた特徴と共通する構成であることが注意される。ふくらみの円弧の中心は主軸線上の点O^1に

7 狭義の帆立貝式古墳　197

図87　小立古墳企画図（主丘部径21歩・28.8m）

あり，半径は10単位である。
　この周溝外周のふくらみについて報告者の小出義治氏は，「一見眼球の水晶体のような形状」と形容されている。いい得て妙であり，主軸を横にして周溝プランを眺めると，まさに眼球模式図そのものといえる。このタイプの周溝プランを以後「眼球形」と呼ぶことにしたいと思う。

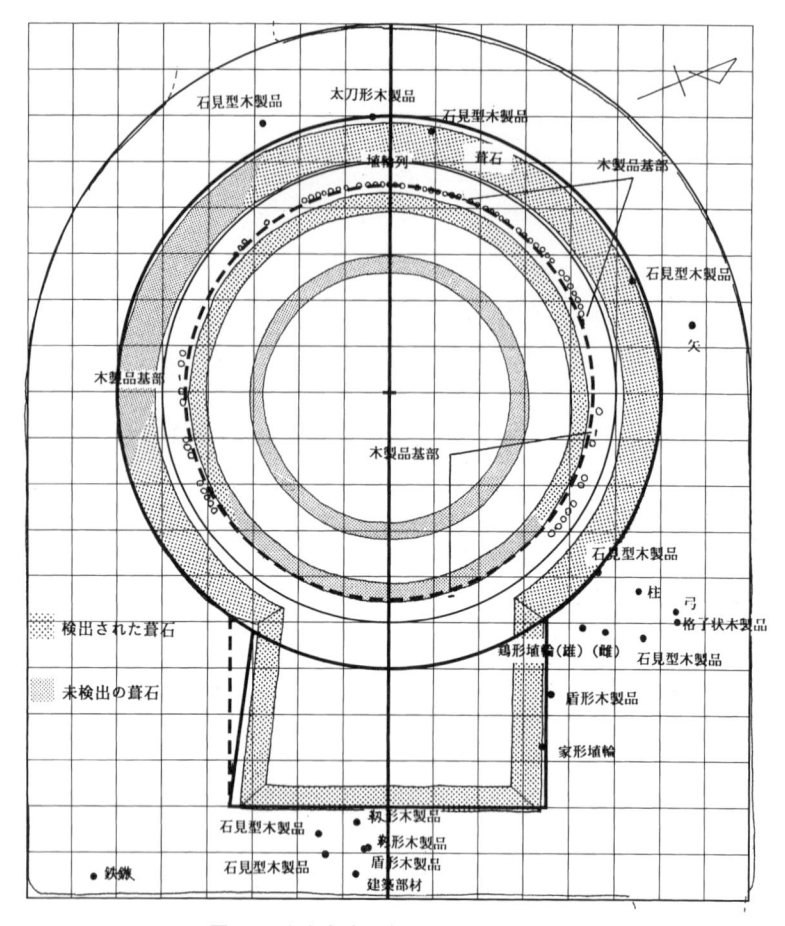

図88　小立古墳概念図にもとづく企画図

注
1）　西川　宏「造り出し」『月の輪古墳』月の輪古墳刊行会，1960年，327頁
2）　坂　　靖「広陵町池上古墳発掘調査概報」『奈良県遺跡調査概報　1991年度（第2分冊）』1992年，11頁
3）　墳丘裾部の作出法には，「墳裾面」（12単位目の墳裾が画定される面）と施工基準面を同一面，同一レベルに置く工法と，施工基準面を異にする工法とがあり，墳裾面がどこにあるかを慎重に見きわめる必要がある。この問題については，拙稿「古墳築造企画の普遍性と地域色」（『古代』第114号，2004年）でく

7　狭義の帆立貝式古墳　199

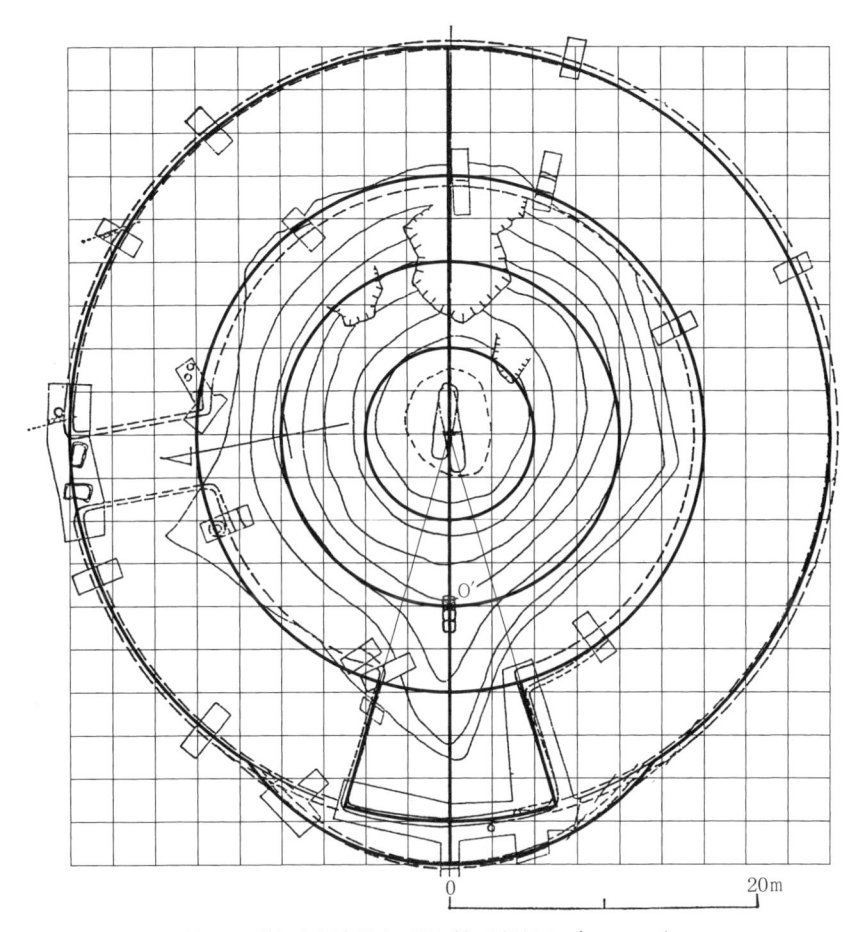

図89　狛江亀塚古墳企画図（主丘部径24歩・32.9m）

わしく述べ，本書第1部でも略述した。
　池上古墳のように墳裾に葺石基底石がほどこされていれば，まちがいなくそこが墳裾面である。
　なお，次に見る雷電山古墳の場合は，南関東の古墳の通例どおり墳裾面と施工基準面を同一とする工法がとられ，12単位目の墳裾線を旧地表面に置き，その外側に周溝が掘りこまれている。

4）　佐藤好司「雷電山古墳」『埼玉県古式古墳調査報告書』埼玉県史編さん室，1986年，109頁

5) 長井正欽ほか『高崎情報団地遺跡』高崎市遺跡調査会，1997年，215～217頁
6) 立石雅文ほか『史跡御塚・権現塚古墳保存修理事業報告書』久留米市教育委員会，1995年
7) 梁木　誠ほか『久部愛宕塚古墳　谷口山古墳　御蔵山古墳』宇都宮市教育委員会，1995年，3～20頁
8) 横山邦継『吉武遺跡群ⅩⅣ―金武古墳群吉武Ｓ群１・２号墳の調査―』福岡市教育委員会，2002年，11～12頁
9) 井上義安ほか『那珂湊市磯崎東古墳群』同古墳群発掘調査会，1990年
10) 丸山竜平「原始・古代の竜王町」『竜王町史　上巻』竜王町役場，1987年，177～181頁
11) 西田健彦ほか『舞台・西大室丸山』群馬県教育委員会，1991年，10～15頁
12) 後藤守一『上野国佐波郡赤堀村今井茶臼山古墳』帝室博物館，1929年
13) 企画図には平成７～９年度に赤堀町教育委員会（当時）が実施した古墳範囲確認調査の成果図面を使用した。本図の入手については伊勢崎市赤堀歴史民俗資料館の川道亮氏の御高配にあずかった。
　　　松村一昭ほか「赤堀茶臼山古墳範囲確認調査（１～３次）」『町内遺跡発掘調査概報』赤堀町教育委員会，1996～1998年
14) 村上薫史ほか『磐余遺跡群発掘調査概報Ⅰ―小立古墳・八重ヶ谷古墳群の調査―』㈶桜井市文化財協会，2002年，3頁
　　　周溝を含む概念図は「小立古墳発掘調査成果発表資料」（㈶桜井市文化財協会・桜井市教育委員会，2000年）による。
15) 小出義治「亀塚古墳」『狛江市史』狛江市，1985年，123頁

8　境界領域の前方後円墳

狭義の帆立貝式古墳の範囲

　帆立貝式古墳の突出部の長さを，主丘部直径の24等分値の単位数で把握し，長さ３単位以下を造出，４単位以上を小方部，それぞれの墳形を造出付円墳と帆立貝古墳（狭義の帆立貝式古墳）とに区分し，墳丘プランの実態を単位数で確認する作業を行なってきた。

　これまで見てきた４単位から６単位までの古墳は，視覚的な印象判断からも，これを帆立貝古墳とすることに異論の出される余地は少ないと思われる。４単位以

上何単位までを小方部と認めるかという課題が残されたが，これはとりもなおさず帆立貝古墳と前方後円墳の境界がどこにあるのか，それを数値的に明確に示せるかどうかという大きな問題に通じる。

帆立貝式古墳と前方後円墳の境界に関する既往の区分基準について，もう一度，突出部の長さだけにかぎってみておくと，遊佐氏は「帆立貝式前方後円墳」の前方部の長さは「後円部直径の2分の1を上限とすること」とされ，櫃本氏は「後円部径の1/3」までとされる。24等分値の単位数に置きかえれば，それぞれ長さ12単位と8単位を両者の境界ととらえられていることがわかる。共に作図法に基づく研究成果ではないので，その判断は主丘部と突出部の長さの比率を算出した結果に基づいて下されたものかと推察される[1]。

主丘部径に対する突出部長比の頻度グラフを作成した場合，1/2あるいは1/3という両氏が設定された境界線以下にドットが集中し，境界線の上にはいくばくかの空白があって，その上に別の集中域があり，それが通常の前方後円墳の範囲を表わすというような分布が示されれば，説得性のある区分基準として大方の承認が得られると思われる。しかし，櫃本氏の提示された頻度グラフではそのような状況を読みとれないことは既述のとおりである。したがって，何故そのような線引きが可能なのか別に何らかの根拠を示すことが必要と思われるが，説得性のある説明は行なわれていない。

上記2氏に対し，石部氏ら4氏は後円部直径の8等分値を1区として，突出部長1区から4区までの4種を帆立貝形古墳ととらえられた[2]。8等分値4区は24等分値の12単位なので，結論は遊佐氏と同じものとなっている。4氏の論では，突出部長1区型から8区型まで，1区（3単位）ごとの均等な間隔で各区型が配列される。区型の配列という面からは，どこにも帆立貝形古墳と前方後円墳とを明瞭に区分する段落は存在しないということになる。したがって，この場合も4区型と5区型の間に墳形を分かつ決定的な境界線があるとするには，別に何らかの根拠を示した説明が必要であろう。

4氏による古墳個々の築造企画の把握には問題も多いが，作図法にもとづく検討作業であり，図を示して測点を明示し，墳丘各部のとらえ方について読者にも検証できる方法を採用されている点で貴重な研究成果といえる。また，突出部の区数によって帆立貝古墳と前方後円墳とを区分しようとされる4氏の方

法は，下記の理由により有効なものと評価される。

新たな墳形の創出

　帆立貝古墳（狭義の帆立貝式古墳）は，造墓管理によって中央，地方の豪族の統制と序列化を図ろうとした倭王権の政策的必要上，新たに創出された墳形であろうと私は考える。

　前方後円墳は，弥生墳丘墓から漸移的に発展してきたプランを，箸墓古墳築造に際し，おそらく中国の技術を導入して幾何学的な平面プランとして定着したものとみてよいと思われる。いわば自然発生的に生成した墳形といえるが，帆立貝古墳は，前方後円墳のプランをもとにして人工的に生み出された墳形とみる立場をとりたい。

　その当否については本書全体の論述および企画図で示した多くの実例によって判断してもらうこととするが，帆立貝古墳の創出に当たっては，新墳形の創出・採用という王権中枢部における政策意図に沿って，造墓管理政策を担当する実務官僚が専門的造墓技術者に指示し，新しい墳形の平面，立面の基本プランを提案させたものと想像される。

　プランの策定に当たっては，前方後円墳に準じながら，それとははっきりと区別され得る墳形という注文が出されたはずである。

　造墓管理政策の上で，円墳や方墳という単純な平面プランの墳形は，前方後円墳などにくらべ下位に置かれていたと考えられるが，何らかの事情でその中間的位置づけの墳形が必要とされたものと推察される。

　この場合，前方後円墳という既存の墳形との形態上の差別化は，突出部の規模において明示するという基本方針が貫かれた。端的には，その長さ，幅という平面規模を，24等分値の単位数で，あるいは2単位，3単位，4単位を1区とする大単位の区数で，数値的に明確に区分することによって最終的な承認が得られたものと思われる。高さについても段数の制限などの差別化策が講じられた。

　新たな墳形が必要とされた事情についてはあとで検討するが，帆立貝古墳という墳丘プランが創案された経緯についての私の理解は以上のようなものであり，したがって石部氏ら4氏が8等分値の1区から8区までの区数の序列の中で，どこかに境界を認めようとする視点は妥当なものと評価される。

概略設計の基準単位

　古墳設計の基準単位について，墳丘の立体的構成の決定という詳細設計には24等分値1単位が利用されたはずであるが，周濠外周や墳丘裾のラインなどを決定する古墳の概略設計には，24等分値の何単位かを1区とする大単位が用いられた可能性が高い。

　石部氏らの採用される8等分値は，24等分値の3単位分を1区とする大単位「3単位区」と同じ長さであり，上田宏範氏の主唱される6等分値は「4単位区」の長さである。ほかに2単位1区という単位も用いられた可能性が高く，あらゆる墳形で最も合致度の高い大単位であり，概略設計にも詳細設計にも共用可能な実用的単位として広く用いられた。

　帆立貝古墳の創出に当たり，主丘部に対する突出部の規模を一定の数値の範囲内と定めるのに用いられたのが24等分値の基準単位か，それとも2～4単位1区の大単位なのか，簡単には決しかねる問題であるが，墳形間の基本的な差別化という概略設計に類する作業であるから，大単位が用いられた可能性は高いと思われる。

　複数の突出部をもつ帆立貝古墳を検討した結果，長さ4単位以上を小方部として造出から分離できることが確認された。4単位区が用いられ，その1区が墳形の一方の境界線と定められたことを物語る証拠ととらえることが可能である。ただし，そうではなく，用いられたのは3単位区の方で，造出の長さがその1区以下におさえられているのがその証拠だとする見方も成立する余地は存する。

　前者の立場に立って，4単位区の区数で帆立貝古墳という一個の墳形の範囲が定められたと仮定すると，下限の1区に対し上限については必然的に2区8単位か，3区12単位かという選択になる。後者の場合は，3区9単位か4区12単位のどちらが上限になるかという議論となろう。

　その結論は，その範囲にある古墳個々の平面プランの検討によっておのずと明らかになるものと思われる。以下，突出部長8単位から12単位の古墳について企画図による検討を行なっていきたい。

塩塚古墳の墳形

　はじめに，石部氏ら4氏が前方後円墳との境界に位置するとされた「4区型」

（3単位区の4区＝12単位）の帆立貝形古墳として例示された古墳について検討しておきたい。例示されたのは3基で、このうち奈良市塩塚古墳[3]（5期）は、一見明らかな前方後円墳であり、このような古墳を帆立貝式とみる感覚を私はもたない。

前方部4区というとらえ方について検討してみると、4氏は後円部径を70mとみておられるが、報告書の把握は65mであり、墳丘規格に関する私の持論によれば径48歩（65.8m）が第一候補となる。その値の企画図（図90）では、半径12単位目の円周は墳裾線にうまく一致しているように見える。この1ランク上の径54歩（74.0m、企画図に一点鎖線で描出）では大きすぎて適合しないことが明らかである。

前方部は奈良時代に大きく削平されているが、右隅角付近の墳裾部等高線は整っており、旧状をとどめているように見える。ここを基準にして復元すると前方部長16単位、前幅は20単位となる。報告書によれば前縁部の本来の墳裾線は、現状の墳裾より5mほど後退した位置にあったとされる。仮に2単位（5.48m）短いとすれば前方部長は14単位となるが、それでも4区（12単位）より長い。

図には破線で、近傍の佐紀陵山古墳（現・日葉酢姫命陵、図113）の前方部プランと同じ長さ14単位、前幅16単位、くびれ部幅12単位の企画線を描き入れた。2種類の前方部企画線を見ると、塩塚古墳の前方部長は16単位とみておくのが妥当と思われる。百歩譲ってもせいぜい15単位というところで、4氏のいわれる4区（12単位）型とみることは到底できない。いずれにしても、このような古墳を帆立貝古墳とみたのでは歴史の認識を誤まるであろう。

石部氏らは取り上げておられないが、同じ佐紀古墳群西群中の瓢箪山古墳[4]（4期）は後円部径42歩（57.5m）で、前方部は佐紀陵山古墳と同じ平面プランをもち、長さ14単位、前縁とくびれ部での幅も共通する（図91）。周濠外周の側縁線は前方部先端に向かって幅をせばめる盾形に近い馬蹄形で、周濠外周プランを含め佐紀陵山と共通する部分の多い古墳といえよう。共に塩塚より前方部が未発達なプランをもつが、この2基についても帆立貝古墳に含めない判断を下して何ら問題ないと思われる。

ほかに前方部長14単位の事例としては佐紀・東群のコナベ古墳、古市の誉田

8　境界領域の前方後円墳　205

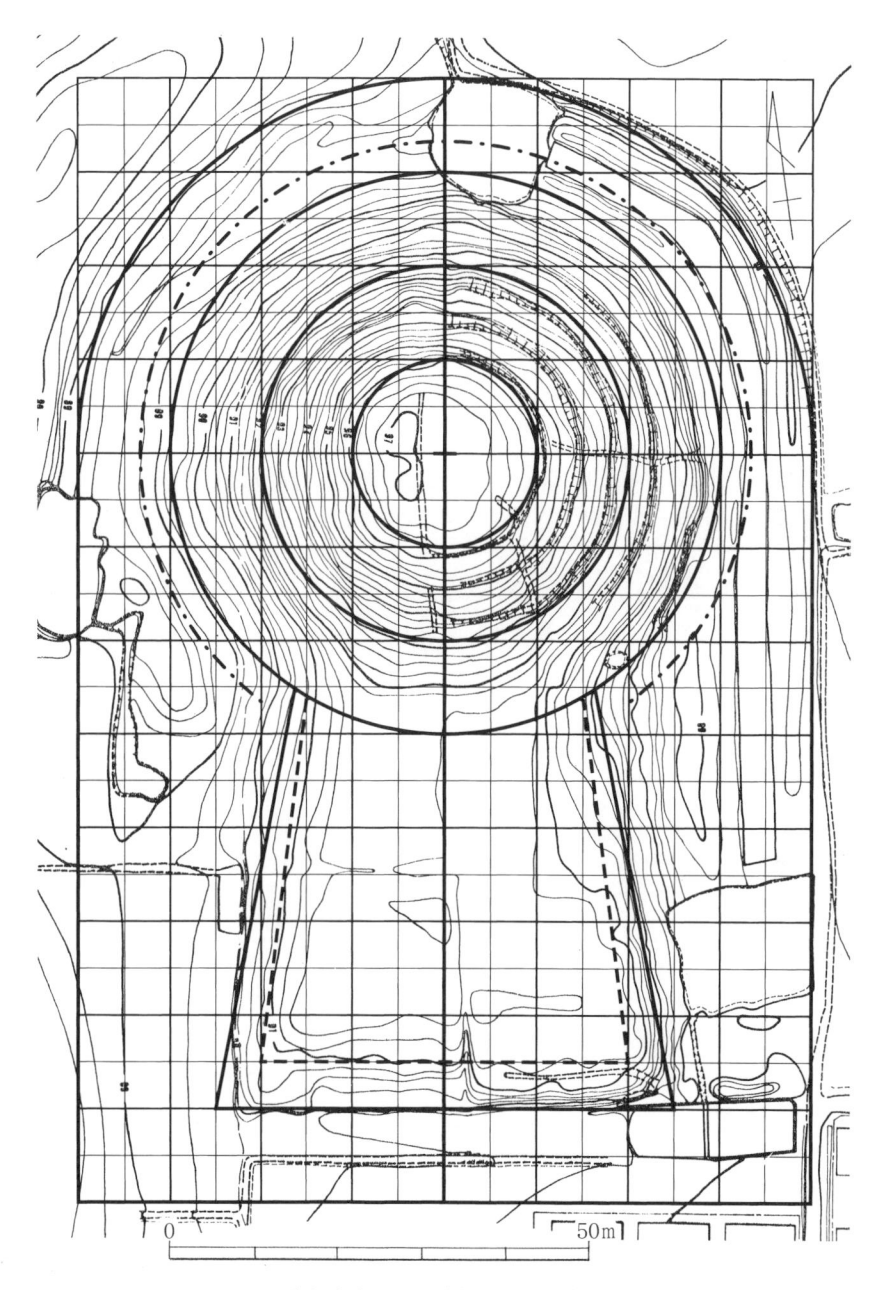

図 90　塩塚古墳企画図（後円部径 48 歩・65.8m）

206　第2部　帆立貝古墳築造企画論

図91　瓢箪山古墳企画図（後円部径42歩・57.5m）

御廟山古墳（現・応神天皇陵），津堂城山古墳などがあり，いずれも堂々たる前方後円墳であることは説明の要もない。神戸市五色塚古墳も，後円部規格を径90歩（123.3 m）とみると前方部長14単位となる。

以上，塩塚古墳を突出部長12単位の類例とすることのできないことは明らかである。4氏はほかに塩塚古墳近傍のオセ山古墳と三重県毘沙門塚古墳（名張市）の2基を4区型として例示されているが，墳丘の遺存度や測量図の精度から，墳丘プランを正確に判定することが私にはできない。

それでは，実際に長さ12単位の前方部をもつ古墳にはどのようなものがあるだろうか。私の作図作業による検討結果では，一般に疑いなく前方後円墳とみられている古墳の中にも前方部長12単位のものはかなり多く確認される。4，5世紀の畿内やその周辺の大型前方後円墳には少ないが，それでも次の類例を示すことができる。

突出部長12単位の古墳

神明山古墳[5]（京都府京丹後市，4期）　3段築成ともいわれるが段築は不明瞭である。下草の繁茂のため十分な現況観察はできなかったが，多少の平坦な部分は見られるものの，テラスといえるほど明瞭なものは認められない。墳裾もはっきりしないため墳丘規格の判定は困難だが，作図作業による検討では，後円部径90歩（123.3 m）とみたとき前方部前面裾が現況の切通しに一致するなど，ほかの規格の場合より一致度がよい（図92）。これを当初規格と考えておきたい。

前方部前面で自然地形から切り離されており，切通しの位置から前方部長12単位と確定される。前幅は16単位とみたが，もう少し広いかもしれない。

野中宮山古墳[6]（藤井寺市，5期）　後円部径72歩（98.6 m）の規格をもつ。後円部は3段築成で，1段目テラスの幅が2単位と広くなった斜面構成C型をもつことが確実な古墳である（図93）。確認調査の所見から前方部長は12単位，前幅は18単位と確定される。

掖上鑵子塚古墳[7]（奈良県御所市，6期）　後円部径78歩（106.9 m）の規格で，前方部長は現状10単位であるが，現状の前面墳裾線は墳丘第2段の裾で，第1段を含む当初企画はもっと長かったはずである（図94）。

この古墳は前方部に向かって高まる自然地形上に営まれているため，前方部

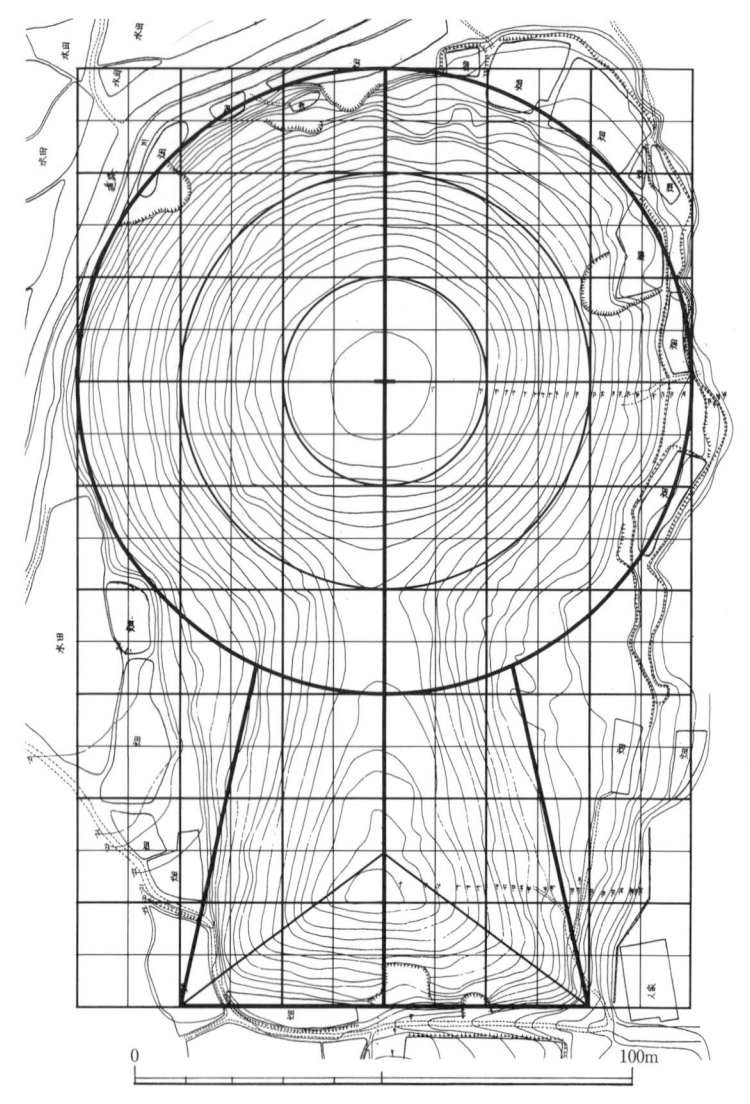

208　第2部　帆立貝古墳築造企画論

図92　神明山古墳企画図（後円部径90歩・123.3m）

先端では第1段を設計どおり削り出すことができなかったものとみられる。同じように傾斜地に営まれた天理市西殿塚古墳[8]の例を見ると，山側となる後円部右側では，墳丘第1段の高まりは認められないものの，葺石で画された墳裾

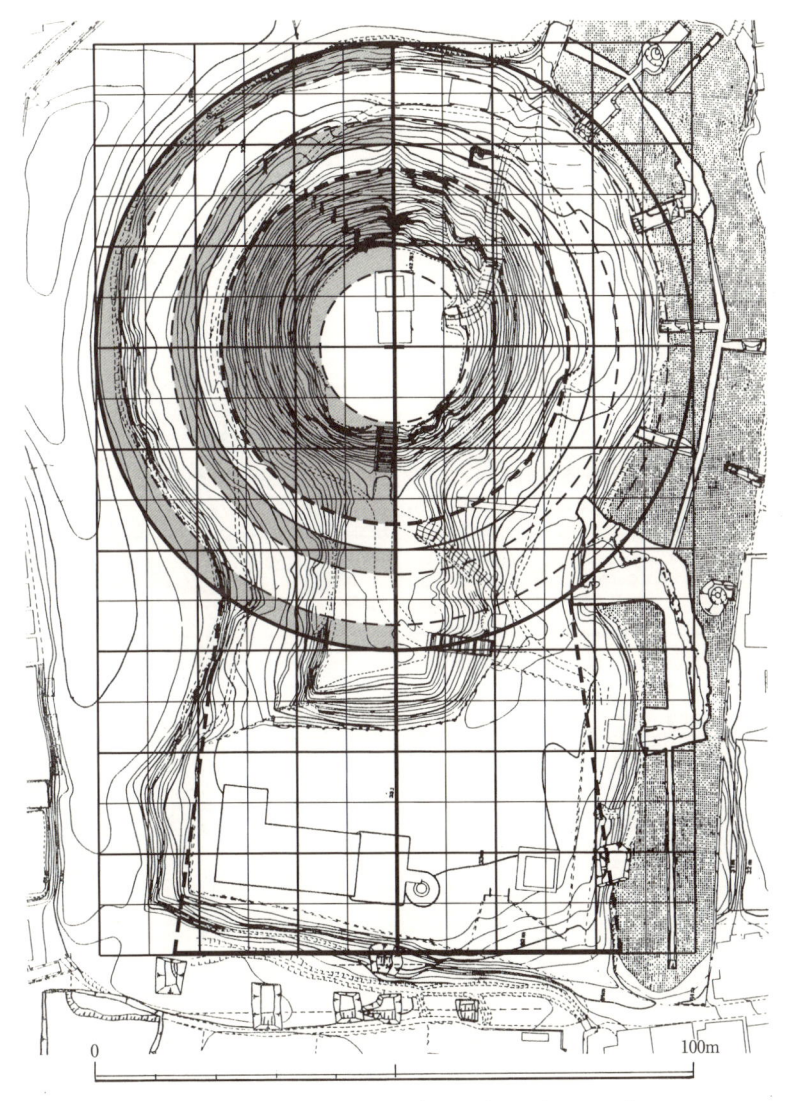

図93　野中宮山古墳企画図（後円部径72歩・98.6m）

線が確認調査によって検出されている。掖上鑵子塚古墳でも，水田下に痕跡的な第1段裾部が埋没している可能性は高いと思われる。

後円部の斜面構成からみて，前方部も第1段は斜面，テラス各1単位の幅を

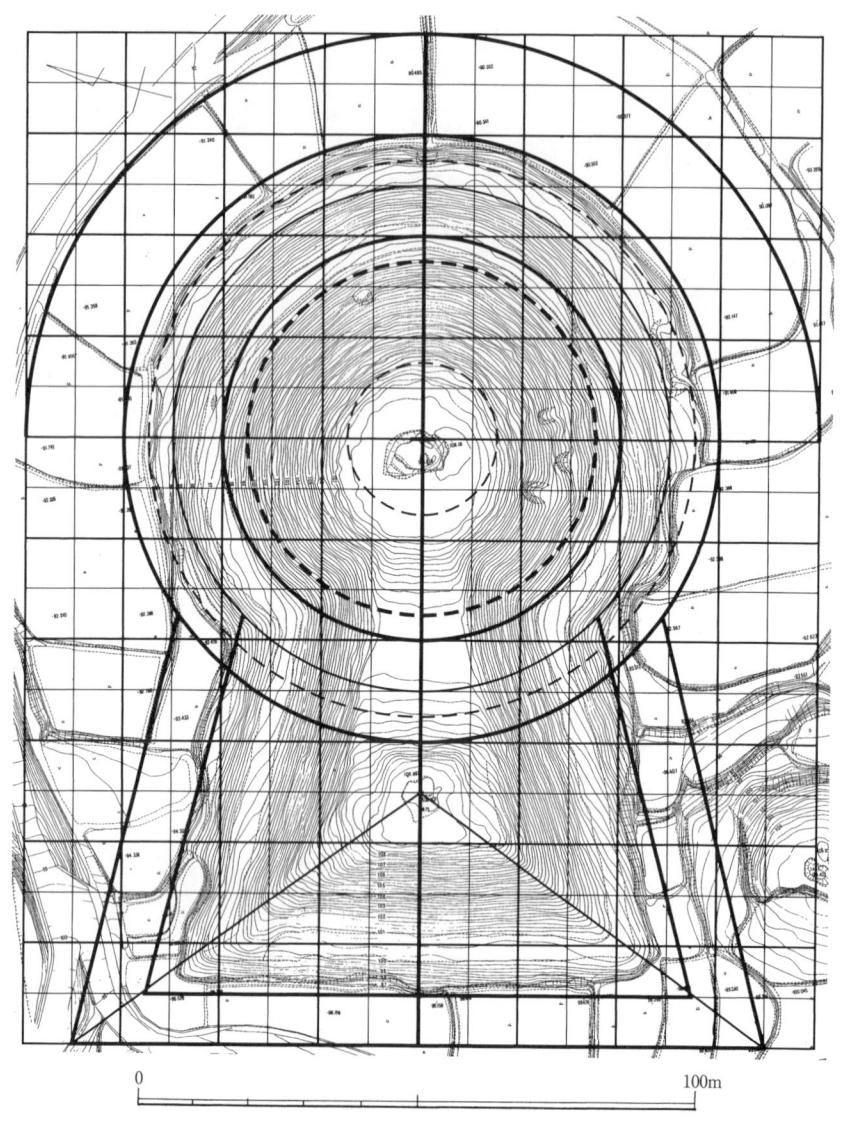

図94　披上鑷子塚古墳企画図（後円部径78歩・106.9m）

もっていたはずで，これを加え本来は前方部長12単位として企画されたことはまちがいない。前幅は作図によって28単位と復元される。企画図に見られる前方部のプランからは，この古墳を帆立貝古墳とみなすことは到底できそう

になく，前方部長10単位という現状の墳裾プランであっても帆立貝古墳とみることには抵抗を覚える。

　ほかに，12単位長の前方部をもつ古墳は地方の後期古墳には比較的多く，栃木県の吾妻岩屋古墳，壬生茶臼山古墳の企画図は本書にも載せ，群馬県の二ツ山1号墳などの企画図は別稿[9]で発表しているので参照していただきたい。いずれも前方部長12単位で，前幅も大きく前方後円墳として問題ない古墳である。これに対し，幅や高さが小さく，一見して小方部と見まがうような長さ12単位の突出部をもつ古墳は今のところ確認できない。

　以上見たように，3単位区の4区，4単位区の3区である長さ12単位の前方部をもつ古墳を帆立貝古墳に含めることはきわめて困難である。3単位区の4区あるいは主丘部直径の2分の1以下を帆立貝式として，この数値で墳形の一方の境界を画すことが適当でないことは明らかであろう。

突出部長10単位の古墳

　石部氏らの分類で4区型の次は3区型の帆立貝形古墳で，24等分値では9単位の長さとなる。例示されたのは5基（大阪府こうじ山・蕃上山・大園，三重県女良塚・馬塚）で，私の検討では前4者が8単位または9単位，最後の馬塚古墳だけ10単位の長さをもつ。ここでは10単位と判定される古墳の事例について見ておきたい。

　馬塚古墳[10]（三重県名張市，8期）　後円部径72歩（98.6 m）の規格で，作図によって前方部長10単位，前幅は26単位ととらえられる（図95）。後円部は3段築成で，測量図の精度はやや粗いものの現地踏査による観察所見も加味すると，第1段は斜面，テラスとも幅1単位，第2段は斜面幅2単位，テラス幅1単位，第3段裾は7単位目の円周に一致するとみられる。これは斜面構成のB型で，畿内の大王墳クラスの古墳に共通する堂々たる立体的構成をそなえていることがわかる。

　これに対し前方部は現状で2段しかなく，通常の前方後円墳には見られない状況を示す。前方部の規模，構成に何らかの規制が働いた結果ととらえられるかもしれないが，報告書の記述のとおり「前方部が平たいのはそこに寺院があったり運動場にされた為」とみられる。現在，後円部のくびれ部付近に馬塚観音という小堂が建ち，古くから墳丘上が宗教施設のために利用されてきたこと

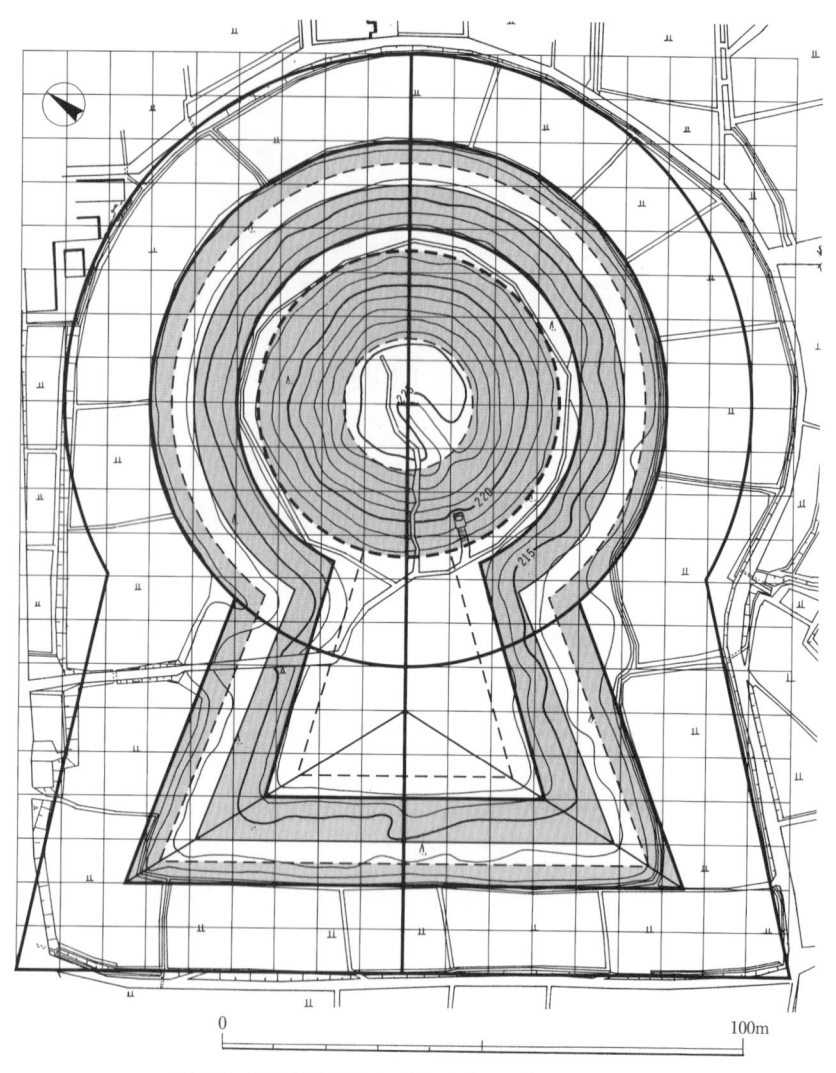

212　第2部　帆立貝古墳築造企画論

図95　馬塚古墳企画図（後円部径72歩・98.6m）

を物語る。いつのころか，前方部第3段の封土が2段目テラスのレベルまで除去されて平坦な境内地がつくり出され，かつてはここに堂が建てられていたものと思われる。

　前方部前面の斜面構成は，第1段は斜面，テラスとも幅1単位，第2段の斜

面幅は2単位と，後円部と同じ構成を示している。後円部と前方部の斜面構成を基本的に同一とする（第3段斜面幅をのぞいて）のは，畿内の3段築成大型前方後円墳にも見られる立体的構成である。馬塚の場合も，当初は幅1単位の2段目テラスがめぐり，その上に墳丘第3段が築成されていたことは確実と思われる。

このようにみれば，この古墳は本来後円部，前方部とも3段築成の前方後円墳とみて何ら問題ない。造出がくびれ部両側に付設されている点も前方後円墳とする見方の補強材料といえよう。現況の周濠外周プランは，左側は楯形，右側は墳丘相似形と左右で異なっている。右側が本来のプランかとみられるが，いずれにしても側面外周線は前方に向かって大きく開いている。

帆立貝古墳には，外周の側縁線が前方に向かって広がっていく周濠をもつものはないようであり，盾形周溝をもつ奈良・小立古墳（突出部長6単位）も側縁線は主軸に平行し，前方に向かって広がらない（図88）。

馬塚古墳を積極的に帆立貝古墳とすべき要素は認められず，逆に前方後円墳に共通する構成要素にはこと欠かない。この古墳の長さ10単位の突出部は前方部といってよいであろう。

長塚古墳（栃木県下都賀郡壬生町，10期）　墳丘第1段は低く，上面テラスが非常に広いプランをもつ。地元では「基壇」をもつ古墳といわれるが，基壇は墳丘第1段にほかならないので，後円部，前方部とも2段築成の古墳ということになる（図31）。

第1段裾で測ると後円部は径42歩（57.5 m）の規格で，前方部は長さ10単位，幅は32単位となり，幅は単位数で見ても非常に広い。周濠は馬塚古墳と同じく墳丘相似形で，前方へ向かって大きく広がる。感覚的にもこのような古墳を帆立貝古墳とみることは到底できず，前方後円墳とみて差し支えない古墳といえよう。

蛭子山古墳[11]（京都府京丹後市，3期）　先行する古墳（2号墳）に制約されたためか，後円部は前後方向に若干押しつぶされたように歪んで正円形をなさないが，第3段裾が7単位目に一致する円周図の作図から径78歩（106.9 m）の規格と判定される（図96）。

前方部前面をのぞいて，墳裾部は自然地形の傾斜へなだらかに移行し裾線が

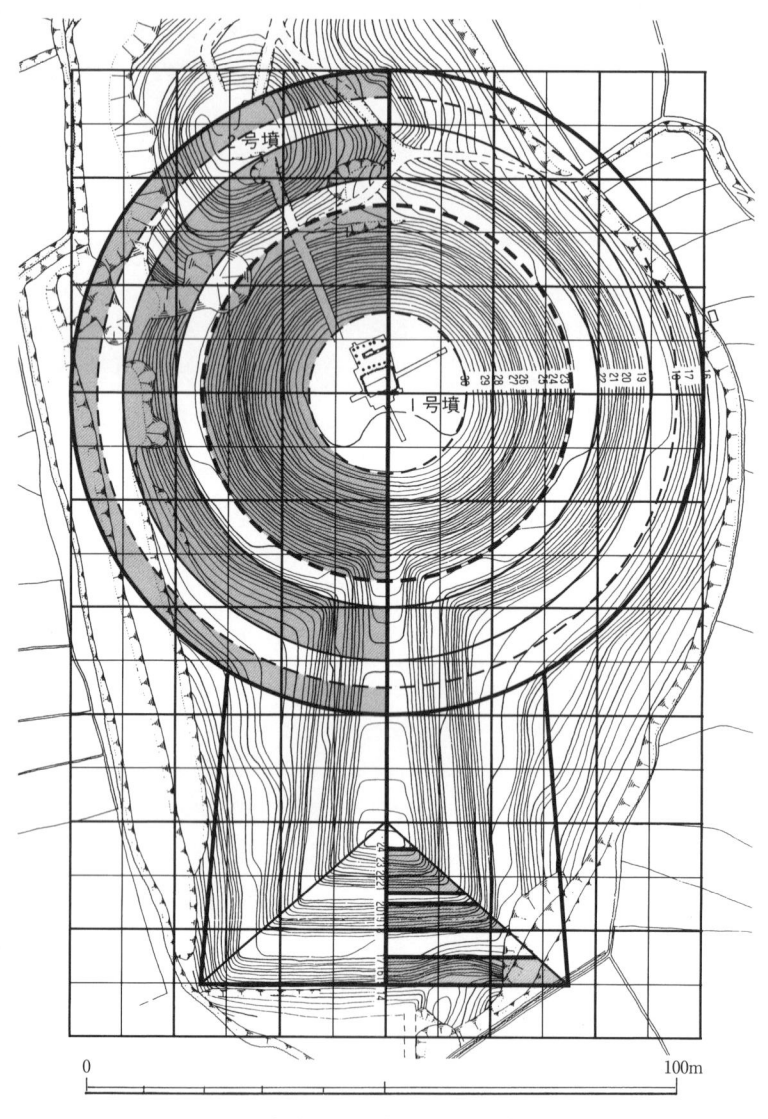

214 第2部 帆立貝古墳築造企画論

図96 蛭子山古墳企画図（後円部径78歩・106.9m）

はっきりしないが，後円部は第1段斜面と1段目テラスの幅1単位，第2段斜面幅2単位の斜面構成B型で企画されたことはまちがいなさそうである。
　前方部長は10単位で，前幅は14単位，前面第1段，第2段の斜面および1

段目テラスはそれぞれ1単位間隔の横方格線間におさまっている。この古墳は比較的古い時期の地方古墳で，前方部前幅も小さいが，後円部，前方部とも3段に築成されており，前方後円墳とみてまったく支障なかろう。

　以上，わずかな事例での検討であり，長さ10単位の突出部はすべて前方部，その墳形は前方後円墳と一律にみなしてよいかどうか慎重な判断が必要であるが，少なくとも上記の3基については，これを帆立貝古墳とするにはかなり無理があると思われる。

　注
1）　遊佐『帆立貝式古墳』28頁，櫃本「帆立貝形古墳について」59頁
　　　主丘部径と突出部長の計測値から比率を算出する方法をとる場合，算出の基礎となる数値が，どこをどのように測って得られたものかが問題となる。特に問題となるのが突出部の長さの把握で，正しくは1基1基の古墳について主丘部裾線の円周を図上復元し，主軸線上でC点を求めてCDの長さを測るという作業が行なわれなければならない。
　　　一般論として，作図法によらない築造企画論や尺度論にあっては，測点が明示されないため，データが共有されず，研究成果の継承と発展が阻害されるとともに，客観的な評価も下しかねるという憾みがある。
　　　発掘報告などで，くびれ部から突出部前縁線や隅角までの長さを突出部の長さとするような誤った認識によるデータが報告されていることも多く，このような数値が無批判に受け入れられるようなことのないことを願う。
2）　石部ほか「帆立貝形古墳の築造企画」88頁
3）　河上邦彦ほか「奈良市塩塚古墳」『奈良県遺跡調査概報1978年度』奈良県教育委員会，1979年，81～91頁
4）　河上邦彦「奈良市瓢箪山古墳の調査」『奈良県古墳発掘調査集報Ⅱ』奈良県教育委員会，1978年，1～10頁
5）　神明山古墳の企画図は下記文献によるが，原典に当たれなかったので，丹後町（当時）教育委員会久保和明氏の御好意で送付していただいた測量図コピーを利用した。
　　小沢和義「神明山古墳実測調査報告」『同志社考古』7，1969年
6）　上田　睦「野中宮山古墳の調査」『石川流域遺跡群発掘調査報告Ⅳ』1989年，199～206頁
7）　今尾文昭ほか『奈良県御所市柏原掖上鑵子塚古墳測量調査報告』南葛城地域の古墳文化研究会，1986年

なお，掖上鑵子塚前方部前面に周濠が存在することは発掘調査によって確認されており，部分的に検出された外周線は，前方部前面の推定裾線から1単位ほどの位置にあるように観察される。
　楠本哲夫ほか「御所市掖上鑵子塚前方部周濠発掘調査概報」『奈良県遺跡調査概報1977年度』奈良県教育委員会，1978年，41〜47頁

8）泉　武ほか『西殿塚古墳　東殿塚古墳』天理市教育委員会，2000年
9）沼澤「古墳築造企画の普遍性と地域色」128頁
10）『青蓮寺開拓建設事業地域遺跡地図』三重県教育委員会，1970年，16頁
11）佐藤晃一『史跡蛭子山・作山古墳整備事業報告書』加悦町教育委員会，1992年

9　境界領域の帆立貝古墳

突出部長8単位の古墳

　前章の検討で，突出部長10単位以上の古墳について，これを前方後円墳ではないとする積極的要素は認められないことを見た。長さ4単位から6単位までの突出部をもつ古墳は帆立貝古墳（狭義の帆立貝式古墳）として支障ないと思われ，また，7単位の古墳は今のところ確認されないので，最終的には突出部長8単位および9単位の古墳について，それぞれどちらの墳形とみなすのが適当かという判断になる。8単位は櫃本氏が境界とされた主丘部直径の1/3の長さであり，9単位は石部氏らの3区型古墳に当たる。

　突出部長8単位の古墳は比較的少なく，説得性のある企画図を提示できる調査例はかぎられる。

　女良塚古墳（三重県名張市，5期）　石部氏らが3区型（9単位）として例示された5基のうちの1基で，馬塚古墳と同じ美旗古墳群中に位置する[1]。馬塚古墳（10単位）同様，私の判定では突出部長9単位とはならない。

　後円部径73mとの報告のとおり主丘部規格は54歩（74.0m）である（図97）。突出部は，側縁線が先端に向かって広がらない長方形プランで幅12単位，長さは8単位，4単位の幅で一周する墳丘相似形プランの周濠をもつ。主丘部は「二段築成」と報告されているが，現況を確認すると明らかに3段築成である。

9 境界領域の帆立貝古墳 217

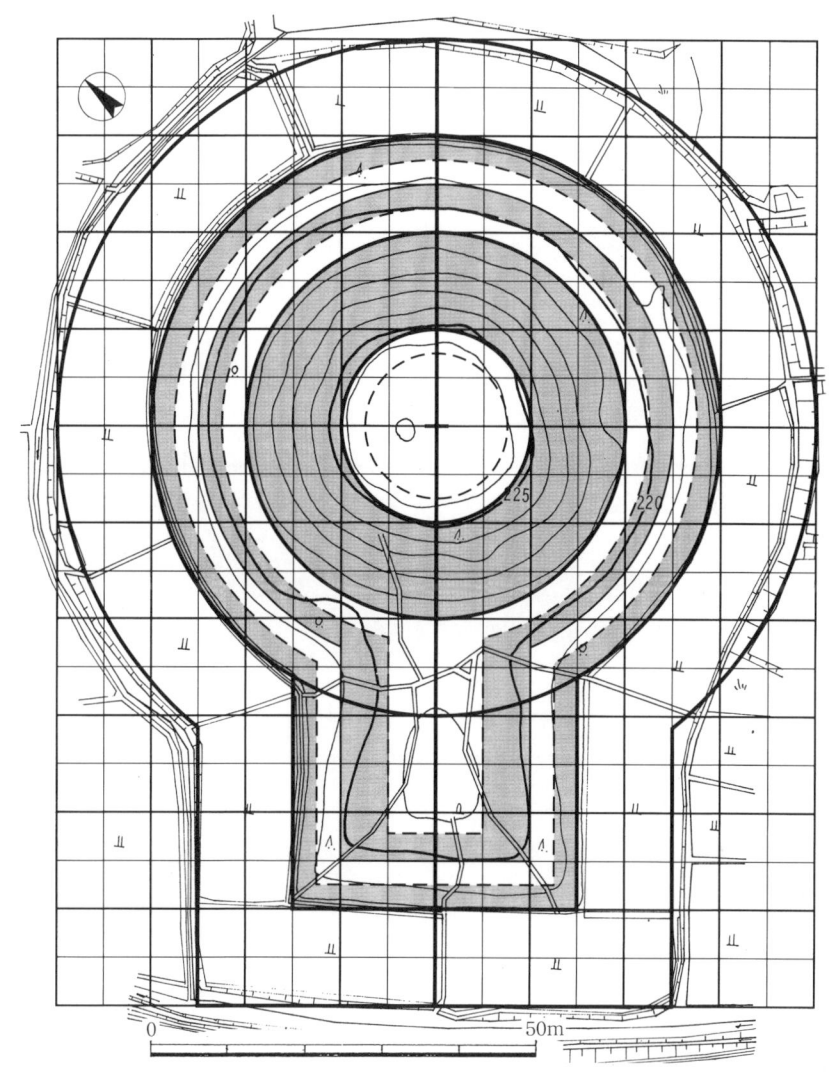

図 97 女良塚古墳企画図（主丘部径 54 歩・74.0m）

　これに対し突出部は 2 段築成で，その墳頂平坦部は主丘部の 2 段目テラスに連接する。突出部の墳頂は排水を考慮してかまぼこ状に仕上げられており，さきに見た馬塚古墳とはちがい本来の状態をとどめていることは確実で，主丘部 3 段に対し突出部 2 段という構成は当初からのものと認められる。

集成編年4期以降の定式化した多段築成の前方後円墳において，後円部と前方部の段数が異なるということは通常考えられない。これに対し，これまで見てきた突出部長6単位以下の帆立貝古墳では，主丘部が2段あるいは3段の場合も突出部は1段で，主丘部の1段目テラス面までの高さしかなかった。女良塚古墳の立体的構成はこれに準じたものといえ，長さ8単位の突出部を小方部，墳形を帆立貝古墳とみなす有力な根拠になるものと思われる。周濠外周プランが盾形にならず墳丘相似形である点も，この時期の前方後円墳には見られない要素といえる。

以下，突出部長8単位の古墳は帆立貝古墳とみて記述を進める。女良塚古墳と同じ平面プランをもつ古墳が滋賀県に2基存在する。

地山古墳[2]（滋賀県栗東市，5期）　次にみる椿山古墳より1ランク下の径48歩（65.8m）の規格をもち，墳裾プランは同一，溝幅は異なるようであるが墳丘相似形の周溝をもつ点も共通している（図98）。長さ8単位，幅12単位の長方形の小方部と墳丘相似形周溝をもつプランは，ある時期一個の定式化した平面構成として定着していた可能性が考えられる。

椿山古墳[3]（滋賀県栗東市，6期）　女良塚と同じ径54歩（74.0m）の規格で，先端に向かって広がらない長さ8単位，幅12単位の小方部をもつ（図99）。

地山古墳の事例から，墳丘相似形の周濠（おそらく幅4単位）をそなえていたとみられ，そうであれば墳裾面での平面プランは女良塚と同一となる。主丘部が2段築成である点は大きな相違点で，第2段裾9単位目，第1段肩は11単位目に一致し，テラスの幅は2単位と広い。

小方部は削平されているが，主丘部第2段の連接部の状況などから，テラス面をこす高さをもっていなかった可能性が高い。

こうじ山古墳[4]（大阪府堺市，6〜7期）　周溝掘りこみ面で径27歩（37.0m）の規格をもつ（図100）。小方部の長さは，前面の裾線（周溝下端線）でとらえると9単位弱となるが，主丘部規格が周溝の肩でおさえられるので，小方部の長さも同じレベルでとらえれば8単位となる。最大幅は12単位である。周溝外周プランは，側縁線の途中がくびれる無花果形で，左右で検出状況が異なるが，地目の境界線などを参考に図のように復元した。

塚廻り4号墳[5]（群馬県太田市，9期）　周溝掘りこみ面で径12歩（16.4m）

9　境界領域の帆立貝古墳　219

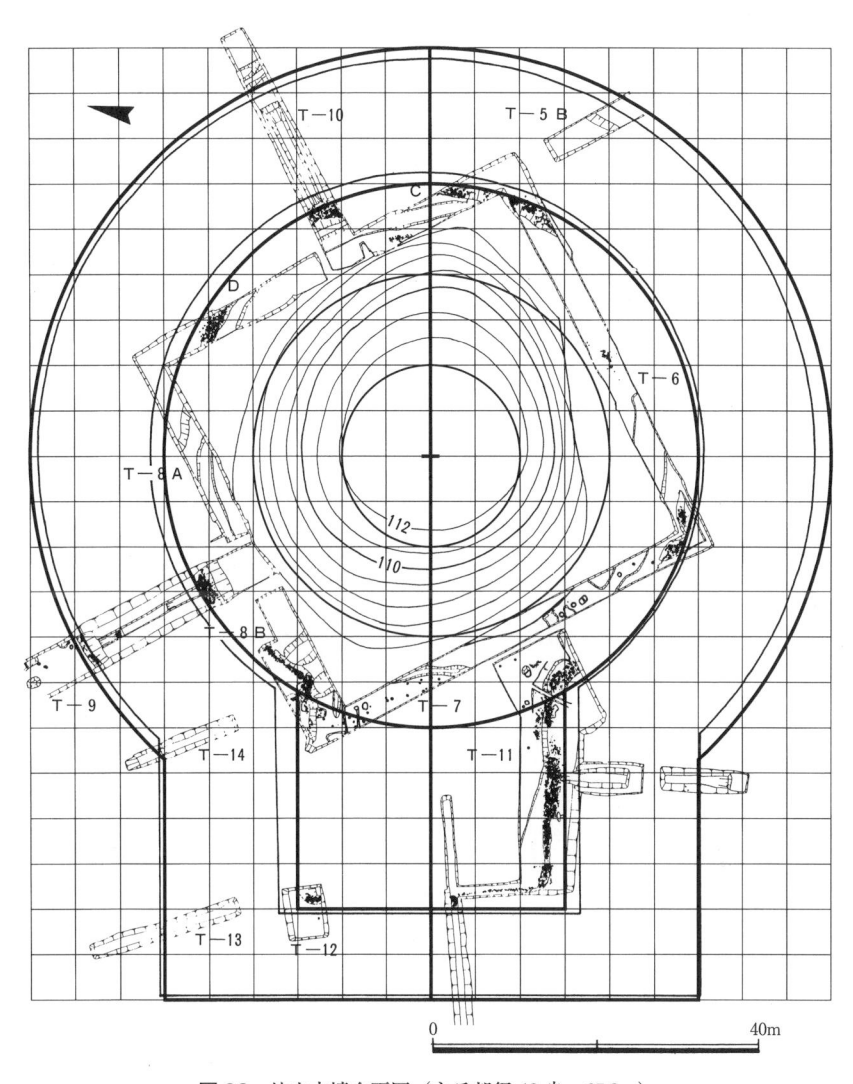

図 98　地山古墳企画図（主丘部径 48 歩・65.8m）

という小古墳であるが，全体にかなり厳密に施工されている（図 101）。小方部長 8 単位，幅 10 単位，周溝は無花果形の外周プランをもち，主丘部まわりで 8 単位，小方部前面で 4 単位の幅なので，4 単位区による概略設計の可能性が考えられる。

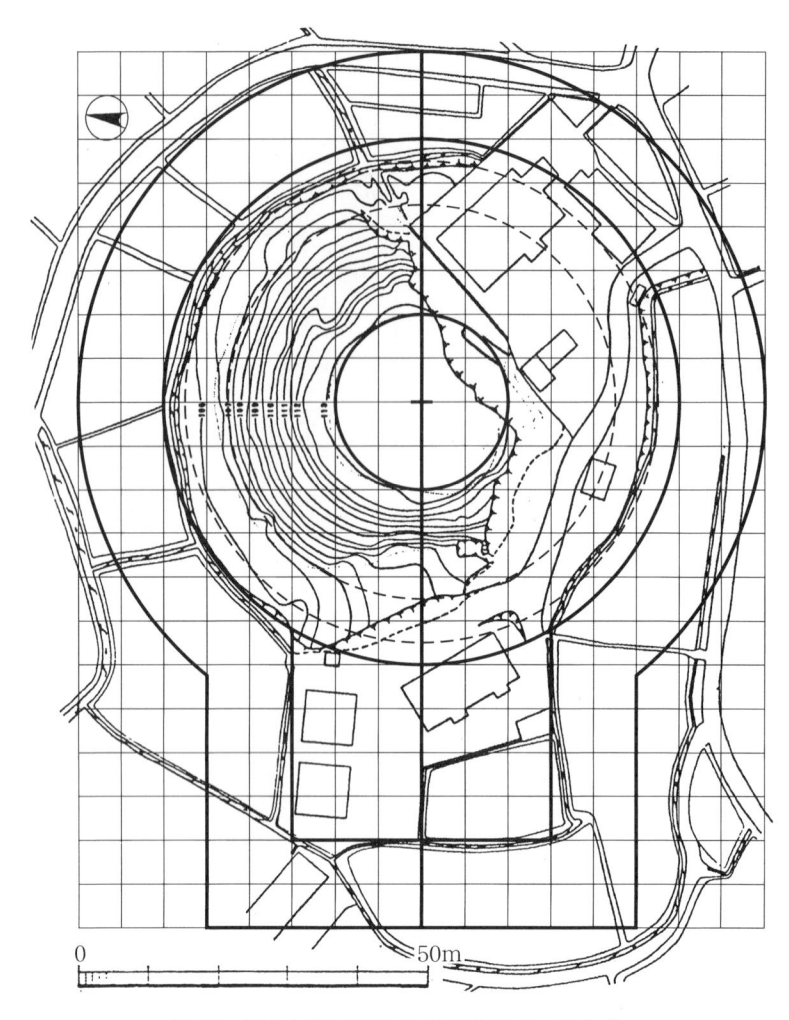

220 第2部 帆立貝古墳築造企画論

図99 椿山古墳企画図（主丘部径54歩・74.0m）

　主丘部裾の円筒埴輪列は円環状に完全に一周し，その内部にのみ盛土される。列の途中から小方部の埴輪列がハの字状に派出する。この埴輪列はすべて旧表土を掘りこんで設置され，列で囲まれた中に形象埴輪群が置かれていたので，小方部にはほとんど盛土されていなかったとみてよい。
　四条古墳[6]（奈良県橿原市，8期か）　主丘部が方形の事例である。測量図を

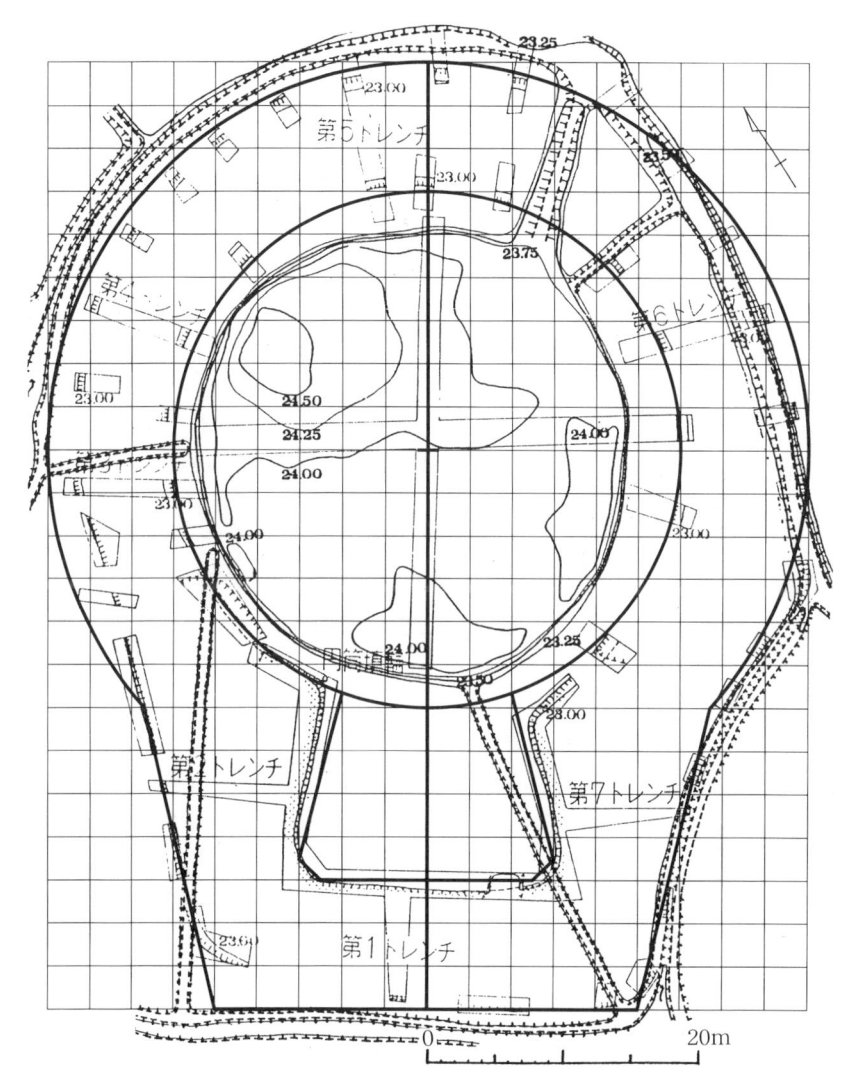

図100　こうじ山古墳企画図（主丘部径27歩・37.0m）

見ると主丘部および周溝外周プランは菱形状に歪んでいるが，これはおそらく単純な施工ミスによるとみられる。この時代，直角を求めるのが比較的むずかしい技術であったことは，当時の最高水準の技術で施工されたであろう大王墳クラスの畿内大型前方後円墳においても，前方部前縁線が主軸に直交しない例

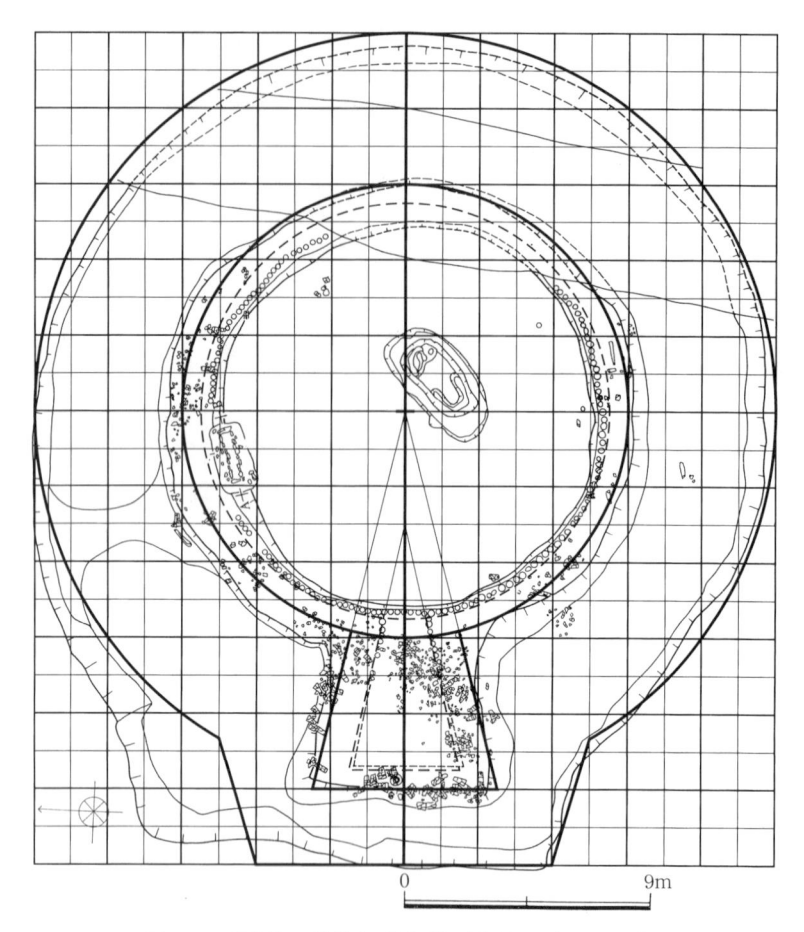

222　第2部　帆立貝古墳築造企画論

図101　塚廻り4号墳企画図（主丘部径12歩・16.4m）

　が見られることから理解される。これに対し四辺の長さの方は，現場用モノサシを使用して正確に設定されているものと思われる。このように考えて，各辺の長さはそのままにして主丘部と周溝外周の四隅を直角に修正して企画図（図102）を作成した。
　「一辺約28m〜29m」との報告のとおり，周溝掘りこみ面で方21歩（28.8m）の規格となる。主丘部一辺は24単位，突出部長8単位，幅10単位，周溝の幅は主丘部まわりで6単位，小方部前面で4単位，周溝外周は36単位×42

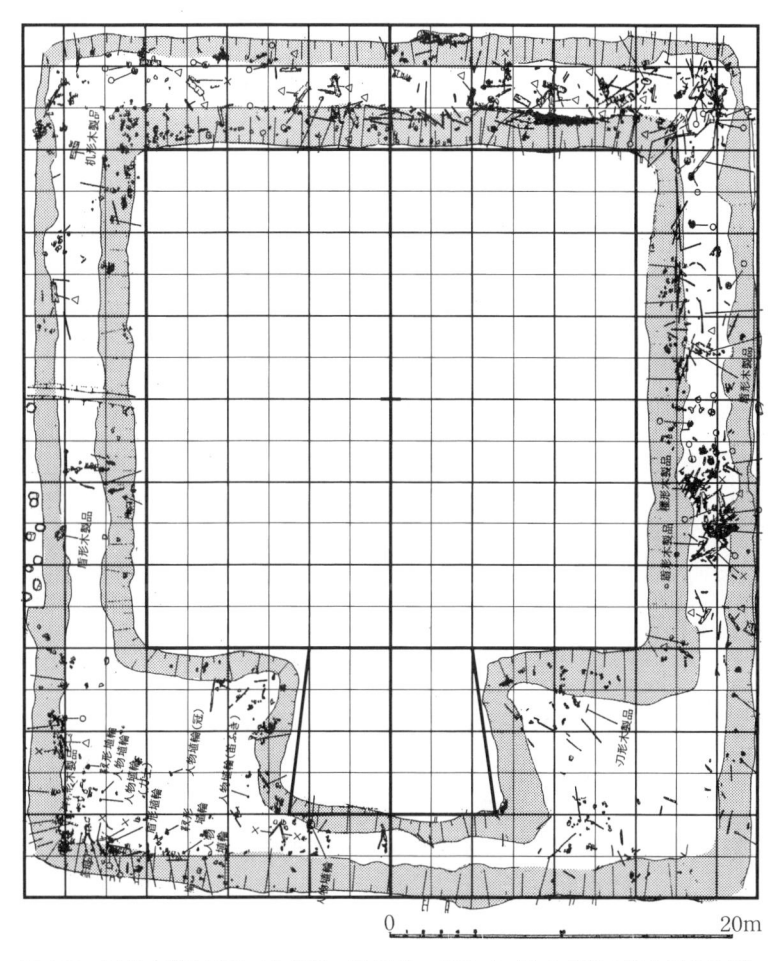

図102　四条古墳企画図（主丘部一辺21歩・28.8m）（注6文献の第3図を改図）

単位の長方形となっている。前方に向かって開かない長方形の外周プランは，奈良・小立古墳のような側縁線が主軸と平行する盾形プランに対応するものといえよう。原設計は以上のように復元され，主丘部が方形で小方部長8単位の確実な事例といえる。

突出部長9単位の古墳

　小方部長5単位の古墳はわずか3基，7単位のものは確認されないように，

奇数単位の小方部をもつ帆立貝古墳は例外的な存在であった。これに対し，4，6，8の偶数単位の古墳はそれぞれかなり多く確認されている。

前方後円墳と帆立貝古墳の境界がある単位数に設定されたあとは，帆立貝古墳における突出部の長さの調節は，基本的に2単位きざみで行なわれたとみてよさそうである。長さの設定は，造墓主体者の望みどおりに行なわれたものではなく，原則的に主丘部規格とともに倭王権によって指定されたと思われるが，2単位きざみの長さ指定が行なわれていることは，古墳設計の現場で2単位区（12等分値）という大単位が一般的に用いられていたことが反映された事象とみてよいかもしれない。

そのような中で，奇数単位としては例外的に多く確認されるのが突出部長9単位の古墳である。

大園古墳[7]（大阪府高石市，8期）　次に見る蕃上山古墳とともに，石部氏ら4氏の3区型古墳のうちほぼ確実に9単位の長さをもつ事例である。墳丘はすべて失われていたが，周溝掘りこみ面で径24歩（32.9 m），突出部の長さ9単位，前幅は16単位の当初プランと復元される（図103）。

この突出部長9単位，前幅16単位というプランは，蕃上山以下の古墳と同じものである。ただ，側縁線の開き度合いはそれぞれ微妙に異なり，それに応じてくびれ部幅もちがってくる。その程度を確認するために側縁線を主丘部側へ延長し，主軸との交点の位置が異なることを示した[8]。周溝幅はそれぞれ異なるが，周溝外周が馬蹄形プランをもつ点も4者共通している。

蕃上山古墳[9]（大阪府藤井寺市，8期）　周溝掘りこみ面で径27歩（37.0 m）の規格とみられるが，突出部左側縁が攪乱されているようであり当初プランの判定がむずかしい（図104）。突出部長は8単位か9単位か微妙なところだが，幅が16単位に復元され，大園古墳などと共通するので9単位と考えておきたい。この古墳は櫃本氏によれば複突出墳であるが，既述のとおり，くびれ部左側に見られる突起は突出部左側縁の攪乱によって二次的に生じたものとみるべきであろう。

供養塚古墳[10]（滋賀県近江八幡市，7期）　墳丘裾の葺石基底石（見かけ上の周溝下端線）で径27歩（37.0 m）の規格をもつ（図105）。複突出墳であり，くびれ部右側に長さ2単位，幅5単位の造出が派出している。墳丘はすでに失われ

9　境界領域の帆立貝古墳　225

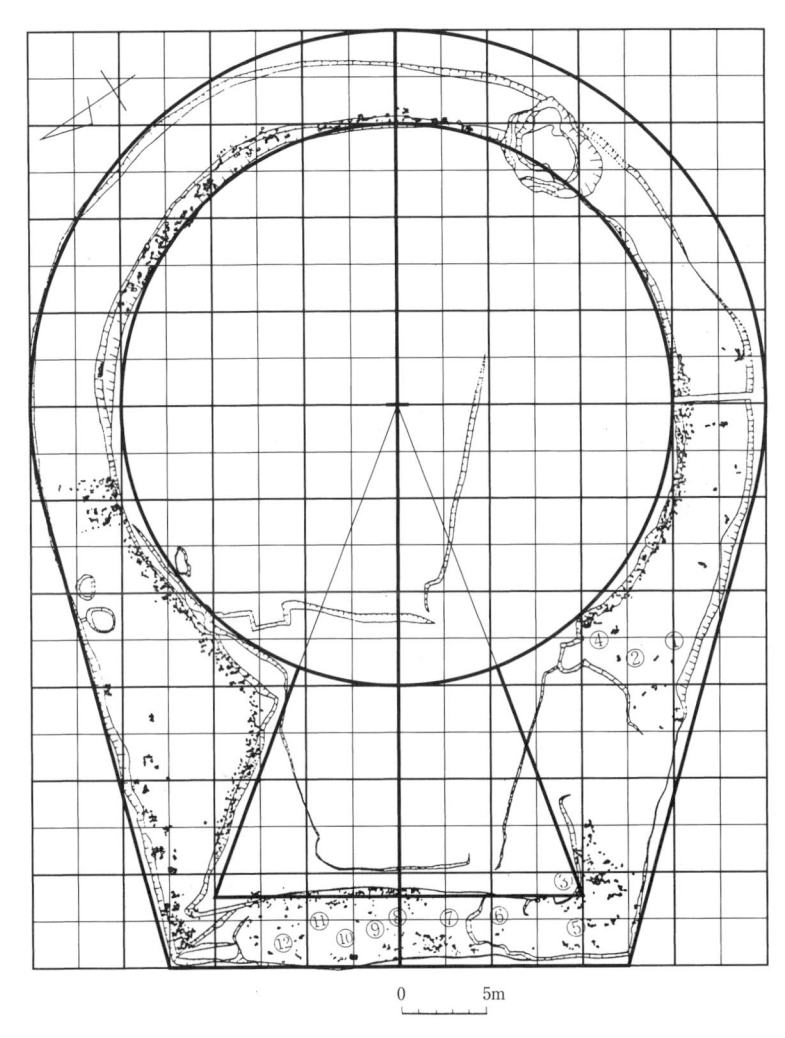

図 103　大園古墳企画図（主丘部径 24 歩・32.9m）

ていて，その立体的構成はわからない。

　井ノ奥4号墳[11]（島根県松江市，7期）　墳裾葺石列で測って径30歩（41.1 m）の規格である（図106）。主丘部は2段築成で，第2段裾は9単位目，テラス上の円筒埴輪列は10単位目の円周上に正しく配置されている。

　突出部側面ではテラスが消失すると報告されているが，主丘部第2段裾の葺

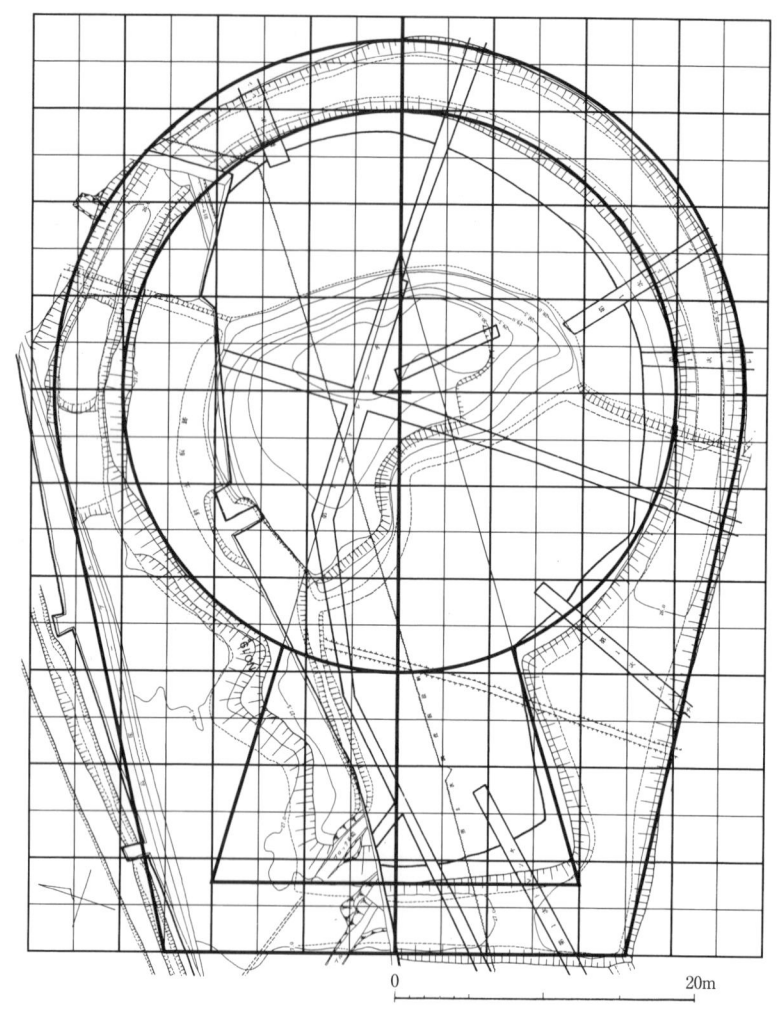

図104　蕃上山古墳企画図（主丘部径27歩・37.0m）

石基底石列は円環状に完結せずに突出部に続き，第1段の裾線にほぼ平行して，全体では前方後円形にめぐる。テラス上の埴輪列も本来は同じように墳丘を一周していたものらしい。周溝は馬蹄形で，外堤をともなう。

　以上4基が9単位として確実な事例である（蕃上山が多少不確実であるが）。ほかに神戸市亀塚古墳[12]（8〜9期）が，主丘部径15歩（20.6m）という小規格

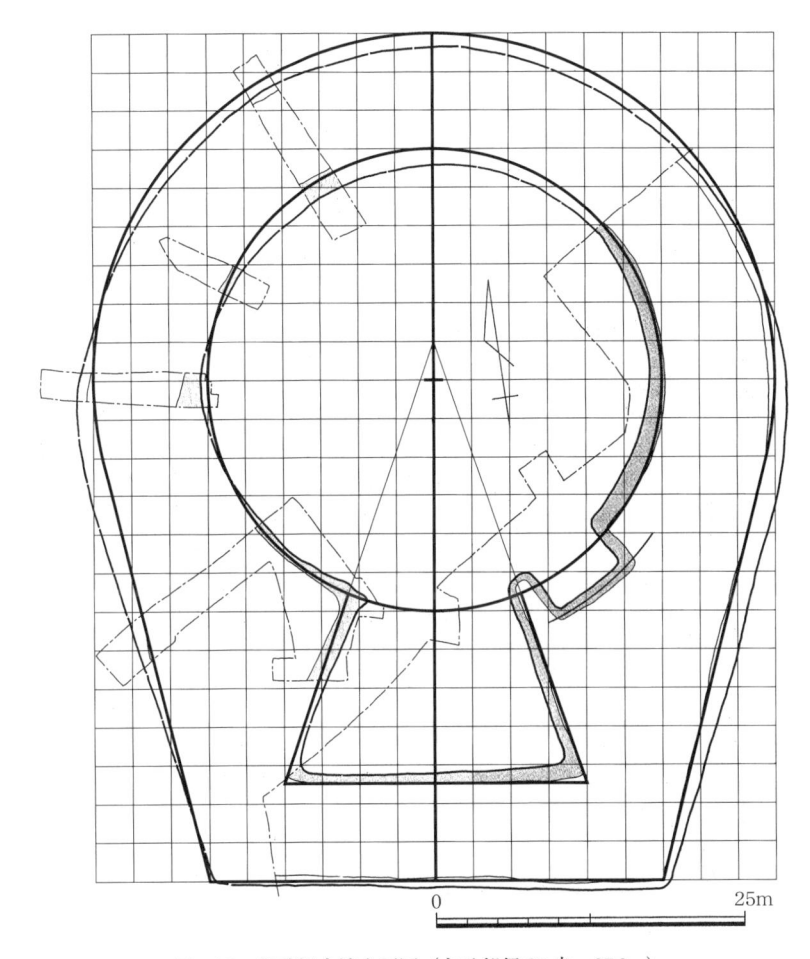

図 105　供養塚古墳企画図（主丘部径 27 歩・37.0m）

ながら 9 単位の事例とみてほぼまちがいない。また，栃木県宇都宮市雀宮牛塚古墳[13]は，主丘部径 30 歩 (41.1 m) とみたとき突出部長 9 単位の可能性があるが，損壊が甚だしい上，部分的なトレンチ発掘のため，確定的とはいえない。

注
1）『青蓮寺開拓建設事業地域遺跡地図』15 頁
2）佐伯英樹「地山古墳群」『栗東町埋蔵文化財調査 1990 年度年報Ⅱ』㈶栗東町文化体育振興事業団，1992 年

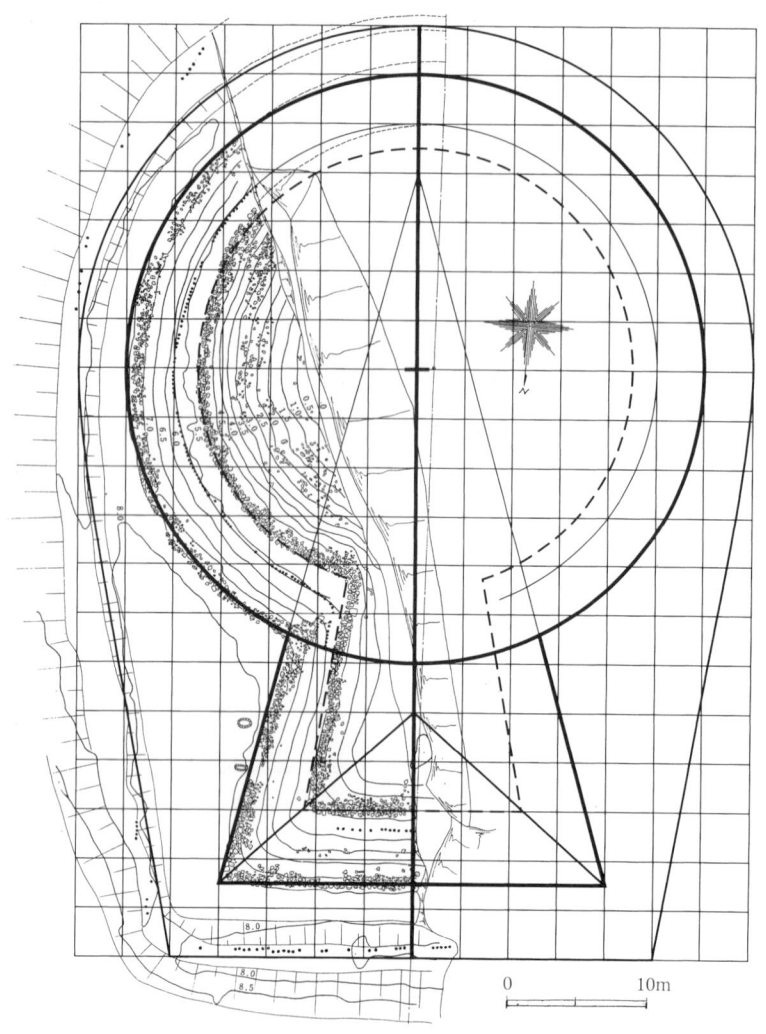

228　第2部　帆立貝古墳築造企画論

図106　井ノ奥4号墳企画図（主丘部径30歩・41.1m）

3）栗東町教育委員会『町内遺跡分布調査報告書』1989年
4）奥田　豊『こうじ山古墳（跡）調査報告書』堺市教育委員会，1973年
5）石塚久則ほか『塚廻り古墳群』群馬県教育委員会，1980年
6）西藤清秀「四条遺跡発掘調査概報」『奈良県遺跡調査概報　1987年度（第2分冊）』橿原考古学研究所，1990年，293頁

7) 「大園古墳」『高石市史　第2巻　史料編Ⅰ』高石市, 1986年, 13〜16頁
8) 既出の企画図にもこのような作図を行なったものがあるが, あくまで小方部側縁の開き度合いを示すためであって, 設計や縄張りの段階で, 小方部側縁線の設定がこのように行なわれたと考えているわけではない。
　　実際には, 主丘部裾線の円周が主軸線と交わるC点から, 設計上の距離を測ってくびれ部連接点（J点）を求め, J点と小方部隅角との間に縄を張って側縁線を設定したと想定している。
　　隅角から中軸線上の交点までとなると距離が大きくなり過ぎ, 中小規模の古墳ならともかく, 大型前方後円墳ではその間に縄を張ることがまったく不可能ではないにしても, 現実的な手法とはいえない。
9) 野上丈助「外環状線内遺跡発掘調査概要・Ⅰ―藤井寺市野中1丁目所在・蕃上山古墳・はさみ山遺跡―」『大阪府文化財調査概要　1972年度―Ⅱ』大阪府教育委員会, 1974年
10) 辻川哲朗「滋賀県指定史跡千僧供古墳群」『緊急地域雇用特別交付金事業に伴う出土文化財管理業務報告書』滋賀県教育委員会ほか, 2002年, 199〜222頁
　　なお, 上記の文献に掲載された測量図のスケールの数値には誤まりがあり, このことについては滋賀県埋蔵文化財センター濱修氏から教示をいただいた。
11) 岡崎雄二郎「松江市井ノ奥4号墳の調査」『考古学ジャーナル』No.120, 1976年, 18〜21頁
12) 鎌木義昌ほか「播磨出合遺跡について」『兵庫県の歴史』第22号, 1986年
13) 大和久震平『雀宮牛塚古墳』宇都宮市教育委員会, 1969年

10　前方後円墳と帆立貝古墳の境界

9 単位古墳の位置づけ

　等分値企画図によるこれまでの検討によって, 帆立貝古墳と前方後円墳の境界領域には, 突出部長8, 9, 10と各単位数の古墳の存在することが確認された。24等分値1単位という最小差をもって各「単位型」が等間隔でならんでいるわけであるが, そのような序列のどこかに, 2つの墳形を分ける境界を設定し, そのことを合理的に説明することは可能なのであろうか。
　すでに見たように, 女良塚古墳や椿山古墳における主丘部と突出部との高さ

の関係などから,突出部長8単位の古墳は帆立貝古墳の範疇に含ませて支障ないと思われる。同じく馬塚古墳など10単位の古墳も前方後円墳とみて何ら問題ないと考えられるので,最終的には9単位の古墳がどちらの墳形に帰属するかという検討作業によってこの問題は決着されることになる。

墳丘の立体的構成

帆立貝古墳の判定に際し主丘部,突出部の高さの関係は大きな判定要素となる。9単位と確認された企画図掲載の4基のうち,3基については残念ながら墳丘が失われていて当初の立体的構成が不明である。

唯一当初の状態を把握できる井ノ奥4号墳は,主丘部,突出部とも2段築成で,中段テラスとそこに樹立された埴輪列は前方後円形に一周していたとみられる。第2段裾の葺石基底石列も同様であり,これは通常の前方後円墳と何ら異ならない立体構成といってよい。主丘部が女良塚のように3段になっていた形跡も認められないので,突出部の高さが主丘部中段テラス面までにおさえられた帆立貝古墳とは異なる様相を示していることを認めざるを得ない。

この古墳の立体的構成は前方後円墳にふさわしいものといえ,この点は9単位の古墳を前方後円墳とする見方の支持材料となる。

埴輪列

円筒埴輪列が墳丘をどのように囲繞しているかという点も,墳形判定の大きな要素になると思われる。

墳丘中段の埴輪列について遊佐和敏氏は,「帆立貝式前方後円墳」では「円丘部と方形部を一連の墳丘として認識し,段築テラス面上を前方後円形にめぐらされるのが普通であった」のに対し,「造り出し付き円墳」の場合は,「墳丘としての円丘部と付属施設である方形部を区別する意図から,連接部にも円筒埴輪が配列されることがあった」と,2つの墳形における大きな相違点として指摘された[1](傍点は引用者)。優れた着眼であるが,墳形のとらえ方が私とは異なるためこの問題についても結論は異なる。

遊佐氏の規定される2種の埴輪列囲繞形態のうち,前者は「帆立貝式」ではない通常の前方後円墳に相応したものとみなければならない。

埴輪列が円環状に完結する後者の形態のうち,「付属施設である方形部を区別する意図」から,そのように配列されたものが造出付円墳にかぎられる点に

ついて異論はない。ただし，帆立貝古墳にも塚廻り4号墳のように埴輪列が円環状に完周するものは多い。後者の形態は，造出付円墳だけでなく帆立貝古墳にも通有の囲繞形態ととらえるべきものと考える。

　円丘部と不可分の小方部をもつ帆立貝古墳という墳形において，連接部で埴輪列が途切れずに円環状に一周するものが多いのは，小方部を付属施設として区別するためではなく，帆立貝古墳の立体的構成が，基本的に小方部の高さを主丘部の中段テラス面までとするものであったため，前方後円墳とはちがい埴輪列を円環状に完周させることに支障がなかったためと解しておけばよいと思われる。埋葬主体部を包蔵する主丘部の禁忌性を高めるために埴輪列を円環状に囲繞させることは，前方後円墳の最上段においてもしばしば認められることである。

　埼玉・雷電山古墳など若干の例外はあるものの，以上見たように帆立貝古墳の埴輪列は主丘部（の中段）を円環状に取り巻くのが基本であり，前方後円形にめぐるのは通常の前方後円墳だとすると，井ノ奥4号墳の墳丘中段埴輪列の状況は，帆立貝古墳ではなく前方後円墳としての条件をそなえていることを否定できない。

造出

　供養塚古墳は複突出墳で，長さ2単位の小突出部すなわち造出をもつ。造出はくびれ部右側の主丘部から派出し，大突出部に接していない。造出をともなう帆立貝古墳においては，造出は例外なく小方部から離れた位置にあり，両者が部分的にでも接することはない。

　これに対し，前方後円墳における造出は，小数の例外（大分県下山古墳[2]など）をのぞいてくびれ部に置かれ，全部か部分的にかのちがいはあるものの，必ず前方部側縁の墳麓斜面に接するように設置されている。供養塚の場合，大突出部の側縁線はかなり長く，ここから造出を派出することは十分可能であるにもかかわらず，そのように施工されていない。この点は帆立貝古墳における基本的企画性の規範に則っているといってよい。

突出部の前幅

　帆立貝古墳という新たな墳形の創出に際しては，突出部の長さ，高さとともに，幅についても一定の限度を設け，前方後円墳との区別化が図られた可能性

表6　小方部の平面規模比較表　　　　　　　　＊数字は単位数

長さ	幅	古　墳　名
4	5	月の輪
	6	天乞山〔方〕，（静岡・千人塚）
	8	久保田山，高崎情報団地16号，御塚
	10	池上，（兵庫・笹塚）
	12	乙女山，雷電山
	16	栃木・久部愛宕塚
5	8	樋渡
	10	野毛大塚
	12	磯崎東1号
6	8	高塚1号
	10	楯塚，舞台1号，狛江亀塚，明合〔方〕（？）
	12	神前山1号，若宮八幡北，御願塚，鞍塚，雨宮
	13	小立
	20	赤堀茶臼山
8	10	塚廻り4号，四條〔方〕
	12	女良塚，椿山，こうじ山，地山
	22	（埼玉・お手長山）
9	16	大園，蕃上山，供養塚，井ノ奥4号

（　）つきの古墳は企画図を掲示していない古墳

が高い。表6に突出部長と前幅の関係を示した。参考のために，諸般の事情で企画図を掲示しなかった古墳のうち，長さ，幅とも確実に把握できているものも取りあげた。

　長8単位以下の古墳を見ると，長6単位の群馬・赤堀茶臼山古墳の前幅20単位という例のほか，長4単位に幅16単位の栃木・久部愛宕塚古墳，長8単位に幅22単位の埼玉県お手長山古墳[3]（深谷市）という非常に幅広い古墳が認められる。いずれも東国という辺境地の事例であり，後2者は6世紀後半の築造と推定されるので，帆立貝古墳に関する規範がゆるんだ段階の所産といえるかもしれない。群馬，栃木両県にはこの時期，突出部の非常に幅広い帆立貝古墳が多数存在するようであり一つの地域性ともとらえられる[4]。

　このような例外的な事例をのぞくと，長8単位以下では幅12単位がほぼ上限となっているとみて誤まりないと思われる。

　長9単位の大園古墳など4基の突出部前幅はいずれも16単位で，墳裾の輪

郭線だけをとらえればほとんど同一プランの古墳といってよい。16単位という幅は，長8単位以下の帆立貝古墳における原則12単位以下という規模の設定をこえるものであり，その4単位という差をどのように評価すべきか問題となる。

16単位という突出部の幅は，そのことから帆立貝古墳には含み得ないとするに足る決定的要素ではないともみられるが，4単位の差はかなり大きいこともたしかである。ただ，前方部長10単位の前方後円墳，馬塚古墳の26単位，長塚古墳の32単位にくらべればその差は歴然としている。16単位という幅は，長8単位以下の帆立貝古墳とは異なる墳形とするだけの決定的差異ではない，とみておくのが妥当といえるのではなかろうか。

周溝（濠）プラン

造出付円墳を含む帆立貝式古墳の周溝の外周形態は，例外的なものをのぞけば表7および図107のとおり6種類に大別される。

このうち①と⑥の2種は帆立貝式古墳に特有のプランである。②〜⑤の4種は前方後円墳にも認められる。

①の倒卵形（卵円形）は全周が曲線で構成されるもので，東京・野毛大塚古墳や群馬・若宮八幡北古墳などで詳しく検討したように，中心も半径も異なる4種の円弧をなめらかに接続させることによって形成される。集成編年4期の大阪・盾塚でいち早く採用されており，今のところ②以下のタイプの初現期が5期以降と若干遅れることからみて，帆立貝古墳の周溝形態として最も早く採用されたものである可能性が高い。

初出の時期および前方後円墳には認められない独自のタイプであることに着目すれば，帆立貝古墳という墳形が創出された際，新墳形にふさわしい周溝プランとして創案された形態である可能性も高いと思われる。

企画図未掲載で倒卵形周溝をもつ古墳として大阪府青山古墳[5]（藤井寺市，6期），兵庫県マンジュウ古墳[6]（加西市，5〜6期か），岡山県井口車塚古墳[7]（津山市，8期か）などがあげられ，馬蹄形に次いで採用数の多いプランだったと推定される。

②の馬蹄形は5期に出現する。その後も長く採用され，帆立貝古墳の周溝プランとしては最も採用数の多いものとなっている。突出部の小さい墳形にふさ

234　第2部　帆立貝古墳築造企画論

表7　帆立貝式古墳（造出付円墳を含む）周溝プラン分類表

時期＼プラン	4期	5期	6期	7期	8期	9期	10期
①倒卵形	6　楯塚	5　野毛大塚 5　樋渡	6　鞍塚	4　高崎情報団地16号		6　若宮八幡北	
②馬蹄形		4　乙女山 4　池上	6　舞台1号	6　御願塚 9　供養塚 9　井ノ奥4号	9　大園 9　蕃上山		
③相似形		4　雷電山 8　女良塚 8　地山	8　椿山				
④無花果形			2　三吉石塚 8　こうじ山			4　御塚 8　塚廻り4号	
⑤楯形				6　小立			
⑥眼球形			2　後野円山 2　公卿塚	4　久保田山	6　狛江亀塚		

古墳名頭の数字は突出部長の単位数

わしいプランであり，盾形や眼球形にくらべ周溝の面積は多少小さくて済む。また，倒卵形にくらべ設計，施工が格段に容易であり，この点も広く採用された要因になっているものと思われる（等分値企画図の作成も比較にならないほどたやすい）。これらのことから比較的早く倒卵形に代わって主流の座を占めることになったものと推察される[8]。

　前方後円墳に共通する②～⑤のプランは，型式的には墳丘相似形→無花果形→馬蹄形→盾形という発展系列として把握できるが，帆立貝古墳における採用実績はそのような時間差を示さず，あまり時間を置かないですべてのタイプが登場するとみてよさそうである。すでに前方後円墳の周溝プランとして各タイプが出そろった段階で，帆立貝古墳という墳形が成立したという事情によるものと思われる。

　③の墳丘相似形は，埼玉・雷電山古墳（突出部長4単位，5期）をのぞくと近畿地方東部（滋賀県と三重県）に3基が確認され，時期的，地域的にやや偏った存在状況を示す。3基とも8単位長の古墳である点にも注意されるが，歴史的背景などの考察については類例の増加を待たなければならない。

　④無花果形，⑤盾形の類例も少なく，今回企画図を掲載できなかった事例の中にも追加例はほとんどない。馬蹄形にくらべ存在数は格段に少ないものだっ

10 前方後円墳と帆立貝古墳の境界 235

1 倒卵形（群馬・若宮八幡北）

2 馬蹄形（大阪・大園）

3 墳丘相似形（三重・女良塚）

4 無花果形（大阪・こうじ山）

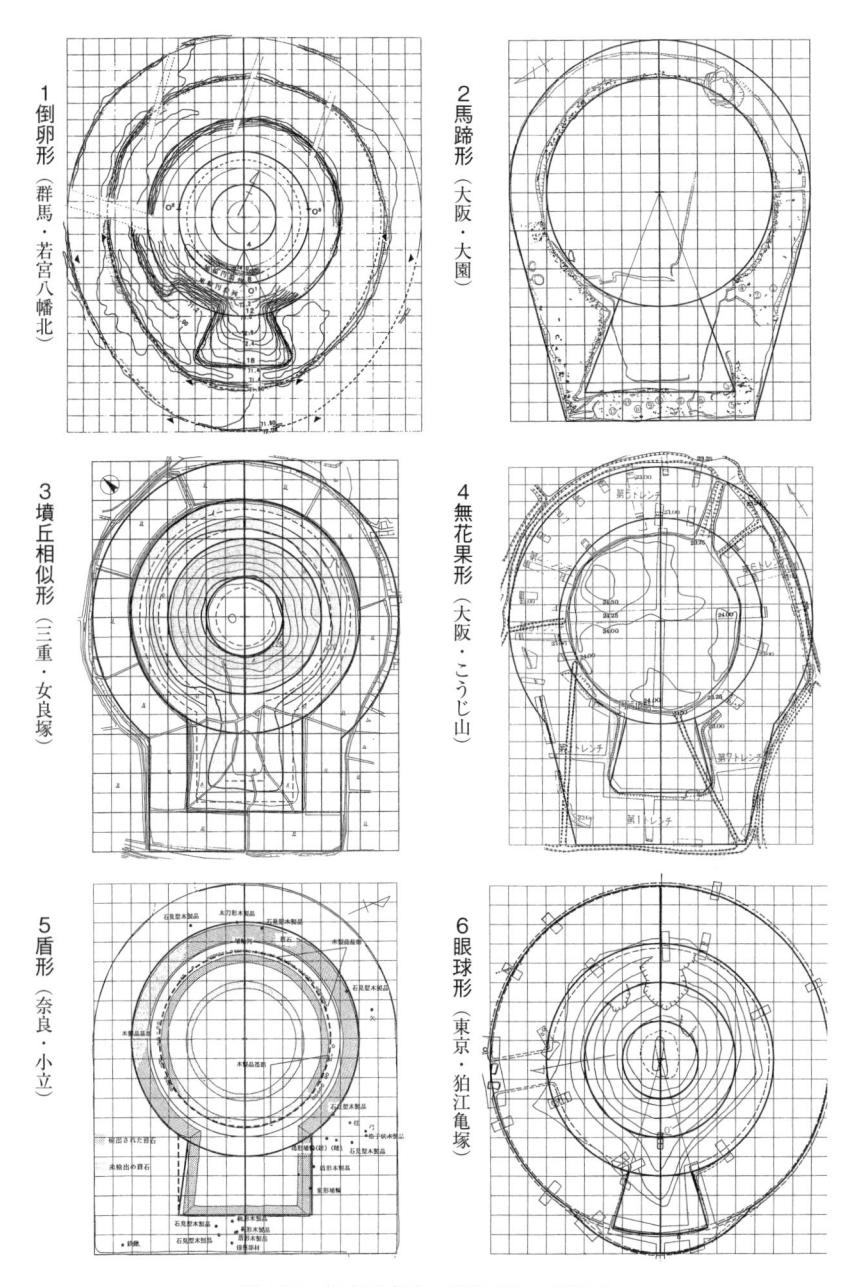

5 盾形（奈良・小立）

6 眼球形（東京・狛江亀塚）

図107　帆立貝古墳・周溝プラン分類図

たとみてよいだろう。

⑥の眼球形は初現が6期とやや遅れ、この期の2基はどちらも突出部長2単位の事例であることから、当初は造出付円墳のための周溝プランとして成立し、やがて帆立貝古墳にも採用されるようになったものと考えられる。

このように見てくると、少ない事例からではあるが、帆立貝古墳における6種の周溝外周プランのうち、帆立貝古墳に特有の形態である倒卵形が最初に出現したこと、ただし最も広く採用されたのは馬蹄形であったこと、の2点はまちがいない事実と認められる。

また、どのタイプも周溝外周の最大幅は主丘部中心点の左右にあって、前方へ向かって幅のせばまるプランをもつ点も注意すべきであろう。盾形に分類した小立古墳も、その側縁線は主軸に平行して、前方へ向かって広がることはない[9]。

5期以降の大型前方後円墳の場合、周濠外周の側縁線は前方へ向かって大きく開くものがほとんどで、この点著しい相違点といえるが、突出部の規模に制約を加えられた帆立貝古墳という墳形に相応した状況ということができよう。周溝外周の平面形態にはいくつか選択の余地があったが、いずれの場合も前方へ向かって広がるプランは容認されなかった可能性は高い。

したがって、突出部9単位長の古墳がすべて馬蹄形プランをもつことは、これを帆立貝古墳の範疇内にあるとする有力な根拠になるものと思われる。

帆立貝古墳の範囲

突出部長9単位の古墳の帰属について検討した結果、突出部の幅、周溝形態という2つの面で、帆立貝古墳に含めることを支持する材料が得られた。滋賀・供養塚古墳における小突出部（＝造出）の付設位置も補強材料とみなし得る。

ただ、前方後円墳と帆立貝古墳との区別に関して有力な指標になる主丘部と突出部の高さの関係（＝立体的構成）については、墳丘の遺存度の問題から島根・井ノ奥4号墳しか確認できなかった。この古墳では主丘部2段に対し突出部も2段、中段テラスおよび樹立された円筒埴輪列は前方後円形に一周し、前方後円墳とみて問題ない構成を示していた。

以上を総合して判断すると、井ノ奥4号墳という否定的材料は存在するもの

の，現状では突出部長9単位の古墳は帆立貝古墳に含まれると結論するのが妥当であるように思われる。

単位数で確認された突出部の平面規模が同時期の前方後円墳にくらべれば格段に小さいこと，および平面プラン策定上何らかの制約が存在したことを物語るかのような周溝外周プランの状況は，8単位長以下の帆立貝古墳と異ならない企画性とみて何ら差し支えないものと考える。

前方部の発達という現象

5世紀以降の大型前方後円墳においては前方部の発達が著しい。長さ，幅とも次第に大きくなり，その状況は24等分値の単位数で明確にたどることができる。一般には前方部の長さ，幅の増大ととらえられる現象は，実は二次的なもので，前方部肥大化の真の原因は，前方部の高さをできるだけ高くしたいという造墓主体者の希求にあった。

5，6世紀を通じてなぜそのような欲求が持続されたのかよくわからないが，時代を追って前方部の高さが増大していく状況があることは否定できない。平面規模を一定にして高さだけを高くすると，斜面の傾斜（ノリ勾配）がきつくなり，斜面崩壊の原因となる。安定した墳丘構造を得るため，高さを増すときは同時に斜面幅を大きくして，平均勾配を一定に保つ必要がある。

前方部前面については，墳丘最上段の肩の線が中軸線と交わる点をKとすると，墳裾の点Dとの間の水平距離KDが前面の総斜面幅ということになる。KDは時代を追って長くなっていくので，前方部の高さの増大に対応して，斜面幅も大きく設定されていることは明らかである（図108）。

前方部の側縁部についても同様に斜面幅を広げなければならないが，この場合は左右両側の斜面幅を広げなければならず，また墳頂平坦面の幅も確保しなければならないので，両隅角間の距離QQは大きく広げられることとなる。このように，盛土工事における技術的必要性から，高さを大きくしたいという注文に対応して，同時に長さ，幅とも次第に大きくなっていったというのが前方後円墳における前方部の発達という事象の実態であった[10]。

5，6世紀の前方後円墳の築造企画にこのような法則性があることを認めるとき，長8単位以下の帆立貝古墳における墳丘の立体的構成は，同時代の前方後円墳からはあまりにもかけ離れた，まったく異質のものといってよい。長9

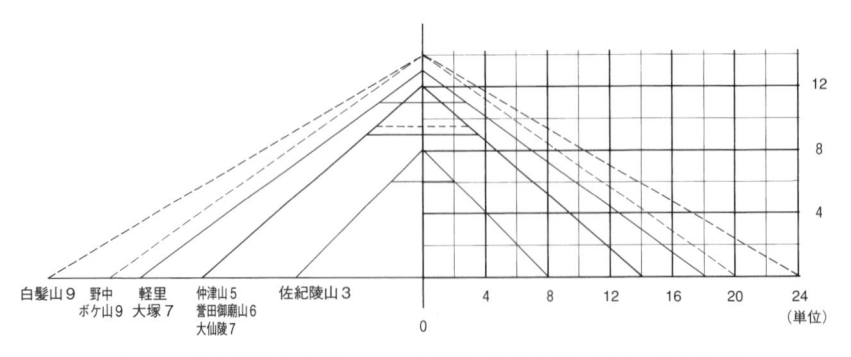

238　第2部　帆立貝古墳築造企画論

図108　前方部前面の平面プラン比較図（古墳名横の数字は推定時期）

単位の古墳についても同時代の前方後円墳からの懸隔は甚だしい。
　古墳の築造に際しては，倭王権から墳形と主丘部規格が指定され，前方後円墳の場合は墳長についても指定されたものと思われる。
　指定値の範囲で前方部の高さをできるだけ高くしたいという要求に応えるとき，主丘部規格に比して墳長の指定値が短い場合は，奈良・掖上鑵子塚古墳や三重・馬塚古墳のように，幅にくらべて寸詰まりな印象のある不自然な前方部プランとならざるを得ない。野中ボケ山古墳（現・仁賢天皇陵）や白髪山古墳（現・清寧天皇陵）になると，もはや破綻寸前といってよいほど不自然なプロポーションとなっているが，これも指定された墳長の範囲内で前方部を高めようとしたための結果とみてよい[11]。
　墳長の制限には，被葬者に対する倭王権からの何らかの意思表示がこめられていたはずであるが，前方後円墳においては，指定値の中で自由に前方部を高くし，そのために幅を大きくとることも許容されていたことが理解される。墳丘の立体的構成に関する王権からの干渉の度合いは，帆立貝古墳とは著しく異なり，2つの墳形における決定的ちがいとして特筆される。

小方部長の上限は9単位

　唯一立体的構成の知られる井ノ奥4号墳が前方後円墳と異ならない構成をもつものであったため説得性に欠ける点は否めないが，突出部長9単位の立体的構成も，基本的に8単位以下と異ならないものであった可能性は高い。最終的には墳丘構成を確認できる資料の追加を待たなければならないが，井ノ奥4号

墳は出雲という独自性の強い地域における事例ということもあり，当面，例外的構成を示すものとみる立場をとりたい。

　長々と説明してきたが，帆立貝古墳としての小方部長の上限は9単位であることを確認した。この長さは，大単位でみれば3単位区の3区に当たる。10単位以上が前方後円墳となるが，この数値は3単位区，4単位区では整数の区数にならず，あえて当てはめれば2単位区の5区ということになる。

　こうしてみると，帆立貝古墳と前方後円墳との境界設定には3単位区という概略設計単位が用いられ，その3区以下を前者の墳形における突出部長の上限とするという規範が存在したと結論される。造出の長さの上限が，3単位区の1区と定められていたことと対応する事象とみてよいであろう。

注
1) 遊佐『帆立貝式古墳』45頁
2) 菊田　徹「海部の古墳」『えとのす』第29号，1985年，106頁
3) 鳥羽政之ほか『四十塚古墳の研究』岡部町教育委員会，2005年，79頁
4) 秋元陽光氏の集成によれば，壬生牛塚古墳をはじめ突出部の幅広い帆立貝古墳が多数存在するようであるが，厳密な規格およびプラン判定の可能な調査例は少ない。
　　秋元「栃木県における帆立貝形古墳　研究ノート」『栃木県考古学会誌』第11集，1989年，53～78頁
5) 山田幸弘「青山古墳群」『新版古市古墳群』藤井寺市教育委員会，1993年，178頁
6) 立花　聡『玉丘遺跡群Ⅱ』加西市教育委員会，1993年，4～7頁
7) 小郷利幸『井口車塚古墳』津山市教育委員会，1994年
8) 造出付円墳の岡山・小盛山も馬蹄形の可能性があるが，やや不確実なことと時期的位置づけに疑問が残るため表7から除外した。
　　また，大阪・太秦高塚は眼球形とみて企画図を作成したが，最終的判断は正式報告の刊行を待って行ないたいと考え，表7には登載しなかった。
9) 遊佐氏は奈良・乙女山の周濠を盾形に分類されている（『帆立貝式古墳』53頁）。私の分類では，側縁線が直線で前方へ向かって幅をせばめるものはすべて，程度にかかわらず馬蹄形とし，主軸に平行する（a）か，前方へ向かって広がるもの（b）を盾形としているが，bのタイプは今のところ帆立貝古墳では確認されない。

10) 沼澤「墳丘断面からみた古墳の築造企画」23〜30頁
11) 野中ボケ山古墳などの前幅は，技術的に必要以上に幅広く設定された可能性も考えられる。当初は技術的要請から前方部高の増大に比例して前幅も広くとられたが，やがて前幅を広くとったプランに優越性を認めるような意識の変化が生じ，その結果前幅を不必要なまでに広げたプランが生み出された可能性も考えられる。ある種の古墳では，前幅の単位数が大きくなるほど時期が下降することを示す指標とは一概にいい切れないのかもしれない。

11　小方部墳という墳形

「墳形」の語義

「墳形」の語は重要な考古学用語であるにもかかわらず，どの考古学辞典を見ても項目として取りあげられていない。そのためもあってか，「前方後円墳の墳形は時代によって変化する」といった用例のように，個々の古墳の形態的特徴を示す語として用いられることがある。

しかしこれは誤用で，「墳形」の語は，前方後円墳，円墳，方墳などの「墳丘形式」を指す言葉として用いなければならない。西嶋定生氏[1]が「定式化された墳形」は「国家的身分制の表現」と説明されて以後，墳形と墳丘規模が，被葬者の身分ないし倭王権における政治的位置づけを示しているであろうことも一般に承認された理解といえる。

現在一般に認められている墳形名を整理すると次のようになろう。

①単純図形墳　　円墳，方墳，長方墳＊，八角墳

②複合図形墳（水平的複合）

　　　前方後円墳，前方後方墳，中円双方墳，双円墳

　　　帆立貝式（形）古墳

③複合図形墳（垂直的複合）

　　　上円下方墳，八角下方墳＊

　　（＊印のあるものは独立した墳形として一般に承認されたものとはいえないかもしれない[2]）

墳形名の命名法には一定の約束があって，単純図形墳の場合は「(幾何学的)

図形名＋墳」，複合図形墳の場合はこれに加えて前，後，上，下，中，双という，複数の図形の接合状況を説明する文字が挿入される。図形名からは「形」の字は省略され，古墳の「古」の字も省略するのが原則として慣例化している。したがって，時折みかける「方形墳」や「八角形古墳」のような呼称は原則からはずれたものといえる。

　これらの墳形名にくらべ帆立貝式（形）古墳という命名法はまったく異質であり，幾何学的図形名によらず，帆立貝という自然界に存在する事物との形態上の類似から名づけられている。

　今回の検討によって，漠然とした意味合いの帆立貝式古墳の中から，突出部の長さを基準として造出付円墳を分離した。造出付円墳の墳形はあくまで円墳である。長さ10単位以上の前方部をもつ古墳の墳形は，すべて前方後円墳として何ら支障ない。

　残されたのが帆立貝古墳（狭義の帆立貝式古墳）の扱いで，長さ4単位から9単位までの小方部をもつ古墳について，これを独立した墳形と認めるか，その場合「墳形名」をどうするかが大きな問題となる。

独立した墳形としての帆立貝古墳

　従来，帆立貝古墳は前方後円墳の一変異形であるとする見方で一致していた。近年の論著からひろってみても，小野山節氏[3]は，帆立貝古墳を大王権力によって前方部を極度に制限された前方後円墳ととらえられ，都出比呂志氏[4]は，「帆立貝式古墳とは前方後円墳の前方部が極端に短いものをさす言葉」と明確に規定されている。

　石部・宮川氏ら4氏[5]は，前方部長1区型から4区型までを帆立貝形古墳と規定した上で，「前方後円墳の前方部の基準規格には，1区型から8区型までの8類型がある」として，前方後円墳の範疇に含まれる古墳であるという見方を示された。

　遊佐和敏，橿本誠一の両氏は，共に「帆立貝式（形）前方後円墳」という用語を用いられていることから明らかなように，造出付円墳をのぞいた帆立貝式古墳を前方後円墳の一種とみなされている。

　このような見方に対し小沢一雅氏は，「デザインとして墳形全体を大観したとき，定型化された前方後円墳とは異質とみるべき」として，帆立貝式古墳を

コンピュータによる前方後円墳の形態研究の対象から除外されている[6]。自身の区分基準を示された上での判断ではなく，あくまで大観にもとづく所見であるが，全体の論旨には聞くべき点が多い。

私も，帆立貝古墳は前方後円墳の範疇に属さない，独立した墳形ととらえるべきものと考える。前節まで詳しく見てきたように，長さ9単位以下の小方部をもつ墳丘プランには，前方後円墳とは明らかに異なる構成原理が認められる。小方部は，長さ，幅，高さとも「前方部」にくらべ小さく抑制され，倭王権における被葬者の地位，格づけが一目瞭然，視覚的に了知されるよう措置されているといって過言ではない。

新しい墳形名の提案

それでは，帆立貝古墳を独立した墳形として認めるとき，その墳形名はどのように名づけるのが適当であろうか。遊佐，樋本両氏が使用される「帆立貝式（形）前方後円墳」という名称は，前方後円墳の一変異形であるとの前提に立った名称で，適当な命名ではない。また，既存の墳形名は5文字までにおさまっているが，両氏の命名は9文字を要し冗長にすぎる。

独立した墳形としての狭義の帆立貝式古墳について，その適正な墳形名をどのようにすべきかと考えるとき，「帆立貝」の語をなお使い続けるかどうかという点が第一に問題となる。

結論としては，他の墳形名の命名原則にならって，図形名を基調とする名称にするのが適当と考える。「帆立貝」の語を使った名称も，即物的で一般にもわかりやすく捨てがたいが，帆立貝を含む呼称には，どうしても前方後円墳の一種とみる認識にもとづいて命名されたものという印象がつきまとう。類似の表現として「柄鏡式（形）古墳」という呼称があるが，これは独立した墳形を指すものではなく，明らかに前方部の細長い前方後円墳を指しており，学史的にみれば「帆立貝式古墳」はこれと対になる命名である。前方後円墳ではない，独自の墳形である小方部をもつ古墳の墳形名として，帆立貝の語を用いるのはやはり適当とはいえない。

また，滋賀・天乞山古墳や三重・明合古墳のように，同じく小方部をもちながら主丘部が方形の墳形には，帆立貝のついた名称は適用できない。これらを独自の墳形と認めるとすれば，その墳形名として，「帆立貝」に対応して，その

平面プランに似た形の事物を探して「○○式」「○○形」と新たに命名する必要が生じるが，適当な事物があったとしても，その名称を定着させるのも容易なことではなさそうである。したがって，小方部をもつ円丘系，方丘系の２つの墳形に通用できる命名に配意する必要がある。

既往の墳形名への疑問

都出比呂志氏はよく，前方後円墳，前方後方墳をそれぞれ「後円墳」，「後方墳」と略記される[7]。しかし同じ省略するなら，江戸時代の宮車模倣説にもとづく前・後の字こそ取り去るべきで，「方円墳」，「方方墳」とした方がよい。

ただこの場合，方方墳という省略名は口に出していうときにかなり違和感がある。双円墳という墳形名があるのだから「双方墳」とする手はあろう。前方後円墳のような命名原則に従えば，双円墳は前円後円墳でなければならない。用語の簡素化を是とし，双円墳という呼称を認めるなら，前方後方墳は双方墳とすればよい。現状のほかの墳形名（帆立貝式以外の）も首尾一貫したものではないことを認識すべきであろう。

既往の墳形名について，統一した命名原則にもとづいて修正すべき余地はあると考えるが，各名称ともすっかり定着しており，すべての墳形名の改正をここで提起しようとするものではない。ここでは，現状の墳形名にこのような修正の余地があることを承知した上で，帆立貝古墳の適正な墳形名について考えてみたい。

水平的複合図形をもつ墳形としては，慣例にならって前方後円墳や双方中円墳のような説明的名称をつけるのが最も適切であろう。

前方後円墳の命名法に従えば「前小方（部）後円墳」となるが，先述のとおり前・後という説明字句はもはや必要なかろう。そこで前・後の字を取り去ると「小方（部）円墳」となり，「部」の字も取ると「小方円墳」となる（語の区切りは，いうまでもなく小／方円墳ではなく小方／円墳である）。小方部をもつ円丘系の墳形をこのように呼ぶのは，他の墳形名ともつり合いがとれているといえよう[8]。主丘部が方丘の場合は「小方方墳」となる。

ただ，この名称は新造語の常で語呂が悪く感じられる。「部」の字を取り去らず，「小方部円墳」，「小方部方墳」とすれば幾分なじみやすいかもしれないが，やはり違和感はぬぐえない。

小方部墳という呼称

　小方部をもつ墳形として円丘系,方丘系の2者があることは否定できない事実である。両者を一括して「小方部墳」と総称するのも一法であろう。ただし,2種の小方部墳のうち,円丘系は数百基という多数の存在が知られるのに対し,方丘系の確認数は今のところ十指に満たない程度であり,墳形としては特殊,僅少な存在といえる。

　そこで,本書では「小方部墳」の語を,2種の小方部墳のうち圧倒的多数を占める円丘系の小方部墳を指し示す墳形名として使用することとしたい。音読した場合も私にはあまり違和感がなく,こちらの方が狭義の帆立貝式古墳の呼称としては実際的かもしれない。方丘系の小方部墳にかぎって指し示す場合は当面「小方部墳（方）」としておきたい。

　ただ,一個人の提案になる「小方部」を基調とする墳形名が速やかに承認され慣用化されるとも思われず,帆立貝のつく名称が根強く使われ続けるのかもしれない。その場合は,式か形かというあまり意味のない議論を避けるためにも,本書でこれまでそうしてきたように,何もつけず単に「帆立貝古墳」としてはどうかと思う。字数も他の墳形名の上限（5字）内におさまっており,つりあいがとれる。

　従来の「帆立貝式（形）古墳」の語は,正式な墳形名としてではなく,円墳状の主丘部に短小な突出部をもつ古墳という程度の意味合いをもつ通称として,今後も使用されることに支障はなかろう。今回の検討によって造出付円墳,小方部墳,前方後円墳の別を突出部の単位数で明確に区分することが可能となったが,墳丘の遺存度の問題や未調査などのため単位数が把握できないもの,過去に十分な調査を経ずに消滅し検証できないものなどについて,その墳丘形態上の特徴を指し示す用語としては便利に使うことができる。この場合,正式な墳形名ではないので,帆立貝式古墳でも帆立貝形古墳でも,あるいは帆立貝風,帆立貝的,何でもよいと思われる。

　以上を整理すると,

　　小方部墳　　円形の主丘部と小方部（長さ4単位以上9単位までの突出部）
　　　　　　　とで構成される墳形。
　　　　　　　ただし,本書の以下の記述では小方部墳（方）をも含む総称

　　　　　　　としても使用する場合がある。
　　小方部墳（方）　　方形の主丘部と小方部とで構成される墳形。
　　帆立貝古墳　　小方部墳と同義の通称。
　　帆立貝式（等）古墳　　小方部墳の通称で，造出付円墳あるいは前方部の
　　　　　　　　　　　　　短い前方後円墳について，その突出部長が確定でき
　　　　　　　　　　　　　ないとき，それらを含んでいうことがある。
となろう。
　なお，小方部墳（方）に関しては，小方部長の上限などが小方部墳と同じように設定され，前方後方墳と区分されていたものかどうか，今のところ検討できていない。
　いうまでもなく，帆立貝式（形）古墳という慣用された用語を捨て去り，新しい墳形名を付与するというのは重大な問題であり，一個人の判断に委ねられるものではない。しかるべき学会レベルでの検討を経た上で公式化されることを期待したいが，この種の古墳の概念規定を明確化する作業の一環として，墳形名についての私案を示した。前方後円墳をはじめとする他の墳形名についても，これを機に総合的な再検討作業がすすめられることを願う。
　なお，小方部をもつ主丘部円形と方形の２種の墳形を一括して示す用語としても「小方部墳」と呼称することが許されるなら，前方部をもつ２種の墳形，すなわち前方後円墳と前方後方墳を一括して示す場合に「前方部墳」と呼ぶのも一法であり，便利に使用することができそうである。

古墳築造の規範

　これまでの検討の結果，突出部長の単位数によって，従来漠然と規定されてきた帆立貝式古墳の中から３種類の墳形を明確に分離することができた。
　結論として，突出部長が24等分値３単位以下の古墳は造出付円墳，その墳形は円墳となる。同じく10単位（実質12単位……後述）以上は前方後円墳である。４単位以上９単位までが小方部墳（帆立貝古墳）となり，諸家による既往の区分基準とは異なる結論となった[9]。
　従来の区分基準案との対比を表８に整理した。遊佐氏，櫃本氏，石部・宮川氏の基準とくらべてみると，私の区分基準とはどの項目を取りあげても一致する部分がない。小方部墳という，形態的に微妙な領域にある古墳の平面プラン

表8 突出部長による墳形区分基準の比較（後円部直径に対する比率）

	造出付円墳	小方部墳(帆立貝古墳)	前方後円墳	備　考
遊佐和敏	1/2を下回ること	1/2を上限とすること	1/2以上	
橿本誠一	1/5以下	1/3以下	1/3以上	
石部ほか	2/8 (1/4) 以下 * (1～2区型)	4/8 (1/2) 以下 (3～4区型)	5/8以上 (5～8区型)	後円部直径の8等分値 を基準単位とする
沼澤　豊	3/24 (1/8) 以下 (1～3単位)	9/24 (3/8) 以下 (4～ 9単位)	10/24以上 (10単位以上)	後円部直径の24等分値 を基準単位とする

＊「帆立貝の名称にふさわしい古墳」という表現をとられ，造出付円墳とは明言されていない。
　石部氏らは4区型以下はすべて帆立貝形古墳とされる。

を理解するためには，24等分値という，古墳の設計，施工に実際に使用された基準単位による厳密な作図作業が必要であり，そのような作業によってはじめて墳形の定義が確定されたといってよい。

　造出と小方部，小方部と前方部とは，長さだけを取りあげれば，わずか1単位の差で区分され，それぞれの帰属が決定されることが明らかになった。なぜ突出部長9単位までが小方部，その墳形は小方部墳であり，10単位以上は前方後円墳であるのか，という問いに対しては，小方部墳という墳形が倭王権によって創出，採用されたとき，そのように決められたからであるとしか答えようがない。

　あとで述べるように，4世紀後半代のある時期，倭王権による造墓管理政策上の必要から，前方部墳と単純図形墳のほかにもう一つ中間的格づけの新たな墳墓形式が必要となった。その際，王権中枢からの指示に従って，王権内の実務官僚として造墓管理政策を担当し，専門的造墓技術者（集団）を指揮，監督する職能を有した伴造氏族（おそらくのちの土師氏）が，諮問に応じた墳墓形式を提案し，採用されるに至ったものと想像される。

　突出部の長さについては，3単位区という概略設計単位の3区が，中間的格づけの古墳（中位墳）の上限と定められたと考えるわけであるが，これは，決定の先後は定かではないものの，「造出」の長さの上限が同じ大単位の1区以下と定められたことと関わり合う決定だったのであろう。

　このようにみると，前方後円墳には前方部長10単位のものがごく少数（3基）認められたが，1基は小方部墳成立以前の古期の例（蛭子山古墳，3期）であり，もう1基は前方後円墳終焉期のしかも東国の例（長塚古墳，10期）で，古

墳の築造統制がゆるんだための例外的事例といえるかもしれないものであった。11単位のものは今のところ確認されないので，12単位以上が前方部の規模としては圧倒的多数を占めることを重視すれば，3単位区の4区以上を前方後円墳とする規範が同時に定められた可能性も捨てきれない[10]。

あとで見るように，その被葬者の階層差は大きかったと推定されるので，前方部墳と小方部墳との格づけ上の差異は大きなものがあったとみられ，平面プラン上の差がわずかに1単位であったというのも奇妙であり，実は3単位区の1区の差，24等分値では3単位の差が両者の境界として同時に設けられた可能性は十分考えられる。

いずれにしても，造出，小方部，前方部という3種の突出部のそれぞれの長さは，当時の造墓管理政策上の取り決め事項であり，その規範に従って，大王墳以下，中央，地方の大小豪族の墳墓が築造されていることを認めなければならない。

小方部の機能

これまで見てきたとおり，小方部は，小方部墳（帆立貝古墳）という墳形に固有の，主丘部と密接不可分の構成要素であり，単純図形墳から形態上の区別化を図ることが，唯一最大の機能であったとみるのが私の見解である。

岡山・月の輪古墳のように埋葬施設を設置するもの，群馬・塚廻4号や同県小二子古墳（前橋市）のように多数の形象埴輪を配置するものなど，小方部に何らかの実用的機能をもたせた事例も知られるが，これらはあくまで二次的利用というべきで，小方部の本質を探る上で過大に評価すべき事象ではない。小方部は，それがあるというだけで役割を果たしているのであり，小方部墳の創出に当たり，小方部にそれ以外に特定の機能をもたせようとする意図は存在しなかったと考える。

小方部の二次的利用

小方部は，平面規模だけでなく高さにも一定の規制を受け，主丘部中段テラス面までに抑えられ，小方部の上面は，前方後円墳の前方部のように先端に向かって高めるような加工は特にほどこされず，全体にフラットな水平面として仕上げられるのが普通であった（排水を考慮して多少の甲盛はほどこされたであろうが）。

全体に低平な壇状の施設であるから，その上で何かを行なったり，何かを設置することは容易であり，特段の禁忌性などが意識されなければ，二次的に利用されることはありがちなことであったといえよう。

あらゆる墳形を通じて，埋葬主体部が墳丘各所や周溝底などに追加設置されることがまれではないことをみれば，いったん指定どおりの古墳が完工し，埋葬（納棺）儀礼が終了したあとは，追葬や追善祭祀の執行などのために墳丘をどのように利用しようと，それが墳形や墳丘規格に影響するようなものでなければ，王権からの干渉を受けることはなかったものと推察される。

後述するように，造出は特別な祭祀の場として，みだりに付設することが許されていなかった可能性が高く，そうであれば，小方部を造出の代わりとして，何らかの祭祀の場としたり，形象埴輪群像を置いて古墳を荘厳するようなことも任意に行なわれた。

繰り返しになるが，小方部の機能は，複合図形墳として単純図形墳より上位にある墳形であることを視覚的に明示するところに最大の眼目があり，それ以外の一律的な機能，目的は，墳形創出時には意図されていなかった。

低壇状の構造ゆえに，小方部上が様々に利用されることがあったとしても，あくまで二次的利用形態であることに留意して，小方部上の遺構，遺物の評価を行なう必要があろう。

小方部墳の主丘部規格

私は，王族をはじめ中央・地方の諸豪族の古墳は，各氏族が自らの発意で好き勝手に築造できたものではなく，原則として倭王権の一元的造墓統制のもと，王権からの造墓指定にもとづいて営まれたと考えている。

造墓指定の内容としては，造墓の可否，可であれば墳形・主丘部規格・墳長（水平的複合図形墳の場合）などは，まちがいなく王権による指定項目に入っていたことであろう。

このうち主丘部規格については，全国の古墳が1単位当たり1/4歩，直径では6歩ずつ差のある限定的な規格値によって築造されていることからみて，一定の主丘部規格の序列表の中から，被葬者生前の事績や王権内におけるウヂの伝統的位置づけなどが総合的に判断されて，いずれかの値が選択され，決定されたと考えられる。

企画図によって検討した小方部墳および造出付円墳の主丘部規格を整理したのが表9である。例外的な大規格をもつ宮崎県男狭穂塚古墳をのぞくと，奈良・乙女山古墳が径78歩と図抜けた大規格をもつことがわかる。円墳としては最大の埼玉・丸墓山古墳がこれと同じ規格で，造出付円墳の岡山・小盛山古墳もこれより1ランク下の大規格である。

　造出付を含む円墳には径60歩以上の規格をもつものはかなり多い（表2）。これに対し小方部墳においては，乙女山をのぞくと奈良・池上古墳などの径54歩が最大規格になるようである。小方部墳として乙女山は破格の大規格をもつことがあらためて理解される。同時に，単純図形墳よりも格上と考えた小方部墳の主丘部規格が，円墳よりも総じて小さく抑えられているらしいことも認めてよいかもしれない[11]。このような事実が何を意味するか，にわかに結論することはむずかしいが，墳形のちがいの意味するところを考える上で見すごせない要素であると思われる。

　この表で見ると小方部長は4単位と6単位が圧倒的に多く，例外的な5単位はもとより，8単位，9単位のものも築造数はあまり多くなかったと推察されるが，それぞれの古墳の小方部長あるいは全体の墳長はどのように決定されたのであろうか。

前方後円墳における墳長の決定

　前方後円墳の場合についてみると，後円部規格の大きい順にならべて全国のベスト53基の墳長を調べたところ，大王墳級の大古墳の場合，その墳長は60進法にとって切りのよい数値か，それを基準に10歩きざみに設定されているという事実を確認している[12]。

　このような事実は，墳長については，後円部規格のような一定間隔の規格値の序列はあらかじめ用意されておらず，古墳ごとに1基1基，歩数によって具体的に「何歩」というように決定された可能性の高いことを物語る。当然その値は，大王の場合は治世年数や生前に獲得した権力や成し遂げた事蹟の大小，倭の五王であれば宋から除正された称号などをも総合的に判定し，政権中枢においてふさわしい墳丘規模が審議，選定され，最終的には後継大王によって決裁されたとみるのが自然であろう。

　墳丘規格が政治的配慮にもとづいて，後円部は一定の規格値の序列の中か

表9　小方部墳，造出付円墳の墳丘規格表

ランク	墳丘規格 (主丘部)	小方部墳 （下欄の数字は小方部長）					造出付円墳
		4単位	5単位	6単位	8単位	9単位	
17	96歩 131.5m				男狭穂塚 (宮崎)		
18	90歩 123.3m						
19	84歩 115.1m						
20	78歩 106.9m	乙女山 (奈良)					
21	72歩 98.6m						小盛山 (岡山)
22	66歩 90.4m						
23	60歩 82.2m						免鳥長山(福井) 宝塚2号(三重) 下石橋愛宕塚(栃木)
24	54歩 74.0m	池上(奈良) 雷電山(埼玉)			女良塚(三重) 椿山(滋賀)		御塔山(大分)
25	48歩 65.8m	御塚(福岡) 天乞山 (方・滋賀)	野毛大塚 (東京)	雨宮(滋賀)	地山(滋賀)		公卿塚(埼玉)
	45歩 61.7m	月の輪(岡山) 明合 (方・三重)					
26	42歩 57.5m	久保田山 (滋賀)		盾塚(大阪) 高塚1号(三重)			
27	36歩 49.3m			赤堀茶臼山 (群馬)			
28	30歩 41.1m	久部愛宕塚 (栃木)		鞍塚(大阪) 御願塚(兵庫)		井ノ奥4号 (島根)	三吉石塚(奈良) 八幡山1号 (広島)
	27歩 37.0m	高崎情報団地 16号(群馬)		若宮八幡北 (群馬)	こうじ山 (大阪)	供養塚(滋賀) 蕃上山(大阪)	太秦高塚 (大阪)
29	24歩 32.9m		樋渡(福岡) 磯崎東1号 (茨城)	舞台1号 (群馬) 狛江亀塚(東京)		大園(大阪)	後野円山 (京都) 祝堂(群馬)
	21歩 28.8m			神前山1号(三重) 小立(奈良)			寛弘寺5号 (大阪)
30	18歩 24.7m						
	15歩 20.6m	大縄(広島)					
31	12歩 16.6m			塚廻4号 (群馬)			

＊記載古墳は企画図を発表済みのものにかぎった．

ら，墳長は歩数によって決定されたとすると，実際の設計段階では，後円部の1単位規格に応じて前方部長の単位数を調整しなければならないことになる。指定値の範囲で適正な前方部の単位数が定まるよう，2～4単位を一区とする概略設計単位のうち，いずれか適当な大単位が選択され，周濠を含む全体設計に用いられたと考えられる。3種の概略設計単位が並存したのは，後円部規格と墳長が王権中枢によって決定され，そのような条件下で古墳の基本設計を行なうための便法でもあった可能性も考えられないことではない。

　前方部の高さや幅については，既述のとおり造墓指定の内容には含まれておらず，造墓主体者の注文に応じて，専門的造墓技術者が調整したものと考えられる。主体部構造などに関しても，早く西嶋定生氏が指摘されたように，ある時期までは造墓指定の対象に入っていなかった可能性が高い[13]。

　中小規格の前方後円墳については作図作業にもとづく墳長の確定作業がすすんでいないため，同じように墳長が決定されたものかどうか今のところ何ともいえないが，大王墳級の大規格古墳に関しては，その墳長は古墳尺の歩数で具体的に何歩というように決定され，前方部の単位数は後円部規格との関係であとから調整された可能性が高い。

小方部墳の墳長（歩数）

　小方部墳の墳長についても同様の決定法が認められるかどうか，本書で企画図を示した小方部墳の墳長を算定したところ，残念ながら大規格前方後円墳の墳長のようには，60進法にとって切りのよい数値は得られなかった。

　奈良・乙女山が91歩で90歩の近似値となり，滋賀・雨宮が60歩，群馬・赤堀茶臼山が45歩，東京・狛江亀塚，群馬・舞台1号が30歩になるほかに該当例はない。三重・女良塚，滋賀・椿山の墳長は72歩で，これは12進法にとって切りのよい数値だが，ほかに60進法，12進法，10進法いずれにとっても切りのよい歩数となるものはほとんどない。それどころか整数にならず1/4歩あるいは1/8歩単位の端数の出るものも多い。

　どうも小方部墳の場合は，墳長をある切りのよい数値とする決定法は行なわれていないとみてよさそうである。墳長（歩数）が結果としてどうなるかという点には考慮せず，小方部の長さを単位数で指定する造墓指定が行なわれたと考えるしかない。

小方部長4単位と6単位の古墳（以下，適当な表現といえるかどうかわからないが，記述の便を図るためそれぞれ「4単位型」「6単位型」のようにいう）をくらべると，4単位型の主丘部規格の方が総じて大きい。滋賀・雨宮古墳をのぞくと6単位型では池上古墳などより3ランク小さい径42歩が最大規格である。このことは，小方部の長さを加味して主丘部規格が調整されたことを物語っているようにも思われる。ただし，8単位型には4単位型と同じ径54歩という大規格をもつものがあり，そのように単純な話でもなさそうである。

なお，さきに小方部墳より大きい墳丘規格をもつ円墳が多く存在することの意味を考える必要性を指摘したが，小方部を加えた墳長では池上などは63歩，女良塚などは72歩となるから，墳丘全体では何ランクか上の円墳の規格に相当する規模となる。

小方部墳においても，主丘部規格は6歩きざみ（小規格では3歩ごと）の限定的な規格値が確認されるから，全墳形に共通の主丘部規格の序列表の中から選定されていることはまちがいない。

これに対し墳長に関しては，大規格の前方後円墳の場合とはちがって歩数による指定はなかった。小方部の長さを単位数で指定することで墳丘の全体規模は決められたらしい。いずれにしろ，単位数を選択する際，主丘部と合わせて墳長がどういう数値（歩数）になるかという点は考慮されなかったことはまちがいない。

単位数での決定

小方部長には4単位から9単位まで，7単位をのぞいて5種類確認されているから，そのうちのいずれかの単位数が指定されたことになるが，どのような基準で単位数の選定が行なわれたものか解答は難しい。今のところ9単位型と確認された4基がいずれも7～8期と新しい時期に比定され，4単位型の古墳は古い時期に多いようであるが，5期には5，6，8単位型が出そろい，6世紀代にも4単位型は多く，小方部長が築造時期を反映するとは認めがたい。

小方部長が時期差を示すものではないとすると，やはり何らかの階層性を視覚的に表現する意図をもって選択されたとみるのが妥当といえる。

一般論として，古墳時代を通じて墳丘の壮大さに価値を見いだす風潮があったことは否定できないと思われるので，4単位よりも5単位，5単位よりも6

単位と，すこしでも大きな小方部が希求されたと思われる。主丘部の大きさが被葬者の生前の事績や王権内における政治的位置を考慮して指定されたとすれば，小方部の長さについても同じような意図が反映されているとみるのが自然であろう。

ただし，さきに見たように，比較的大きな主丘部規格をもつものに小方部長最小の4単位型が多く，最大の9単位型には小さな主丘部規格のものが多い。このような，ちぐはぐとも思える主丘部規格と小方部長の関係をうまく説明することはむずかしく，さきに憶測を述べたように主丘部規格の小ささを補うかのように小方部長が長く設定されたとみられるような傾向も指摘される。問題は複雑であり，結論は保留として今のところ今後の課題とするしかない。

相似墳の存在

9単位型の4例（大園，蕃上山，供養塚，井ノ奥4号）の小方部は共に台形の平面プランをもち，前幅も16単位と同じで，くびれ部幅が微妙に異なるもの，墳裾輪郭線だけをみればほぼ相似形の古墳といえる。この4基は周溝外周プランも馬蹄形と共通する。

長方形の小方部をもつものでは，8単位型の女良塚，椿山，地山の3基が，墳裾輪郭線だけを見れば相似形である。墳丘の立体的構成や周溝外周プランまで厳密に一致するものは今のところ見当たらないが，墳裾輪郭線が相似形の小方部墳はかなりたくさんあるのではないかと予測される。

おそらく小方部墳の築造実績の中で，いくつかのモデルプランが固定化し，その設計図が専門的造墓技術者（集団）にストックされていったものと思われる。モデルごとに，主丘部規格に応じた総土量，稼動人員数，工期などの概算表なども整備されていたことであろう。

王権から小方部墳の築造を認められ，主丘部規格と小方部長が指定されると，造墓主体者（被葬者の一族）はいくつかの設計図の中から指定内容に合致したものを選び，専門的技術者に施工管理を依頼して古墳づくりに取りかかったような実態が想像される。造墓指定内容の範囲内で，造墓主体者からの注文に応じて細部の設計変更などの調整が図られることもあったと思われる。小方部の前方への開き度合いや，周濠外周プランの微妙な変化などは，そのような意図を今日に伝えるものといえよう。

注
1) 西嶋「古墳と大和政権」215頁
2) このほか，水平＋垂直的複合の複・複合図形墳とでもいうべき下段が前方後方形，上段が前方後円形という古墳が存在する。奈良県天理市西山古墳，岡山県勝田郡勝央町美野高塚古墳が確実な事例であるが，独立の墳形として扱うべきか今のところ考察が及ばず，適当な呼称も思いつかない。
3) 小野山節「五世紀における古墳の規制」『考古学研究』第16巻第3号，1970年，73頁
4) 都出比呂志「墳丘の型式」『古墳時代の研究』第7巻，雄山閣，1992年，28頁
5) 石部ほか「帆立貝形古墳の築造企画」99頁
6) 小沢一雅『前方後円墳の数理』雄山閣出版，1988年，58～59頁
7) 都出・注4文献など
8) 小沢一雅氏は，造出付円墳をのぞく帆立貝式古墳について，「前方後円墳との用語法上の区別を明確にさせるべき」として「短方円墳」の呼称を提案されている（注6文献59頁）。
　　命名の趣旨には全面的に賛同するが，筆者のいう小方部は幅，高さについても一定の制限を受け，長さだけでなく全体が小さく抑制されているので，「短」の語ではその特徴を適切に表わすことができないと考える。
9) 作図法による検討の結果，造出付円墳と小方部墳（帆立貝古墳），小方部墳と前方後円墳それぞれの墳形を分かつ突出部の長さの差はわずかに1単位であった。従来の主丘部直径に対する突出部長の比率をグラフ化するような手法によっては，各墳形の区分基準を明確に提示できなかったのも無理からぬところといえよう。
10) 本文のとおり前方部長10単位の古墳3基のうち京都・蛭子山古墳（集成編年3期）は小方部墳成立以前の築造と考えられ，古い時期の地方古墳には，この程度の前方部の短い古墳がほかにも見いだされる可能性はある。
11) 群馬県太田市女体山古墳は主丘部径66歩（90.4 m），茨城県鹿嶋市宮中野大塚古墳は径60歩（82.2 m）の可能性があるが，共に未調査で墳丘測量図の精度もあまりよくないため小方部墳か造出付円墳か確定できない。ただ，突出部長は最大にみても4単位を上まわらないので，主丘部規格の大きい小方部墳の小方部長は短いという傾向（本文中後述）には抵触しない。
12) 沼澤　豊「前方後円墳の墳丘規格に関する研究（中）」『考古学雑誌』第89巻第3号，2005年，21～22頁
　　なお，10歩きざみの調整は，10進法によるものとみるより，60進法の基準数

の6分の1の数値として切りのよい値と認識されていたと解するべきであろう。

13） 前方後円墳の築造指定が停止されたのち，7世紀前半の畿内においては墳丘規格とともに横穴式石室の規格（羨道の幅）が一定の統制を受けていた可能性があることについては別に述べた。

　　沼澤「古墳の築造企画と横穴式石室（下）」『考古学雑誌』第87巻第2号，2003年，46～48頁

12　小方部墳の成立

単純図形墳の成立

　2種の小方部墳と，やはり2種の前方部墳（前方後円墳と前方後方墳）とは，一方は小方部，他方は前方部を墳形に固有の構成要素としてもつという点で，明らかに別個の墳形であるということができる。双円墳，中円双方墳の2種を加えると水平的複合図形墳は都合6種となるが，これらは類例が僅少であり，各2種の小方部墳と前方部墳の4種が主要な墳形といえよう。ただし，小方部墳（方）の事例も多くはなく，主要な墳形は3種とすべきかもしれない。

　各墳形の登場時期はそれぞれ異なる。前方後円墳はその成立をもって古墳の成立，古墳時代の開始とされ，前方後方墳もほぼ同時に定式化が認められる。

　次に成立するのは単純図形墳である。円墳と方墳は集成編年2期ころからの事例が散見される。近藤義郎氏は，古期の中小古墳は首長（前方後円墳に葬られたような）の同族のうち首長職務の一翼を担う有力成員の墓で，「首長の容認の下に」築造されたものと規定された[1]。たしかに，いちおう円ないし方形の平面プランをもつものの，全体に不整形で段築成も認められない小型の単純図形墳は，当初倭王権の造墓管理政策の中に正式に位置づけられたものではなく，その墳丘プランも弥生墳丘墓の伝統を受け継いだものや，自然発生的に形づくられたものもあったかもしれない。

　やがて単純図形墳も正式に造墓指定の対象として王権の統制下に置かれるようになる。集成編年3期のころ，暦年代では4世紀中葉前後のことと思われる。3期の奈良市富雄丸山古墳（円墳）は径60歩（82.2 m）の規格で，第2段

の肩を4単位目，裾を8単位目の円周に一致させるという古期の円墳に通有のプランをもつ。この時点で，円墳という墳形と，同時に定式化した墳丘プランが成立していることを認めてよい。

　この古墳では，24等分値企画法と，古墳尺にもとづく直径で6歩間隔の主丘部規格値の採用が確認され，その築造が王権の統制下に行なわれたことを物語っている。同じく3期の奈良市マエ塚古墳は径36歩（49.3 m）の規格をもち，やはり第2段の肩，裾線を富雄丸山古墳と同じ単位数としている[2]。

　24等分値企画法によって設計，施工された大型の円墳が3期に登場し，その後，日本各地で急速に増加するのはたしかなことといえる。

　各地の円墳が，前方後円墳の後円部と同じように古墳尺を用いる24等分値企画法という同一の設計原理によって築造されていることは，円墳という単純な形態の墳形ではあるが，各地の首長が見よう見まねで導入を図ったものではなく，王権の統制のもと，その技術的指導を受けて築造が開始されたものであること，また，墳形そのものも，前方後円墳から前方部を取り去った姿として，王権によって創出され，造墓管理政策の中に位置づけられたものである可能性が高いことを示している。

　方墳についても，同じようにして生み出されたものとみて大過ないと思われ，4期の岡古墳（古市古墳群）では，主丘部規格を方24歩（32.9 m）とする24等分値企画法が確認される[3]。

小方部墳の成立時期

　円墳にくらべ小方部墳の成立は多少遅れ，4期の大阪・盾塚古墳や京都府鳥居前古墳（乙訓郡大山崎町）[4]などが最も古い例とみられる。小方部墳（方）についても三重・明合古墳が4期に，滋賀・天乞山古墳が5期に比定されており，ほぼ同時に成立したことがわかる。

　新墳形の創出後ほどなく築造数は急速に増加し，5期に比定される小方部墳は多い。暦年代では4世紀後葉から末葉にかけて新墳形として成立し，5世紀前半のうちに日本各地で数多く築造されるようになった。

　その後も，前方部墳の存続期間を通じて小方部墳も数多くつくられ，長く倭王権による築造指定が継続されたことを示している。各地の首長の死に際し，首長権継承の承認にともなう手続きの一環として，一定の指定基準にもとづ

き，王権から墳形，主丘部規格および小方部長（単位数）が指定され，後継首長によって指定どおり忠実に墳墓の築造が行なわれた[5]。その際，王権から設計図の交付や専門技術者の派遣が行なわれたことも想定され，許容される範囲内で，指定内容と施主の希望との調整が図られることもあったと想像される。

墳形の格づけ

このように時間の経過とともに増加していった各種の墳形は，倭王権による造墓管理政策上，厳格に格づけされていたものと思われる。単純図形墳より複合図形墳の方が上位に位置づけられ，6世紀代までは複合図形墳優位の原則のあったことは疑い得ない。

大王墳にも採用された前方後円墳が最高格づけの墳形とされ，前方後方墳はこれに準ずるものであったろう。造墓管理政策上，前方部墳は上位の墳形（以下「上位墳」ということがある），単純図形墳は下位の墳形（下位墳）として承認されていたものとみてよい。小方部墳は，その中間に位する複合図形墳として新たに創出された墳形（中位墳）であることは再三述べてきたところである。

これを要約すると，古墳の墳形を3種に大別した場合，

① その成立順序については，前方部墳→単純図形墳→小方部墳
② 墳形の格づけについては，前方部墳＞小方部墳＞単純図形墳

という図式として理解される。

このように私は，小方部墳は集成編年の4期おそらく4世紀後葉から末ころに，倭王権によって維持されてきた古墳の墳形と墳丘規格による身分秩序の表出という造墓管理政策上の必要から，新たに人工的に創出された墳形であると考える。この時期，なぜ新たな墳形が必要になったのかという背景についてはこのあと考察することとして，ここで私のこのような理解とは相違する小方部墳の起源論が知られるので，一応の検討を加えておきたい。

纒向墳丘墓との関係

昭和40年代以降，各地で弥生時代後期の墳丘墓が確認されるようになり，中に円形の主丘部に前方部状の陸橋（突出部）が取りつくものがあって，前方後円墳という独特の墳丘プランの起源問題がほぼ解決した。定型的な前方後円墳として最古と目される奈良県箸墓古墳は，弥生墳丘墓から漸移的に推移してきたことを物語る撥形に広がる前方部をもつが，その長さ，幅，高さとも飛躍的

に大きくなっている（図14）。

　これに対し，箸墓古墳の周囲に点在する纏向石塚やホケノ山など「纏向型」といわれる古墳ないし墳丘墓は，同様に先端が撥形に広がるものの長さは短く，一見すると小方部墳に似た平面形態をもっている。

　纏向の諸墳の年代的位置づけについては意見が分かれており，一は箸墓古墳以前の弥生時代終末期の墳丘墓ととらえ，他は箸墓とほぼ同時期の古墳であるとみる。

　そのような中，櫃本誠一氏は「纏向型前方後円墳」は弥生墳丘墓から「バチ形前方後円墳」に至る過渡的形態であると位置づけられ，その一方で纏向型前方後円墳からは帆立貝形前方後円墳が派生して後の時代にも残った，前方後円墳における二つの形態は突出部の発展段階を反映すると同時に，「階層的な位置付けとして作用」したと論じられた[6]。

　「纏向型」の墳丘墓ないし古墳から，箸墓古墳など氏のいわれるバチ形前方後円墳に発展したとされる点について異論はない。しかし，一方で小方部墳へ展開していったとされる点に関しては大きな疑問を感じる。

　纏向の諸墳と箸墓古墳の先後関係について，近藤義郎氏は纏向の諸墳からは特殊器台が今のところ出土していないため明確に比較できないとされながら，伴出土器などからみてそれらが箸墓古墳より確実に古いなどとは到底いいがたいとされる[7]。そのとおりかもしれないが，築造企画論の立場からすると，纏向の諸墳は箸墓古墳成立以前の墳丘墓とみるしかない。

　纏向墳丘墓と箸墓古墳をくらべて見ると，前者の平面プランがフリーハンドで描かれたかと見られる（図109）のに対し，後者は明らかに定規やコンパスなどの製図器具を使用して描かれていると確信されるほどのちがいがある[8]。事実，箸墓では24等分値企画法という設計方式と，古墳尺という一定の尺度の使用が認められ，この二つの要素が後々長く踏襲されていったことは本書のこれまでの記述によって明らかであろう。テラスをそなえる多段築成構造の採用とともに，箸墓の画期性を端的に示す要素といってよい。

　このような墳丘構造を生み出した設計，施工技法は，弥生墳丘墓の技術段階からは自生し得ないものと思われ，先進地域，おそらく中国からの直接的技術支援を得ることによってはじめて可能になったものと考える。「前方後円」とい

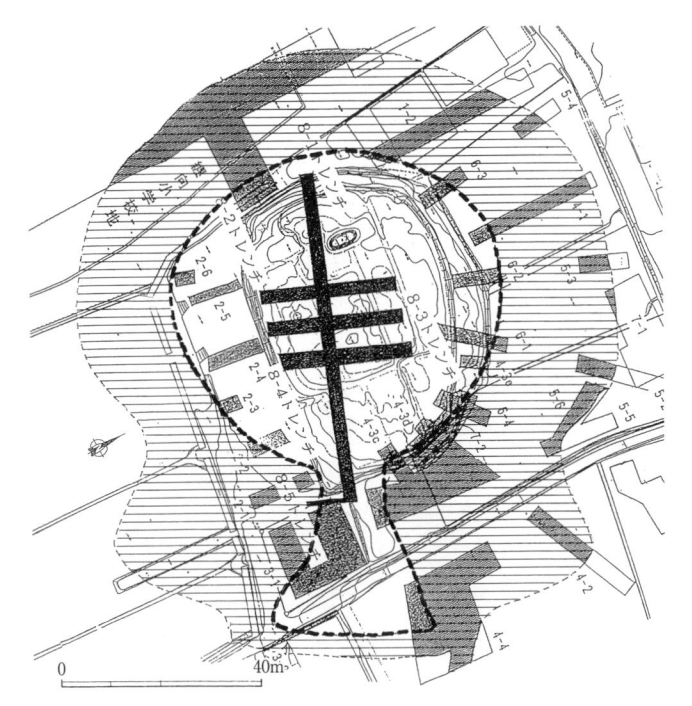

図109　纒向石塚の平面プラン（桜井市教育委員会『纒向石塚古墳（纒向遺跡第87次）発掘調査の概要』）1997年から改図）

う平面プランは弥生墳丘墓からの漸移的発展の結果であるとしても，墳丘の立体構造とその設計，施工技法は，中国の土木技術の導入によって確立されたものであった可能性が高い。

　倭人の注文に応じて，弥生墳丘墓からの発展系列上の図形を，中国人技術者が一定の尺度と設計方式によって設計図上に定着させたのが前方後円墳という墳丘プランであった，と私は考える。このような歴史事象はおそらく倭の女王卑弥呼の死に際して生起したものと考えるのが至当である。この点について詳しくは別稿[9]にゆずるが，箸墓古墳以前と以後では，墳丘築成のための設計，施工技法において決定的な差異があることを認めなければならない。

　箸墓以後も，西殿塚古墳をはじめとする大王墳クラスの大型前方後円墳は，例外なく24等分値企画法によって築造されている。これに対し，纒向の諸墳については等分値企画図による検討を可能とする調査例の蓄積が十分とはいえ

ないものの,古墳尺を用いる24等分値企画法が採用されていないことは疑う余地がなく,この点で纒向の諸墳(以下,「纒向墳丘墓」という)は,箸墓古墳以前の墳丘墓と考えざるを得ない。

櫃本氏は,帆立貝古墳が纒向墳丘墓から直接派生したとされる。箸墓古墳の暦年代観については諸説あるが,上に述べたように築造企画上の画期性からみて箸墓古墳は卑弥呼の墓の可能性がきわめて高く,そうであれば24等分値企画法によらない纒向墳丘墓の築造時期は3世紀前半代,どんなに下ってもその中葉に当てざるを得ない。

小方部墳の成立が4世紀後半代とすれば100年以上の隔たりがある。その間に纒向墳丘墓から定型的小方部墳へと推移したことを物語る古墳があり,前者から後者へという形態変化の道筋がたどれるのであろうか。この点に関しては大いに疑問であり,小方部墳の概念規定をこれまで見てきたように厳密に行なえば,櫃本氏のような理解は成立し得ない[10]。纒向墳丘墓から小方部墳(帆立貝古墳)が派生したという歴史的事実はなかったといってよい。

なお,小方部墳の諸属性のとらえ方に関し櫃本氏とは常に対立的立場にある遊佐和敏氏は,纒向墳丘墓を帆立貝式前方後円墳の祖形ないし初現形とみなすことはできないとされるが,初現の時期と成因についての自身の見解は明確にされていない[11]。

古墳の規制論

著名な論文「五世紀における古墳の規制」[12]において小野山節氏は,前方部の短小な前方後円墳と造出付円墳とを一括して帆立貝式古墳とし,円墳,方墳とともに「規制を受けた古墳」ととらえ,そのような古墳の存在状況から5世紀に生起した政治過程を復元しようとされた。一般に古墳の規制論といわれ,大きな影響を与えた論文であるが,河内王朝による2段階の造墓規制が5世紀の前半と後半に全国一律に行なわれたとする理解が成り立ちがたいことについては諸家の指摘にゆずる。

氏のいわれる帆立貝式古墳のうち,「前方部の短小な前方後円墳」が小方部墳に当たるが,それは「前方部を極度に短く制限したか」「前方後円墳の後円部の上部だけを独立した墳丘につくった形」であると規定される。

「5世紀前半のある時期に」地方の首長は河内王朝から前方後円墳の築造に制

限を受け，帆立貝式古墳や円墳，方墳をつくらされたという。なぜそのような必要があったのか必ずしも説明は十分でないが，5世紀前半に前方後円墳の一変異形として帆立貝式古墳が誕生したという見方は明確に示されている。ただし，登場の時期については，その後の発掘調査の進展や暦年代観の補正などによって修正が必要であるし，前方後円墳の一種であるとする見方についても再考が要請される。

小野山氏の規制論を基本的に継承し新展開を図られた都出比呂志氏[13]も，「帆立貝式古墳とは前方後円墳の前方部が極端に短いものをさす言葉」[14]と，前方後円墳の一種とする見方を示され，「急増」の時期は大型円墳と同じ西暦400年前後とされ，被葬者の階層性などについても大型円墳との共通性を指摘されている。纒向墳丘墓から帆立貝式までの連続性は未確認とされるが，典型的な帆立貝式古墳の「成立」の時期については明言されていない。

また，古墳時代を通じて前方後円墳，前方後方墳，円墳，方墳という「4種の基本的墳形とその規模との二重原理によって身分秩序を表示」する体制が維持されたとして，小方部墳（帆立貝古墳）を他の墳形とならぶ独立した墳形とする見方はとられない。

いずれにしても小野山，都出両氏とも帆立貝古墳を前方後円墳の一種とする見方では変わらず，両大家によるこのような認識が，遊佐，櫃本両氏をはじめとするその後の研究の方向性を規制したことは事実といえよう。

注
1）近藤義郎『前方後円墳の時代』岩波書店，1983年，256頁
2）マエ塚古墳については沼澤「円墳築造の企画性」26〜27頁参照。
3）沼澤「墳丘断面から見た古墳の築造企画」8〜10頁
4）鳥居前古墳の突出部プランは十分確認されていないが，その長さは主丘部径の1/3程度であり，主丘部が明らかな3段築成であるのに対し2段であるらしい。不確実ではあるが，小方部墳の可能性はあり得る（図25参照）。
5）中央，地方の豪族の首長権継承にともなう造墓指定のあり方については後述するが，沼澤「円墳の規模と序列」29〜31頁も参照されたい。
6）櫃本「前方後円墳における前方部の諸形態」69〜70頁
7）近藤義郎『前方後円墳と吉備・大和』吉備人出版，2001年，58〜60頁
8）沼澤「古墳築造企画の普遍性と地域色」143〜144頁

9) 沼澤　豊「前方後円墳の墳丘規格に関する研究（下）」『考古学雑誌』第89巻第4号，2005年，3～6頁
10) 櫃本氏が，京都・蛭子山古墳（前方部長10単位）のような前方部の短い古式古墳を，纒向墳丘墓と小方部墳のあいだを埋める過渡的形態と考えておられるとすれば，この古墳は先述のとおり明らかな前方後円墳であり，類似の古墳がミッシング・リングたり得ないことは明らかである。
11) 遊佐『帆立貝式古墳』57～61頁
12) 小野山「五世紀における古墳の規制」73～79頁
13) 都出比呂志「古墳時代首長系譜の継続と断絶」『待兼山論叢（史学篇）』第22号，1988年，1～16頁
14) 都出「墳丘の型式」28～37頁

13　小方部墳の被葬者

新たな墳形の展開

　4世紀中葉から後半という時期に2種の単純図形墳，やや遅れて小方部墳という墳形が創出され，倭王権の造墓管理政策の中に位置づけられた背景について考えてみたい。
　前方後円墳は倭国王の墳墓形式として成立し，列島各地の諸王の墓としても築造が許容された。古墳時代前期における前方後円墳の所在状況からみて，自身の墓としてこの墳形指定を受けることができたのは，倭国王と王族，および倭国王の共立に参画し得たような各地の最有力首長またはその後継者にかぎられたものと推察される。井上光貞氏は初期国家の体制を「諸王共同体」[1]と規定されたが，その体制にいち早く参画した諸王のための墳形ととらえられる。4世紀代まで前方後円墳の築造指定を受けられる階層に大きな変動はなく，地域的，階層的に指定範囲の著しい拡大は見られない。
　そのような状況下で単純図形墳および小方部墳の出現を見ることになる。段階的に追加された4種の中・下位墳の築造数は，5世紀前半以降急速に増加し，その世紀を通じて，それぞれの墳形に固有のプランと大小様々な規格で築造された。諸王共同体の第1次メンバーには加えられなかった階層が，倭王権

から古墳の築造を許可されるようになり，古墳の築造指定を受けられる層が大幅に広げられたものと理解される。

　新墳形は列島各地に展開するが，予測としては畿内先進地，中でも大王墳が所在する佐紀，古市などの古墳群において第一に採用された可能性が高い。少ない事例からの推測ではあるが，大王墳に付随する陪塚あるいは随伴古墳などと呼ばれる古墳にいち早く採用されたことは，佐紀・マエ塚古墳（円墳，3期）や古市・盾塚古墳（小方部墳，4期）など，それぞれの墳形としては最古期に属する古墳の存在から首肯される。

王陵区における陪塚（中・下位墳）の被葬者

　佐紀，古市，百舌鳥など大王墳と目される古墳が所在する古墳群を，以下「王陵区」と呼ぶことにしたいと思うが，ここでは，一般に陪塚と呼ばれることの多い王陵区内における中・下位墳（小方部墳および単純図形墳）の被葬者について考えてみたい。

　陪塚の性格に関する論説は多いが，ほとんどの論者は，王陵区の中では小型に属する墳長100ｍ前後の前方後円墳をも陪塚に含めた上で立論されている。後述するように，私は王陵区内の前方後円墳は大小にかかわらず，すべて大王または王族の墓ととらえ，陪塚とはそれ以外の中・下位墳に限定すべきと考えており，以下そのような前提で論を進める。

　陪塚の性格についてはじめて本格的に論じられたのは西川宏氏であろう。氏は，陪塚の被葬者を「首長と密接な主従関係で結ばれた『近臣』」で，「首長の権力行使のための（中略）機関にあって，各種の権能，職務を分掌する」「原初的な官僚層」ととらえられた[2]。卓見であり，ほぼ結論はいい尽くされているといってよい。

　近藤義郎氏もほとんど同様の見解を述べられたが，「古市古墳群における中・小の古墳は（中略）あるいは最高首長の親族をもふくめて，営造された」[3]とされるのは，大鳥塚古墳などの前方後円墳をも陪塚に含めて考えておられるためであろうか。

　西川氏が推定される陪塚被葬者は，文献史家によって「世襲的職業をもって朝廷に奉仕する官人の団体」「古くから天皇の従者として朝廷の原始的な職務組織を形成していた集団」などと規定される伴造氏族，端的にいえば，早くか

ら大王家に臣属し，やがて大伴，物部，中臣，土師などの氏族名を名のることになる有力な連姓豪族の墓ととらえて誤まりないものと考えられる。

大伴，物部氏の墳墓

連姓豪族のうち大伴や物部は大族であり，5世紀末から6世紀にかけて大連に任ぜられ，軍事力を背景に強大な政治的実権を握ったと伝わる。このような氏族の長の墓としては大型の前方後円墳がふさわしい，と漠然と考えられてきたのではないかと思われる。

しかし，葛城や和珥などの臣姓豪族とは異なり，強勢を誇った6世紀においても大伴，物部両氏が大王家に入れた妃がそれぞれ一人[4]と極端に少ないことからもうかがわれるように，大王家への臣従の度は深く，王族や臣姓の大豪族とは身分的に一線を画されていたことはまちがいない。雄略即位前紀の大連任命記事を史実とは認められないとの見方[5]も知られ，小方部墳成立のころにはまだ，大王家の爪牙として国内外の軍事，警察活動などに駆使されていたものと思われる。大伴や物部の族長あるいは有力成員が，4世紀後半から5世紀前半という時期に，大型の前方後円墳に葬られた可能性はむしろ低いと考えるべきであろう。

大伴，物部，土師などは大和と河内（ここでは摂津，和泉を含む広い地域を指していう）の両方に本拠をもつが，大和に本拠を置く王権の勢力伸張にともない，何らかの政策的必要上，伴造氏族も河内の要所に配置されたといわれ，その時期は5世紀に遡るとされる[6]。4世紀末には大王墳が河内に進出するが，伴造氏族の首長も王陵区に墓を営むことを許され，生前親しく近侍した大王や王族の墓の近くに葬られるに至ったものと思われる。

小方部墳は一義的には中央の伴造氏族のために創出された墳形だと考えた。このような階層は，佐紀王陵区の段階ではじめて古墳の築造を認められ，当初はマエ塚古墳（円墳）のように単純図形墳に葬られた。身分的な格差から大王と同じ前方後円墳の築造は許されず，前方後円墳から前方部を取り去った円墳という新たな墳形が創出され，伴造階層のための墳墓形式と定められたのであろう。

佐紀のコナベ古墳の周囲を規則的に取りまく陪塚（このような配置の陪塚群を田中琢氏は「衛星式陪塚」と名づけられている[7]）は，現状で見るかぎりすべて単

純図形墳であり，早い段階での，陪塚の墳形のあり方をとどめている（図110）。

河内に王陵区が進出するころ，これより格上の小方部をもつ複合図形墳が創出，採用されたのは，大王家に奉仕する伴造氏族の間にも何らかの階層分化が生じてきた結果であると思われる（図111）。小方部墳が後の連姓氏族，単純図形墳はより下位の姓を与えられた氏族のための墳形というように，単純に図式化してとらえることもできないと思われるが，氏族の王権内における伝統的な地位，あるいは被葬者個人の生前の事績などに対応して，一定の墳形を指定する何らかの基準が整備されていったものと考えられる[8]。

この場合も，上位の伴造氏族に対しても前方後円墳の築造が許容されず，これに準じた格式の小方部墳という新墳形を創出して対応したとする見方が成立するなら，これらの氏族に対する大王家あるいは伝統的な諸王（君姓・臣姓豪族）側の抜きがたい差別化意識がうかがわれるといえよう。

なお，後述するように地方における小方部墳被葬者の多くは，軍事をもって王権に奉仕した中小豪族の長と推察されるが，王陵区の中・下位墳にも，軍事をもって大王に奉事した中央伴造の墓が多く含まれている可能性は高いと思われる。

小方部墳の全国的分布状況

小方部墳の全国的な所在状況はどのようであろうか。全国に分布する帆立貝式古墳のすべてについて作図作業を行ない，突出部長を単位数で把握して小方部墳を抽出し，その築造時期をも確定する作業は今のところ私の手に余る[9]。そこで，全国的な所在状況については遊佐和敏氏の業績を全面的に利用させていただくことにしたい。

遊佐氏は主著『帆立貝式古墳』で547基の該種古墳の地名表を公表されている[10]。その中には，少数の造出付円墳や境界領域の前方後円墳も含まれ，また，その後かなりの新発見例も追加されているが，氏の丹念な集成作業の成果によって分布のおよその傾向を把握することができる。

地域別で見ると，近畿地方（ここでは愛知，岐阜を含む2府7県とする）[11]が最も多く36％，次いで関東が28％，中国が21％で，この3地域で全体の8割5分を占める。四国，九州を加えた近畿以西の西日本全体では65％となり，東日本より西日本に多いという傾向が指摘できる。5世紀代の古墳にかぎってみ

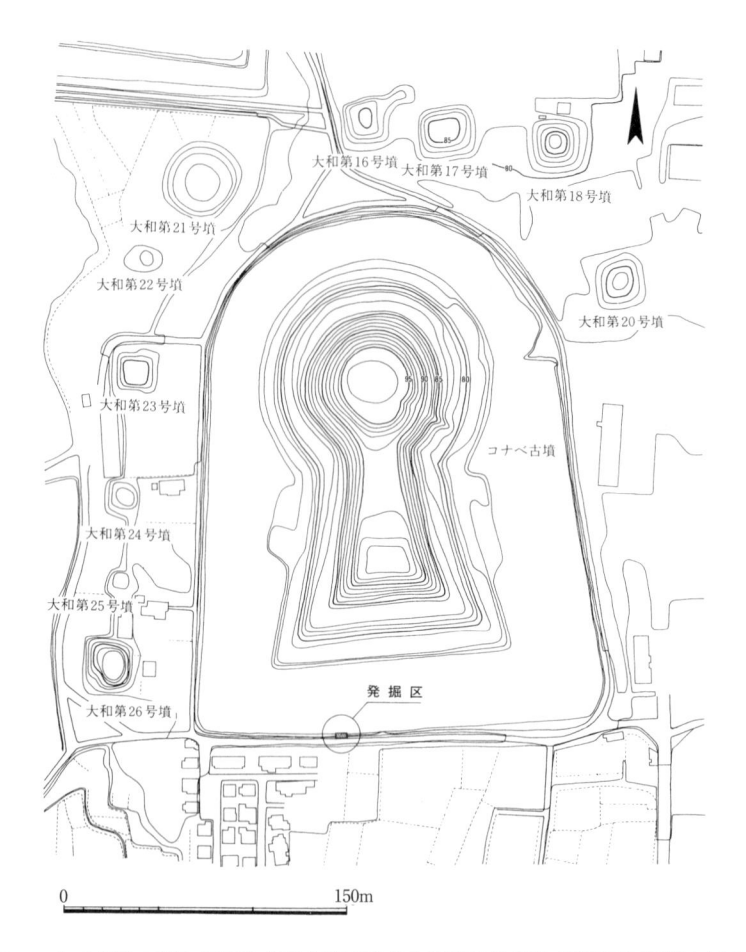

図110　コナベ古墳の衛星式陪塚（『奈良市埋蔵文化財調査報告書（昭和54年度）』による）

れば，西日本の比率はもっと高いものになることはまちがいない。

　県別では広島県に最も多く（63基），大阪，岡山が40基台で続く。古墳自体の所在数が多い関東では，さすがに栃木，群馬，千葉で30基以上カウントされるが，滋賀，京都，兵庫，奈良，愛知の近畿で軒並み20基以上確認されることは注意される。東北，中部，四国，九州（福岡をのぞく）では各県一桁台の所在数である。以上を総合すると，小方部墳は西日本，中でも近畿，瀬戸内地方に濃密な分布を示すとみてよさそうである[12]。

鉄製武具の保有

中・下位墳のうち円墳について、田中新史氏[13]は5世紀後半から末葉にかけて短甲1領埋納古墳が各地で増加し、ほとんどが中規模の円墳であると指摘されたが、都出比呂志氏[14]はそのような古墳の被葬者を「杖刀人的階層に近（い）」「軍事組織の裾野を担う中小首長」とする見方を示された。方墳の被葬者についても同様の性格を認める見解が知られる[15]。

単純図形墳の被葬者も、各地域の中小首長として領民を支配し、みずからの領土を維持していくために武力が必要である。刀剣や弓矢で武装するのは至極当然のことであり、したがって、それをもってことさらに軍事的というには当たらないが、短甲、冑などの鉄製武具が副葬される古墳については、それらの製作、配付が王権によって一元的に管理されていたとの想定[16]に従えば、これを入手し得た古墳被葬者には、その反対給付として軍事をもって倭王権に奉仕するという軍事的性格があったとする説明には説得力があるといえる。

小方部墳についても、単純図形墳におけると同様の根拠によって、その被葬者に軍事的性格を認めようとする見解が知られる。古瀬清秀氏[17]は、広島県三次盆地において5世紀代に古墳築造が開始される古墳群では、最初の古墳が大型円墳または帆立貝古墳として現われ、これに付随する小型古墳が激増すること、大型墳に短甲を副葬するものが目立つことなどから、「吉備勢力を牽制すると同時に、朝鮮半島への軍事行動の一端を担った」勢力の伸張を想定されている。聞くべき所説といえよう。櫃本誠一氏も、甲冑や馬具の副葬状態から、

図111　大仙陵古墳（現・仁徳天皇陵）の衛星式陪塚
（田中琢『倭人争乱』集英社による）
　単純図形墳と小方部墳が混在する。ただし、左上の永山古墳は前方後円墳であり、陪塚には含めない方がよい。

帆立貝古墳を「巨大古墳の被葬者を支えた集団のうち」「軍事的役割を担った人達が採用した墳形」と規定され、地方古墳の被葬者についても軍事的性格を推測された[18]。

ここで小方部墳における短甲などの武具の保有状況について確認しておくと、小方部墳として確実な、本稿で企画図を示して説明した事例は表10のとおり31基、このうち正式調査によって副葬品の内容が明らかにされたものは7基にすぎないが、このうち6基に武具が存在する。4～6期の比較的古い時期の武具保有率は100％である。唯一武具が確認されなかった東京・狛江亀塚（8期）では、高句麗系とされる金銅製毛彫飾板のほか鉄地金銅張のf字形鏡板や剣菱形杏葉などの馬具が出土し、被葬者として騎乗の武人を想定しても決しておかしくはない。ほかに、正式調査による出土ではないが、滋賀・供養塚でも短甲の出土が知られる。

本書で取りあげた古墳は、等分値企画図による検討可能な、平面プランの遺存度のよいものが優先され、副葬品の内容に関しては無作為の抽出となっている。そのような資料群において、例数は少ないとはいえ、ほぼ100パーセントの武具保有が確認されることは、小方部墳における鉄製武具の保有率が、円墳などの下位墳にくらべて著しく高いものであったことを推測させる。

ほかに、私の作図作業によって小方部墳と確定され、なおかつ副葬品の内容が明らかな古墳は驚くほど少ないが、静岡県千人塚古墳（浜松市）、京都府私市円山古墳（綾部市）、広島県三玉大塚古墳（三次市）、福岡県小田茶臼塚古墳（朝倉市）などは、いずれも比較的大型の主丘部規格をもち、鉄製武具をともなっている[19]。ある程度大型の主丘部規格（＝規模）をもつ小方部墳における鉄製武具保有率の高いことが理解される。

以上見てきたように、小方部墳は、4世紀末ころに成立して5世紀代には急速に築造数が増加すること、この時期には近畿・瀬戸内を中心とする西日本に分布の主体があること、そして鉄製武具の保有率がきわめて高いことなどが確認された。

これらの事象を総合して判断すると、4, 5世紀段階の小方部墳は、朝鮮半島における軍事活動などを契機に、各地の諸勢力を直接掌握して軍事行動に参加させ、あるいは後方支援に当たらせるという倭王権の政策によって、はじめ

表10 小方部墳における武具保有状況表

番号	古墳名	所在地	時期	主丘部	小方部長	*主体部発掘の有無	**武具の有無	種別 短甲	種別 冑	備考
1	盾塚	大阪	4	42歩	6	○	◎	方形板革綴2	三角板革綴衝角付2	盾13以上
2	乙女山	奈良	5	78歩	4	△	―			
3	池上	奈良	5	54歩	4	―	―			
4	月の輪	岡山	5	45歩	4	○	◎	横矧板革綴		
5	野毛大塚	東京	5	48歩	5	○	◎	長方板革綴	三角板革綴衝角付	
6	雷電山	埼玉	5	54歩	4	―	―			
7	女良塚	三重	5	54歩	8	―	―			
8	雨宮	滋賀	5	48歩	6	―	―			
9	地山	滋賀	5	48歩	8	―	―			
10	樋渡	福岡	5	24歩	5	―	―			
11	鞍塚	大阪	6	30歩	6	○	◎	三角板革綴	三角板鋲留衝角付	馬具
12	椿山	滋賀	6	54歩	8	○	◎	長方板革綴		盾
13	赤堀茶臼山	群馬	6	36歩	6	○	◎	三角板皮綴		鏡2
14	舞台1号	群馬	6	24歩	6	―	―			
15	高塚1号	三重	6～7	42歩	6	―	―			
16	こうじ山	大阪	6～7	27歩	8	△	―			
17	久保田山	滋賀	7	42歩	6	―	―			
18	御願塚	兵庫	7	30歩	6	―	―			
19	神前山1号	三重	7	21歩	6	△	―			画文帯神獣鏡
20	供養塚	滋賀	7	27歩	9	△	◎	横矧板鋲留		
21	井ノ奥4号	島根	7	30歩	4	―	―			
22	高崎情報団地	群馬	7	27歩	4	―	―			
23	小立	奈良	7	21歩	6	―	―			
24	上大縄	広島	7?	15歩	4	―	―			
25	狛江亀塚	東京	8	24歩	6	○	―			馬具
26	大園	大阪	8	24歩	9	―	―			
27	蕃上山	大阪	8	27歩	9	―	―			
28	磯崎東	茨城	8～9	24歩	5	―	―			
29	御塚	福岡	9	48歩	8	―	―			
30	若宮八幡	群馬	9	27歩	6	△	―			乳文鏡
31	塚廻り4号	群馬	9	12歩	8	―	―			

凡例
 *主体部発掘の有無 ○ 学術発掘歴あり △ 非学術発掘歴あり ― 主体部未調査または調査時点で主体部すでに消滅
 **武具の有無 ◎ 遺物現存 ― 出土なし，または出土の伝承なし

て王権と政治的関係を結ぶことになった地方中小豪族の墓である可能性がきわめて高いのではないかと推測される。

4，5世紀の倭国の軍事組織

 4世紀後半以降，倭国は朝鮮半島で組織的な軍事行動や武力を背景とする外交を展開した。西暦369年の百済の対高句麗戦に倭が参戦した可能性を指摘す

る所論[20]も知られるが，確実なところでは「倭以辛卯年（391年）来渡海破百残云々」という広開土王碑の記事によって知られる4世紀末からの活動がある。倭国は400年と404年の2度高句麗と戦闘を交え，396年，407年にも百済軍の一支隊として参戦した可能性があるが，連敗に終わったとされる[21]。

このころの倭軍の編成は文献上明らかでないが，おそらく王族もしくは有力な軍事的伴造氏族の長を指揮官とする大王家直属軍を中心に，畿内や吉備など西日本の有力豪族が派遣した部隊からなる混成軍であったと思われる（神功皇后伝説をのぞくと，王族が外征軍の将軍に任じられた例は推古朝以前には知られないが）。

各豪族は一族の有力者を将とし，その子弟などを中下級指揮官に任じて，自領内の農民兵を率いて戦場に臨んだものと想像される。諸王共同体ともいわれる政体にあっては，このような軍事編成しか望み得なかったといってよいであろう。

倭国軍の組織的欠陥

独立性の高い各地の大豪族は，6世紀になっても筑紫国造磐井のように半島への出兵を拒んで叛乱を起こすものがあったことからみて，4，5世紀段階では出兵に素直に応じないものがあったとしても決して不思議ではない。また，出兵しても現地での作戦命令に素直に従わないものもあったであろうことは，雄略紀9年条に記された朝鮮派遣軍の将軍間における内紛伝承などから推察することができる。

このときの朝鮮派遣軍では紀小弓宿禰，蘇我韓子宿禰，大伴談連，小鹿火宿禰の4人が大将に任じられたとされる。このうち蘇我韓子は架空の人物とみる説[22]が有力なように，この記事にどれほどの信憑性があるか疑問はもたれるものの，初期の朝鮮派遣軍の実情をよく伝えているように思われる。

大伴談連は大王家直属軍の実質的な指揮官とみられるが，4人は並びの将軍であって，大王軍の指揮官が一段高く位置づけられ，全軍に指揮権が及ぶような軍編成となっていたようには読み取れない。基本的に4将の指揮権の及ぶ範囲は自軍内にとどまり，連合軍というにはほど遠い寄り合い所帯であったと推察される（この記事で，雄略即位時に大連に任じられた大伴室屋ではなく，談連が大王軍の指揮官として派遣されていることは注意しておきたい記述である）。

朝鮮半島における初期の戦闘での敗戦に直面し，王権中枢部では，騎馬軍団の整備や武装の強化などの必要性とともに，朝鮮派遣軍の組織そのものの整備，強化が急務として痛感されたにちがいない。理想としては，最高司令官のもとに各級指揮官がピラミッド状に配置され，厳しい軍律によって作戦命令が忠実に実行される軍隊組織の確立が希求されたであろう。

　その第一歩として，大王家直属軍を強化してその戦闘力を高め，諸豪族に対して武力的に優位に立ち，その力を背景に軍令を徹底させ，派遣軍全体の戦闘力を高めるという対策が検討され，そのために打ち出された具体策が，各地の中小豪族を軍事的トモとして直接掌握するという施策ではなかったろうか。

軍事的職業部の設置

　大王家直属軍においては，最高司令官には王族または最有力伴造氏族のしかるべき者が，上中級指揮官（実質的司令官）には来米，佐伯，建部などの軍事的氏族の長が任じられたと思われる[23]。その部隊は，初期の段階では大和の農民兵を主体として編成されていたとみられるが，これだけでは動員兵力に限界がある。

　安定的に戦闘力を確保するため，各地の大豪族の支配下にない独立的な中小首長でそれまで王権との関係をもたなかったもの，あるいは大豪族の傍系氏族など相対的に独立性の高い中小首長を直接掌握し，武器，武具などを支給して，軍令に忠実な戦闘力に仕立てる政策が採用された。

　中央の軍事的伴造氏族は，王権の命によって西日本を中心とする各地のそのような中小豪族に対するリクルート活動を組織的に展開し，来米部や佐伯部などの地方伴造氏族として傘下に治めた。来米直や来米部の分布は畿内周辺と西国を主とするとされ、佐伯部は播磨，讃岐，阿波，安芸の4国に設定され，その地域の国造級豪族が佐伯直となって佐伯部を管掌し，平時には中央に上番して佐伯連の指揮下に入り，王族や宮都の警護に当たったとされる。有事の際には，王族軍の前線部隊として，中央伴造に従って渡海したことであろう。

　このような関係は複数の中央伴造氏族と多数の地方中小豪族との間で成立したとみられ，軍事にかぎらず各種の職掌をもって奉仕する職業部も設定されていったはずであり，また，上番型だけでなく貢納型の部も多く設定されたことは文献史家の説かれるとおりであったろう。

古代においても，軍事行動において最も必要とされたのは，最前線で戦う下級指揮官であり兵卒であった。最も消耗は激しく，強い軍隊を維持し続けるためには，その供給源を幅広い地域，階層に求めなければならない。大王家直属軍の尖兵をこのように広範な地域，階層に求めるという施策は，中小豪族の直接掌握によって王権の軍事力を強化する成果をもたらすとともに，一方で地方の伝統的大豪族の武力，財力を抑制するという効果をももたらしたものと思われる[24]。

さきに，単純図形墳や小方部墳は，軍事をはじめとする各種の職業部として伝統的に倭王権に奉侍した中央伴造のために創出された墳形であったと推定したが，このような施策によって中央伴造を介して新たに倭王権の直接的掌握下に入った階層に対しても，王権への貢献の度に応じて築造が許されたことであろう。

特に小方部墳については，初現の時期からみて，その契機が朝鮮半島における軍事行動の本格化にあったこと，したがって一義的には中央，地方の軍事的伴造のために創出された墳形であろうことも疑い得ないところと考える。ただし，軍事的伴造氏族のための墳形が小方部墳にかぎられるものではなかったことは，円墳や方墳にも軍事的性格の色濃いものが多数存在することから明らかである。また，小方部墳に軍事以外の職業部の長が葬られた可能性もまったく排除されるものではない，と今のところ考えておきたい。

注
1） 井上光貞「カバネ・位階・官職」『井上光貞著作集』岩波書店，1986年，163頁
　　諸王共同体という用語は一般に定着したものとはいえないが，諸豪族の連合国家とみる論者は多く，首長連合あるいは同盟などという呼び方と同様の実態を想定しているものといってよい。
2） 西川　宏「陪塚論序説」『考古学研究』第8巻第2号，1961年，21，23頁
3） 近藤『前方後円墳の時代』251頁
　　なお，大鳥塚古墳は私の検討では後円部径54歩（74.0m）の規格で，前方部長は10単位とみている。
4） 岸　俊男「ワニ氏に関する基礎的考察」『日本古代政治史研究』塙書房，1966年，21頁

5） 鎌田元一「大王による国土の統一」『日本の古代』6，中央公論社，1986年，68頁
6） 熊谷公男「畿内の豪族」『新版古代の日本』第5巻近畿Ⅰ，角川書店，1992年，253〜263頁
7） 田中　琢『倭人争乱』集英社版日本の歴史②，1991年，299〜302頁
8） 甘粕健氏も，陪塚を「（大王の）周辺にあって権力機構を分掌する伴造的な首長」の墓と推定された上で，中小の前方後円墳を含む墳丘形態の多様な類型は，「あたかも宮廷における一定の身分秩序の反映をおもわせる」と述べられている。
　　甘粕　健「古墳時代の展開とその終末」『日本の考古学』Ⅴ，河出書房新社，1966年，435〜436頁
9） 厳密な作図作業によって小方部墳を選別し，全国的にその時期的，地域的分布状況を把握するには多大なエネルギーを要する。そのような努力を傾注したとしても，資料的制約から突出部長をついに確定できない古墳も多く残されるものと思われるが，今後の古墳研究を有意なものとして展開していくためには継承されるべき不可欠な基礎作業といえよう。
10） 遊佐『帆立貝式古墳』85〜157頁
11） 井上光貞氏によれば，大化前代，東国の範囲は東海道では三河以東，東山道では信濃以東であり，「美濃・尾張と，その以東とは政治上，別地域をなしてゐたとみてよい」とされるので，ここでは，愛知，岐阜を三重，滋賀などとともに近畿地方に含めてカウントしておく。
　　井上光貞「古代の東国」『萬葉集大成』第5巻，平凡社，1954年，331，342〜343頁
12） 遊佐氏の集成のあと，開発事業にともなう発掘調査の全国的な増加によって，帆立貝古墳の類例も多数追加されている。このうち広島県においては増田直人氏によって82基が，岡山県では乗岡実氏によって52基，群馬県内では長井正欽氏によって114基，栃木県では秋元陽光氏によって46基が集成されている（いずれも造出付円墳を含む）。それぞれ若干の前方後円墳が含まれている可能性もあるが，確認数としては実数に近いものと思われ，今後の全国的な集成作業と，24等分値企画図による墳形の確定作業が継続的に実施される必要性を痛感する。
　　増田「墳丘形態から見た広島県の帆立貝形古墳」『帆立貝形古墳をめぐる諸問題』中国・四国前方後円墳研究会，1999年，24〜44頁
　　乗岡「岡山県の帆立貝形古墳と造出付き円墳」同上文献，45〜55頁

　　　　長井「群馬県内の帆立貝形古墳について」『考古聚英　梅澤重昭先生退官記念論文集』2001年，139～158頁
　　　　秋元「栃木県における帆立貝形古墳　研究ノート」『栃木県考古学会誌』第11号，1989年，53～78頁
13）　田中新史「五世紀における短甲出土古墳の一様相─房総出土の短甲とその古墳を中心として─」『史館』第5号，1975年，101頁
14）　都出「墳丘の型式」30頁
15）　田中勝弘「方墳の性格─特に，近畿地方における中期方墳について─」『古代文化』第32巻第8号，1980年，52頁
16）　北野耕平「五世紀における甲冑出土古墳の諸問題」『考古学雑誌』第54巻第4号，1969年，9頁
　　　　松木武彦「古墳時代の武器・武具および軍事組織研究の動向」『考古学研究』第41巻第1号，1994年，101～102頁
17）　古瀬清秀「古墳時代における備後北部の特質─特に三次盆地を中心に─」『吉備の考古学的研究』（下），山陽新聞社，1992年，201頁
18）　橿本「帆立貝形古墳について」65～67頁
19）　千人塚古墳と私市円山古墳は小方部長4単位，三玉大塚古墳と小田茶臼塚古墳は6単位の小方部墳とみられる。
20）　川口勝康「刀剣の賜与とその銘文」『岩波講座　日本通史』第2巻，1993年，338～339頁
21）　吉田　晶『倭王権の時代』新日本出版社，1998年，40頁
22）　志田諄一氏によれば，蘇我稲目より前の満智─韓子─高麗の朝鮮に関係する名をもつ3代は，大化以後，蘇我倉氏によって系譜上に追加されたものではないかという。
　　　　志田『古代氏族の性格と伝承』雄山閣，1985年，71頁
23）　大王家直属軍の編成に関しては，直木孝次郎『日本古代兵制史の研究』（吉川弘文館，1968年）に多くを負っている。倭王権の兵力としては，西国を中心とする国造ないし伴造級の豪族が支配下の農民兵を率いて上番し，大伴氏の指揮下に入るという鞍負の制度が重要であるが，その設置は5世紀後半以降とされる（42頁）。これに対し，佐伯氏などの軍事的氏族（いわゆる門号氏族）が伴造として成立する時期は5世紀前半にさかのぼるとされる（125頁）。大伴氏自体の軍事氏族化も5世紀後半とされるので（210頁），小方部墳の草創期に軍事活動を担った中央伴造として，「はじめから軍事的性格が強かった」（54頁）とされる佐伯氏や建部氏など複数の中央氏族による活動を想定した。

24) 井上光貞氏は，靫負部や舎人部に指定されたのはおそらく国造一族の分家であり，「国造の一族を二分し一方を朝廷にひきつけ他方（宗家）を牽制することになった」と述べられている。

　　井上「大和国家の軍事的基礎」『新版　日本古代史の諸問題』思索社，1972年，175頁

14　墳形の差異と意味

同祖同族の観念と墳形

　各地の中小首長の死に際し，その墳形は，4種類の中・下位墳（2種の小方部墳と円墳，方墳）のうちから，どのような基準によって選定されたのであろうか。

　中央伴造氏族によるリクルート活動によって，その地方伴造として当該部を管掌することになり，半島での軍事行動をはじめ，それぞれの職能に応じて王権のために奉仕した地方中小豪族の長は，その死に際して，おそらく中央伴造の仲介によって，王権から古墳の築造を許可され，墳形と墳丘規格の指定を受けたものと想像される。

　結論を先に述べると，地方中小豪族の首長は，生前に直接近侍し行動をともにした中央伴造が，その氏族の墓として伝統的に築造を認められてきたものと同じ墳形を指定されたと考える。

　前方後円墳の成立と各地での築造は，各地の部族の長が伝統的祭祀形式を離れ，前方後円墳祭祀を受け入れて，大和連合との擬制的同祖同族関係に入ったことを示すといわれる[1]。

　後世，皇別氏族として天皇系譜に連なると観念された君姓あるいは臣姓の豪族は，倭王権伸張の初期の段階で，大王家との直接的な接触によって擬制的同族関係に入り，その証しとして前方後円墳という大王家と共通の墳形を営むことを許されたものと理解される。墳形の共通性にそのような意味を見いだすことができるとすれば，中・下位墳の墳形指定に関しても同様の意義を認めてよいと思われる。

大伴氏と佐伯氏は同祖同族とされ，それは令制以前に佐伯氏が大伴氏のもとで宮門警備などの同じ軍事的任務に就いていたためではないかという[2]。地方豪族についても，中央伴造氏族のトモとして同じウヂの名を負い，その職を世襲的に継承して長く行動をともにすれば，同祖同族の意識が醸成されるのは自然の成りゆきといってよい。その間に互いの子女の婚姻によって，実際に姻戚関係に入ることもまれではなかったと思われ，同祖同族観念が成立，強化されることは自然なことといえる。

　そのようであれば，地方首長の死に際し，「我が君」[3]として仕えてきた中央伴造の長と同じ墳墓形式が希求されるのは至極当然といえ，その斡旋によって，望みに従って王権からの墳形指定が得られたものと考えられる。

　小方部墳を含む4種の中・下位墳は，伴造氏族のための墳墓形式であり，主従関係にあった中央と地方の伴造氏族の長は，それぞれ同じ墳形の古墳に葬られたものと推察した。

　中央伴造がどのような基準で4種類の中・下位墳のうちから一定の墳形を指定されるに至ったものかという点に関しては，先述のとおり今のところよくわからない。ただ，王権内での伝統的地位，大王家との親疎などに応じて中央伴造氏族間にもおのずから序列が生じ，複合図形墳優位の原則から，上位の氏族には小方部墳の墳形指定が行なわれるようになっていたことはまちがいない。

部民制の萌芽

　地方における中・下位墳は，中央伴造を介して倭王権の支配下[4]に入った地方中小首長の墳墓であると推定したが，このような王権の軍事機構への地方中小豪族の編入という歴史事象は，一般に大和政権による部民制の拡充といわれる政策の一側面ととらえて大過ないものと思われる。

　部民制は各地の地方族長を大王のトモに組織し，それを中央のトモノミヤツコが統括するという，大和政権による全国的な人民支配の体制であるといわれる[5]。このような体制は5世紀後半の雄略朝に著しく整備されたといわれるが，4種類の中・下位墳の創出と地方への展開を以上のように評価すると，部民制の全国的整備は定説より早く，4世紀末から5世紀前半期を通じて著しく進展したものととらえられることとなる。

　直接的には朝鮮半島における軍事行動を有利に進めるため，各地に軍事的ト

モが設定され，倭王権の軍事力の強化が図られた。その結果，意図したとおり王権の著しい強化が実現し，反面，地方有力豪族の相対的弱体化にもつながった。雄略朝のこととして語られる葛城や吉備の勢力の衰退は，4世紀末以降の王権による体制整備の結実といってよいであろう。倭の五王による南朝への朝貢開始も，同じ動きによる王権の強化が背景にあって初めて可能になったものとはいえないであろうか。

一般に5世紀後半の雄略朝に王権の専制化への画期が認められるとされるが，4世紀後葉から末にかけての小方部墳という新墳形の創出，そして5世紀前半以降の築造数の増加という現象の背景を以上のように推定するとき，この時期における軍事力を背景とする王権の著しい強化を見いだすべきであり，むしろ4世紀末から5世紀前半を日本の国家形成期における大きな変革期と認めるべきではないかと考える[6]。

靫負の制と古墳

直木孝次郎氏によれば，5世紀後期には，地方の国造・伴造級の豪族が自領の農民兵を率いて上番し，上番中だけ靫負（靫部）を称して大伴氏や丹比氏に率いられるという靫負の制が成立したとされる。このころから6世紀前葉の継体朝にかけて，来米氏などの中央の軍事的伴造氏族も大伴氏の指揮下に入るようになったといわれ，大王軍の編成が大きく整備，拡充されるとともに，大伴氏の勢力が著しく伸張したことが理解される[7]。

靫負として上番した豪族は，国造・伴造級の者であればすでに古墳の築造実績があり，前方後円墳をはじめとして氏族に固有の墳形が固定されていた可能性も高いが，この時期にはじめて大伴氏などを介して靫負として大王軍に組み入れられた豪族の場合は，中・下位墳の築造を指定されたものと思われる。また，国造・伴造級の豪族の一族の中から本宗以外の者が軍事作戦に動員された場合などには，中・下位墳の築造を新たに認められることがあったと推測される。

東国舎人と古墳

靫負と対照的な軍事力として舎人の存在が知られる。靫負が，主として畿内周辺や西国の豪族が自領内の農民兵を率いて上番する朝廷全体の兵力であったのに対し，東国舎人（いわゆるB型舎人）は，国造級豪族の子弟が若干の従者を

随行する程度で出仕して大王や王族の側近に仕える大王家直属の兵力であり，皇位継承などをめぐる皇室内部の対立を背景に，「天皇や皇子が，自分の身体と地位の安全のために，直属の武力の強化」を図ったものとされる。B型舎人の出現は6世紀に入ってからで，東国国造はその地位の安定のため舎人の派遣を世襲化したとされる[8]。

6世紀，中でもその後半に，関東地方では他地域にくらべ際立って多くの前方後円墳が築造された。大半が墳長50～60m程度かそれ以下の中小規模の古墳であるが，その被葬者に舎人として大王家に出仕した国造一族の者を想定して大きな誤りはないであろう。

靫負が大伴氏など中央伴造氏族の指揮下に入ったのに対し，舎人は大王や王族に直接奉侍したことから，国造家本宗の当主でない場合も，舎人として出仕した経歴をもつ者には前方後円墳の築造が認められたものと考える。東国国造の約7割が皇室と血縁関係があるとする伝承をもつとされる（西国では4割）。上毛野など一部の大国造をのぞく中小首長は，大王家の権威を借りる代償として一族をもって精鋭の兵力を恒常的に派遣し，その功をもって皇別という系譜と，前方後円墳の築造指定が得られたものと推察される。

古墳時代後期の東国（特に関東地方）に中小規模の前方後円墳が多く築造されたことについての上述のような理解は，中央伴造氏族を介して王権に奉侍した氏族の長が中・下位墳の墳形指定を受けたとする理解と整合するものといえよう[9]。

乙女山古墳の被葬者

小方部墳の各地における出現状況は地域ごと，あるいは古墳群ごとに異なるといってよい。都出比呂志氏は，①4世紀代に2，3代大型上位墳を営んできたところ5世紀前葉になって中・下位墳に転換する場合，②顕著な首長墳の伝統がまったくなかったところに突如大型の中・下位墳が登場する場合，と大きく2つのパターンがあると指摘された[10]。

②のケースについては，私のこれまでの説明のように，中央伴造氏族によるリクルート活動によって地方伴造となった地方中小豪族が，古墳の築造を新たに開始した結果と理解すればよいと思われる。

そのほか，4世紀末ころから中・下位墳が上位墳に混じって築造され，以後

も両者が共に築造され続けるケースもまれではなく，第3のケースといってよいであろう。最も顕著な例は古市や百舌鳥などの王陵区に見られるが，ほかにもいくつかそのような実態を示す古墳群がある。

奈良県の馬見古墳群における各墳形の存在状況は王陵区に近いものがあり，4，5世紀に大王家に匹敵するほどの強勢をほこったとされる葛城勢力の墓所にふさわしい状況といってよい[11]。三吉石塚古墳のように王陵区における陪塚に類する存在形態を示す中・下位墳も多い。

そのような中，乙女山古墳は小方部墳でありながら，その主丘部は径78歩（106.9m）という大規格をもつ。これは同じく大和盆地南西部地域の，ある時期の盟主墳である川合大塚山古墳や掖上鑵子塚古墳の後円部と同じ規格である。埼玉県丸墓山古墳（円墳とされる）も同規格であり，例外的な大規格をもつ宮崎県男狭穂塚古墳をのぞけば，中・下位墳としては最大の規格をもつことが注意される。

葛城軍の指揮者

小野山節氏の論[12]に従えば，巣山古墳被葬者の後継首長が，河内王朝からの規制のため前方後円墳を築けなかったと解されることになるが，5世紀前半代にも葛城勢力の首長墳として新木山，築山，室大墓など墳長200m級の前方後円墳が築造されており，乙女山古墳の被葬者像に迫るには別の解釈が必要であろう。

ここでも結論を先に述べると，乙女山古墳の被葬者は，葛城勢力の一族ではあるが，伝統的に最高首長を出すことのない家筋の出身者で，朝鮮半島派遣の諸王連合軍を構成する葛城軍の指揮官として活躍し，殊功を上げたことによって，特に中位墳の築造指定を認められたものと推察する。その功績がきわめて多大であったことは，中・下位墳として最大級の主丘部規格をもつこと，また造出の付設を許されていることから理解される（造出付設の意義については後述）。

4世紀末から5世紀初頭にかけて，朝鮮半島で活躍した人物として葛城ソツヒコ（襲津彦）の存在が注目される。井上光貞氏の研究[13]によって「皇室を除いてその実在のたしかな人のはじめ」とされ，御所市の室大墓古墳（図112）をソツヒコの墓とみる見解も知られる[14]。墳長200m級の前方後円墳である室

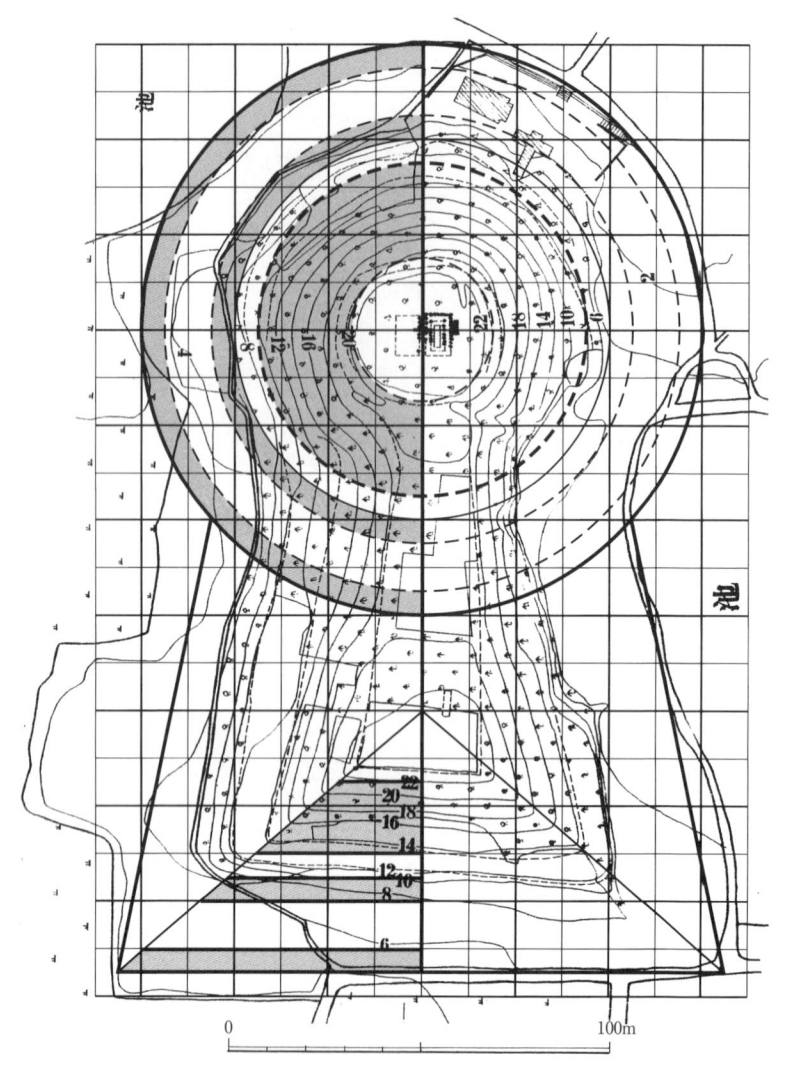

図112　室大墓古墳企画図（後円部径108歩・148.0m）

　大墓古墳は，たしかに葛城勢力の最高首長の墓にちがいなく，ソツヒコの墓とみて支障ないといえるかもしれない。
　日本書紀によればソツヒコは数回朝鮮半島に渡り，相当長期にわたって滞在して活動することもあったとされる。英雄時代の王のような活躍ぶりである

が，葛城氏という倭王権に拮抗する勢力をもつ大族の最高首長が，長期間本拠地を離れ，危険に満ちた海外での軍事活動に参加するようなことが，この時期実際にあり得たのであろうか。

加藤謙吉氏[15]は，ソツヒコは特定の人物ではなく，この時期の「倭の対朝鮮外交や軍事行動に関与した葛城地方の土豪たちの活動を，襲津彦という一人の人物に収斂し，伝承化したもの」との見解を示されている。従うべき所説と思われる。実際に渡海して活躍したのは葛城勢力の一族ではあるが，最高首長あるいはその後継と目された者ではなく，一族中のしかるべき有能者ではなかったろうか。

このように考えると，乙女山古墳には，ソツヒコとして形象化された，実際に朝鮮半島に渡り活躍した人物が埋葬されている可能性はきわめて高いものと推察される。小方部墳が第一義的には，軍事をもって奉仕する中央，地方の伴造氏族のために創出された墳形ではなかったかとする推定の延長上の思考として，許される帰結といえるのではなかろうか。

岡山県小盛山古墳（4～5期）は径72歩（98.6m）という大型の円墳で，この規格は乙女山古墳，丸墓山古墳の1ランク下という大規格である。このような大型の規格をもち，また乙女山と同じように造出をそなえていることからみて，この古墳の被葬者にも乙女山同様の軍事的性格を認めて大きな誤りはないと考える。吉備勢力が派遣した豪族軍の実質的最高指揮官として渡海し活躍した，吉備一族中の傍系首長の墓である可能性が高い。

注
1） 近藤『前方後円墳の時代』206～207頁
2） 直木『日本古代兵制史の研究』56～57頁
3） 日本書紀敏達12年条に，刑部火葦北国造靫部阿利斯登の子の日羅が，大伴金村を「我が君」と呼んでいる記事があり，大伴と靫部との関係がかなり親密であったことがうかがわれるとされる（直木『日本古代兵制史の研究』36頁）。
　　平野邦雄氏も同じ条文を引いて，中央・地方の伴造氏族が「氏の名を共通にすることは，単なる支配・隷属の関係ではなくて，同じ『氏』としての凝集力をもつことの表現」とされ，「主家との間に，ミウチ的同族的意識があった」と述べられている。
　　平野邦雄『大化前代社会組織の研究』吉川弘文館，1969年，26～27頁

4) その支配，被支配の関係が熊谷公男氏のいわれるような「互酬的」なものであったことは，本文の記述から推察されよう。
　　　熊谷『大王から天皇へ』『日本の歴史』第03巻，講談社，2001年，99～100頁
5) 鎌田元一「王権と部民制」『講座日本歴史1』東京大学出版会，1984年，249～262頁
6) 早く古墳の墳形とカバネとの関連性について指摘されたのは西嶋定生氏であった。氏は，「カバネへの参加ということは同族関係の擬制化をともなうもの」として，カバネと対応する古墳形式は，諸豪族の大和政権への参加の仕方を反映するととらえられ（西嶋「古墳と大和政権」233頁），古墳時代中期の古墳造営数と地域の拡大は，「古墳営造を伴うカバネ秩序の拡大という形態」をとった大和政権の地方支配の展開にほかならないと説明された（244頁）。
　　聞くべき所説であるが，中期以降に「（築造が）開始される前方後円墳の営造者には，上述の国造のほかに地方における伴造としてカバネを与えられたものがあり」（238頁）という説明は私の理解とは異なる。
7) 靫負に関する記述は，直木『日本古代兵制史の研究』35～51頁，209～211頁による。
8) 舎人に関しては，直木『日本古代兵制史の研究』107～135頁による。
9) 6世紀から7世紀初頭にかけて対外問題で活躍した軍事的氏族に阿倍氏がある。阿倍氏を中央伴造氏族とする丈部は，東国，北陸，山陰に多く分布し，東国との関係は特に深いとされる。阿倍氏は臣姓であるから，ウヂに固有の墳形として前方後円墳を築造していたと推察されるので，阿倍氏との関係によって王権の軍事機構に参画した地方豪族が同じ墳形の指定を受けた可能性も考えられないことではない。関東地方の中小前方後円墳の被葬者に，このような者が含まれている可能性も考慮すべきかもしれない。
　　　阿倍氏については，志田『古代氏族の性格と伝承』95～132頁。
10) 都出「墳丘の型式」29頁
11) 馬見丘陵一帯を葛城の領域に含めることはできないとする和田萃氏や加藤謙吉氏の見解も知られるが，ここでは馬見古墳群を葛城勢力の墓所とする通説に従う。
　　　和田『大系日本の歴史2　古墳の時代』小学館，1988年，95～97頁
　　　加藤『大和の豪族と渡来人』吉川弘文館，2002年，53頁
12) 小野山「五世紀における古墳の規制」78頁
13) 井上光貞「帝紀からみた葛城氏」『日本古代国家の研究』岩波書店，1965年，71頁

14) 白石太一郎「大型古墳と群集墳―群集墳の形成と同族系譜の成立―」『橿原考古学研究所紀要　考古学論攷』第2冊, 1973年, 114頁
15) 加藤『大和の豪族と渡来人』15～16頁
　門脇禎二氏も, ソツヒコは「対韓諸国関係に活躍した葛城国の旧王の形象化された姿」であり,「ソツヒコの紀に描かれる形姿を実像として強く見過ぎてはならないように思う」といわれる。
　門脇『葛城と古代国家』（講談社学術文庫版）, 2000年, 69～70頁

15　造出の機能と特質

既往の諸説

　ここまで小方部墳という墳形の歴史的性格について思うところを述べ, 所期の目的をほぼ達したものと考える。最後に, 小方部と形態的に類似しているために混同され, 墳形理解に混乱を招いてきた「造出」について, その機能とこれを付設する古墳の性格に関する考察を行なっておきたい。
　造出の性格に関する先学の所説をみると, 宮車の両輪模倣説（蒲生君平）, 船着場説（不詳）, 須恵器広口壺の耳環模倣説（島田貞彦）[1], 殉死者のための埋葬説（西川宏氏）[2], 政治的権力誇示の場説（樋本誠一氏）[3], 墳頂部祭祀のための準備の場説（春成秀爾氏）[4], 墳頂部に至る隆起斜道の足場説（ただし大型の円墳や方墳の場合のみ, 近藤義郎氏）[5] などをのぞいて, すべて何らかの祭祀の場とされる点で見解は一致している。
　そして, 墳丘上で行なわれていた祭祀が, ある時期から造出で行なわれるようになったとする見方が有力である。

造出祭祀の内容

　近藤義郎氏は, 前方後円墳の造出は基本的には祭祀の場であり, くびれ部あるいは前方部にある場合も後円部に近い位置に設置されていることから, 後円部被葬者に対する「特別な」祭祀設備として設けられたとされ, 墳丘が3段に整備されたことにともない, 隅角からの「登り」が禁忌されたのちの祭祀の場であり,「墳頂以外での祭祀をも導いていった」（傍点引用者）と指摘された[6]。

高橋克壽氏は，造出で出土する祭祀遺物（食べ物をかたどった土製品など）が4世紀代の古墳では墳頂部で見いだされることから，墳頂部の祭祀が5世紀になると造出に降りてきて，そこでの祭祀の内容は被葬者の冥福を祈って飲食物をささげるものだったとされ，5世紀中ごろになると造出には人物や動物の埴輪が加わり，「祭祀を行う人間も土製品になった」として，造出上の埴輪群が祭祀の場面の形象化であると指摘された[7]。

共に従うべき卓見であり，造出成立の事情や祭祀の内容がほとんど説明され尽くされているといってよい。造出上での祭祀の実態にせまりつつある研究段階にあるといってよく，つけ加えるべき点もなさそうに思える。ただ，両説を含め，あらゆる造出論に欠落している視点があると私は考える。

欠落した視点

それは，造出が一部の古墳にしか付設されていないこと，そして付設の有無がどのような原則によって決定されたものか，考察が及ぼされていない点である。

造出の付設状況は墳形ごとに異なるが，どのような原則によって付設するものとそうでないものとが分かたれたのか，一見しただけでは法則性を認めがたい。どのような原則によって付設が決定されたのかという問題は重要な検討課題であると思われる。さすがに近藤義郎氏は，造出を付設する前方後円墳の所在状況のバラつきについて指摘しておられるが，その意味するところまで考察は及ぼされていない[8]。

墳頂部から造出へという祭祀執行の場の移行が単なる埋葬習俗の変質，いわば文化の問題であるなら，そのような習俗の変化は全国的に，あるいは一定の時期や地域においては例外がないほどゆきわたり，造出を付設する古墳が一斉に現われてこなくてはおかしいのではなかろうか。

古墳時代の事象を見ると，今日のわが国と同じように，等質化を志向する同調社会ともいうべき様相がうかがわれる。横穴式石室が導入されれば，土地土地で入手できる石材を用いて，幅広い階層にわたって大小の石室が営なまれた。造出についてはなぜそのように広く採用されなかったのか，正面から論じられることはなかった。

櫃本氏のいわれるように権力誇示の場であるなら，一定規模以上の大型古墳には必ず付設されていてよいように思われるが，奈良県川合大塚山古墳や群馬

県太田天神山古墳のように、墳長200m級の前方後円墳で造出をもたないものがあり、逆に小規格の中・下位墳でこれをもつものがあることをどのように説明されるのであろうか。

　造出をもたない古墳では、いつまでも墳頂での祭祀が続けられたのか、周濠外のどこか別の場所で行なわれたのか、いずれにしても造出をもつ古墳とは異なる祭祀が行なわれたということになるがそれはなぜか、このような問題意識をもった論説に接しない。こうした事実をしっかり認識しないかぎり、造出そしてこれを付設する古墳の性格、特質について正しく理解することはできないと思われる。

　なぜごく一部の古墳にだけ造出が付設されたのかという観点から、以下に考察を行なう。

造出の成立過程

　前方後円墳のくびれ部付近に定型化した造出を付設するようになるのは集成編年の4期、4世紀後葉から末葉ころのことで、古市の津堂城山古墳が最も早い例であろうとするのが一般的な見方といえよう[9]。

　造出の定式化には前史があり、田中清美氏がその過程をたどられている[10]。それによると、大和では前方後円墳成立の初期の段階から、後円部の裾まわりに方形区画（以下「プレ造出」という）を設け、何らかの祭祀を行なっている事例がいくつか知られる。

　天理市の中山大塚古墳（1期）、燈籠山古墳、赤土山古墳（ともに3期）では後円部背後の裾部に不整形な方壇状の「造出的施設」が確認され、櫛山古墳（4期）への系譜がたどれるとされる。赤土山古墳では後円部右側裾にも方壇部が確認され、4世紀半ばころまでのプレ造出は設置位置も形態も一定していない。東殿塚古墳（2〜3期）では、前方部左側縁の裾で埴輪をともなう祭祀跡が検出されている[11]。

　田中氏によれば、ほかに埴輪による方形区画や方壇状の構造をもたない「祭壇状の施設」が三重県石山古墳（上野市、4期）に見られ、馬見古墳群のナガレ山古墳（5期）などのバラス敷き区画につながるとされる。両古墳とも、右側くびれ部の後円部にかかる裾部で検出されている。

　橿本誠一氏[12]は、行燈山古墳（現・崇神天皇陵、3期）、渋谷向山古墳（現・

景行天皇陵，3期）の同じ部位に造出が認められ，上田宏範氏分類[13]のAI群に先行するタイプであろうと指摘されている。たしかに指摘のとおりであり，陵墓図を見ると，渋谷向山古墳（図16）の後円部右側くびれ部付近にはしっかりした方壇状の地形が認められ，このタイプの一定の定式化が認められるとみてよいかもしれない。

　1期から3期まで，大和盆地東南部の王陵区などにおいては，主に後円部背後の裾部に祭祀の場を設ける古墳が認められ，3期になると右側くびれ部付近の後円部裾に方壇をもつ一定の定式化が認められるとみてよさそうである。前者のタイプは田中氏によれば櫛山古墳に完成した姿が見られるとされるが，いずれにしても次代に広く受け継がれていくことはなかった。後者のタイプは大王墳と目される大型古墳に採用されており，くびれ部付近に設置されている点は，次代の定式化した造出へ継続される要素として注意される。

　佐紀の大王墳級古墳になると，佐紀陵山古墳（現・日葉酢媛陵，3期，図113）の前方部側面左右に方形の張出しが認められ，和田晴吾氏は造出定式化の前段階の施設ととらえておられる[14]。佐紀石塚山古墳（現・成務天皇陵，4期，図114）の前方部左側縁部に見られる造出状の微地形は，よりくびれ部に近い位置にあり，定式化が一段階進んだ状況を示すものとみてよいかもしれない。

　3期までのプレ造出では，赤土山古墳や東殿塚古墳で埴輪や供献土器が出土しているほかは，明確に祭祀の内容をうかがわせる資料に欠けるが，やや時代の下る石山古墳やナガレ山古墳の内容をも参考にして，基本的に4期以降の造出と異ならない性格の施設であったとみて論を進める。

造出本来の機能

　墳頂ではなく，なぜ墳丘外のそのような場所で祭祀が行なわれたのかという点がまず問題になる。プレ造出について，田中清美氏は「古墳祭祀に伴う祭壇」とされるが，そこでの祭祀の内容，墳頂における祭祀との関係などについては言及されていない。

　竪穴式石室または粘土槨への納棺儀礼は墳頂部で行なわれ，当然後継首長をはじめ被葬者の近親者はその場に参列し，儀礼に参加したものと思われる。プレ造出は，墳頂での儀礼には参加できない者（隷属的な氏族成員のような）のための参列場所とみることもできようが，ことさらに設置された施設であるか

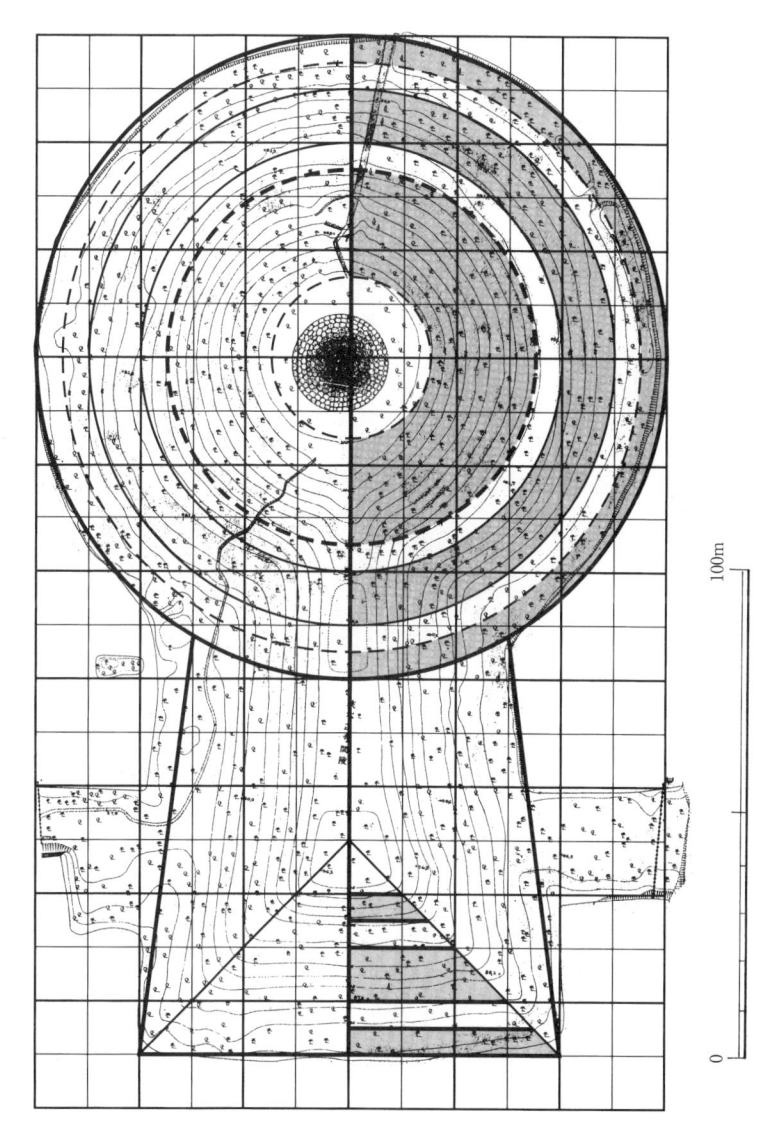

図113　佐紀陵山古墳企画図（後円部径96歩・131.5m）（原図：宮内庁書陵部蔵）

ら，そのような可能性は低いと思われる。プレ造出が納棺時の祭祀に関係するものではなかったとすると，納棺後の祭祀すなわち追善供養的な祭祀の場ではないかと考えるのが最も自然であるように思われる。

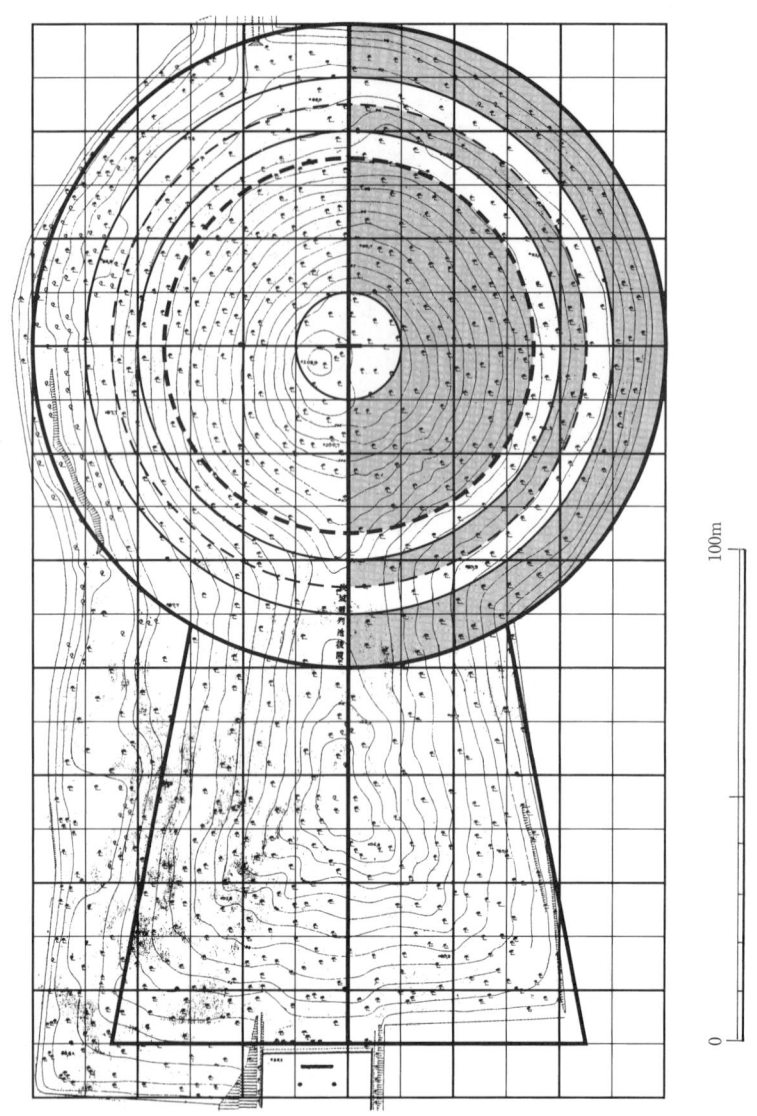

288　第 2 部　帆立貝古墳築造企画論

図 114　佐紀石塚山古墳企画図（後円部径 96 歩・131.5m）（原図：宮内庁書陵部蔵）

　造出における祭祀の内容についてはじめて正しく指摘されたのは下津谷達男氏[15]であろう。氏は，墳丘を囲繞する円筒埴輪列を「忌垣」ととらえ，前方後円墳の場合，「墳形と合致しない」矩形の埴輪列が，後円部墳頂の主体部周囲

と造出との2か所にめぐらされることに着目され，「設置される場所こそ異れ，互に何等かの関連が認められるのではなかろうか」として，「思ふに造り出しに於ける儀礼は時間的に長く行はれるものであるが，後円部に於けるそれは埋葬時のみ行ふものであって，以後の儀礼は造り出し等で行はれた」と推察された。造出における祭祀は，埋葬後ある期間を経た後の追善祭祀の場ととらえられているのであり，その所説には説得力がある。

墳丘の禁忌性

箸墓古墳では後円部で宮山型の特殊器台が採集され，これは墳丘完成時か直後に置かれたことが確実で，またそれより後に置かれたとみられる都月型特殊器台も採集されていることから，納棺後ある程度時間が経った時期に何らかの祭祀が墳丘上で行なわれた可能性が高い[16]。ただ，墳裾に設置されたプレ造出が次第に一般化していくように，追善祭祀の場は比較的早く，墳丘上から墳裾まわりに完全に移行したとみてよさそうである。

畿内大型前方後円墳においては，その初現段階から多段築成工法と葺石が採用された。定型化した前方後円墳では後円部を3段築成とし，第3段斜面のノリ面を長大かつ急傾斜に仕上げ，1，2段目の斜面はそれ以上の急勾配とされた。これは，墳丘の安定構造を得るための土木工学的配慮による造作であると同時に，近藤義郎氏[17]が指摘されているように，墳丘の禁忌性を高めるために講じられた措置でもあったと考えられる。幾重にもめぐらされた円筒埴輪列にも，忌垣として同様の機能が期待されたものと推察される。

遺骸をおさめる後円部への禁忌性が強く意識された結果，埴輪が立てならべられ納棺儀礼も終了したあとは，追葬などの場合をのぞいて，供養のためにでも立ち入ることはタブー視されるようになった可能性は高く，プレ造出の一般化はこのような意識と連動した現象とみてよいと思われる[18]。

場所も形態も一定しないそのような施設が，くびれ部両側に方壇状の整った形態で設置されるようになるのが集成編年の4期，津堂城山古墳は最も早い事例とみなされる。この古墳は河内の地に造営された大王墳の嚆矢とみられているが，追善祭祀のための場であるプレ造出が，大王墳が河内に進出するのと符節を合わせるように，造出として整備されたことには大きな意味があるように思われる。

追善祭祀の執行形態

王陵区の移動の意味をどのようにとらえるか諸説あるが、私は、いわゆる河内王朝論には賛同できず、一時期をのぞいて王権の本拠地は大和盆地東南部にあり、墳墓の地だけが変遷したものと考えている[19]。

柳本や萱生など大王家の本拠地近くに造営された大王墳の場合、納棺儀礼のほか、その後に行なわれる追善祭祀にも、後継大王や王族が墓前に参列することにさしたる支障はなかったと思われる。佐紀の場合はかなり遠くなって不便であるが、同じ大和の中であり、それほどの頻度でなければ同様の参列者による追善祭祀を行なうことは決して困難なことではない。ただし、王陵区が遠隔地に移動したことにともない、要人の警護など諸般の問題が発生したであろうことは疑いなく、さらに遠隔の古市や百舌鳥に大王墳が築かれるようになると、問題はいっそう深刻になったと思われる（図115）。

大王墳造営に際しては各種、各段階での祭祀が執行されたはずである。その中で、先王の首長霊を継承する最重要の儀礼と目されている墳頂部での納棺儀礼には、王陵区が河内に移った後も、後継の大王をはじめ主要な王族がこぞって参列したものと推察される。ここで問題となるのがその後の追善祭祀の執行形態である。

古墳時代における追善祭祀の内容や継承期間についてはほとんど明らかにされていないが、墳丘各所で時期の下降する祭祀関係遺物が出土することがまれではないことからみて、一般に納棺後の祭祀が一定期間継続されたことは疑い得ない。大王墳の場合、そのような儀礼が国家的な行事として重視されていたこともまちがいない。王陵区が王宮の近くにあれば問題ないが、佐紀から古市、百舌鳥へと遠隔の地に移動するにしたがい、追善祭祀の執行をいかに執り行なうかが大きな課題になったと推測される。

結論として、王陵区が河内に進出した時点で、大王、王族参列のもとに追善祭祀を行なうことは断念されたものと考える。代わりに、勅使（仮にこの言葉を用いておく）を派遣し、墓前で追善祭祀を執行することが制度化され、そのための祭場として整備されたのが造出だったのではなかろうか。前方後円墳という墳墓形式の中に、定式化した造出が設置されるようになったということは、造出における祭祀とその執行にともなう諸制度（一定の執行形式）が整備されたこ

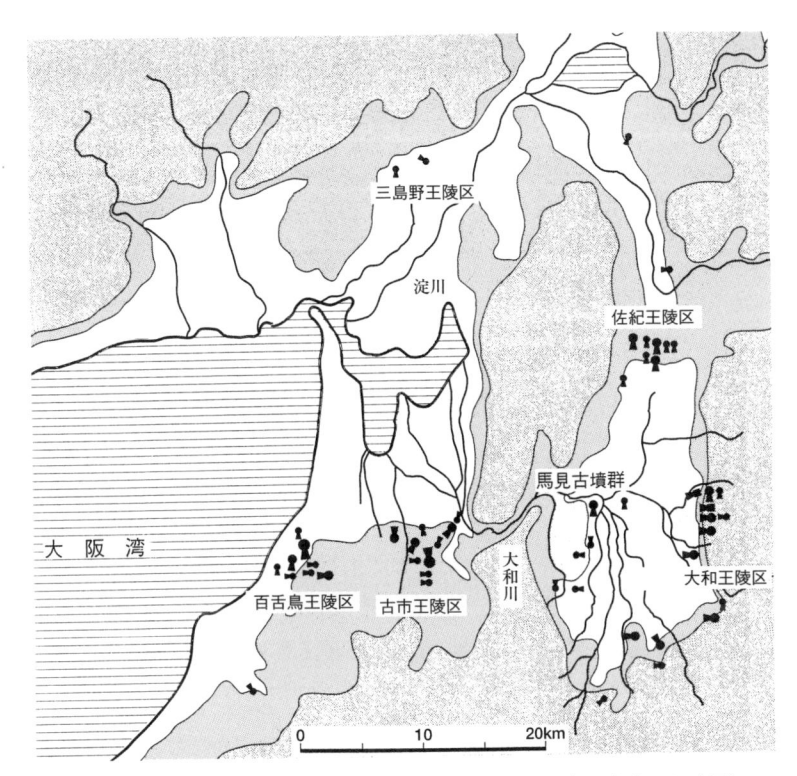

図115 五王陵区分布図（広瀬和雄『前方後円墳国家』角川書店から改図）

とを意味すると解して誤まりないと考える。

ここで想起されるのが, 律令制下, 諸国上納の調庸の初荷を内裏から近陵・近墓へ供献するために発遣された「荷前使」(のざきのつかい)である。早く西川宏氏は, 最終的には造出を殉死者のための埋葬場ととらえられたが, 考察の過程で, 墓前の祭儀として納棺時の儀礼のほかに, 埋葬後ある期間にわたって行なわれる「たとえば（中略）荷前使の派遣にともなう年中行事的な儀礼」の2種があったのではないかとして, 円墳の造出をそのための施設とはみられないか検討されている[20]。

和田萃氏は, 7世紀後半以降の追善儀礼について例証され, 山陵への奉幣も追善儀礼とすることは可能とされた上で, さかのぼって一般の前方後円墳の造出や外堤での祭祀の痕跡は, 埋葬時の儀礼の場合のほかに,「時期をへだててな

された追善儀礼の可能性も想定できるだろう」[21] と指摘された。

造出の埴輪

王陵区の河内進出にともなって整備された造出は，第一義的には大王墳のための施設であり，納棺儀礼終了後，一定期間を経た後，勅使による追善祭祀の儀礼を行なうための場であったと考えた。追善祭祀の頻度や継続期間についても推測の域を出ないが，一定期間が過ぎると使者を派遣して行なう祭儀も終了されたものと思われる。

おそらくその時点で，造出には形象埴輪を配置して供養の情景を再現し，勅使派遣による祭祀に代えたものかと想像される。周囲には円筒埴輪が方形にめぐらされ，その後は造出もまた立ち入りの許されない場所として封印された。この場合，墳頂での納棺儀礼と，造出への埴輪設置までには一定の時間差が見こまれることとなる。

時間の経過とともに各種儀礼の形骸化が進行していくことは，時代を問わず往々にして認められる現象である。大王墳以外について（あるいはこれを含めて），勅使派遣の期間が次第に短縮されることはあり得たであろう。あるいは最終的に，造出の付設自体に尊貴性をもたせ，勅使派遣がまったく行なわれない場合もあったのではないかと推察される。このようなケースでは造出付設（＝古墳完成）と埴輪樹立との間に時間差を生じないことになる。今後の発掘調査では，このような観点から造出上の遺構，遺物について慎重に見きわめる必要があろう。

造出設置数の問題

大王墳には，くびれ部の左右2か所に造出が設けられるのが原則であったようである。なぜ2つの造出が必要だったのか，従来このような設問が提出されることすらなかった。

いくつかの可能性を考えてみると，①主軸をはさんで左右対称が原則の前方後円墳の平面プランを崩さないためというデザイン上の配慮とするのも一案であるが，大王墳以外では造出が1つだけという古墳も多く，可能性は低い。

②として，派遣元の異なる使者，たとえば内廷，外廷それぞれから派遣される使者のため，2つの造出が設けられた可能性が考えられる。平安時代の荷前には，諸陵寮から献じられる常幣と，内裏から献じられる別貢幣とがあったと

され[22]，後世のこのような事例も参考にすると，この想定の妥当性は大いにあり得るものと考える。

　力士埴輪の出土で有名な和歌山市井辺八幡山古墳はくびれ部両側に造出をもつが，造出上の形象埴輪は左右でその構成が異なるように見うけられる[23]。造出上の埴輪群が，そこで行なわれた祭祀の形象化であるとすれば，左右で異なる祭祀が行なわれたことを物語る資料といえよう。

　③は，当該古墳の被葬者数，すなわち祭られるべき人の数に合わせて複数の造出が設けられたのではないかという想定である。津堂城山古墳には後円部に長持形石棺1基が残るだけであるが，前方部に主体部があった可能性も捨て切れない[24]。

　兵庫県行者塚古墳（加古川市）[25]（図116）には，くびれ部左右のほか後円部背後に2つ，都合4つの造出が存在する。後円部の同一墓壙内に3基の粘土槨が検出され，造出の一つでも箱形木棺が確認されているので，被葬者数と造出の数が一致するが，造出への埋葬は造出設置後の二次的利用とみるのが妥当といえよう。後円部の3基の粘土槨は同時に設置されたと推定されており，造出はすべて地山を削り出して形成されているとされるので，4つの造出は後円部に埋葬された3人のために古墳築造当初から計画的に設置されたものと考えられる。したがって，3人のうちの主たる被葬者のためにくびれ部両側に2つ，残り2人のために後円部背後に1つずつ，合わせて4つの造出が設置されることになったと解することも可能で，このようにみれば，合計4つという異例ともいえる多数の造出が設置された理由を説明することができる。

　②，③を折衷した解釈となるが，祭祀の対象となる被葬者の数に合わせて造出も追加設置されることがあったとする想定にも成立する余地はあるように思われる。②，③どちらにも可能性はあると思われ，結論は保留として，この問題についてはもう少し考えてみたい。

注
1） 島田貞彦『考古学講座　古墳』雄山閣，1928年，36〜37頁
2） 西川「造り出し」『月の輪古墳』333〜334頁
3） 櫃本誠一「前方後円墳の造り出しについて」『前方後円墳・墳丘構造の研究』学生社，2001年，259頁（初出1967年）

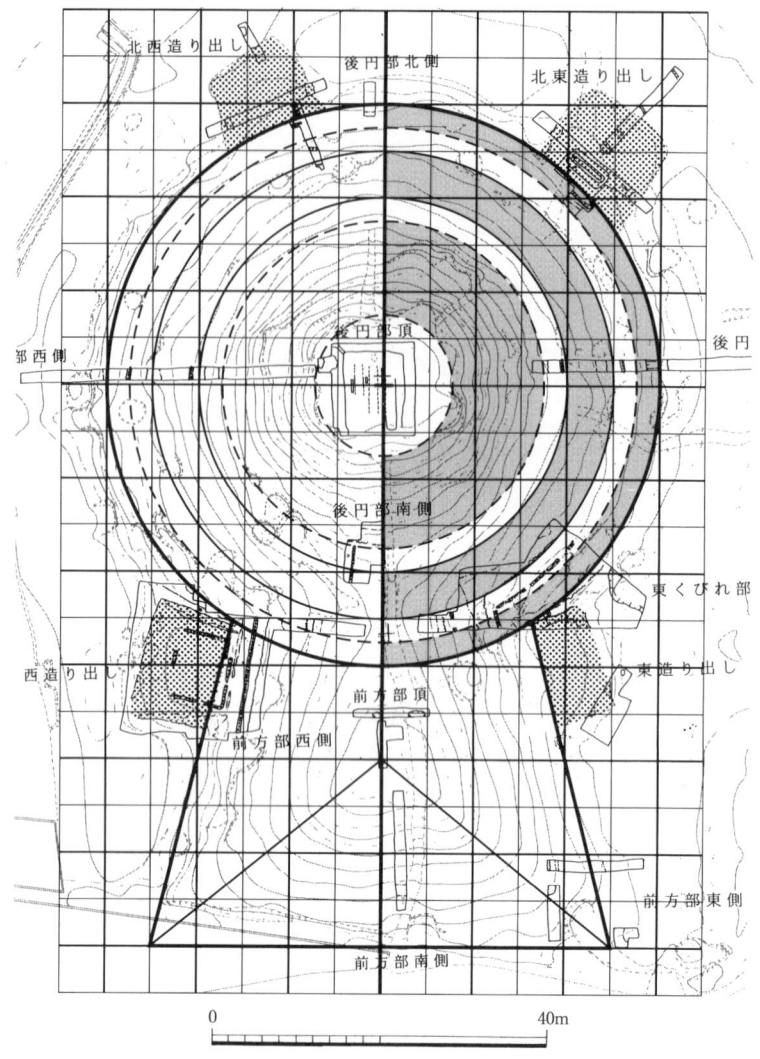

図116　行者塚古墳企画図（後円部径48歩・65.8m）

4）春成秀爾「前方後円墳論」『東アジア世界における日本古代史講座』第2巻，学生社，1984年，214頁
5）近藤義郎『前方後円墳観察への招待』青木書店，2000年，201〜202頁，206頁
6）近藤・注5文献205〜208頁

7）　高橋克壽『埴輪の世紀』講談社，1996年，136～137頁および「人物埴輪の出現とその意味」『はにわ人は語る』山川出版社，1999年，52～57頁
8）　近藤・注5文献206頁
9）　広瀬和雄「大王墓の系譜とその特質（下）」『考古学研究』第34巻第4号，1988年，71頁
10）　田中清美「造出しに関する覚え書き」『考古学論集』第2集，考古学を学ぶ会，1990年，119～231頁
11）　泉　武ほか『西殿塚古墳・東殿塚古墳』天理市教育委員会，2000年，79～82，139～140頁
　　調査者が「『造り出し』的な突出部」と呼ばれるこの施設の上面テラスは祭場というにはあまりにもせまいが，その裾まわりで，供献されたとみられる土器が出土し，その中に近江系や山陰系の外来土器が含まれている。本文で後述する墳丘上での葬送儀礼に「参加できない者」の実像をうかがわせる資料といえるかもしれないが，類例の追加を待つこととし，本文の考え方を維持したい。
　　なお，調査者は，この施設を「葬送儀礼参列者の墳丘上への導入路を規定する施設」ととらえておられる。
12）　櫃本・注3文献248～249頁
13）　上田宏範「前方後円墳の造出の推移」『橿原考古学研究所紀要　考古学論攷』第1冊，1951年，67～77頁
14）　和田晴吾氏は，「墳丘への儀礼用の出入口」（陸橋）の墳丘側部分が独立した祭祀の場としての意味をもつようになり，佐紀陵山古墳の段階で前方部に左右対称的に定着し，津堂城山古墳の段階で「造出」として定型化したととらえられている。渋谷向山古墳などの方壇状地形に関しては言及されていない。
　　和田「墓壙と墳丘の出入口―古墳祭祀の復元と発掘調査―」『立命館大学考古学論集Ⅰ』1997年，204～205頁
15）　下津谷達男「矩形埴輪列考」『上代文化』第24輯，1953年，23～29頁
16）　近藤義郎『前方後円墳の成立』岩波書店，1998年，246～247頁
17）　近藤・注5文献100～102頁
18）　墳丘とちがい，プレ造出そして造出にも祭祀執行のために人の立ち入りが認められていたとすれば，造出は墳丘に連接してはいるが，墳丘ならざる場として認識されていたものととらえられる。
19）　沼澤「前方後円墳の墳丘規格に関する研究（下）」14～20頁
20）　西川「造り出し」『月の輪古墳』331頁
21）　和田萃「飛鳥・奈良時代の喪葬儀礼」『日本古代の儀礼と祭祀・信仰　上』

塙書房，1995 年，121 頁
22)　石田茂輔「のざきのつかい」『国史大辞典』吉川弘文館，401 頁
　　　和田　萃「日本古代・中世の陵墓」『天皇陵古墳』大巧社，1996 年，104 〜 108 頁
23)　杉山晋作編『はにわ─形と心─』国立歴史民俗博物館，2003 年，43 頁
24)　奈良県島の山古墳，巣山古墳，室宮山古墳などで前方部頂への埋葬が確認または推定されている。大王墳候補古墳では西殿塚古墳で前方部埋葬の可能性が指摘されている（近藤・注 5 文献 36 頁）。
25)　菱田哲郎ほか『行者塚古墳発掘調査概報』加古川市教育委員会，1997 年

16　造出をもつ前方後円墳の被葬者

王陵区の前方後円墳

　造出は大王墳のために整備された追善祭祀の場と推定した。ただし，大王墳以外の古墳にも造出をもつものがあることは多言を要しないところであり，そのような古墳の存在をどのように評価するか問題となる。この問題の解決のためには，造出をもつ古墳の所在状況について確認しておく必要がある。ここでは王陵区と地方の古墳群（王陵区以外の畿内の古墳群を含む）に分けて見ておきたい。

　表 11 に，王陵区内の 4 期以降の前方後円墳における造出付設状況をまとめた[1]。墳長 200 m 級の前方後円墳が大王墳の候補となるが，そのほかに墳長が 150 m 以下 100 m 以上の範囲におさまるものがほぼ同数存在する。100 m に満たない 50 〜 60 m 級の前方後円墳は，時期の下降する古市古墳群の鉢塚古墳（8 期）や小白髪古墳（9 期）など 2，3 にとどまり，ほかにこの程度の墳長をもつのはいずれも小方部墳であるとみてよい。

大王墳級の古墳

　この表を見ると，一見してかなり高い比率で造出が付設されていることがわかる。

　200 m 超級の 20 基のうち河内大塚古墳，見瀬丸山古墳の 2 基については，後世の損壊が甚だしいため現況では視認できないものとみられる[2]。これらを

のぞく残り18基でみると，このクラスの付設率は100％となる。18基中11基にはくびれ部両側への付設が確認される。現状で片側にしか確認されないものの多くも，濠水による浸食や水位上昇，中世城郭としての改変などによって，片方の造出を確認することができない状況になっているものと思われる。このクラスのほかの古墳の状況からみて，200m超級のほとんどすべての古墳に，本来はくびれ部両側に造出が付設されていたものと思われる[3]。

　150m以下級のうち，佐紀の塩塚古墳（図90），瓢箪山古墳（図91）の2基は，時期が多少さかのぼるために付設されていないものとみられる。損傷の激しい木取山古墳，高屋築山古墳の2基をのぞくと，このクラスでもほとんどの古墳に造出が付設されているとみてよい[4]。

　さきに，造出は王陵区の河内進出にともない，勅使による追善祭祀執行の場として整備された，一義的には大王墳のための施設とする見方を示した。広瀬和雄氏は，各時期で最も規模の大きい前方後円墳を大王墳とみなし得るとの観点から，箸墓古墳にはじまる17基を抽出され，津堂城山古墳以降では，仲津山古墳から見瀬丸山古墳まで11基を大王墳に比定できるとされた[5]。

　比定の当否は別として，各時期最大規模の古墳を大王墳とみなすとする作業仮説は妥当なものと思われ，表9の200m超級の20基，および古墳規模が小さくなる8期以降では150m以下級のうち今日天皇陵に治定されている奥城，野中ボケ山，白髪山，高屋築山，見三才，平田梅山の6基も加えると，都合26基が大王墳の候補となろう。5〜6世紀，古墳時代の5期から10期までに在位した可能性のある大王を，仮に応神から敏達までの16代とすると，200m超級にかぎってみても候補古墳の数があまる。

　候補古墳の中には，大王に即位することのなかった有力王族の墓が含まれているとみてまちがいなかろう。150m以下級の中でも150m前後の古室山，野中宮山，百舌鳥大塚山，いたすけ，田出井山（現・反正天皇陵）などは有力な王族の墓とみて支障ないものと考える。

100m級の古墳

　やや規模の劣る100m級の前方後円墳については，これを陪塚と認める見方も根強いように，被葬者の階層をどのようにみるか問題となるが，このクラスを含め150m以下級のほとんどすべてに造出が付設されていることは重要な判

表11 王陵区内前方後円墳の造出付設状況

時期	200m 超級				
	佐紀	古市	百舌鳥	三島野	大和
4期	○石塚山	◎津堂城山			
5期	◎市庭 ◎コナベ ◎ヒシアゲ	◎仲津山 ◎古市墓山	○百舌鳥陵山		
6期	○ウワナベ	◎誉田御廟山			
7期		◎市野山 ○軽里大塚	◎大仙陵 ◎土師ニサンザイ ○御廟山	◎太田茶臼山	
8期		○岡ミサンザイ		◎今城塚	
9期		〔△河内大塚山〕			
10期					△見瀬丸山

◎ くびれ部両側に造出をもつ ○ 少なくとも片側に造出をもつことが確実
〔 〕内の古墳は古市古墳群からかなり離れるが,便宜上同一欄に記載
※御廟山,今城塚は200mに満たないが、便宜上この欄に示した。

断材料になると思われる。

　一義的には大王墳のための施設である造出が,このクラスの古墳すべてに付設されているということは,これらの被葬者に対して大王に準ずる埋葬儀礼が執行されたことを物語っている。

　なぜそうした礼遇が許されたのかという疑問に対しては,大王墳と同一の墓域に存在することとあわせて考えると,大王との血縁的つながりの濃厚な王族だからであろうとみるのが最も自然な解釈といえる。後で見るように,地方の古墳群では造出の付設率はきわめて低く,王陵区内の前方後円墳におけるほぼ100パーセントという付設状況は段違いの比率であるから,上述のような解釈が最も妥当性をもつと考えられる。

　広瀬和雄氏は,古市,百舌鳥両古墳群の中小前方後円墳のうちには「南河内・和泉に本貫地をおく首長が,かなりふくまれていた」[6]と推測された。しかし,河内王朝論に立脚するのならばともかく,大和に本拠を置く大王一族の墓域内に,河内・和泉の在地首長が墓を営むようなことは普通考えにくいのでは

150〜100m 級				
佐紀	古市	百舌鳥	三島野	大和
△瓢箪山	○古室山 ○二ツ塚			
△塩塚 ○神明野	○野中宮山 ○大鳥塚	○大塚山		
○木取山	◎はざみ山	○いたすけ		
	〔○黒姫山〕	◎田出井山 ○永山 △長塚		
	◎峯ヶ塚 〔◎奥城〕			
	○野中ボケ山 ○白髪山 △高屋築山			◎見三才
				○平田梅山

△　現状では確認できない

あるまいか。

　王陵区内の前方後円墳はすべて大王または王族の墓，小方部墳および単純図形墳は大王家に古くから臣属した伴造氏族の墓とする私の想定が最も可能性の高い解釈ではないかと考える。

　この想定の当否は，地方の古墳群における造出付設古墳の存在状況を見ることによっておのずから明らかになるであろう。

大和の豪族墳

　全国の前方後円墳を対象として造出の付設状況に注目された近藤義郎氏は，畿内では王陵区および大和盆地南西部，大阪府淡輪地域に認められ，「特別に大きな威力霊力をもつと信じられた人物の埋葬に特有」な施設であるとの見方を示され，奈良，大阪以外の地域では22県に53基が確認され，「岡山県と三重県でやや多い」ものの，「造出を設ける前方後円墳はごく少ない」ことを指摘された[7]。

　『集成』によれば，奈良，大阪をのぞく全国の前方後円墳総数は4,250基ほど

（補遺編の新規追加および削除分を反映。前方後方墳および明らかな小方部墳は除外）であるから，造出の付設率は1.25%ときわめて低い。造出定式化以前の古期の古墳を除外すれば若干付設率は高くなるが，それほど大きな差はなかろう。中小規模の前方後円墳については，発掘調査によって今後大幅に付設古墳が追加される可能性も考えられないことではないが，ここでは大勢に大きな変動はないものとみて論を進めたい。

畿内では，京都府（のうち山城）で2基確認されるが，大阪府でも王陵区と淡輪をのぞくと造出をもつ前方後円墳は皆無に近い。そのような中で，奈良県には王陵区以外にも造出をもつ前方後円墳が比較的多く確認される。

大和盆地南西部では，葛城勢力の首長墳の中に巣山（4期），新木山，築山，室大墓（以上5期）のいずれも墳長200mをこす古墳に付設されている。ただし，墳長200m級の川合大塚山古墳，これと後円部が同規格の掖上鑵子塚古墳（ともに6期ころ）には付設されていない。その後の古墳は規模も小さくなり，首長墳系譜の最後となる二塚古墳をのぞき，造出をもつことが確実なものはない。この地域では4世紀末から5世紀半ばころまで造出の付設が続いたが，以後はほとんど付設されなくなり，古墳規模も縮小の傾向にあったといってよい。

これと対照的なのが盆地東部地域[8]の古墳である。西乗鞍古墳（8期，両側），ウワナリ塚古墳と石上大塚古墳（共に9期，片側か）という，この時期にしては最大規模ともいえる墳長110～120m規模の古墳に造出が認められる。やや規模の劣る御墓山古墳（約75m）もほぼ同じころの古墳で，片側に付設されている。この地域では6世紀の前半から中葉にかけて，造出を付設する前方後円墳が王陵区以外としてはかなり多く築造されていることを認めてよい。

奈良県でも，王陵区と上記2地域をのぞけば，ほかに杉山古墳（7期），郡山新木山古墳（8期），市尾墓山古墳（9期，図42）などが単発的に散在するだけであり，2地域の特異性は際立っている。

2地域のうち盆地南西部の古墳は，通説のとおり葛城勢力の墓とみてよいと思われる。盆地東部の古墳については，近くに石上神宮があることから物部氏との関係が取りざたされることも多いが，ウワナリ塚・石上大塚（図117）・御墓山（8期か）3古墳の近傍には和爾下神社が所在するので，ワニ氏の墓とみ

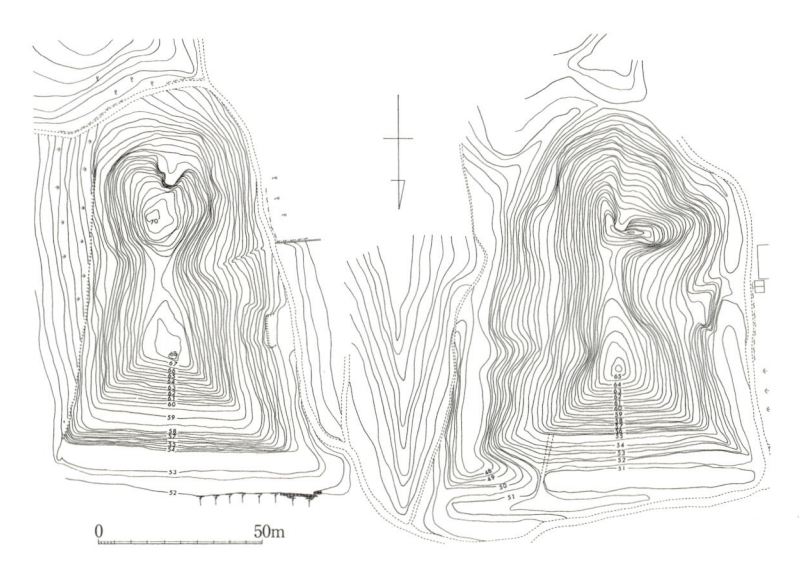

図117　ウワナリ塚古墳（左），石上大塚古墳（右）測量図（橿原考古学研究所編『大和前方後円墳集成』による）

るのが正解であろう[9]。杉山古墳（7期）も広くはワニ氏関係氏族の勢力圏内の古墳とみて支障はない。

2地域の古墳の造営主体をこのように考えて誤りないものとすると，葛城とワニ両氏には一つの共通項があることに注目される。

葛城氏とワニ氏

葛城氏とワニ氏は，蘇我氏とともに最も多く皇室に后妃を入れたという所伝をもつ。

岸俊男氏によれば，葛城氏は4天皇に4人，蘇我氏が6天皇に9人であるのに対し，ワニ氏は7天皇に9人の后妃を出し，これは蘇我氏とならんで諸豪族中最多であり，葛城氏が5世紀代，蘇我氏が6世紀後半から7世紀にかけてであるのに対して，ワニ氏は「葛城氏が没落して蘇我氏が多くの后妃を出すに至るちょうどその過渡期に，最も深く皇室と婚姻関係を結んでいたらしくみえる」とされ，このことは「かなりはっきりした事実として帝紀の諸本に書き継がれ」ていたものと推察されている[10]。

ウワナリ塚以下の諸古墳が築造された時期は，ワニ氏が后妃を出していた期間にちょうど重なるとみてよい。

葛城氏についても，井上光貞氏によれば記紀の后妃に関する記載は帝紀にもとづくもので，安康をのぞいて「仁徳以後，仁賢にいたるほとんどすべての天皇は葛城氏を妃としたか，もしくは母とし」，天皇家外戚として繁栄したとされる[11]。履中，反正，允恭3帝の外舅となるソツヒコのほか，葦田宿禰や蟻臣なども同様の立場を占めたので，大王の外舅として，生前彼らが大王に準ずる礼遇を受けたことはまちがいない。

葛城一言主が，随行者やその服装も天皇と異ならない行列を率いて現われたという雄略記の有名な説話は，葛城の最高首長が日常，大王と同様の容儀やふるまいを許容されていたことをうかがわせる。このような特別待遇は葬送儀礼においても同様であったろう。前方後円墳の墳形指定は当然のこととして，墳丘規格についても大王墳に匹敵する大規格が指定された。

納棺儀礼に際して大王みずからの参列も考えられないことではないが，少なくともしかるべき王族が参列したと想定される。追善祭祀に際しても大王墳に準じて使者が派遣され，その祭儀執行の場として，造出もあらかじめ付設された。6世紀のワニ氏の首長の場合も，その葬儀に際して大王家から同様の礼遇を受けたことはまちがいなかろう。

造出の性格に関する私の理解にもとづけば，大和の上記2地域において大王墳に匹敵する大型の，造出をもつ前方後円墳が数多く営まれた事情について，このような解釈に導かれることとなる。

皇室と地方豪族との婚姻伝承

造出をもつ大和の大型前方後円墳は，大王の外戚として死後も礼遇を受けた者の墓と推察した。記紀によれば妃を出したとされる地方豪族も決してまれではないが，大和以外の古墳についても同じ論法は通用するであろうか。

近藤義郎氏は，墳長100m前後以上の畿外の造出付設前方後円墳として12県24基をあげられており[12]，このクラスの古墳がこの問題の検討対象としてふさわしい。12県は群馬，埼玉，石川，岐阜，愛知，三重，兵庫，岡山，福岡，佐賀，宮崎，鹿児島であり，このうちいくつかの地域の豪族が妃を出したという所伝をもつ。

まず愛知であるが，尾張連草香の娘目子媛は継体の妃として安閑，宣化の二帝を生んだとされる。断夫山古墳は6世紀前葉に位置づけられ，この時期としては東海，北陸を通じて群を抜いた墳丘規模を有する。目子媛の父草香の墓ではないかとの所説[13]が知られるが，造出をもつことからみて大いにあり得ることといえる。

書紀には，崇神，景行，応神，仁徳の妃として紀伊，播磨，日向の豪族の子女の名が見え，その出身地とされる地域には造出をもつ前方後円墳が存在する。比較的濃密な婚姻伝承をもつ丹波（のちの丹後）の神明山古墳や網野銚子山古墳という墳長200mに近い古墳に造出は認められないが，造出定式化以前の築造の可能性があり，一概に否定材料とはならない。

吉備の勢力は，葛城など中央豪族に劣らない，地方豪族としては隋一の婚姻伝承をもつ。景行，応神，仁徳，雄略のほかヤマトタケルが吉備出身の女性を娶ったと伝わる。吉田晶氏のいわれるように，政治的同盟の証しに人質として差し出された[14]ものとみられ，大王家との間に婚姻関係が実際にあったことはまちがいない。吉備の地には，造山，作山，両宮山の3巨墳をはじめ，造出をもつ6基ほどの大型前方後円墳が存在する。

仁徳以前については各天皇の実在さえ疑問視する見解があり，后妃の所伝もどの程度事実を反映したものかわからない。ただ，こうした所伝が採録されているということは，記紀編さんの時点で，吉備をはじめこのような地方豪族が，いつのころか妃を出したという所伝が決して不自然ではなく，逆にあり得べきことと認識されていたことを示している。

その地の豪族から后妃が入った伝承をとどめない地域については，記録残存の偶然性に起因するものと思われる。天智天皇には皇后と4人の妃のほか，男女を生んだ後宮の女人が4人あったことが知られる。1人は大友皇子を産んだ伊賀采女であり，他は忍海造，栗隈首，越の道君の女であった。5，6世紀の大王の場合も，采女などとして地方豪族が貢進した子女との間に，王子女をもうけることは決してまれなことではなかったと想像され，正史には伝わらないものの，大王の外戚として造出付設の礼遇を受けた地方首長の古墳が残余の地域に含まれていることは十分考えられる。

長山康孝氏の初期国家観

　墳頂100mをこえる前方後円墳は各地の国造級最有力首長の墓とみてよい。
　長山康孝氏は，4世紀末から5世紀にかけて軍事，外交両面で地方豪族の活躍が著しいことから，「日頃から地方の有力豪族が大王の朝廷に出仕して職務を分担し，ときに政策決定にも与るという状況を想定」できるとされ，辛亥銘鉄剣の「佐治天下」の言を田舎者の揚言として「笑いすてることはできない」とされる[15]。
　杖刀人の稲荷山古墳にも，典曹人の江田船山古墳にも造出が付設されている。長期にわたる日常的政務面での功績に対して造出の付設が認められた可能性は十分考えられる。ただし，そのような功績は，第一に墳形と墳丘規格に反映されるのではないかと思われ，造出については別の基準すなわち大王家との婚姻関係の有無によるのではないかとする想定の否定材料とはならないものと考えたい。
　長山氏は，大王家に匹敵する有力豪族が多数存在する中で国家的統一が保たれたのは，地方豪族の側に統一への希求があって積極的に大王に服属していったからであったと説明され，官僚制度が整備される以前にあっては「国家的統一は人と人との直接的な人格的関係によってしか保たれえなかった」として，有力な地方豪族は服属または首長権継承時に中央に上がって大王に直接忠誠を誓うだけでなく，「一定期間大王の宮廷にとどまり，（王の食卓で共同飲食を行なうなど）他の豪族と生活をともにすることによって，支配者集団としての一体性を確認した」と述べられている。
　大王と地方有力豪族との間にこのような人格的関係を想定するとき，大王と地方豪族との間に婚姻関係によってより濃密な関係を保とうとする希求が生じるのは自然な成りゆきともいえ，記紀には採録されない婚姻関係が相当数あったことは十分考えられることといえよう。
　稲荷山古墳などについても，佐治天下という功績に対してではなく，大王家の外戚として，大王や王族に準ずる礼遇が与えられた可能性も考慮すべきものと考える。ただし，埼玉古墳群の累代の最高首長墳には3～4代にわたって造出が付設されており，一地方豪族と大王家との婚姻関係がこのように繰り返されたということはいささか奇異に思われる。

造出をもつ前方後円墳が所在する多くの地域に，その地の豪族と大王家との婚姻伝承が文献上伝わっていないことも事実であるから，大王家との婚姻以外の契機をも考慮する必要はあろう。次に述べる，中・下位墳における造出付設と同様の事情を背景にもつ場合もあったかもしれないが，ここでは中央，地方を問わず最有力首長墳への造出の設置は，大王家の外戚としての立場に配慮した王権からの造墓指定にもとづくものと考えておきたい。

　以上，地方の最大級の前方後円墳の一部に造出が付設されている理由について，大和の葛城やワニの最高首長墳と同様の事情を想定した。残る問題は，50〜60mに満たないような中小規模の前方後円墳や小方部墳をはじめとする中・下位墳に造出が付設された理由である。これらについては，大王家との婚姻という同様の要因を想定することは到底できそうにないからである。

注
1） 200m超級の20基のうち，御廟山，今城塚の2基は190m前後とわずかに200mに達しないが，このクラスに含めた。150m以下級に含めた百舌鳥大塚山は160m前後と若干大きい規模をもつ。また，河内大塚，黒姫山，奥城の3基は古市古墳群からかなり離れた位置にあるが，便宜上この欄に記載した。
2） 河内大塚古墳については未完成の古墳ではないかという疑いが捨てきれず，そうであれば造出や外堤などの付属施設を設置する前に築造が放棄された可能性を考えてみる必要がある。
　　沼澤「前方後円墳の墳丘規格に関する研究（下）」12〜13頁
3） 造出の付設状況については，陵墓図の観察や現地確認によるほか，『書陵部紀要』所載の確認調査報告，藤井寺市をはじめとする関係市町村教育委員会による確認調査報告など各種刊行物を参照した。
　　なお，見瀬丸山古墳（10期）については，遠隔の河内の地ではなく王宮の近くに築かれているため，造出の必要性がなくなり設置されなかった可能性も考えられないことではないが，同じくこの地にあって大王墳と目されている見三才古墳（現・宣化天皇陵，9期），平田梅山古墳（現・欽明天皇陵，10期）には付設されており，この古墳にも同じように付設されていたと考えるのが自然といえよう。
4） 二ツ塚は陵墓図では明確でないが，一瀬和夫氏によれば片側に付設されているとされ，長塚についても『前方後円墳集成』では「造出あり」とされる。
　　一瀬和夫「倭国の古墳と王権」『倭国と東アジア』吉川弘文館，2002年，111

頁の付図

5) 広瀬「大王墓の系譜とその特質（下）」70頁
6) 広瀬・注5文献75頁
7) 近藤『前方後円墳観察への招待』202〜208頁
8) 盆地東部という地域名は橿原考古学研究所編『大和前方後円墳集成』（学生社，2001年）による。この地域の古墳の造出付設状況についても同書の記述にもとづく。
9) 岸俊男氏によれば，ワニ氏の拠地は現在の天理市の旧添上郡櫟本町大字和爾の地が最適であるという。原島礼二氏も，石上大塚古墳などを6世紀のワニ氏につながる古墳という見方を示されている。
　なお，西乗鞍古墳についてはワニ氏の墓といい切ってよいか速断できない。
　岸「ワニ氏に関する基礎的考察」43頁
　原島『倭の五王とその前後』塙書房，1970年，155頁
10) 岸「ワニ氏に関する基礎的考察」20〜28頁
11) 井上「帝紀からみた葛城氏」52〜55頁
12) 近藤・注7文献204頁
13) 和田『大系日本の歴史2 古墳の時代』267頁
　赤塚次郎「尾張の土器と埴輪」『継体大王と尾張の目子媛』小学館，1994年，235頁
　なお，書紀によれば継体には目子媛のほかに7人の妃があったとされ，茨田連と和珥臣所生の2人をのぞく5人は近江の豪族の子女であったという。継体は近江の出身と伝わるので，この5人は目子媛などより早く，継体が在地で勢力を扶植しつつあった若年時に妻となったとみるのが自然といえよう。継体の即位時の年齢は58歳になるとされるので，近江出身の妃の父親たちは継体即位時にはすでに死去していた可能性が高いと思われ，したがって近江の地で，造出をもつ6世紀前半の大型古墳が確認できなかったとしても，造出の性格に関する私の推定に対する否定的材料には必ずしもならない。
14) 吉田　晶『吉備古代史の展開』塙書房，1995年，316頁
15) 長山康孝「前期大和政権の支配体制」『古代国家と王権』吉川弘文館，1992年，73〜78頁

17　中・下位墳への造出の付設

行者塚古墳

　兵庫県行者塚古墳は墳長100 mほどの前方後円墳で，播磨では最大級に属す。先述のとおり4つの造出が付設され，後円部の粘土槨内には3基の木棺があり，これらは同一墓壙に同時に埋納されたと推定されている。

　モガリや古墳築造期間中にほかの2人が死亡したため3人が同時に埋葬されるにいたったような事情も想定できるが，同じ古墳に埋葬されるような近親者が短期間に相次いで死亡するというのは尋常なことではなく，単なる自然死とは考えにくい。疫病なども考えられるが，何らかの戦闘行為による死亡という事態も想定される。

　主体部からは，部分的な発掘にもかかわらず金銅装帯金具や馬具，鋳造鉄斧などが出土し，「朝鮮半島との積極的交渉」[1]がうかがわれる。5世紀前半という築造時期を考えると，その交渉は平和的なものではなく，3人の被葬者は朝鮮派遣軍の一隊を率いて参戦し，戦死した可能性も考えてよいのではないか，私にはそのようにみて不自然ではない埋葬状況であるように思われる。造出の設置も，そのような勲功に対して許された殊遇ではなかったろうか。

　行者塚古墳の場合は，墳形と規模からみて，地方の最有力首長として大王家との姻戚関係によるケースとも考えられるが，主体部の状況からみると，対外戦を含む国家規模の戦闘によって戦没したことに対し，その葬祭に当たって王権からの勅使派遣という礼遇を受けることとなり，造出の付設が認められた可能性を考えてみたい。このような推測に妥当性が認められるとすれば，中小前方後円墳や中・下位墳の中に造出をもつものがあることを理解しやすくなるといえよう。

　中小の古墳に，本来的には大王墳のための施設である造出が付設されていることを合理的に説明するためには，何らかの特別な理由を考えなければならないが，さきに見た小方部墳などの墳形の創出時期およびそれらの墳形を指定された被葬者に軍事的性格が色濃いことなどを考えあわせると，国家規模の戦闘行動における何らかの功績に対し，特に造出の付設が認められたとする想定に

は，成立する余地があるように思われる。

造出をもつ古墳の僅少性

造出を付設された中・下位墳は極端に少ない。造出をもつ小方部墳として確実なものは，本稿で企画図を示した13基のほかに円丘系の兵庫県マンジュウ古墳，同・笹塚古墳，群馬県上芝古墳があり，方丘系には島根県大庭鶏塚など若干の候補があるが，これらを加えても20基足らずという状況である。

単純図形墳では，企画図を示した造出付円墳は11基，ほかに若干の候補はあるものの，やはり合せて20基にも満たない僅少さである。当然，今後の類例の増加は見こまれるとしても，数百という数にはならず，それぞれ数十基が最終の数値になるとみてよいのではないかと推測される。

造出をもつ中・下位墳の数がこのように少ないことは，造出の付設を認められた被葬者の功績が，単に対外戦に参加したという程度のものではないことを示している。たとえば著しい戦功をあげ，なおかつ戦死ないし陣没した場合のような，ごく特別なケースに対してのみ王権からの勅使派遣を前提とする褒賞が与えられたものではなかったろうか。

王陵区や畿内，瀬戸内の造出付設古墳については，朝鮮半島（海北）での軍事行動における活躍を想定するのが最も自然であろう。東京・野毛大塚や群馬の古墳については，同様な契機のほか東毛人に対する軍事作戦への参画などをも想定すべきかもしれない。

律令の勲位制

中・下位墳における造出の付設は，律令制下における「勲位」に比せられる，特定の事跡（武功）に対する褒章ではなかったかと推測した。律令制下の勲位は，従軍しなければ絶対にもらえないもので，その点で王権に対する個人の様々な功労の大小によって定まる位階とは本質的に異なるとされる[2]。

後世の制度との安易な対比は慎むべきであろうが，古墳時代の政治，社会体制には，推古朝以後の冠位制やその後の律令制になぞらえると理解しやすい面があることはたしかである。律令官制や兵制についても大化前，6世紀に遡る制度との連続性が認められる面は多いといわれ[3]，令制の制度の中に古墳時代にあった類似の慣行を引き継いで制度化されたものも多いとみれば，直近の後代の制度から古墳時代の諸制度を類推してみる作業はむしろ必要なことであ

り，有意義な場合があろう。

　後代の制度による類推が多少の補強材料になるとみれば，古墳時代の中央政権が，国内外の戦闘における武功に対する褒賞制度を用意していたとする想定が成立する可能性は高い[4]。

　天武紀には，大分君恵尺をはじめ壬申の乱に勲功を立てた功臣の死亡記事が頻出する。その死に際して，一様に数階上の冠位が追贈され，中には皇族による見舞いや弔いを受けたもの，特別な恩賞や禄を賜ったもの，發鼓吹葬という親王クラスの葬儀を認められたものなどがあって，彼らの功労に報いようとする天皇の真情が伝わってくる。

　古墳時代，対外戦における戦死者に対し，その功に報いるため，歴代の大王から同じような殊遇が与えられることは当然あったと想像される。外形的には造出の付設として表わされた，葬儀に際しての勅使派遣という制度がそれではなかったかと推察する。

　古墳時代を通じて古墳築造が倭王権による全国的統制下に行なわれたとみる私の推論からすれば，大王のための施設である造出が，中央のみならず地方の中・下位墳にも設置されているのはきわめて異例のことといえる。その背景には特別な事情がなければならず，中・下位墳については大型前方後円墳とは異なる契機を考えなければならない。上述の見解は一つの解釈ではあるが，十分成立する余地があるものと考える。

　造出付円墳をはじめとする造出つきの中・下位墳や中小規模の上位墳（前方後円墳）の歴史的性格に関する私の推定は以上のとおりであり，造出自体の性格，機能は大王墳クラスの大型前方後円墳のそれと何ら異なるものではないが，付設されるにいたる契機については両者まったく異なることを説明した。

　私の推定がどの程度歴史的事実に接近し得たものか心もとないが，このように造出をもつ古墳の性格を評価することにより，当該古墳被葬者や所属集団と倭王権との政治的関係をより具体的に復元していくことができるものと考え，あえて推論を披露した。

　注
　1）　菱田ほか『行者塚古墳発掘調査概報』66頁
　2）　黛　弘道「太安万侶の墓誌と『続日本紀』」『物部・蘇我氏と古代王権』吉川

弘文館，1995年，207〜215頁
3) 直木孝次郎『日本古代国家の構造』青木書店，1958年，211〜215，242頁
4) 奈良時代には，隼人や蝦夷の征討戦に従軍した者に対し千人，二千人単位で叙勲が行なわれ，受勲者の中には一般庶民に近い初位者や無位者がかなりの比率で含まれていた。この点，古墳時代において造出付設の栄を受けた者がごくかぎられることとは大いに異なる。

　律令制のもとでは受勲によって得られる権益はわずかなもので，精神的，形式的な名誉として受けとられたものといわれる。そのゆえに大量の叙勲が可能であったとすれば，古墳時代における造出付設には何らか実利的褒賞がともなっていた可能性を考慮すべきかもしれない。

　　秋山　侃「奈良時代における『勲位』の実態について」『續日本紀研究』第8巻第1号，1961年，9〜27頁

18　結語——造墓指定の政治的機能——

古墳築造の一元的統制

　これまでの検討によって，小方部墳（帆立貝古墳）においても古墳尺6歩ないし3歩きざみの限定的な主丘部規格の存在が確認され，小方部や造出の長さや幅が，主丘部直径の24等分値によって割りつけられていることも明らかにすることができた。

　このような限定的な主丘部規格の存在については，すでに円墳や前方後円墳の後円部でも確認してきたが，一定程度以上の大型古墳において，好き勝手な規模で墳丘が築かれることが基本的になかったという事実は，墳形や主丘部規格の選択が造墓主体者によって任意に行なわれたものでは決してないことを物語るものと解される。

　あるいは，専門的造墓技術者が個別に注文を受け，望みに応じていくつかのプランを提案し築造にいたるというようなプロセスも考えられないことではないが，大王墳を頂点として葛城，吉備，上毛野など中央，地方の有力豪族の本拠とみられる地に，文献上知られる当該豪族の政治的力量に対応するかのような規模をもつ大型古墳が今に残されている事実を見れば，古墳の築造は倭王権

による一元的な統制のもとに行なわれたと考えるべきであることが了解される。倭王権内における被葬者生前の政治的立場，力量，生涯の事績などを総合的に判定して，王権中枢において一定の基準にもとづいて墳形と墳丘規格が決定され，後継首長に対して営むべき墳墓の指定を行なう制度が古墳時代を通じて維持されたとみるべきであろう。

　文献史家の一部からは，古墳時代の政治体制を復元，検証する上で，「古墳の規模・立地は，二次的な意味しかもちえない」（吉村武彦氏[1]），あるいは「古墳の墳形と規模とに，王を頂点とした身分序列や，国家機構の初期形態を読み取るのは，やはり求め過ぎ」であり，「『前方後円墳』は倭人の文化的内容を示すのであって倭国の政治体制までは示さない」（以上，山尾幸久氏[2]）というような見解が示されている。古墳築造が果たした政治的役割を過小に評価する立場といえるが，このような見解は寿陵肯定説と結びついていることが多い（上記2氏も同様）。

　中には，大王は即位と同時にみずからの墳墓の造営に着手したとする極端な言説すら知られる。

　寿陵の問題については別に検討する機会をもちたいと考えているが，大王墳の場合その規模は，治世年数や在位中に成し遂げた事績や獲得した権力の大きさ，倭の五王であれば宋から除正された官爵号などをも総合的に判定し，最終的には後継大王によって決定されたとするのが私の理解である。

　即位時点では，大王としてどれほどのことを成し得るかまったく未知数であるのに，その時点で営むべき古墳の規模をどのようにして決定できるというのであろうか。この一事をもってしても，寿陵説が成立しないことは明らかである。

　棺を蓋いて定まるという。中央，地方の豪族についても，古墳の墳形や規模は，被葬者の死後，一代の事績や王権内におけるウヂの伝統的位置づけなどが総合的に判定されて，最終的には大王によって決裁されたと考えるべきであろう。したがって，古墳の存在状況は倭国の政治体制を「反映する」とみなければならない。

西嶋説と都出説

　前方後円墳のプランは時間の経過とともに変化し，その変化は全国各地でほ

ぼ一律に生起したことは一般論として承認される事象といえよう。早く西嶋定生氏は，このような変化の「共通的傾向」から，「各地域の墳型を規制する統一的契機が存在した」ことを想定され，古墳造営は，地方豪族の国家秩序への編入を示し，墳形は「国家的身分制の表現」であり，「大古墳の存在は豪族権力の物量的表現」とされた[3]。

これを都出比呂志氏は，墳形によって首長の系譜と格式を，規模によって実力を示す「二重原理」による身分表示方式と説明され，古墳時代の政治秩序を「各地の首長の政治的地位を前方後円墳を機軸として表現する」「前方後円墳体制」と規定された[4]。古墳築造が果たす政治的意義については，基本的にこのようにとらえなければならないと考える。

ただ，都出氏が寿陵説を肯定する立場をとられていないとすれば，上述の見解は古墳時代の政治体制の説明としてそれはそれでまちがいないとしても，いささか説明不足の感は否めないように思われる。

死後，生前における政治的地位を表現する古墳の築造を認められたとして，そのことでなぜ大王を頂点とする各地の諸王共同体ともいわれる政治体制が維持されたのか，あるいは各地の首長はなぜ指定どおりの古墳を忠実に築造し続けたのかという疑問が残るのであり，各地の首長の政治的立場をその死後に古墳によって「表現」することにどのような政治的機能があったのか，具体的に説明する必要があるのではなかろうか。

広瀬和雄氏は，「前方後円墳には祭祀的かつ政治的色彩が色濃く表れているが，それはあくまでも死した首長の葬送儀礼をめぐってのこと（傍点引用者）」として，古墳築造が果たす具体的機能について自身の解釈を述べられた[5]。古墳の築造に高い政治性があったことは事実といえよう。広瀬氏がいわれる共同体の外に対する政治的また実利的な機能，効用のメカニズムを究明する作業が必要であるが，そのような作業はこれまで意外なほどない。

古墳時代を通じて，大王や王族が王家に固有の墳墓形式である前方後円墳を営み続けたことには何の不思議もない。問題は各地の有力豪族が，300年あまりにわたって大王と同じ前方後円墳という墳形で自身の墳墓を築造し続けたことであり，当時の風習であったと，文化の問題として簡単にかたづけて済む問題ではなかろう。

互酬的同盟関係の確認

　女王の共立に参画し得たような各地の最有力首長は，その死に際して，近藤義郎氏のいわれるように，生前に取り結んだ大和勢力との擬制的同祖同族関係の証しとして前方後円墳祭祀によって埋葬され[6]，祭祀を滞りなく執行した後継首長は首長権を継承したものと思われる。

　王権と諸豪族との支配，服属の関係は，いわゆる互酬的[7]なものであったと思われる。当初対等に近かった両者の関係は，地域やウヂごとに遅速はあったとしても，時間の経過とともに，支配，服属の度を高めていったとみられるが，基本的に両者の互酬的同盟関係は古墳時代を通じて維持されたと考えるべきであろう。結論的にいえば，造墓指定にもとづいて行なわれる古墳築造には，そのような関係継続を相互確認するという重要な機能があったものと考える。

　同盟関係の継続を認められた首長は，長山康孝氏が説明されたように中央に出仕し，引き続き各種の職務をもって王権に奉仕し，その活躍の度合いに応じて鉄資源をはじめ先進文物を入手することもできた。したがって，各地の豪族にとっては，王権内で活躍するための政治的地歩を継承し，維持していくことは何にも増した重要事であったと思われる。

　上番出仕を怠り，あるいは半島への出兵に応じないなど何らかの問題があった場合には，互酬的関係を王権の側から一方的に破棄することもあり得たであろう。このような場合，すでに上番することもなかった首長は，その死に際して造墓指定を受けることができず，後継者が中央で活躍する機会も与えられなかった。古墳築造には，引き続き中央で活躍するための必須の手続きという機能があったことは疑い得ない。

　都出氏は，各地の首長墳系列の断絶や近隣地域への移動の事実に注目され，これを全国レベルの政変と連動した事象ととらえられている[8]。たしかに各地で首長墳系譜に消長があるのは事実といえるが，大王権力と諸首長との支配，服属の関係が長山氏のいわれるように個別的，人格的なものであったとすれば，全国一律の政変を想定するより，個々の豪族と王権との間に何らかの個別的事件が発生し，首長墳系譜の断絶などが引き起こされたと考えるべきではなかろうか。

　この場合，少なくとも4，5世紀段階では，在地における支配権を王権が奪

い取るような事態は考えられず，首長墳系譜の断絶からただちに在地政治勢力の消滅，衰退を考えるのはいささか短絡的であり，王権の側から互酬的関係の破棄が行なわれ，当該豪族が王権内での一定の政治的地歩を一時的に，あるいは永久に失ったという事実が読み取れるにすぎないと考える（首長墳系譜が移動したとみられるケースでは，在地首長間における抗争によって伝統的勢力が衰退したような事態は想定できよう）。

大型前方後円墳を営むような各地の有力首長は中央へ出仕し，軍事や内政に積極的に参画し，そのことによって様々な対価が得られたとすれば，政権内でそのような地歩を維持していくことの重要性は，互酬的同盟関係にあった双方で共通理解されていたはずである。

停滞的，排他的な族制的国家において，新たに「諸王共同体」のメンバーシップを得ることはかなり困難なことであったはずであり，女王共立以来の世襲によって王権内での政治的立場を維持していくことが諸豪族にとっては何より重要なことであった。

大王墳と共通の形式によって先代首長の古墳を築造するという行為は，大王と共通の祭祀を奉じて政治的にも同盟ないし服属関係を継続することの積極的な意思表示といえる。大王の側にとっては，諸豪族の願いに応じて造墓指定を行なうかどうかという選択は，従来の互酬的関係を継続していくかどうかという政治性のきわめて高い判断となる。当然，その判断は王権の側に主導権があったろう。

首長権継承の必須課程

互酬的同盟関係下にあった各地の有力首長の死に際しては，王権への報告が義務づけられ，首長権継承の承認を求めるとともに，営むべき墳墓の内容について指示を得るという手続きが履行された。後継首長は朝廷に出仕し，長山氏が想定されるように「一定期間大王の宮廷にとどまり（中略）支配者集団としての一体性を確認」[9]するような，王権内での地歩を得るための見習い期間を過ごすことが実際にあったと推察される。

一方この間，国もとでは造墓指定にもとづく古墳の築造が進められた。同時進行されたこの二つの行為は，諸王共同体の一員としての地位を継承するための必修課程といえる。造墓指定どおりに古墳を築造するという行為は，後継首

長にとっては王権の命に従って行なうはじめての政治的行為であり，大王への忠誠を内外に視覚的に明示するという，一連の服属儀礼の中でも最重要の要素であった。

巨大な墳丘の必然性

古墳には，被葬者が生前に王権内で獲得した政治的地位の最終的到達点が明示されているとみて誤りないと思われるが，そのことにどのような意味があったのか，この点に関しても何らかの説明が必要である。

造墓指定どおり古墳を完成することによって正式に首長権の継承は認められ，後継首長は，古墳の墳形と規模によって明示された先代首長の政治的立場を引き継ぐことができたとしても，先代首長が一代をかけて獲得した地位に，後継者がそのまま就くことを認められたのではあるまい。

おそらく，先代首長の地位に比例して，数ランク下の地位を宮廷内で与えられたと想像され，先代の地位の高下に応じて，それ相応の出発点が得られるような仕組みが整備されていた可能性を考えてみたい。墳丘規模によって先代首長が到達した地歩が視覚的に表示され，後継首長の王権内における地位がそれに比例して定まるものであったとすれば，できるだけ大きい墳丘規格の指定を受けることが希求されもしたであろう。

古墳築造にこのような意義を認めた場合，想起されるのが律令制下における「蔭位」の制である。井上光貞氏によれば，蔭位制は，族制的契機を一切排除しようとする律令的原則の中で，「族制的，世襲的契機を温存するための令内の隠されたメカニズム」であるとされ，推古朝以降の冠位もカバネと並存し，族姓を顧慮して授けられたという[10]。

さかのぼって古墳時代にも，蔭位制に類する支配階層の特権維持のための制度が整備されていた可能性は十分考えられる。造墓指定にもとづく古墳築造には，族制的体制維持という基本理念のもと，諸豪族がそのような優遇措置を受けるための所定の手続きとしての機能もあったのではなかろうか。

古墳時代にはまだ，後代の冠位制や位階制のように，諸豪族首長の倭王権内における政治的地位を生前から明示するような身分表示制度は整備されておらず，死後はじめて墳形と墳丘規格によって表示されることになる。それは位階の追贈にも似て，名誉ではあっても，それだけの意味しかないのであれば，何

代にもわたって，相当の出費を要する古墳をつくり続ける積極的契機にはなり得ない。

　王権による造墓指定は，一義的には死した首長への顕彰行為であったとしても，その本質は，後継首長の倭王権内での地歩獲得のための必須の手続きという現実的，功利的な色合いの濃い営為へと転化していた。造墓指定どおりに古墳を築造した後継首長は，中央での共同生活も無事終了すれば，先代の地位に応じた一定の地歩を政権内で獲得することができたものと思われる。

　以上は大型前方後円墳を築いたような各地の最有力首長層に関しての想定であり，古墳築造が果たした政治的意義を述べたものである。中・下位墳の築造についても基本的に同様の意義があったはずで，ただ，王権との政治的関係が中央伴造氏族を介して成立し，古墳築造もその関係性の中で行なわれた点が異なるにすぎない。

　注
1 ）　吉村武彦「継体・欽明朝の歴史的位置」『継体・欽明朝と仏教伝来』吉川弘文館，1999 年，6 頁
2 ）　山尾幸久『古代王権の原像』学生社，2003 年，143 〜 145 頁
3 ）　西嶋「古墳と大和政権」216 〜 217 頁
4 ）　都出比呂志「日本古代の国家形成論序説―前方後円墳体制の提唱―」『日本史研究』343，1991 年，28，38 頁
5 ）　広瀬和雄『前方後円墳国家』角川書店，2003 年，97，182 〜 183 頁
6 ）　近藤『前方後円墳の時代』199 〜 200，206 〜 207 頁
7 ）　熊谷『大王から天皇へ』99 〜 100 頁
8 ）　都出「古墳時代首長系譜の継続と断絶」8 〜 14 頁
9 ）　長山「前期大和政権の支配体制」77 頁
10）　井上「カバネ・位階・官職」209 〜 212 頁

古墳名索引（ゴチックは企画図掲載古墳，括弧内は都府県名）
※ノンブルのゴチックは企画図掲載頁

ア行

青山古墳（大阪） ……………………… 233
赤堀茶臼山古墳（群馬） ……… 192,**195**,232,251
赤土山古墳（奈良） …………………… 285
明合古墳（三重） ………… 149,**152**,155,156,256
吾妻岩屋古墳（栃木） ………**74,75,82,83**,211
天乞山古墳（滋賀） ………… 139,**140**,155,156,256
網野銚子山古墳（京都） ……………… 303
雨宮古墳（滋賀） ………………… 191,**193**,251
行燈山古墳（現・崇神天皇陵，奈良）
 ……………………**24,26,33**,69,285
井口車塚古墳（岡山） ………………… 233
生目3号墳・22号墳（宮崎） ………… 58
池上古墳（奈良） ………………… 184,**185**,249
池向3号墳（千葉） ……………………… 7,**9**
池向11号墳（千葉） …………………… 9,**11**
石川1号墳（千葉） …………………… **12**
石山古墳（三重） ……………………… 285
磯崎東1号墳（茨城） ………………… 190,**192**
石上大塚古墳（奈良） ………………… 300
いたすけ古墳（大阪） ………………… 297
市尾墓山古墳（奈良） …… 103,**104**,106,300
市尾宮塚古墳（奈良） ………………… 106
石舞台古墳（奈良） ……… 103,**105**,108
市庭古墳（現・平城天皇陵，奈良） …… 57,298
市野山古墳（現・允恭天皇陵，大阪）……69,**70**
稲荷山古墳（埼玉） …………………… 304
井ノ奥4号墳（島根）… 225,**228**,230,236,238,253
今里車塚古墳（京都） ………………… 29
今城塚古墳（大阪） …………………… 298
祝堂古墳（群馬） ……………………… 172,**177**
岩屋山古墳（奈良） …………………… 115
井辺八幡山古墳（和歌山） …………… 293
馬古墳（三重） ……………… 72,211,**212**,238
後野円山古墳（京都） ……………… 166,**167**,175
太秦高塚古墳（大阪） ……………… 166,**168**,175
烏土塚古墳（奈良） …………………… 106
ウワナベ古墳（奈良） ………………… 52,69,298
ウワナリ塚古墳（奈良） ……………… 300
江田船山古墳（熊本） ………………… 304

蛭子山古墳（京都） ………… 213,214,246,262
大厩浅間様古墳（千葉） ……………… 59,61
大園古墳（大阪） …………………… 224,**225**,253
太田茶臼山古墳（現・継体天皇陵，大阪）
 ……………………………… 57,69,**298**
太田天神山古墳（群馬） ……………… 57,285
大鳥塚古墳（大阪） …………………… 263,299
大庭鶏塚古墳（島根） ………………… 308
岡古墳（大阪） ………………………… 83,256
岡ミサンザイ古墳（大阪） …………… 57,298
奥城古墳（大阪） ……………………… 297
男狭穂塚古墳（宮崎） ………………… 249,**279**
オセ山古墳（奈良） …………………… 207
小田茶臼塚古墳（福岡） ……………… 268
お手長山古墳（埼玉） ………………… 232
御塔山古墳（大分） ………………… 169,**170**,177
乙女山古墳（奈良）
 ……… 132,**135**,155,175,239,249,251,279
御塚古墳（福岡） …………………… 187,**188**

カ行

金鑽神社古墳（埼玉） ………………… 39
金津山古墳（兵庫） …………………… 153
金山古墳（大阪） …………………… 114,124,**125**
上大縄古墳（広島） ………………… 164,**166**
亀塚古墳（兵庫） ……………………… 226
上芝古墳（群馬） ……………………… 308
カラネガ岳2号墳（京都） ………… 179,**180**
軽里大塚古墳（大阪） ………………… 298
川合大塚山古墳（奈良） …… 69,279,284,300
河内大塚古墳（大阪） ………………… 57,296
寛弘寺5号墳（大阪） ……………… 161,**163**,175
神前山1号墳（三重） … 84,141,**143**,154,155,175
鑵子塚古墳（奈良） …………………… 39
私市丸山古墳（京都） ………………… 97,268
木取山古墳（奈良） …………………… 297
宮中野大塚古墳（茨城） ……………… 254
久部愛宕塚古墳（栃木） …………… 188,**189**,232
行者塚古墳（兵庫） ………………… 293,**294**,307
経僧塚古墳（千葉） ………………… 14,**15**

公卿塚古墳（埼玉）……………… 168,169,175
櫛山古墳（奈良）………………………… 285
久保田山古墳（滋賀）……… 84,138,139,156
供養塚古墳（滋賀）
　　　　………… 153,224,227,231,236,253,268
蔵塚古墳（大阪）…………………………… 92
鞍塚古墳（大阪）………………………149,150
黒姫山古墳（大阪）……………………… 299
こうじ山古墳（大阪）……………………218,221
郡山新木山古墳（奈良）………………… 300
御願塚古墳（兵庫）……………… 145,146,155
五色塚古墳（兵庫）……………………… 207
越塚古墳（奈良）………………………… 106
小白髪古墳（大阪）……………………… 296
小立古墳（奈良）……………… 195,197,198,213
コナベ古墳（奈良）…………… 204,264,266,298
御廟山古墳（大阪）…………………… 69,298
小二子古墳（群馬）……………………… 247
狛江亀塚古墳（東京）………… 175,196,199,251,268
古室山古墳（大阪）……………………… 297
小盛山古墳（岡山）……………… 160,249,281
誉田御廟山古墳（現・応神天皇陵，大阪）
　　　　………………… 34,49,50,57,69,204,298

サ行

西都原100号墳（宮崎）…………………… 58
佐紀石塚山古墳（現・成務天皇陵，奈良）
　　　　………………………………286,288,298
佐紀陵山古墳（現・日葉酢媛命陵，奈良）
　　　　……………………………69,204,286,287
桜井茶臼山古墳（奈良）…………………… 58
笹塚古墳（兵庫）………………………… 152
椎名崎2号墳（千葉）…………………… 4,10,11
椎名崎3号墳（千葉）……………………… 6
塩塚古墳（奈良）……………… 204,205,297
四条古墳（奈良）…………………… 220,223
渋谷向山古墳（現・景行天皇陵，奈良）
　　　　……………………………24,27,33,57,285
島の山古墳（奈良）……………………… 296
下石橋愛宕塚古墳（栃木）…………… 171,177
下山古墳（大分）………………………… 231
正福寺1号墳（千葉）……………………… 12
白髪山古墳（現・清寧天皇陵，大阪）
　　　　…………………………………… 238,297
新皇塚古墳（千葉）…………………… 62,63

神明野古墳（奈良）……………………… 299
神明山古墳（京都）……………… 207,208,303
杉山古墳（奈良）………………………… 300
菅沢2号墳（山形）………………………… 39
雀塚牛塚古墳（栃木）…………………… 227
巣山古墳（奈良）……… 52,53,57,84,279,296,300
千人塚古墳（静岡）……………………… 268

タ行

大仙陵古墳（現・仁徳天皇陵，大阪）
　　　　……………………… 34,49,51,57,90,267,298
高井田山古墳（大阪）……………………… 103
高崎情報団地遺跡16号墳（群馬）…… 185,187
高塚1号墳（三重）……………… 149,151,175
高屋築山古墳（大阪）…………………… 297
宝塚2号墳（三重）……………… 162,164,176
田出井山古墳（現・反正天皇陵，大阪）… 297
盾塚古墳（大阪）…… 84,147,148,155,233,256,263
淡輪ニサンザイ古墳（現・五十瓊敷入彦命墓，大阪）
　　　　……………………………………… 69,71
断夫山古墳（愛知）……………………… 303
地山古墳（滋賀）……………… 218,219,253
塚本古墳（奈良）……………………… 110,111
塚廻り4号墳（群馬）……………… 218,222,247
月の輪古墳（岡山）……………… 182,183,247
築山古墳（奈良）……………………… 69,279,300
作山古墳（岡山）………………… 57,161,303
造山古墳（岡山）………………… 57,161,303
津堂城山古墳（大阪）……… 207,289,293,298
椿山古墳（滋賀）……………… 218,220,251,253
ツボリ山古墳（奈良）…………………… 114
天王山古墳（奈良）……………… 103,105,115
桃花原古墳（栃木）……………………… 79,81
燈籠山古墳（奈良）……………………… 285
富雄丸山古墳（奈良）…………… 20,21,255
鳥居前古墳（京都）……………… 64,65,256

ナ行

長塚古墳（栃木）……………… 78,79,213,246
長塚古墳（大阪）………………………… 305
仲津山古墳（大阪）……………… 57,69,298
中山大塚古墳（奈良）…………………… 285
永山古墳（大阪）…………………… 267,299
ナガレ山古墳（奈良）…………………… 285
新木山古墳（奈良）…………………279,300

西殿塚古墳（現・手白香皇女陵，奈良）
　　　　　　　　　　………………… 22,25,33,69,259,296
西乗鞍古墳（奈良）……………………… 300
西山古墳（奈良）…………………………… 254
女体山古墳（群馬）……………………… 254
人形塚古墳（千葉）……………………… 91
野毛大塚古墳（東京）……… 141,142,155,233,308
野中ボケ山古墳（現・仁賢天皇陵，大阪）
　　　　　　　　　　…………………………………238,297
野中宮山古墳（大阪）………………… 207,209,297

ハ行
牧野古墳（奈良）……………………… 103,105,115
はざみ山古墳（大阪）…………………… 299
土師ニサンザイ古墳（大阪）………… 57,298
箸墓古墳（現・倭迹迹日百襲姫命陵，奈良）
　　　　　　　　　　……………… 20,23,33,35,57,257〜260,289
鉢塚古墳（大阪）…………………………… 296
八幡山1号墳（広島）…………… 162,165,175
蕃上山古墳（大阪）…………… 152,224,226,253
東殿塚古墳（奈良）……………………… 285
ヒシアゲ古墳（現・磐之媛陵）……… 298
毘沙門塚古墳（三重）…………………… 207
姫塚古墳（千葉）…………………………… 150
瓢箪山古墳（奈良）…………… 204,206,297
平田梅山古墳（奈良）………………297,305
樋渡古墳（福岡）……………………… 190,191
琵琶塚古墳（栃木）……………………… 82,83
藤ノ木古墳（奈良）……………………… 109,113
二塚古墳（奈良）…………………………… 300
二ツ塚古墳（大阪）……………………… 305
二ツ山1号墳（群馬）…………………… 211
古市墓山古墳（大阪）……………… 57,69,298

マ行
舞台1号墳（群馬）……………… 192,194,251
マエ塚古墳（奈良）……… 20,61,256,263,264
松尾1号墳（千葉）………………………… 12
丸塚古墳（栃木）…………………………79,80
丸墓山古墳（埼玉）……………………… 16,279
丸山塚古墳（山梨）……………………… 28,39,61
マンジュウ古墳（兵庫）……………… 152,233
見三才古墳（現・宣化天皇陵，奈良）…297,305
見瀬丸山古墳（奈良）……………… 57,296,305
三玉大塚古墳（広島）…………………… 268

水泥南古墳（奈良）……………………… 114
美野高塚古墳（岡山）………………… 120,121
御墓山古墳（奈良）……………………… 300
壬生愛宕塚古墳（栃木）………… 78,82,83,85
壬生車塚古墳（栃木）……………… 16,17,39
壬生茶臼山古墳（栃木）………… 76,77,82,211
峯ヶ塚古墳（大阪）……………………… 299
三吉石塚古墳（奈良）……… 84,161,162,174,279
ムネサカ1号墳（奈良）………………… 115
室大墓古墳（奈良）…………… 279,280,296,300
メスリ山古墳（奈良）…………………… 58
女良塚古墳（三重）…………176,216,217,251,253
免鳥長山古墳（福井）………… 158,159,175,177
百舌鳥大塚山古墳（大阪）…………… 64,66,297
物集女車塚古墳（京都）…………… 100,101,106
森将軍塚古墳（長野）…………………… 92
百舌鳥陵山古墳（現・履中天皇陵，大阪）
　　　　　　　　　　……………………… 34,45,46,57,69,298

ラ行
雷電山古墳（埼玉）…………… 184,186,231,234
竜角寺101号墳（千葉）……………………12,13
両宮山古墳（岡山）……………………… 303

ワ行
若宮八幡北古墳（群馬）……… 144,154,174,233
掖上鑵子塚古墳（奈良）……207,210,238,279,300
割見塚古墳（千葉）……………………… 122,123

前方後円墳と帆立貝古墳

●考古学選書 52●
ISBN4-639-00055-3〈全〉

■著者紹介■

沼澤　豊（ぬまさわ　ゆたか）

1946年東京生まれ。早稲田大学文学部卒。
千葉県の埋蔵文化財専門職員として多くの発掘調査に従事。
現在，千葉県立現代産業科学館副館長。
報告書，論文多数。近年は古墳の築造企画論にテーマをしぼり論考を発表している。
主な論文：「古墳の築造企画と横穴式石室」「前方後円墳の墳丘規格に関する研究」（以上『考古学雑誌』）、「古墳築造企画の普遍性と地域色」（『古代』）、「帆立貝式古墳築造企画論」（『季刊考古学』連載）

検印省略
printed in Japan

2006年11月5日印刷
2006年11月20日発行

著　者	沼　澤　　　豊
発行者	宮　田　哲　男
印　刷	広研印刷株式会社
製　本	協栄製本株式会社
発行所	株式会社　雄　山　閣

〒102-0071　東京都千代田区富士見 2 - 6 - 9
振替 00130-5-1685・電話 03（3262）3231

ISBN4-639-01951-3　C3321